高等职业教育专业教材

化学基础与分析技术

（第二版）

主编　黄秀锦　曹　阳

中国轻工业出版社

图书在版编目（CIP）数据

化学基础与分析技术/黄秀锦，曹阳主编．—2版．—北京：中国轻工业出版社，2020.9
ISBN 978-7-5184-2797-0

Ⅰ.①化… Ⅱ.①黄… ②曹… Ⅲ.①化学分析—教材 Ⅳ.①O65

中国版本图书馆CIP数据核字（2020）第166952号

责任编辑：贾　磊　　责任终审：劳国强　　封面设计：锋尚设计
版式设计：锋尚设计　　责任校对：李　靖　　责任监印：张　可

出版发行：中国轻工业出版社（北京东长安街6号，邮编：100740）
印　　刷：北京君升印刷有限公司
经　　销：各地新华书店
版　　次：2020年9月第2版第1次印刷
开　　本：720×1000　1/16　印张：22
字　　数：440千字
书　　号：ISBN 978-7-5184-2797-0　　定价：52.00元
邮购电话：010－65241695
发行电话：010－85119835　传真：85113293
网　　址：http：//www.chlip.com.cn
Email：club@chlip.com.cn
如发现图书残缺请与我社邮购联系调换
201256J2C202ZBW

第二版前言

随着高等职业教育教学改革的不断深化，培养“德技双馨”的“高素质技术技能型”人才成为高职院校的共同追求。新的培养目标对课程体系和教材也提出了更高的要求。“化学基础与分析技术”作为食品类、化工类专业基础课程，对于培养学生的实践能力、学习能力和职业能力有着至关重要的作用，其配套教材的开发建设显得尤为重要。为了使本教材更好地适应职业教育的人才培养定位和课程体系，落实《国家职业教育改革实施方案》对教材编写的要求，吸收学科和相关行业发展的新知识、新技术，有必要对第一版《化学基础与分析技术》进行改版修订。本次修订在保持第一版教材指导思想、内容体系和特色的基础上，融入了课程团队多年来的教学心得，更加注重对学生实践应用能力和综合素质的培养，使教材在内容上保持先进性和实用性，在体例形式上符合信息化、立体化和活页化的需求。具体的修订内容如下：

(1) 修正了一些细节问题；

(2) 对一些陈旧或应用性不强的知识点进行了删除或更新，增加了部分新知识、新应用；

(3) 增选了部分经典的应用性实训项目，规范统一了表述方式；

(4) 在教材富媒体方面，增加了动画、视频等立体化资源链接，融入了课程思政的元素；

(5) 依托食品生产技术国家级教学资源库，同步建设了较为完整的立体化教学资源，具有良好的助学、助教性。

本次修订由江苏食品药品职业技术学院化学基础与分析技术课程团队共同完成。黄秀锦和曹阳两位老师主持修订编写并负责统稿；王海平、丁兴华、严群芳、吴君艳、固红等老师参加了相关内容的修订工作。承蒙江苏食品职业技术学院谭佩毅教授对教材进行审阅，提出了许多宝贵意见。

在本教材修订过程中，参阅了很多化学类教材、专著及相关课程教学资源，在此向有关专家、作者表示由衷感谢。

限于编者水平，书中难免存在不足和疏漏之处，恳请广大读者和同行批评指正。

编者

2020 年 8 月

第一版前言

《化学基础与分析技术》教材是以高等职业教育“技术技能型”人才培养为目标，以相关行业的社会调研为基础，以职业工作过程系统化为主线，以工作过程所需的知识、能力和素质为依据，本着“实用为主，够用为度，应用为本”的原则，对原有“基础化学”课程的教学内容进行优化重组，按照“化学基础与基本操作+基本分析技术”的模式整合而成。化学基础与基本操作以化学反应基本原理、基础知识和化学基本操作为主，并适当选取物理化学的简单知识；基本分析技术以化学定量分析为主线，并适当安排基本仪器分析分光光度法的相关知识与技能，旨在使学生学会使用简单的仪器和设备，能进行常用化工产品中常规组分的定量分析与检测。本教材以真实的分析检测工作任务为主要内容，由简单到复杂进行项目训练，让学生在完成具体项目的过程中能够完成相应的分析检验工作任务，掌握分析检测的基本技能并构建分析检验所需要的理论知识，发展职业能力。本教材内容突出对学生职业能力的训练，理论知识的选取紧紧围绕工作任务完成的需要来进行，同时又充分考虑了高等教育对理论知识学习的需要，并融合了相关职业资格证书对知识、技能和态度的要求；既具有独立的职业能力培养目标，又可为后续专业性、综合性分析检测课程的学习奠定基本分析知识和技能的基础。

本教材“理实一体、课证融合、典面结合”，可供高职高专院校食品生产技术、食品生物技术、农产品加工、食品营养与检测及相关轻化工类专业（群）的学生使用，也可作为相关企业技术人员、相关职业技能培训人员的参考用书。

本教材由江苏食品药品职业技术学院“化学基础与分析技术”课程团队共同完成，由黄秀锦、谭佩毅担任主编并统稿，淮阴师范学院仲慧教授主审。编写分工为：黄秀锦编写模块二中项目四、五、六，谭佩毅编写模块一中项目四、五、六，孙林超编写模块二中项目一、二、三，严群芳编写模块一中项目

一、三，吴君艳编写绪论和模块一中项目二。

本教材的编写参考了很多化学及相关实验教材、专著、论文及相关课程网站的资料，在此向有关专家、作者表示由衷的谢意。同时也感谢中国轻工业出版社的有关领导、编辑的大力支持和热情帮助。

限于编者的水平，书中的不足和疏漏之处，敬请同行和专家批评指正，以便进一步研究、修改和完善。

编　者

目录

绪论 …… 1

一、本课程的内容和学习任务 …… 1
二、本课程的学习要求 …… 4

模块一　化学基础知识与基本操作 …… 6

项目一　物质的组成与性质 …… 6

项目描述 …… 6
学习目标 …… 6
必备知识 …… 7
一、原子结构和元素周期性 …… 7
二、分子结构与晶体性质 …… 18
三、有机化合物的组成与结构 …… 30
练习题 …… 37

项目二　元素及其化合物 …… 39

项目描述 …… 39
学习目标 …… 39
必备知识 …… 39
一、金属元素及其重要化合物 …… 39

二、 非金属元素及其重要化合物 …… 47
三、 有机化合物 …… 57
练习题 …… 73

项目三　化学反应基本原理 …… 77

项目描述 …… 77
学习目标 …… 77
必备知识 …… 77
一、 化学反应速率 …… 77
二、 化学平衡 …… 81
练习题 …… 87

项目四　溶液 …… 90

项目描述 …… 90
学习目标 …… 90
必备知识 …… 91
一、 溶液浓度的表示及换算 …… 91
二、 稀溶液的依数性 …… 94
三、 电解质溶液和解离平衡 …… 98
四、 溶液的 pH 及计算 …… 102
五、 酸碱缓冲溶液 …… 108
练习题 …… 111

项目五　定量分析基础 …… 114

项目描述 …… 114
学习目标 …… 114
必备知识 …… 114
一、 定量分析概述 …… 114
二、 滴定分析法 …… 117
三、 称量分析法 …… 120
四、 定量分析中的误差及数据处理 …… 123
练习题 …… 130

项目六　化学实验基础 …… 134

项目描述 …… 134

学习目标 …… 134
必备知识 …… 134
一、 化学实验室基本知识 …… 134
二、 化学实验基本操作 …… 139
实训练习 …… 164
实训一　称量技术训练 …… 164
实训二　滴定分析操作训练 …… 166
实训三　粗食盐的提纯 …… 169
练习题 …… 171

模块二　基本分析技术 …… 175

项目一　食用白醋中总酸含量的测定 …… 175

项目描述 …… 175
学习目标 …… 175
必备知识 …… 176
一、 酸碱指示剂 …… 176
二、 酸碱滴定基本原理及应用 …… 179
实训练习 …… 186
实训一　氢氧化钠标准溶液的配制与标定 …… 186
实训二　食用白醋中总酸含量的测定 …… 188
练习题 …… 190

项目二　自来水中钙、 镁含量的测定 …… 192

项目描述 …… 192
学习目标 …… 192
必备知识 …… 193
一、 配位化合物的基本概念 …… 193
二、 EDTA 与金属离子的配位平衡 …… 197
三、 配位滴定法 …… 201
实训练习 …… 211
实训三　EDTA 标准溶液的配制与标定 …… 211
实训四　自来水中钙、 镁含量的测定 …… 213
练习题 …… 216

项目三　消毒液中有效成分含量的测定 …… 219

项目描述 …… 219
学习目标 …… 219
必备知识 …… 220
一、氧化还原反应的基本知识 …… 220
二、氧化还原反应的速率及影响因素 …… 226
三、氧化还原滴定法 …… 228
四、常用氧化还原滴定法 …… 233
实训练习 …… 240
实训五　高锰酸钾标准溶液的配制与标定 …… 240
实训六　双氧水中过氧化氢含量的测定 …… 242
实训七　硫代硫酸钠标准溶液的配制与标定 …… 243
实训八　84 消毒液中有效氯含量的测定 …… 245
练习题 …… 247

项目四　生理盐水中氯化物含量的测定 …… 251

项目描述 …… 251
学习目标 …… 251
必备知识 …… 252
一、难溶电解质的溶度积 …… 252
二、沉淀的形成与沉淀的条件 …… 256
三、影响沉淀纯净的因素 …… 259
四、沉淀滴定法 …… 261
实训练习 …… 265
实训九　硝酸银标准溶液的制备 …… 265
实训十　生理盐水中氯化物含量的测定 …… 267
练习题 …… 269

项目五　水中微量铁含量的测定 …… 272

项目描述 …… 272
学习目标 …… 272
必备知识 …… 273
一、仪器分析法概述 …… 273

二、 分光光度法 …… 274
实训练习 …… 284
实训十一 水中微量铁含量的测定 …… 284
实训十二 循环水中磷含量的测定 …… 287
练习题 …… 289

项目六 化学分析综合训练 …… 292

项目描述 …… 292
学习目标 …… 292
必备知识 …… 293
一、 物质的定量分析过程 …… 293
二、 化学中常用的分离方法 …… 299
实训练习 …… 310
实训十三 铵盐中铵态氮含量的测定 …… 310
实训十四 混合碱含量的测定 …… 311
实训十五 明矾中铝含量的测定 …… 314
实训十六 钙制剂中钙含量的测定 …… 316
实训十七 绿矾中铁含量的测定 …… 318
实训十八 胆矾中铜含量的测定 …… 320
练习题 …… 321

附录 …… 324

参考文献 …… 338

绪　论

一、本课程的内容和学习任务

（一）化学研究的内容与作用

人类在长期的生活和实践中，积累了许多有关物质的组成及其变化规律的知识，并在应用和科学实验中不断发展和完善，逐步形成了现代自然科学——化学。

化学作为21世纪的中心科学，既是关于自然的科学，又是关于人的科学。与其他自然科学一样，化学也是把物质及其运动属性作为它的研究对象和内容，是在分子、原子或离子等层次上研究物质的组成、结构、性质及其变化规律的一门科学。化学变化是“质变”，同时化学变化中伴随着能量的变化，服从质量守恒和能量守恒定律。化学既涉及存在于自然界的物质，又涉及由化学家创造的新物质；它既研究自然界的变化，又研究由化学家发明创造的新变化。简言之，化学是研究物质变化的科学。

化学作为人类认识和改造物质世界的主要方法和重要手段，是当代科学技术和人类物质文明迅猛发展的基础和动力，化学的成就是社会文明的重要标志。从开始用火的原始社会到使用各种人造物质的现代社会，人类都在享用化学成果。今天，化学已发展成为材料科学、生命科学、环境科学和能源科学的重要基础，向其他学科的渗透日益明显，成为推进现代社会文明和科学技术进步的重要力量，并正在为解决人类面临的资源、能源、环境和粮食、健康等严峻问题做出积极的贡献。

动画：
化学是什么？

（二）化学的学科分类

在化学的发展过程中，按照所研究的分子类别和研究手段、目的、任务的不同，派生出了不同层次的分类学科。20世纪20年代以前，化学传统地分为无机化学、有机化学、物理化学和分析化学4个分类。20世纪20年代之后，由于各学科的深入发展和学科间的相互渗透，形成许多跨学科的新的研究领域。根据当今化学学科的发展以及与其他学科相互渗透的情况，化学可分为9大类，共计77个分支学科。下面简要介绍其中几种最重要的分类。

1. 无机化学

无机化学是研究无机物质的组成、性质、结构和反应的科学，是化学中最古老的分支学科，也是化学的基础。无机化学的研究对象是无机物，包括所有元素的单质和非碳氢结构的化合物。研究内容主要包括元素化学、无机合成化学、无机固体化学、配位化学、生物无机化学、无机材料化学等。无机化学与其他学科结合而形成了很多新兴研究领域。无机化学的发展趋向主要是新型化合物的合成和应用以及新研究领域的开辟和建立。

2. 有机化学

有机化学是研究有机物的来源、制备、结构、性质、应用以及有关理论的科学。有机物主要是指碳氢化合物及其衍生物，研究内容主要包括天然有机化学、有机合成化学、金属和非金属有机化学、物理有机化学、生物有机化学、有机分析化学。有机化学在生命科学、材料科学和环境科学的发展中起着越来越重要的作用。有机化学中的分子识别、分子设计概念、自组装等正在渗透到各个领域；新型功能物质的发现、创造和利用，使有机化学在满足人类的需求方面做出了重要的贡献；选择性反应尤其是不对称合成，已成为有机合成研究的热点和前沿领域；绿色有机合成化学正成为未来化学的一个重要的内容，将为21世纪人类幸福生活做出独特的贡献。

3. 分析化学

分析化学是研究物质的化学组成和结构信息的测定方法及相关理论的一门科学。分析化学以化学基本理论和实验技术为基础，并吸收物理、生物、统计、电子计算机、自动化等方面的知识以充实本身的内容，从而解决科学、技术所提出的各种分析问题。现代分析化学的发展正处于新的变革时期，生命科学、环境科学、新材料等科学发展的要求，生物学、信息科学、计算机技术的引入，使分析化学进入了一个新的境界。分析化学有极高的实用价值，对人类的物质文明做出了重要贡献，广泛地应用于地质普查、矿产勘探、冶金、化学工业、能源、农业、医药、临床化验、环境保护、商品检验等领域，是工农业生产和科学研究的“眼睛”。

4. 物理化学

物理化学是从化学变化与物理变化的联系入手，研究物质及其反应，以寻求化学性质与物理性质间本质联系的普遍规律的科学。研究内容大致包括化学热力学（化学反应的方向和限度）、化学动力学（化学反应的速率和机理）和结构化学（物质的微观结构与宏观性质间的关系）3个方面。随着科学的迅速发展和各门学科之间的相互渗透，物理化学与物理学、无机化学、有机化学在内容上存在着难以准确划分的界限，从而不断地产生新的分支学科，例如物理有机化学、生物物理化学、化学物理等。

5. 高分子化学

高分子化学是研究高分子化合物的结构、性能、合成方法、反应机理、应用等方面的一门新兴的综合性学科。主要包括天然高分子化学、高分子合成化学、高分子物理化学、高聚物应用、高分子物理等。目前，许多高分子材料以其优越的性能广泛用于工农业生产、社会生活和科学研究中。

另外，化学学科在其发展过程中还与其他学科交叉结合形成多种新型和边缘学科，如化学工程学、应用化学、生物化学、食品化学、环境化学、农业化学、医学化学、材料化学等。

（三）本课程的基本内容

化学基础与分析技术是食品类专业（群）及相关专业必修的专业基础课程，是培养相关专业的技术技能型人才知识及能力结构的重要组成部分，也是学习后续专业课程的基础。它是根据高职高专人才培养的目标，本着“实用为主，够用为度，应用为本”的原则，对原有基础化学课程内容进行优化组合而形成的一门综合性课程。化学基础与分析技术课程的基本内容可用“结构”、“平衡”、“性质”、“应用”8 个字来概括，按照“化学基础与基本操作 + 基本分析技术”模式构建而成。化学基础知识以化学基本原理、基础知识和基本操作为主，适当选取物理化学简单知识；基本分析技术定位在化学定量分析技术和基础仪器分析技术，旨在使学生会使用基本的分析仪器和设备，进行常用食品及化工产品中常、微量组分的分析与检测，培养学生运用化学反应的基本理论和技术去解决、分析实际问题的能力和职业综合素养。

1. 本课程的学习内容

（1）近代物质结构理论　原子结构、分子结构和晶体结构、有机物的结构等知识；物质的性质、化学变化与物质结构之间的关系。

（2）元素及其化合物的基本知识　重要的元素及其化合物的结构、组成、性质的变化规律及有关应用；常用的有机化合物的结构、性质及应用。

（3）化学反应的基本原理　化学反应速率、化学平衡及其变化的一般规律。

（4）溶液的基本知识　溶液的性质、溶液浓度的表示及配制、溶液依数性及电解质溶液的离解平衡及应用。

（5）化学实验基本知识与基本操作　化学实验室基本知识、化学实验室守则、安全常识及一般事故的预防与处理；化学实验的基本操作技能。

（6）基本分析技术及应用　应用化学平衡原理和物质的理化性质，确定物质的化学成分和含量，掌握滴定分析法、称量分析法、仪器分析的基本方法及实用技术。

（7）化学分析综合实训　以铵盐中铵态氮、混合碱分析、明矾中铝含量及钙制剂中钙含量的测定等典型的分析检验项目为载体进行实践专项训练，巩固学习样品采集与制备知识和基本分析技能，培养学生从实际出发分析问题和解决问题的能力。

2. 本课程的学习任务

本课程的学习任务是为学生提供与其未来职业相关的现代化学基本概念、基本原理及其应用的知识和技能。通过完成《化学基础与分析技术》不同模块的学习内容和工作任务，学生具备物质分析的基本知识和基本技能，建立准确的量的概念，会运用基本分析知识和技能对生产原料、中间产品及成品进行预处理及分析检测，具备分析检验质量保证能力及从事分析检验工作的职业能力，培养严谨的科学态度，为学习后续课程和将来从事食品生产、食品检测与质量控制以及其他轻化工产品的质量检测分析打好基础。

二、本课程的学习要求

化学是一门自然科学，化学基础与分析技术课程是一门理论和实践并重的课程。学习时应遵循科学研究的规律，采用科学的方法和科学思维，用辩证唯物主义的观点去指导学习，同时必须掌握正确的学习方法。具体要求如下。

（一）抓好各个学习环节，注意掌握重点

由于本教材内容多，课时紧。因此，一定要刻苦钻研，弄清概念，力求融会贯通，具体要抓好各个学习环节。在预习的基础上，听好每节课，根据各项目的教学要求，抓住重点和主线进行学习，并做到及时复习。学会运用理论去分析解决实际问题。注意知识的积累，掌握记忆的规律，让“点的记忆”汇成“线的记忆”，切忌死记硬背。

（二）充分重视技能训练，准确树立和落实“量”的理念

随着科学技术的快速发展，分析技术在食品生产与质量控制、食品营养与检测及农产品检验等方面的作用越来越凸显，应用也越来越广泛。化学基础与分析技术作为一门重要的专业基础课程，不仅要使学生学会物质分析的基本知识和测试技术，还要培养学生实事求是、一丝不苟、严肃认真的科学态度，提高自我分析问题、解决问题的能力。学习过程中，必须注意理论与实践的结合，在注重理论知识学习的同时，尤其要加强基本操作技术的培养和锻炼。通过实训课的实际动手实践，提高操作技能，并加深对理论知识的理解和掌握，

准确地树立“量”的理念，培养重事实、贵精确、求真相、尚创新的科学精神及实事求是的科学态度以及分析问题、解决问题的能力，将理论指导下的技术变得更加有形，更加扎实。

1. 训练前充分预习

预习是做好技能训练的前提和保证，整个预习过程可以归纳为“读、查、写”。

（1）读　认真阅读课程教材，巩固理论课上学到的相关知识。做到：明确训练目的，掌握技能训练基本原理；熟悉训练内容、主要操作步骤及数据的处理方法；了解技能训练中仪器的使用方法，明确实验中的注意事项；组织实验顺序，合理分配时间；回答实验后相关的思考题。

（2）查　从手册或资料中查出实验中所需的数据或常数。

（3）写　用自己的语言或示意式写出预习报告，做到简明扼要、清晰，切勿照书抄。预习报告一般包括以下内容（根据具体情况取舍）：项目名称、日期、训练目的和要求、测定原理（用自己的话扼要写出）、测定步骤（简明扼要）、训练记录（实验现象、实验数据的原始记录必须及时、客观，结束后完成训练报告）、训练中注意事项、训练中所需数据或常数和思考题的回答等。

2. 技能训练过程中做到细心、认真

按教材或自行设计的步骤独立完成，既要大胆又要细心。仔细观察实验现象，客观真实记录测定数据。原始数据不得涂改，如有记错的情况可在原始数据上划一道杠，再在旁边写上正确值。实验中要勤于思考，仔细分析，力争自己解决问题。碰到疑难问题而自己难以解决时，可请求老师指导。如发现实验现象与理论不符，应尊重实验事实，并认真分析和检查原因，也可做对照试验、空白试验来核对。必要时应多次重复验证，从中得到有益的科学结论。在实验过程中应保持肃静，严格遵守实验室工作规则和安全守则。

3. 正确、及时撰写技能训练报告

技能训练结束后，应对实验现象进行解释并作出结论，或根据实验数据进行处理和计算，独立完成技能训练报告，及时上交指导教师审阅。书写技能训练报告要做到结论明确、计算正确、字迹端正、绘图规范、简明扼要和整齐清洁。

（三）广泛阅读课外参考书，培养自学能力

应充分利用线上、线下相关课程资源，通过参阅各种参考资料，补充相关内容，帮助自己深入理解与掌握化学基础知识，强化基本操作技能，培养自主学习的能力和树立终身学习的理念。

模块一　化学基础知识与基本操作

项目一　物质的组成与性质

项目描述

世界是由物质组成的。物质是由分子（或直接由原子）构成，分子是由原子构成。在化学反应中原子核并没有变化，只是核外电子的数目或运动状态发生了改变；原子与原子之间通过化学键形成分子。另外，分子之间还存在着各种相互作用力，化学键及分子间作用力的类型决定了分子的结构与性质。本项目以现代原子结构模型为基础，重点学习原子核外电子排布的规律、化学键的类型及分子间力与物质性质的关系。

学习目标

知识目标	（1）了解原子核外电子运动的特点和核外电子运动状态的近代描述；掌握原子核外电子结构及与元素周期表的关系。 （2）理解离子键与离子晶体特性的关系；了解共价键的特点及与分子性质的关系。 （3）了解分子的极性；理解分子间作用力的类型及氢键对分子性质的影响；理解非离子型晶体的特点。 （4）了解杂化的概念、有机化合物的结构特征和分类。
能力目标	（1）会书写 1～36 号元素的电子排布式并根据电子排布式可判断出该原子的属性。 （2）根据形成分子的原子性质判断常见化学物质的性质。 （3）根据化学物质的性质，在实验过程中做好防护措施；能利用极性判断如何选取溶剂。 （4）会根据有机化合物结构确定其所属类别。

续表

素质目标	（1）培养严谨的学风以及实事求是的学习态度。 （2）养成良好的学习习惯。 （3）培养自我学习能力和终身学习的理念。 （4）培养团结协作和创新意识

必备知识

一、原子结构和元素周期性

（一）现代原子结构的模型

原子是化学变化中的最小微粒。原子的结构和性质决定了由其形成的物质的结构和性质。人们对原子结构的认识经历了一个逐渐深入的过程。经科学证实，原子很小，由居原子中部的带正电荷的原子核和在原子核周围带负电荷的电子所构成。原子核是由带正电荷的质子和不带电荷的中子构成。电子带负电荷，在原子核外很小的空间内作绕核高速运动。原子核内的质子数决定了该原子的核电荷数，也决定了原子核外的电子数和元素的原子序数。对于任何一种原子有如下关系：

原子序数 = 核电荷数 = 核内的质子数 = 核外的电子数

这种关系称之为“四数合一”。任何原子的核电荷数等于核外的电子数，整个原子不显电性。在一般的化学反应中，原子核并没有发生变化，只是核外电子数目或运动状态发生了改变。显然电子数日及运动方式决定了原子的性质。

电子的质量很轻、体积很小。通常把质量和体积都极其微小，运动速度等于或接近光速的微粒称为微观粒子，如光子、电子、质子、中子等均称为微观粒子。因为光子的静止质量为0，故把光子之外的微观粒子称作实物粒子。人们对原子中核外电子运动状态的研究以及现代原子结构理论的建立，是从对电子、中子等微观粒子波粒二象性的认识开始的。

（二）电子的波粒二象性

光的波动性和粒子性统称为光的波粒二象性。经科学实验证实，实物粒子如质子、中子、电子等在一定情况下，不仅是粒子而且呈现波的性质，并且其质量为 m、运动速率为 v 的微观粒子相应的波长 λ 之间有如下关系：

$$\lambda = \frac{h}{p} = \frac{h}{mv} \qquad (1-1)$$

式（1－1）表明，描述粒子性的动量 p 和描述波动性的 λ 通过普朗克常数 h 定量联系起来，表征了包括电子在内的一切微观粒子具有波粒二象性。进一步的研究表明，具有波动性的微观粒子不再服从经典力学规律，只有建立在微观粒子的量子性及其运动规律的统计性这两个基本特征之上的量子力学，才能比较正确地描述微观粒子的运动。学习量子力学需要高深的数学和物理学知识，通常应用其结论来描述核外电子的运动状态和规律。

（三）核外电子运动状态的近代描述

1. 电子云

具有波动性的微观粒子不服从经典力学规律，只能用统计的方法对其运动规律做出概率性的判断。如氢原子核外只有一个电子，设想原子核的位置固定，而电子并不是沿固定的轨道运动，只能用统计的方法来判断电子在核外空间某一区域出现的机会是多少。设想有一个高速照相机能拍摄电子在某一瞬间的位置，然后在不同瞬间拍摄成千上万张照片，若分别观察每一张照片，其位置各不相同，似无规律可言。如果把所有的照片叠合在一起看，明显地发现电子的运动具有统计规律性。为了形象地表示电子的运动规律，人们习惯用小黑点（一个电子的运动痕迹）的疏密程度来表示电子在原子核外某区域出现概率的大小（氢原子的电子经常出现在核外的一个球形空间），离核越近处，黑点越密。它如同带负电的云一样，把原子核包围起来，这种想象的图形就称作电子云，电子云越密集，电子出现的概率越大。

动画：
电子云

2. 四个量子数

量子力学认为，要完整描述原子核外某电子的运动状态，必须要用 4 个量子数，即主量子数（n）、角量子数（l）、磁量子数（m）和自旋量子数（m_s）。

（1）主量子数 n　主量子数 n 是确定电子能量的主要因素，可以用 1，2，3，4，…等正整数来表示。n 决定着电子离核的平均距离。n 越大，电子离核平均距离越远，能量越高；n 相同的电子在离核距离相近的一个空间区域内运动，这个区域称为电子层，故 n 值又代表电子层数。所有 n 相同的电子称为同层电子。在光谱学上另用一套拉丁字母来表示 n 不同的电子层。

主量子数（n）	1	2	3	4	5	6	…
电子层	K	L	M	N	O	P	…

进一步的研究表明，在某一电子层内还存在着能量差别很小的若干个亚

层。除 n 外，还要用角量子数 l 来描述核外电子的运动状态和能量。

（2）角量子数 l　角量子数 l 代表电子的角动量的大小，它规定电子在空间角度分布情况，与轨道（电子云）形状密切相关。l 的取值受 n 的制约，可以取从 0 到 $n-1$ 的 n 个正整数。相应于电子层 n 的概念，所以角量子数 l 又称为电子亚层。l 数值与光谱学上规定的亚层符号之间的对应关系为：

角量子数（l）	0	1	2	3	…
亚层符号	s	p	d	f	…
原子轨道的形状	球形	哑铃形	花瓣形	花瓣形	

n 相同，l 不同的电子，不仅能量不同（氢原子除外），原子轨道和电子云的形状也不同。s、p、d 电子云示意图见图 1-1。所以，像 $2s$、$2p$、$3d$ 等符号既表示电子的能级，也表示原子轨道和电子云的形状，即表示电子的运动状态。n 相同，l 也相同的电子具有相同的能量，它们处在同一能级，归为同一亚层。在同一电子层中，能量依 s、p、d、f 亚层依次升高。

（3）磁量子数 m　磁量子数 m 是确定电子绕核运动的角动量在外磁场方向上分量的量子数，决定原子轨道或电子云在空间的伸展方向。它的取值受 l 的制约，可取从 0 到 $\pm l$ 的整数，即 0，± 1，± 2，...，$\pm l$，共（$2l+1$）个值。每个取值都表示亚层中的一个有一定空间伸展方向的轨道。一个亚层中 m 可取几个数值，该亚层中就有几个伸展方向不同的轨道。n、l、m 3 个量子数规定了一个原子轨道，在没有外加磁场的情况下，n、l 相同，m 不同的同一亚层的原子轨道属于同一能级，能量是完全相等的，称作等价轨道或称作简并轨道。如 p、d、f 亚层分别有 3、5、7 个等价轨道。n 越高，轨道能量升高，轨道的个数也增多，轨道类型（形状和方向）也更多样。

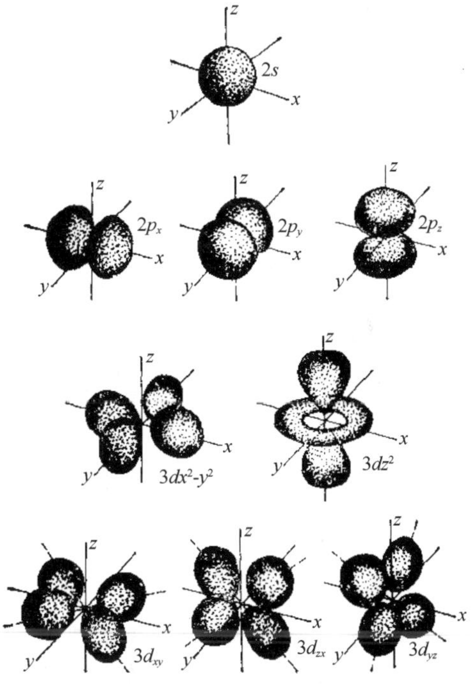

图 1-1　s，p，d 电子云示意图

（4）自旋量子数 m_s　电子在绕核运动同时，本身还作两种相反方向的自旋运动，描述电子自旋运动的量子数称为自旋量子数 m_s，取值为 $+\frac{1}{2}$ 或 $-\frac{1}{2}$，分别对应电子的顺时针方向自旋运动和逆时针方向自旋运动，一般用符号"↑"和"↓"表示。

综上所述，要准确完整地描述原子核外某个电子的运动状态，必须要用 n、l、m 和 m_s 4 个量子数。4 个量子数是互相联系、互相制约的。在同一原子中，没有彼此处于完全相同运动状态的电子同时存在，即在同一原子中，不能有 4 个量子数（n、l、m、m_s）完全相同的两个电子存在。可以推论每一个原子轨道（n、l、m 相同）只能容纳两个自旋方向相反的电子（m_s 不同），这称作泡利（W. Pauli）不相容原理。根据 4 个量子数之间的关系和泡利不相容原理，可以推算出各电子层可能有的轨道数（n^2）和电子的最大容量（$2n^2$），如表 1－1所示。

表 1－1　4 个量子数的关系

主量子数 n	1	2		3			4			
符号	K	L		M			N			
角量子数 l	0	0	1	0	1	2	0	1	2	3
符号	1s	2s	2p	3s	3p	3d	4s	4p	4d	4f
磁量子数 m_l	0	0	0 ±1	0	0 ±1	0 ±1 ±2	0	0 ±1	0 ±1 ±2	0 ±1 ±2 ±3
各亚层轨道数	1	1	3	1	3	5	1	3	5	7
各电子层轨道数（n^2）	1	4		9			16			
每层最大容量（$2n^2$）	2	8		18			32			

（四）原子核外电子结构

原子中的电子在作绕核运动时，可以出现能量不同的多种状态，其中能量最低的状态称作基态，其余的状态称作激发态。由于激发态情况比较复杂，通常讨论基态时原子中电子的排布。

1. 多电子原子轨道的能级

在单电子原子中，核外电子只受原子核吸引，能量只与主量子数有关；而在多电子原子中，原子轨道的能级关系较为复杂。由于存在着原子核与电子、电子与电子的相互作用，电子能量不仅与 n 有关，也与 l 有关；在外加场的作用下，还与 m 有关，使得处于不同轨道的电子的能量并不完全随主量子数的增加而增加。1939 年鲍林（L. Pauling）根据光谱实验结果总结出多电子原子中各原子轨道能级的相对高低情况，并用图近似地表示出来，称为鲍林原子轨道近似能级图（图 1－2）。

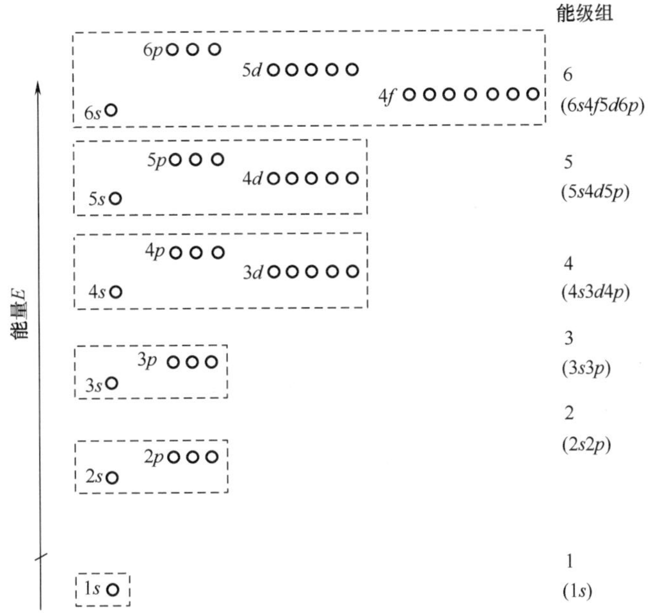

图 1－2　鲍林原子轨道近似能级图

由图 1－2 可以看出：

（1）同一原子中的同一电子层内，各亚层之间的能量次序为：$ns < np < nd < nf$。

（2）同一原子中的不同电子层内，相同类型亚层之间的能量次序为：$1s < 2s < 3s\cdots$；$2p < 3p < 4p\cdots\cdots$。

（3）同一原子内不同电子层的不同亚层之间有能级交错现象。例如：$4s < 3d < 4p$；$5s < 4d < 5p$；　$6s < 4f < 5d < 6p$。

2. 原子核外电子排布规则

（1）能量最低原理　原子核外的电子总是优先占据可供占据的能量最低的轨道，只有当能量最低的轨道占满后，电子才依次进入能量较高的轨道。根据该原则，由原子轨道的近似能级图可知，基态原子核外电子填充的顺序是：$1s \to 2s \to 2p \to 3s \to 3p \to 4s \to 3d \to 4p \to 5s \to 4d \to 5p \to 6s \to 4f \to 5d \to 6p \to 7s \to \cdots\cdots$。

（2）泡利不相容原理　奥地利科学家泡利提出：在同一原子中不可能有 4 个量子数完全相同的两个电子存在。也就是说每个原子轨道最多只能容纳两个电子，并且自旋反向。由泡利不相容原理，可以推算出每一电子层所能容纳的最大电子数为 $2n^2$。

（3）洪特规则　德国科学家洪特提出：在等价轨道上填充的电子将尽可能地分占不同轨道且自旋相同。这样排布时，电子间的排斥力最小，原子的总能量最低、最稳定。例如，$_7$N 原子的电子排布为 $1s^22s^22p^3$，其轨道上的电子排布而是 $1s^22s^22p_x{}^12p_y{}^12p_z{}^1$，而不是 $1s^22s^22p_x{}^22p_y{}^1$。

每个等价轨道上各有一个电子的情形称为半充满。等价轨道在全充满、半充满或全空的状态是比较稳定的。即：p^6 或 d^{10} 或 f^{14}，全充满；p^3 或 d^5 或 f^7，半充满；p^0 或 d^0 或 f^0，全空。

3. 基态原子中的电子排布

应用原子轨道近似能级图和核外电子填充规则，可以准确写出 91 种原子的核外电子分布式，另有 19 种元素原子外层电子的分布情况稍有例外。1～36 号元素的电子排布见表 1－2。

表 1－2　1～36 号元素基态原子的电子分布

周期	原子序数	元素		电子层					原子实表示式
		名称	符号	K	L	M	N	O	
				1*s*	2*s* 2*p*	3*s*3*p* 3*d*	4*s*4*p*4*d*4*f*	5*s*5*p*5*d*5*f*	
一	1	氢	H	1					$1s^1$
	2	氦	He	2					$1s^2$
二	3	锂	Li	2	1				[He] $2s^1$
	4	铍	Be	2	2				[He] $2s^2$
	5	硼	B	2	2 1				[He] $2s^22p^1$
	6	碳	C	2	2 2				[He] $2s^22p^2$
	7	氮	N	2	2 3				[He] $2s^22p^3$
	8	氧	O	2	2 4				[He] $2s^22p^4$
	9	氟	F	2	2 5				[He] $2s^22p^5$
	10	氖	Ne	2	2 6				[He] $2s^22p^6$ = [Ne]
三	11	钠	Na	2	2 6	1			[Ne] $3s^1$
	12	镁	Mg	2	2 6	2			[Ne] $3s^2$
	13	铝	Al	2	2 6	2 1			[Ne] $3s^23p^1$
	14	硅	Si	2	2 6	2 2			[Ne] $3s^23p^2$
	15	磷	P	2	2 6	2 3			[Ne] $3s^23p^3$
	16	硫	S	2	2 6	2 4			[Ne] $3s^23p^4$
	17	氯	Cl	2	2 6	2 5			[Ne] $3s^23p^5$
	18	氩	Ar	2	2 6	2 6			[Ne] $3s^23p^6$ = [Ar]

续表

周期	原子序数	元素		电子层						原子实表示式
		名称	符号	K	L	M		N	O	
				$1s$	$2s\ 2p$	$3s3p$	$3d$	$4s4p4d4f$	$5s5p5d5f$	
四	19	钾	K	2	2　6	2　6		1		[Ar] $4s^1$
	20	钙	Ca	2	2　6	2　6		2		[Ar] $4s^2$
	21	钪	Sc	2	2　6	2　6	1	2		[Ar] $3d^1 4s^2$
	22	钛	Ti	2	2　6	2　6	2	2		[Ar] $3d^2 4s^2$
	23	钒	V	2	2　6	2　6	3	2		[Ar] $3d^3 4s^2$
	24	铬	Cr	2	2　6	2　6	5	1 半充满		[Ar] $3d^5 4s^1$
	25	锰	Mn	2	2　6	2　6	5	2		[Ar] $3d^5 4s^2$
	26	铁	Fe	2	2　6	2　6	6	2		[Ar] $3d^6 4s^2$
	27	钴	Co	2	2　6	2　6	7	2		[Ar] $3d^7 4s^2$
	28	镍	Ni	2	2　6	2　6	8	2		[Ar] $3d^8 4s^2$
	29	铜	Cu	2	2　6	2　6	10	1 全充满		[Ar] $3d^{10} 4s^1$
	30	锌	Zn	2	2　6	2　6	10	2		[Ar] $3d^{10} 4s^2$
	31	镓	Ga	2	2　6	2　6	10	2　1		[Ar] $3d^{10} 4s^2 4p^1$
	32	锗	Ge	2	2　6	2　6	10	2　2		[Ar] $3d^{10} 4s^2 4p^2$
	33	砷	As	2	2　6	2　6	10	2　3		[Ar] $3d^{10} 4s^2 4p^3$
	34	硒	Se	2	2　6	2　6	10	2　4		[Ar] $3d^{10} 4s^2 4p^4$
	35	溴	Br	2	2　6	2　6	10	2　5		[Ar] $3d^{10} 4s^2 4p^5$
	36	氪	Kr	2	2　6	2　6	10	2　6		[Ar] $3d^{10} 4s^2 4p^6$ = [Kr]

由表 1－2 可知，在 1～36 号元素的电子排布中，24 号元素铬和 29 号元素铜是特例（可用洪特规则解释），它们的原子核外电子的排布式分别为：${}_{24}Cr$：$1s^2 2s^2 2p^6 3s^2 3p^6 3d^5 4s^1$；${}_{29}Cu$：$1s^2 2s^2 2p^6 3s^2 3p^6 3d^{10} 4s^1$。为了书写方便，铬和铜的电子排布式可以简写为${}_{24}Cr$：[Ar] $3d^5 4s^1$ 和${}_{29}Cu$：[Ar] $3d^{10} 4s^1$，方括号中所列稀有气体表示该原子内层的电子结构与此稀有气体原子的电子结构一样。表 1－2 中 [Xe]、[Ar]、[Kr] 等称为原子实。电子排布式中除原子实以外的部分称为价电子层结构（或称价电子构型）。

所谓价电子层结构，对于主族元素而言，就是最外层电子层结构，对于副族元素（除镧系、锕系外）而言，是最外层电子层加上次外层 d 轨道结构。在进行化学反应时，仅价电子层发生改变，其内部电子层是不变的，元素的化学性质主要决定于它的价电子层结构。从各种元素原子的电子层结构可以看出，随着原子充数的递增，原子核外电子的排布呈周期性变化，这必然导致元素性质的周期性变化。

（五）元素周期性

元素的性质随着元素的核电荷数（原子序数）的依次递增而呈现出的周期性变化的规律称作元素周期律。元素性质的周期性源于基态原子电子层结构随原子序数递增而呈现的周期性。元素周期律正是原子内部结构周期性变化的反映，元素在周期表中的位置和它们的电子层结构有直接关系。

1. 元素周期表

（1）周期与能级组　现代长式周期表共有 7 个横行，从上到下对应于 7 个周期。第 1 周期有 2 种元素，为特短周期；第 2、3 周期各有 8 种元素，为短周期；第 4、5 周期各有 18 种元素，为长周期；第 6 周期有 32 种元素，为特长周期；第 7 周期预测有 32 种元素，尚有几种元素有待发现，故为不完全周期。

分析元素周期表中原子的核外电子排布情况发现，随着原子序数的递增，最外层电子数目总是由 ns^1 至 ns^2np^6 变化且呈现周期性。一个周期相应于一个能级组。由于能级交错，各个能级组内包含的能级数目不同，故周期有长短之分，但均符合统一规律，即各个周期所包含的元素数目总是与该能级组所能容纳的最多电子数目相等。周期与能级组的关系见表 1－3。

表 1－3　周期与能级组的关系

周期	能级组	原子序数	能级组内各亚层电子填充顺序	电子填充数	元素种数
1	Ⅰ	1～2	$1s^{1\sim2}$	2	2
2	Ⅱ	3～10	$2s^{1\sim2}\rightarrow2p^{1\sim6}$	8	8
3	Ⅲ	11～18	$3s^{1\sim2}\rightarrow3p^{1\sim6}$	8	8
4	Ⅳ	19～36	$4s^{1\sim2}\rightarrow3d^{1\sim10}\rightarrow4p^{1\sim6}$	18	18
5	Ⅴ	37～54	$5s^{1\sim2}\rightarrow4d^{1\sim10}\rightarrow5p^{1\sim6}$	18	18
6	Ⅵ	55～86	$6s^{1\sim2}\rightarrow4f^{1\sim14}\rightarrow5d^{1\sim10}\rightarrow6p^{1\sim6}$	32	32
7	Ⅶ	87～109	$7s^{1\sim2}\rightarrow5f^{1\sim14}\rightarrow6d^{1\sim7}$	23（未填满）	23（尚待发现）

从能级组可以看出，每一周期的元素都是从活泼的碱金属元素（ns^1，第一周期例外）开始逐渐过渡到活泼的非金属元素卤素（$ns^2np^{1\sim5}$），最后以稀有气体（ns^2np^6）结束。

在长周期中，过渡元素的最后电子填充在次外层或倒数第三层上。由于元素的性质主要决定于最外层电子，长周期中元素性质的递变比较缓慢。

（2）族与价电子构型　长式周期表共有 18 个纵行，从左到右对应于 16 个族，即 8 个主族（A）和 8 个副族（B）。主族元素是指既包含短周期又包含长周期的元素，包括ⅠA、ⅡA 至ⅧA 8 个族，分别位于周期表的两侧。副族元素是指不包含短周期只包含长周期的元素，包括ⅠB、ⅡB 至Ⅷ族 8 个族，分别位于周期表的中部。

分析周期表中各元素的电子构型发现，元素原子的价电子层结构决定该元素在周期表中所处的族次。在同一族中的各元素虽然它们的电子层数不同，但有相同的价电子构型和相同的价电子数。主族元素的族号数等于原子最外层电子数（主族元素的原子的价电子数等于最外层 s 和 p 电子的总数）。副族元素情况比较复杂ⅠB、Ⅱ B 副族元素的价电子数等于最外层 s 电子的数目，Ⅲ B 至Ⅶ B 副族元素的价电子数等于最外层 s 和次外层 d 层中的电子总数。镧系、锕系在周期表中都排在Ⅲ B 族。

（3）区（block）　按元素原子价电子构型的不同，可以把周期表中的元素所在的位置分成 s、p、d、ds、f 5 个区。

s 区元素：最后一个电子填充在 s 轨道上的元素，价电子构型为 $ns^{1\sim2}$，特指ⅠA 和ⅡA 族（第 1 和第 2 列），除氢外均为活泼的金属元素。

p 区元素：最后一个电子填充在 p 能级上的元素，除 He 外，价电子构型为 $ns^2np^{1\sim6}$，特指Ⅲ A～Ⅷ A 族（第 13～18 列），包括所有非金属元素、惰性元素和部分金属元素。

d 区元素：最后一个电子填充在 d 能级上的元素，价电子构型为 $ns^{1\sim2}(n-1)d^{1\sim10}$，特指Ⅲ B～ⅧB 族（第 3～10 列），均为金属元素。

ds 区元素：价电子构型为 $ns^{1\sim2}(n-1)d^{10}$，特指ⅠB～Ⅱ B 族（第 11～12 列）。

f 区元素：最后一个电子填充在 f 能级上的元素，价电子构型为 $(n-2)\cdot f^{1\sim14}(n-1)d^{0\sim2}ns^2$，包括镧系和锕系元素。

从 d 区元素和 ds 区元素的价电子层结构看，它们都是金属元素，而且电子排布完成了 d 轨道电子填充不完全到电子填充完全的过渡。故 d 区元素和 ds 区元素又称过渡金属元素。

综上所述，原子的电子层结构与元素周期表之间有密切的关系。对于多数元素来说，如果知道了元素的原子序数，便可以写出该元素的电子层结构，从而判断它所在的周期和族。反之，如果已知元素所在的周期和族，便可以写出该元素的电子层结构，也能推知它的原子序数。例如原子序数为 26 的某元素，其电子排布式应为［Ar］$3d^64s^2$，为第 4 周期，第Ⅷ族，为 d 区过渡元素铁。

2. 元素基本性质的周期性

元素的性质决定于其原子的内部结构。正是原子核电子排布的周期性变化导致了相应元素的诸多性质如原子半径、

动画：
元素周期表

电离能、电负性等均呈现周期性变化。

(1) 原子半径（r） 原子半径（一般）是指单质分子（或晶体）中相邻原子平衡核间距离的一半。通常有3种情况：

①共价半径：同核原子以共价键结合时，其相邻原子平衡核间距离的一半。

②范德华半径：在单质分子晶体中，分别属于两相邻分子的两相邻原子平衡核间距离的一半。

由于共价键的键能强于范德华力，所以同一原子的范德华半径大于共价半径。例如，氯原子的共价半径（99pm）小于其范德华半径（180pm），见图1-3。

③金属半径：金属晶体中两个相邻金属原子平衡核间距离的一半称为该金属原子的金属半径。它是将金属晶体看成是由金属原子紧密堆积结构，由实验测得的，如铜原子的金属半径参见图1-4。原子的金属半径一般比它的单键共价半径大10%～15%。

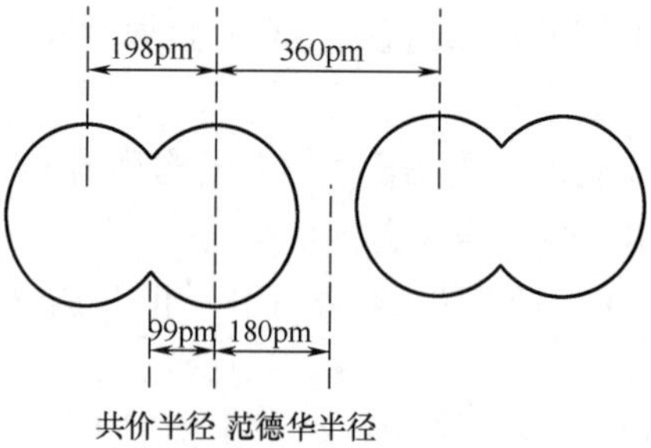

图1-3 氯原子的共价半径与范德华半径

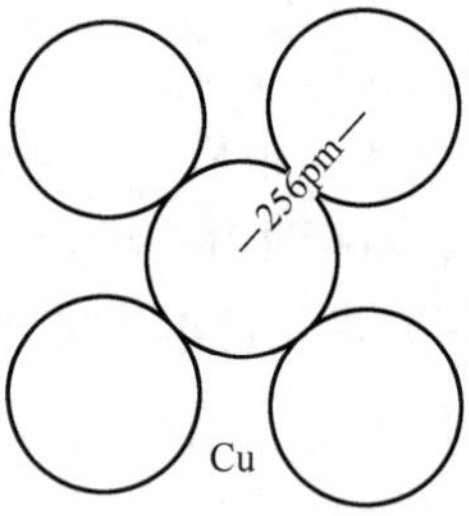

图1-4 铜原子的金属半径

原子半径的大小主要决定于核外电子层数和有效核电荷。对于同一周期的主族元素，电子层数相同而有效核电荷 Z^* 从左到右依次增加，核对外层电子的引力依次增强，故原子半径从左到右依次减小；过渡元素的 Z^* 增加缓慢，原子半径减小也较缓慢。同族元素从上到下由于电子层数增加，原子半径逐渐增大。

(2) 电离能（I） 核外运动的电子受原子核吸引，电子要摆脱原子核的束缚，就需要消耗能量以克服核电荷的吸引力。把每摩尔基态气态原子失去1mol电子成为+1价气态阳离子时所需要吸收的能量称为该元素的第一电离能，用 I_1 表示，单位为kJ/mol；由+1价气态阳离子再失去一个电子变为+2价气态阳离子时所需要的能量称为第二电离能，用 I_2 表示，依此类推。电离能是衡量原子失去电子难易程度的物理量。电离能越小，原子越容易失去电子，元素的金属性越强；电离能越大，原子越难失去电子，元素的金属性越弱，而非金属性越强。电离能的大小主要取决于有效核电荷数、原子半径和电子层结构等。随着原子序数的增大，电离能 I_1 呈周期性变化。

①同一元素，$I_1 < I_2 < I_3 < I_4$，这是由于离子的电荷正值越来越大，离子半径就越来越小，所以失去电子就越来越难，需要的能量就越来越高。

②同一周期的主族元素，从左到右第一电离能 I_1 依次增大（总趋势）。这是由于从左到右随着有效核电荷 Z^* 的增加，原子半径减小，核对外层电子的引力增强，失去电子的能力减弱，因此 I_1 明显增大。但 I_1 的变化是略有起伏的，如第二周期中 B 和 O 都比相邻元素的 I_1 为低。这是因为 B 和 O 失去一个电子后分别形成的 B^+（$1s^22s^22p^0$）和 O^+（$1s^22s^22p^3$）为全空和半满的稳定结构。副族元素电离能升高比较缓慢，这种现象和它们的半径减小缓慢、有效核电荷增加缓慢是一致的。

③同一主族从上到下第一电离能 I_1 依次减小。这是由于从上到下原子半径显著增大，导致核对外层电子的引力逐渐减弱，失去电子的能力增强，故电离能逐渐减小。

（3）电负性（X）　原子在分子中吸引（成键）电子能力的大小称为该元素的电负性，用 X 表示。电负性是表征原子得失电子综合能力的物理量，1932 年由鲍林提出，鲍林在指定了 F（最活泼的非金属）元素的电负性为 4.0 基础上，通过计算得出了其他元素电负性的相对值，见图 1－5。

H 2.2																
Li 1.0	Be 1.6											B 2.0	C 2.6	N 3.0	O 3.4	F 4.0
Na 0.9	Mg 1.3											Al 1.6	Si 1.9	P 2.2	S 2.6	Cl 3.2
K 0.8	Ca 1.0	Sc 1.4	Ti 1.5	V 1.6	Cr 1.7	Mn 1.6	Fe 1.8	Co 1.9	Ni 1.9	Cu 1.9	Zn 1.7	Ga 1.8	Ge 2.0	As 2.2	Se 2.6	Br 3.0
Rb 0.8	Sr 1.0	Y 1.2	Zr 1.3	Nb 1.6	Mo 2.2	Tc 1.9	Ru 2.2	Rh 2.3	Pd 2.2	Ag 1.9	Gd 1.7	In 1.8	Sn 2.0	Sb 2.1	Te 2.1	I 2.7
Cs 0.8	Ba 0.9	La 1.3	Hf 1.3	Ta 1.5	W 2.4	Re 1.9	Os 2.2	Ir 2.2	Pt 2.3	Au 2.5	Hg 2.0	Tl 2.0	Pb 2.3	Bi 2.0	Po 2.0	At 2.2

图 1－5　元素的电负性数值

由图 1－5 可知，随原子序数的递增，元素的电负性呈现明显的周期性：

①同一周期从左到右，（主族）元素的电负性依次递增；同一主族中，从上到下电负性通常递减。因此，大电负性元素集中在周期表的右上角，其中 F 的最大；小电负性元素集中在周期表的左下角，其中 Cs 的电负性最小。

②金属元素的电负性一般小于 2.0（少数例外），非金属元素的电负性一般大于 2.0。

（4）元素的金属性和非金属性　元素的金属性是指原子失去电子成为阳离

子的能力；元素的非金属性是指原子得到电子成为阴离子的能力。可用电负性的大小综合地反映了原子得失电子的能力。由电负性数据可知，元素的金属性和非金属性呈现明显的周期性，且同一周期从左到右，金属性依次减弱而非金属性依次增强；同一主族中，从上到下金属性依次增强而非金属性依次减弱。

二、分子结构与晶体性质

化学上把分子中直接相邻的原子之间的强烈相互作用力称为化学键。根据原子之间相互作用力的不同，把化学键分为离子键、共价键、金属键 3 种类型，相应形成的晶体有离子晶体、原子晶体和分子晶体、金属晶体。

（一）化学键的类型

1. 离子键

（1）离子键的形成　当电负性相差较大的两种元素的原子相遇时，因电子得失而变为正负离子，正负离子通过静电引力作用而形成离子键。由离子键形成的化合物称作离子化合物如 NaCl、$CaCl_2$、$BaSO_4$等。例如，NaCl 晶体中离子键的形成过程如下：

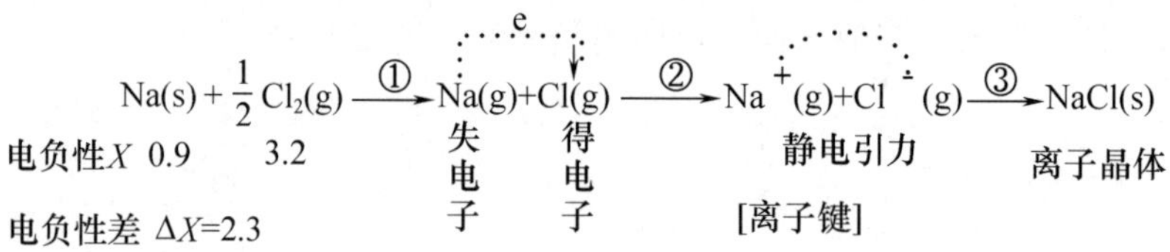

其中：①固体钠变成气态钠原子，氯气分子离解成气态氯原子；②钠原子失去电子变成正离子，氯原子获得电子变成负离子；③正、负离子（Na^+、Cl^-）通过静电引力作用而形成离子键；离子键把 Na^+ 和 Cl^- 结合成 NaCl 离子晶体。

（2）离子键的本质　离子键的本质是静电引力，阴、阳离子间的静电引力 f 与离子的电荷乘积成正比，与成键离子核间距离的平方成反比。

$$f = k\frac{q_+ q_-}{(r_+ + r_-)^2} \tag{1-2}$$

显然，离子的电荷越大，离子间距离越小（在一定范围内），离子间的引力越强。由于静电引力无方向性和饱和性，所以，离子键没有方向性，也没有饱和性。

2. 共价键

电负性相差不大的元素的原子之间不能形成离子键，可通过共用电子对形成分子。这种通过共用电子对产生的原子之间的强相互作用力就称作共价键。

1927 年德国化学家海特勒和伦敦把量子力学理论应用于分子结构中，在路易斯理论基础上与美国化学家鲍林一道于 1930 年逐步形成了现代价键理论。

（1）共价键的形成过程　以氢分子的形成过程为例。当两个 H 原子从远处彼此接近时，相互作用渐渐增大，相互作用的性质与电子的自旋方向密切相关：

①若两个 H 原子的电子自旋方向相同，这两电子使两个 H 原子间的相互作用是排斥的，并且两原子核间距越小，排斥力越大，核间距小到一定值要加上两核的正电荷互斥，使系统能量持续升高，处于不稳定状态，不能形成化学键（图 1－6 中的虚线 b）。

②如果两个 H 原子的电子自旋方向相反，则这两电子使两个 H 原子间的相互作用是吸引的，其结果使核间电子云密度增大，密集的电子云把两核吸引在其周围，使体系的能量降低，并且能量随核间距的缩小持续走低，核间距小到一定值 d_0时，体系的能量降到最低 E_0，从而形成了稳定的共价键（图 1－6 中的曲线 a）。当再缩小核间距时，两核的排斥成为矛盾的主体，其结果使体系能量又回复升高，核间的排斥把两核推回到能量最低的平衡核间距位置。因此，稳定状态 H_2分子中的两个 H 原子是处在平衡核间距附近振动，这里的平衡核间距就是 H_2分子中共价键的键长。

实验测知，H_2分子中的核间距为 74pm，见图 1－7，而 H 原子的玻尔半径为 53pm，可见 H_2分子的核间距比两个 H 原子的玻尔半径之和小。这一事实表明，在 H_2分子中两个 H 原子的 1s 轨道必然发生了重叠，从而使两核间电子概率密度增大。

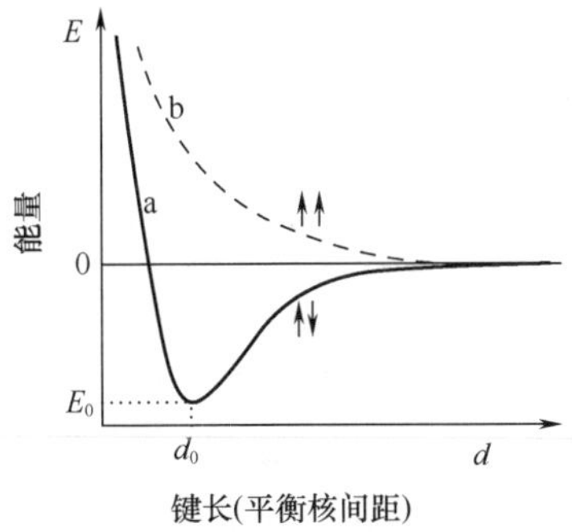

图 1－6　H_2分子能量曲线（实线 a）

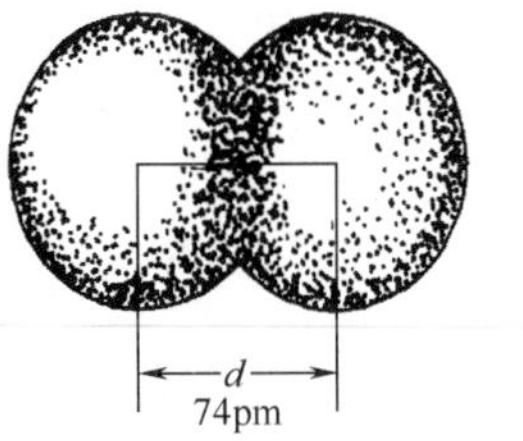

图 1－7　H_2分子的键长（平衡核间距）

实际上，所谓共价键是指由于成键电子的原子轨道重叠而形成的化学键。把上述 H_2分子内共价键的形成理论推广到其他所有共价分子中，并归纳出如下理论要点：

①自旋方向相反的成单电子相互接近时，可相互配对，形成稳定的共价键；

②成键电子的原子轨道重叠越多，两核间电子的概率密度就越大，共价键越稳固，分子稳定。因此成键时，成键电子的原子轨道尽可能按最大程度方式重叠，即最大重叠原理。

（2）共价键的特征　价键理论的基本要点决定了共价键具有以下两方面的特征：

①共价键具有饱和性：一个原子价层轨道中的成单电子将尽可能地与另一个原子的成单电子配对，以形成最多数目的共价键，使体系的稳定性增大。但每一个单电子一经配对成键后就不能再和第3个电子配对，这就是共价键的饱和性。

②共价键具有方向性：由于形成共价键时需遵循轨道最大重叠原理，即原子间总是尽可能沿着原子轨道最大重叠方向成键。除 *s* 轨道呈球形对称之外，*p*、*d*、*f* 轨道在空间都有一定的伸展方向，它们只能沿着一定的方向才会有最大重叠，才能在两原子核间形成大的电子云密集区，有效地吸引两核形成稳定的共价键，并且重叠程度越大，共价键就越牢固。所以共价键具有方向性。

（3）共价键的类型　根据成键电子的原子轨道的重叠方式、共价键的电性分布或成键电子的来源通常对共价键进行如下分类。

①σ 键和 π 键：按原子轨道重叠部分的对称性，共价键可以分为 σ 键和 π 键，见图 1－8。

原子轨道沿键轴（两原子核的连线）方向靠近，以“头顶头”方式重叠，重叠后的成键电子云集中于两核之间，并以键轴呈圆柱形对称，这种键称为 σ 键［图1－8（1）］。σ 键的特点是：原子轨道重叠部分集中在两核之间，沿键轴呈圆柱形对称，绕键轴旋转任意角度，轨道的形状和符号都不改变。σ 键重叠程度大，较稳定，不易断裂，化学活泼性小，可独立存在于两原子之间。

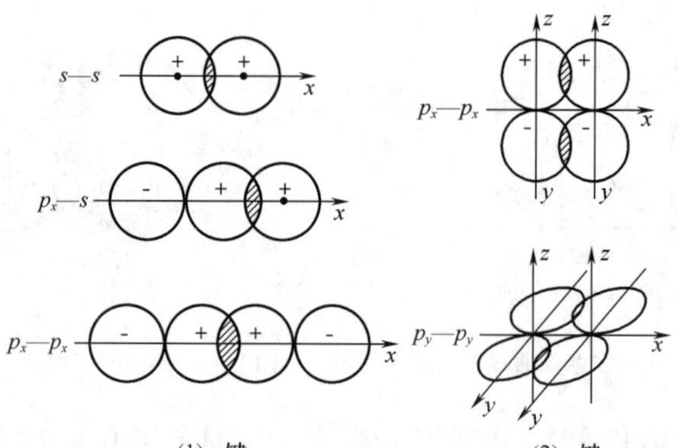

图 1－8　σ 键和 π 键示意图

当已有一个 σ 键形成以后，垂直于键轴的两个 p 轨道沿键轴方向靠近时，只能以“肩并肩”方式重叠，重叠后的成键电子云以通过键轴的平面对称。这样的共价键称为 π 键［图 1－8（2）］。例如 N_2分子中的两个 N 原子间，除形成一个 σ 键外，还形成两个 π 键（p_y-p_y和 p_z-p_z）其结构表示为N≡N。

π 键的特点是：原子轨道重叠部分通过键轴的平面呈镜面反对称。与 σ 键不同，π 键不能绕键轴任意旋转，键重叠程度小，易断裂，化学活泼性较大，π 键的电子活动高，是化学反应的积极参加者。但 π 键只能和 σ 键共存于双键或叁键中。

原子轨道在重叠时，优先选择的是“头碰头”的 σ 键，然后是 π 键。π 键不能单独存在，只能与 σ 键共存于具有双键或叁键的分子中。σ 键不易断开，是构成分子的骨架，可单独存在于两原子间。通常在以共价键结合的两原子间只能有一个 σ 键。

②非极性共价键和极性共价键：根据共价键的电性分布，共价键有极性和非极性共价键之分。同核双原子分子如 H_2、O_2、Cl_2等，分子中的共价键都是非极性键；异核双原子分子如 HCl、CO 等，分子中的共价键都是极性键。多原子分子如 H_2O、NH_3、CH_4、CO_2等，分子中凡是不同原子之间形成的共价键都是极性键。键的极性大小，通常可用成键的两元素电负性差值（Δx）来衡量。Δx 值越大，键的极性就越强。离子键是极性共价键的一个极端，非极性共价键则是极性共价键的另一个极端，极性共价键是非极性共价键与离子键之间的过渡键型。

③配位共价键：根据成键电子的来源，将共价键分为普通价键和配位共价键（简称配位键）。当两个原子各提供一个自旋反向的单电子配对形成的共价键，称作普通价键，用短线“—”表示。若不作特别说明，一般提到的共价键就是普通共价键。当一个原子单方面提供一对电子而与另一个有空轨道的原子（或离子）共用。这种共价键称为配位键。在配位键中，提供孤电子对的原子称为配位原子；接受孤电子对的原子称为电子接受体。配位键用箭号“→”表示，箭头指向接受体。由配位键形成的化合物称为配位化合物。

3. 金属键

在金属晶体中，金属原子价层电子受核控制较小，极易脱离该原子而成为在整个晶体中运动的自由电子（留下金属离子在晶格结点上作相对振动），这大量的带负电荷的自由电子穿梭在处于晶格结点的金属正离子或原子之间，把金属离子或原子“胶合”在一起，这种“胶合”力称之为金属键。金属键中电子不是固定于两原子之间，而是被无数金属原子或离子所共用，因此金属键可以被看成是一种特殊的共价键；自由电子是在金属原子或离子的所有间隙中运动，使原子或离子之间形成的金属键遍及各个方向，从而决定了金属键没有方向性和饱和性。

（二）分子间力的类型

化学键在决定物质的化学性质方面起着重要的作用，但化学键的性质不能完全说明物质全部性质及其所处的状态。说明在分子之间还存在着另一种相互作用力，这种作用力大小约几个 kJ/mol，比化学键的键能小一、二个数量级，对物质的某些物理性质如熔点、沸点、稳定性有相当大的影响。分子间作用力是由荷兰物理学家范德华在 1873 年首先提出的，故又称范德华力。另外有些分子之间还存在着一种特殊的分子间作用力，称作氢键，对物质的物理性质也有重要的影响。

1. 分子间作用力

通过对物质的原子和分子结构的研究证明，分子间力本质上也属于一种电性引力，它的形成主要与分子的极性与变形性有关。

（1）分子的极性和变形性　分子有无极性取决于整个分子的正、负电荷中心是否重合。如果分子的正、负电荷中心重合，则为非极性分子，反之，则为极性分子。分子的极性可由分子的偶极矩 μ 来衡量。μ 等于极性分子中电荷中心（正电荷中心或负电荷中心）上的电荷量 q 与正、负电荷中心距离 d（偶极长度）的乘积。

$$\mu = q \cdot d \tag{1-3}$$

偶极矩的 SI 单位是 C·m，它是一个矢量，规定方向从正极到负极。双原子分子的偶极矩示意图如图 1-9 所示。

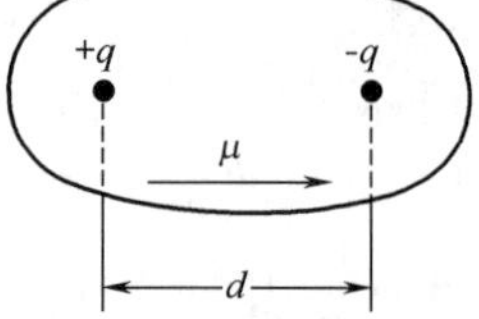

图 1-9　分子中的偶极矩

分子的极性既与化学键的极性有关，又与分子的几何构型有关。所以，测定分子的偶极矩，有助于比较物质极性的强弱和推断分子的几何构型。

显然，极性分子的偶极矩，是在没有考虑分子的正、负电荷中心相对位移、在两中心相对稳定的平衡状态下得到的结论，这种偶极称作固有偶极 $\mu_{固}$。事实上，分子的正、负电荷中心每一瞬间都在发生着变化，即使是非极性分子，也会在某一瞬间出现正、负电荷中心发生相对位移，从而产生瞬间偶极 $\mu_{瞬}$。当分子受到外加电场的作用时，分子的正、负电荷中心会因外加电场的作用而发生相对位移，使两中心的距离加大，这种在外加电场的诱导作用下分子出现形变，使正、负电荷中心的距离加大而产生的偶极称作诱导偶极 $\mu_{诱}$。分子受外加电场作用而产生诱导偶极的过程，称为分子的极化。分子受极化后外形发生改变的性质，称为分子的变形性。

非极性分子在未受外加电场作用时正、负电荷中心重合，$\mu_{固}=0$，但由于正、负电荷中心的瞬间相对位移会产生瞬间偶极 $\mu_{瞬}$。当受到电场作用后，分子中带正电荷的核被吸向负极，带负电的电子云被引向正极，使正、负电荷中心发生位移而产生诱导偶极，整个分子发生了变形。外电场消失时，诱导偶极也随之消失，分子恢复为原来的非极性分子。极性分子在未受外加电场作用时原本就存在着固有偶极，当分子进入外电场后，固有偶极的正极转向负电场，负极转向正电场，进行定向排列，如图 1－10 所示，这个过程称为取向。在电场的持续作用下，分子的正、负电荷中心也随之发生位移而使偶极距离增长，即固有偶极加上诱导偶极，使分子极性增加，分子发生变形。如果外电场消失，诱导偶极也随之消失，但固有偶极不变。

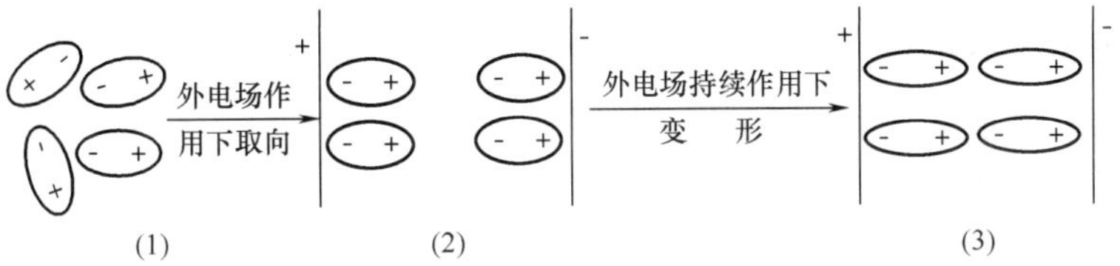

图 1－10 极性分子在电场中的极化

显然，外电场越强，产生的诱导偶极就越大，分子的变形就会越显著；另一方面，分子体积越大，所含电子越多，它的变形性也越大。对同类型分子来说，分子体积与分子质量成正比，即同类型分子，分子质量大的变形性大。

（2）分子间作用力的种类 分子间作用力的种类主要由瞬间偶极、诱导偶极、固有偶极决定。

①色散力：非极性分子在无电场影响时只有瞬间偶极，非极性分子与相邻非极性分子之间的作用，会由于瞬间偶极而发生异极相吸的作用。这种作用力虽然是短暂的，即刻产生，即刻消失。但原子核和电子时刻在运动，正、负电荷中心时刻都在发生着相对位移，使瞬间偶极不断出现，异极相邻的状态也时刻出现，所以分子间始终维持这种作用力。这种由于瞬间偶极而产生的分子间相互作用力，称为瞬间力，由于瞬间力对分子的颜色影响很大，所以通常又称色散力。色散力存在于一切分子之间。色散力的大小与分子的变形性有关，而变形性又与分子质量有关。分子质量越大，色散力越大，物质的颜色越深，物质的熔点、沸点也越高。

②诱导力：极性分子中存在的固有偶极，可以看作一个微小的电场。当非极性分子与它靠近时，就会被极性分子的电场极化而产生诱导偶极。诱导偶极与极性分子的固有偶极相吸引，这种由于诱导偶极而产生的作用力，称为诱导力；同时，诱导偶极又可反过来作用于极性分子，使其也产生诱导偶极，从而

增大了极性分子的偶极，增强了分子之间的作用力。诱导力不仅存在于极性分子和非极性分子间，也存在于极性分子和极性分子间。诱导力的大小与分子的极性和变形性有关，分子的极性越大，作为电场的极化力就越大，分子的变形性越大，被极化产生变形得到的诱导偶极就越大，则诱导力就越大。

③取向力：当两个极性分子从远离到充分靠近时，极性分子的固有偶极会发生同极相斥、异极相吸的作用，而使分子发生取向（或有序）排列。这种因固有偶极之间产生的作用力，称为取向力。取向力的大小取决于极性分子的偶极矩的大小，偶极矩越大，取向力越大。

综上所述，在非极性分子之间只有色散力；在极性分子和非极性分子之间有诱导力和色散力；在极性分子和极性分子之间有取向力、诱导力和色散力。这 3 种力统称为分子间力。这些力本质上都是静电引力，但与离子键相比要弱得多。分子间的作用力的大小直接影响着物质的物理性质，如颜色、状态、熔点、沸点、溶解性、表面吸附等。这些性质通常随分子间作用力的递变而呈现规律性的变化。

2. 氢键

由分子间作用力的特点可知，分子质量越大，分子间力越强，物质的熔点、沸点就越高。二元共价氢化物大都符合这一规律，但 HF、H_2O 和 NH_3 等有例外，见表 1－4。这表明它们的分子之间除范德华力之外，还存在着另一种特殊的引力，这就是氢键。

表 1－4　氧族、卤族元素氢化物的沸点

氧族元素的氢化物	沸点/℃	卤族元素的氢化物	沸点/℃
H_2O	100	HF	20
H_2S	－61	HCl	－84
H_2Se	－41	HBr	－67
H_2Te	－1	HI	－35

（1）氢键的形成和条件　当氢原子与电负性很大、半径很小的原子 X 以共价键形成强极性键 H—X 时，这个氢原子还可以吸引另一个键上具有孤对电子、电负性大、半径小的原子 Y，形成具有 X—H…Y 形式的物质。这里，氢原子与 Y 原子之间的定向吸引力称作氢键（以 H…Y 表示）。大电负性元素 X、Y 通常是指 N、O、F 等。X 与 Y 可以是不同原子，也可以是相同原子。氢键的形成必须具备两个条件，即分子中有大电负性元素原子和与其直接相连的 H 原子；另一分子（或同一分子）中应有另一个大电负性元素且有孤对电子的原子。例如，在 H_2O 分子中就存在着氢键使 H_2O 分子间产生缔合作用，使 H_2O

的沸点比与 O 同族的元素的氢化物H_2S、H_2Se、H_2Te 的沸点高得多。同理，由于在 HF 分子间形成氢键而使 HF 分子缔合，造成 HF 的沸点比卤族的其他元素的氢化物 HCl、HBr、HI 的沸点高得多。所以，当分子间存在氢键时，应该首先考虑氢键对物质性质（如熔点、沸点、溶解性等）的影响。

（2）氢键的特点

①键能小：氢键键能比一般的化学键键能小得多，而与范德华力相比，通常氢键引力稍大些。

②具有方向性和饱和性：从上面形成氢键的讨论可知，原子 Y 的孤电子对所在的原子轨道有一定的伸展方向，并且形成氢键时，为了使 X 与 Y 的电子云之间的排斥力最小，形成氢键最强，Y 应从 X—H 的键轴轴线上且在 X 的反方向去接近 H，这就决定了氢键具有方向性；由于 H 比 X 和 Y 的半径小得多，因此，当氢键 X—H…Y 形成后，当另一个 Y 要想与这个 H 再形成氢键时，必须要克服这个 H 两端的 X、Y 的电子云对其的巨大的排斥作用，这就决定了氢键具有饱和性。

③氢键本质上是一种静电引力：因为近乎“裸露”的氢核带正电，大电负性的原子 Y 带负电，两者之间是通过静电引力作用的。

④氢键 X—H…Y 不仅可以像范德华力那样在分子间形成，而且还可以在分子内形成，并且氢键对物质物理性质的影响更大。

（三）晶体的结构与特性

1. 离子晶体

晶格结点上的质点是阴、阳离子，阴、阳离子通过离子键形成的晶体称作离子晶体。离子晶体的代表物是强碱和多数盐类，主要有强碱（NaOH、KOH）、活泼金属氧化物（Na_2O、MgO）、大多数盐类［$BeCl_2$、$AlCl_3$、$Pb(Ac)_2$等除外］等。

（1）离子晶体的结构特点

①晶格上质点是阳离子和阴离子。

②晶格上质点间作用力是离子键，比较牢固。

③晶体里只有阴、阳离子，没有分子。

由于阴、阳离子间靠静电引力相互吸引在一起，它没有饱和性，所以形成了紧密堆积方式，并且相间排列在晶格结点上形成了离子晶体。例如，NaCl 晶体是典型的离子晶体，由 Na^+ 和 Cl^- 相间排列在晶格结点上形成的，每个 Na^+ 周围最近距离有六个 Cl^-，而每个 Cl^- 周围最近距离也有六个 Na^+，二者的个数比是 1∶1。所以，常用化学式 NaCl 来表示固体氯化钠这个巨型晶体分子，如图 1－11 所示。

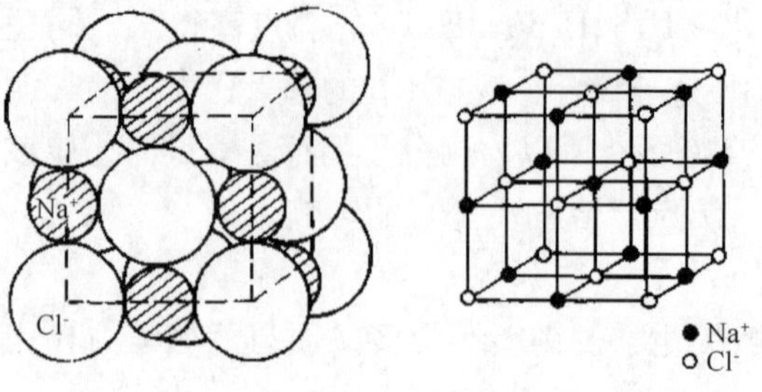

图1-11　NaCl的晶体结构

动画：氯化钠的晶体结构

（2）离子晶体的特性

①有较高的熔点和沸点（要使晶体熔化就要破坏离子键，离子键作用力较强大，故需要加热到较高温度）。

②硬而脆。

③大多数离子晶体易溶于水。

④离子晶体在固态时有离子，但不能导电，溶于水或熔化时离子能自由移动而能导电。

2. 原子晶体

晶格结点上排列的是原子，原子间通过共价键结合而成的晶体称作原子晶体。典型的原子晶体有金刚石（C）、单质硅（Si）、碳化硅（SiC）、石英（SiO_2）等（图1-12）。

（1）原子晶体的结构特点

①原子晶体晶格结点上的质点是中性原子，一般是非金属原子。

②晶格结点上的质点（原子）间通过共价键相互结合在一起，结合力极强。

③晶体中不存在单个的小分子，整个晶体就是一个巨型分子。

④晶体中原子间的共价键由于具有方向性和饱和性，使原子晶体的配位数比离子晶体小。

例如，在金刚石晶体中（图1-13），每个碳原子都采取 sp^3 杂化，与4个别的碳原子形成共价键（正四面体，键角为109°28′）。结构相当稳定。又如SiC（金刚砂）晶体，其晶格与金刚石一样，只是碳原子和硅原子相间排列起来，所以碳化硅也是原子晶体。

（2）原子晶体的特性

①熔点高、硬度大：原子晶体中，由于原子间的共价键结合力非常牢固，要断开这种键需要消耗很大的能量，所以原子晶体一般都具有很高熔点和很大的硬度，金刚石是所有物质中硬度最大的。表1-5所示为一些原子晶体的熔点和硬度。

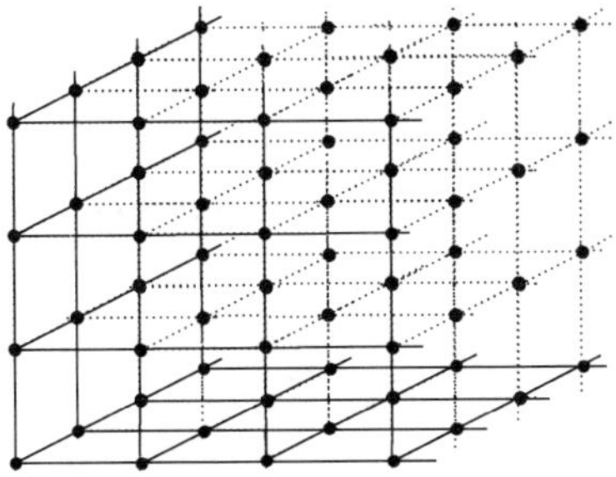

图1－12　原子晶体的晶格结点

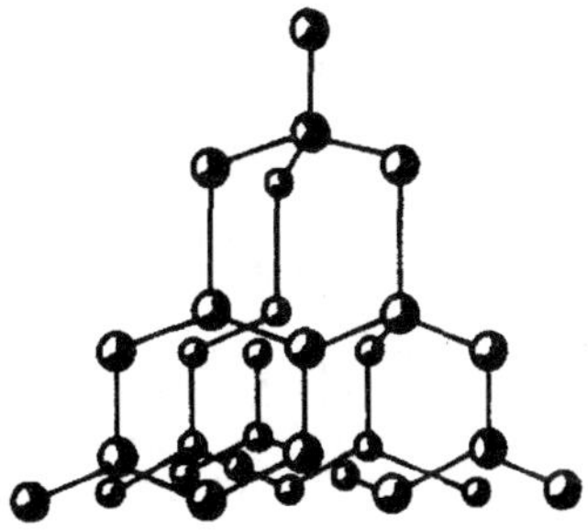

图1－13　金刚石的结构

表1－5　一些原子晶体的熔点（℃）和硬度

原子晶体	熔点/℃	莫氏硬度
金刚石（C）	3570	10
碳化硅（SiC）	2700	9.5
石英（SiO_2）	1713	7

②不溶解、不导电、延展性差：原子晶体中原子间的共价键是非极性键，且结合力非常牢固，所以原子晶体不溶于水等溶剂中；原子晶体中由于没有自由移动的电子，所以不导电；原子间的相对位置稍有改变，共价键就会遭到破坏，所以延展性差。

3. 分子晶体

晶格结点上排列的是分子，分子间通过分子间力结合而成的晶体称作分子晶体。常见的典型分子晶体有冰（H_2O）、干冰（CO_2）等（图1－14、图1　15）。此外，非金属单质和非金属无机化合物及大多数有机化合物的固体也都是分子晶体。

（1）分子晶体的结构特点

①晶格结点是分子：分子晶体晶格结点上的质点是中性分子，一般是共价小分子，即一个分子整体占据一个晶格结点。

②结点间结合力弱：分子间通过分子间力相互结合在一起，有时，还可能有氢键引力（如冰中），尽管如此，结合力一般都很弱。

③晶体中有小分子独立存在。

④配位数较高：分子间力没有方向性和饱和性，所以配位数较高，最高可达12。

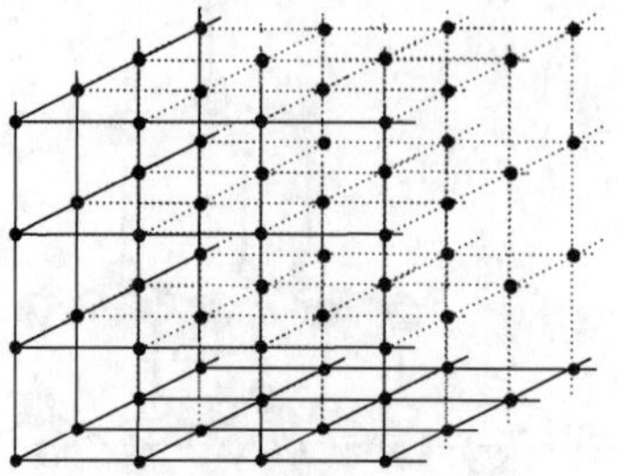

图1-14 分子晶体的晶格结点

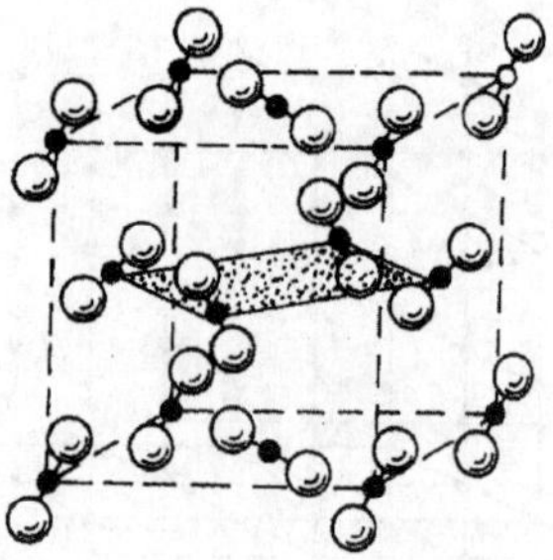

图1-15 干冰（CO_2）的结构

（2）分子晶体的特性

①熔点、沸点低、硬度小：分子晶体中，由于分子间作用力比共价键、离子键弱得多，所以分子晶体一般都具有较低的熔点、沸点和较小的硬度，并有较大的挥发性。

②不导电：因为分子晶体是由中性分子构成，晶体中没有自由移动的电子，所以在固态和熔融状态都不导电。

4. 金属晶体

晶格结点上排列的是金属原子或金属离子，这种晶体称作金属晶体。所有的金属单质及其合金都是金属晶体。图1-16所示为铜、铁、铝等金属晶体示意图。

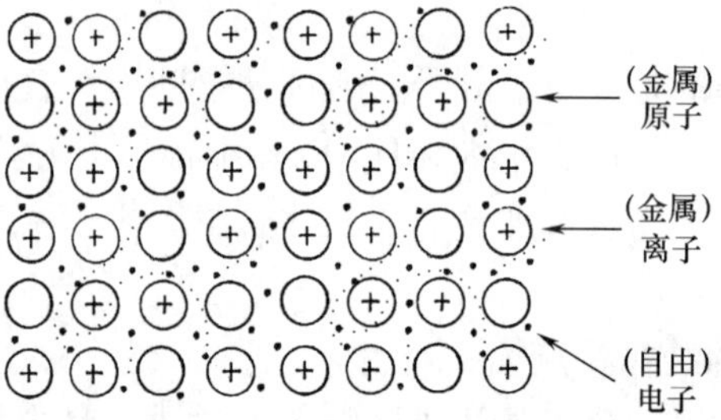

图1-16 金属晶体示意（晶格结点上是金属原子或离子）

（1）金属晶体的结构特点

①晶格结点是金属原子或离子。

②结点间结合力强：金属原子或离子间通过金属键相互结合在一起，结合力很强。

③金属原子或离子倾向于组成极为紧密的结构，配位数较大。由于金属键引力很强，没有方向性和饱和性，使得金属原子或离子从各个方向以极为紧密的方式堆积在一起。常见的紧密堆积方式有：六方紧密堆积、面心立方紧密堆

积和体心立方紧密堆积。

（2）金属晶体的特性

①导电性、导热性好：金属晶体中，有大量的自由电子在整个晶体中移动，金属的导电、导热性都好。

②机械加工性好、延展性好：如图 1－16 所示，金属晶体可看作多层微粒（金属原子或离子）通过层间的电子间接结合的，当相邻两层微粒发生相对位移时，两层微粒仍能以金属键相结合，并不会因两层微粒的相对位移而发生金属键的断裂，所以金属具有良好的机械加工性和延展性。

③多数金属具有较高的熔点、沸点和硬度：金属键大都具有一定强度，故金属都具有较高的熔点、沸点和较大的硬度。另外，由于过渡金属大都具有不大的半径和较多的价层电子，使形成较强的金属键，所以优质金属大都集中在过渡区，如最硬的金属铬、熔点最高的金属钨、密度最大的金属锇等。常见的四种类型晶体的主要结构和特性如表 1－6 所示。

表 1－6　四类晶体的结构和特性

晶体类型	晶格结点上的质点	质点间作用力	晶体的一般特性	实　例
离子晶体	正、负离子	离子键	熔点和沸点高、硬度大而脆、固态导电性差、熔融或水溶液导电性强	NaCl、MgO
原子晶体	原子	共价键	熔点和沸点高、硬度大、不导电	金刚石、SiO_2
分子晶体	分子	分子间力（有的有氢键）	熔点和沸点低、硬度低、不导电	CO_2、H_2O
金属晶体	原子、离子	金属键	熔点和沸点一般较高、硬度一般较大、导电、导热性好、延展性好	Cu、Fe、Al、Cr

5. 混合型晶体

除上述 4 种典型类型的晶体外，还有一些晶体，其晶格结点上粒子可能是原子，也可能是离子等。这些晶体中，其晶格结点上粒子间的作用力可能有共价键、也可能有金属键，还可能有分子间力等，即质点间作用力不是单一的，而是由多种力混合而成，这种晶体称为混合型晶体。例如石墨晶体就是一种混合型晶体如图 1－17 所示。

石墨是层状结构的晶体，同一层的 C—C 键长 142pm，层与层之间的距离为 340pm。在石墨晶体中，每个 C 原子均采取 sp^2 杂化，以 3 个 sp^2 杂化轨道与别的 C 原子的 sp^2 杂化轨道形成 3 个 σ 键共价键，键角均为 120°，以共价键相连的 C 原子构成同一 C 层，由于共价键较强，故石墨具有较高的熔点

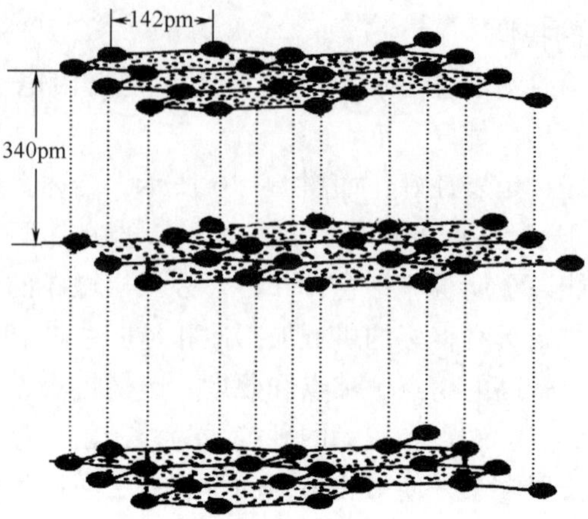

图 1-17　石墨的层状晶体结构

和较大的硬度；同一层上的 C 原子均有一个未杂化的 p 轨道，这些 p 轨道（均垂直于 C 层平面）都相互平行且均有一个单电子，它们彼此以“肩并肩”的方式侧面重叠形成离域大 π 键，由于这些 p 电子可以在离域大 π 键所在平面自由流动，好似金属中的自由电子一样为整层 C 原子所共有，所以石墨具有金属光泽和较好的导电性，常用作电极材料。石墨的每一 C 层都可以看成是一个大分子，层与层间是通过范德华引力相吸引，由于层间引力较弱，层与层之间距离较大，层与层之间可以发生相对位移而不至于破坏范德华引力。因此，石墨可以做减小摩擦的材料作润滑剂和制铅笔芯。石墨晶体中既有共价键，又有分子间力，还有类似于金属键的离域共价键，是兼有原子晶体、分子晶体和金属晶体特征的混合型晶体。类似于石墨的混合型晶体还有云母、氮化硼等。

三、有机化合物的组成与结构

（一）有机化合物的组成与特性

19 世纪初，人们对有机化合物的组成进行测定，发现有机化合物都含有碳元素，同时大多数还含有氢、氧、氮、硫和卤素等元素。按照现代物质组成的观点，有机化合物（简称有机物）是碳的化合物，是指碳氢化合物及其衍生物。但并不是所有含碳化合物都是有机物，如 CO、CO_2、$CaCO_3$、CaC_2 和 HCN 等许多简单的含碳化合物，在结构和性质上与无机物更相似，所以仍将其归入无机物。

迄今，人类已知的有机化合物有近 2000 多万种，结构千差万别，性质各异，但是由于碳原子的结构特点和有机化合物分子内的化学键主要是共价键，决定了有机化合物有其共性，与无机化合物比较，多数有机化合物性质和结构有以下特性，见表 1－7。

表 1－7　有机化合物和无机化合物的特性比较

特性	有机化合物	无机化合物
组成元素	种类少	种类多
可燃性	易燃烧	不易燃烧
耐热性	熔点、沸点较低，受热易分解或被氧化	熔点、沸点较高，受热稳定
溶解性	难溶于水，易溶于有机溶剂	易溶于水，难溶于有机溶剂
反应特性	速度慢，不完全，副产物多	速度快、完全，副产物少
结构特点	有同分异构现象	无同分异构现象

应该指出，有机化学反应是在分子结构水平上进行的，反应主要发生在分子结构中的某一部位或活性基团上，分子碰撞发生反应概率小，而且过程复杂，反应速率较慢，往往需要加热、催化剂等条件加快反应。同时，有机化合物普遍存在同分异构现象，它是造成有机化合物数目众多、性质差异的主要原因，如乙醇是酒精饮料中的“兴奋物”，它的分子组成与二甲醚相同，都是 C_2H_6O，但是它们分子中原子的排列不同，性质也完全不同。像这种分子组成相同而原子排列（结构式）不同的化合物，彼此互称同分异构体（somer），这种现象称为同分异构现象。

乙醇（液体，沸点 78.4℃）　二甲醚（气体，沸点 －24.5℃）

（二）有机化合物的结构

1. 碳原子的四价及其共价键的形成——杂化轨道理论

基态碳原子的价电子构型为 $1s^2 2s^2 2p_x^{\ 1} 2p_y^{\ 1}$，根据经典共价键理论，碳原子只能形成 2 个共价键，与有机化合物分子中碳原子为 4 价和甲烷为正四面体结构互相矛盾。20 世纪 30 年代鲍林提出了杂化轨道理论，对此作出很好的解释。鲍林等认为，元素的原子在成键时，不但可以变成激发态，而且能量相近的原子轨道可以重新组合成新的原子轨道，称为杂化轨道，这一过程称作杂化。有机化合物分子中碳原子都是通过杂化形成共价键的，杂化轨道的数目与参与杂化的原子轨道数相同，杂化轨道的成键过程可分为激发、杂化和重叠 3 个步骤。在形成分子的过程中，C 原子的杂化方式决定了所形成分子的结构和空间构型。

动画：sp^3 杂化轨道空间分布

（1）碳原子的 sp^3 杂化　同一原子价电子层中的 1 个 s 轨道和 3 个 p 轨道进行杂化，形成 4 个 sp^3 杂化轨道的过程称作 sp^3 杂化。烷烃分子中碳原子的 1 个 $2s$ 轨道和 3 个 $2p$ 轨道通过 sp^3 杂化形成 4 个能量相同的 sp^3 杂化轨道，其形状是一头大，一头小，彼此间的夹角为 109.5°，见图 1－18。甲烷分子是由 4 个 sp^3 杂化轨道分别与 4 个氢原子的 $1s$ 轨道沿着键轴重叠形成 4 个完全相同的 C—H 键（碳原子为 4 价）。甲烷为正四面体构型，C—H 键之间的夹角均为 109.5°。

动画：甲烷的形成与结构

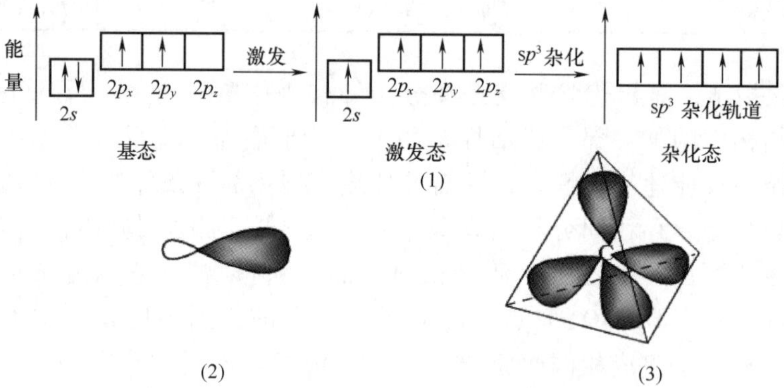

图 1－18　碳原子 sp^3 杂化、杂化轨道形状和构型示意图

（1）sp^3 杂化　（2）sp^3 杂化轨道形状　（3）sp^3 杂化轨道构型

（2）碳原子的 sp^2 杂化　同一原子价电子层中的 1 个 s 轨道和 2 个 p 轨道进行杂化，形成 3 个 sp^2 杂化轨道的过程称作 sp^2 杂化。烯烃分子中碳原子的 1 个 $2s$ 轨道和 2 个 $2p$ 轨道通过 sp^2 杂化形成 3 个能量相同的 sp^2 杂化轨道，它们为平面的三角形杂化，轨道之间的夹角为 120°。未杂化的 $2p_z$ 轨道垂直于 3 个 sp^2 杂化轨道与中心碳原子所构成的平面（图 1－19）。所以，乙烯为平面三角形构型，C—H 键之间的夹角为 120°。

动画：sp^2 杂化轨道空间分布

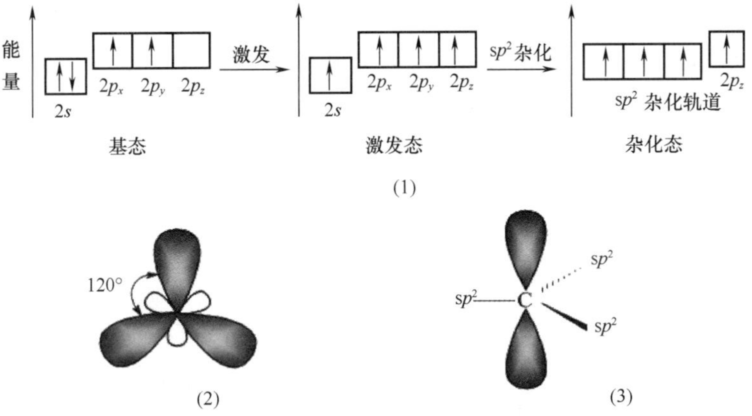

图 1－19　碳原子 sp^2 杂化、杂化轨道构型和未杂化的 $2p_z$ 轨道示意图

（1）sp^2 杂化　（2）sp^2 杂化轨道形状　（3）未杂化的 $2p_z$ 轨道

（3）碳原子的 *sp* 杂化　同一原子价电子层中的 1 个 *s* 轨道和 1 个 *p* 轨道进行杂化，形成 2 个 *sp* 杂化轨道的过程称作 *sp* 杂化。炔烃分子中碳原子的 1 个 2*s* 轨道和 1 个 2*p* 轨道通过 *sp* 杂化形成 2 个能量相同的 *sp* 杂化轨道，它们为直线形杂化，轨道之间的夹角为 180°（图 1－20）。2 个未杂化的 2*p* 轨道垂直于 *sp* 杂化轨道对称轴的平面。所以，乙炔为直线形构型，键角为 180°。

动画：*sp* 杂化轨道空间分布

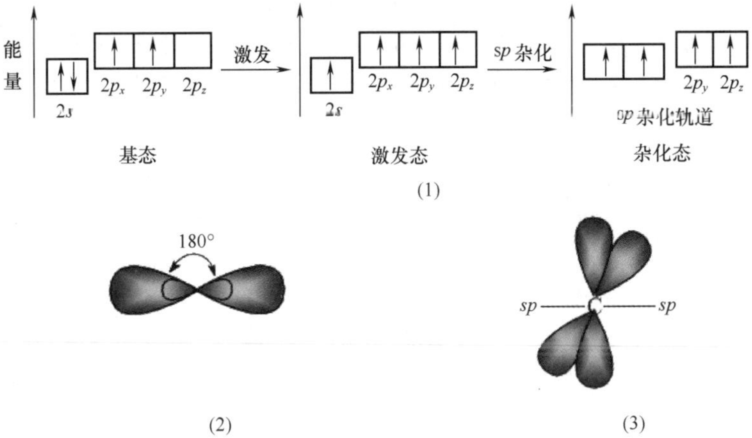

图 1－20　碳原子 *sp* 杂化、杂化轨道构型和未杂化 $2p_y$、$2p_z$ 轨道示意图

（1）*sp* 杂化　（2）*sp* 杂化轨道构型　（3）未杂化 $2p_y$、$2p_z$ 轨道

2. 有机化合物中碳原子之间的结合方式

在有机物中，主链碳碳之间的结合方式有碳碳单键（1 个 σ 键）、碳碳双键（1 个键和 1 个 π 键）或碳碳叁键（1 个 σ 键和 2 个 π 键），多个碳原子之间可形成长短不一的碳链和碳环，碳链和碳环也可以相互结合成稠环。有机化合物中碳原子之间的结合方式及典型化合物如图 1－21 所示。

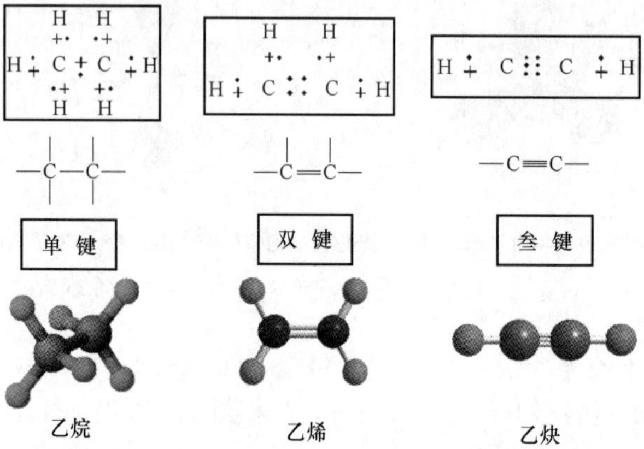

图 1－21　有机物中碳原子之间的结合方式及典型化合物

3. 有机化合物结构的表示方法

所谓结构是指组成分子中的各个原子相互结合的顺序和方式。原子的种类、数目、结合顺序和排列方式不同，分子的结构不同，性质也不同。表示分子中各原子的连接顺序和方式的化学式称作构造式（结构式）。结构简式是介于构造式和分子式之间的一种式子，能基本表示出分子内原子的排列情况，也能看出原子的个数。由于大多有机化合物的构造式比较复杂，为了便于书写，通常用结构简式表示有机化合物的结构（表 1－8）。

表 1－8　一些有机化合物的结构式

化合物名称	凯库勒结构式	结构简式
乙烷	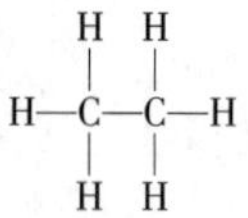	CH_3CH_3
乙烯	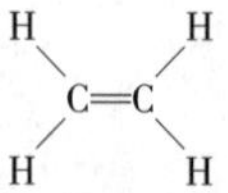	$CH_2=CH_2$

续表

化合物名称	凯库勒结构式	结构简式
乙炔	H—C≡C—H	CH≡CH
苯	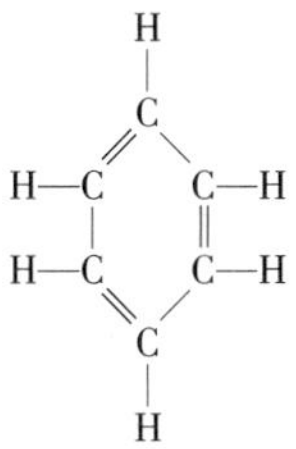	
乙醇	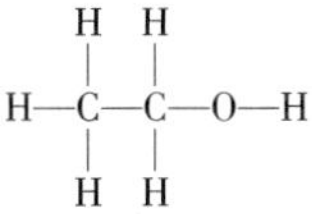	CH_3CH_2OH

（三）有机化合物的分类

有机化合物结构复杂，种类繁多，一般可按碳的骨架和官能团进行分类。

1. 按碳的骨架分类

根据分子中碳原子的结合方式（碳的骨架）不同，分为三大类。

（1）链状化合物　这类化合物分子中，碳原子之间相互连接成链状结构。因这类化合物最初是在油脂中发现的，又称脂肪族化合物。例如：

$CH_3CH_2CH_2CH_3$　　　　$CH_3CH_2CH_2OH$

正丁烷　　　　丙醇

（2）碳环化合物　这类化合物分子中，含有完全由碳原子组成的环，根据碳环的结构特点又分为脂环族和芳香族两类。

①脂环族化合物：它们的性质与脂肪族化合物相似，又称脂环化合物。例如：

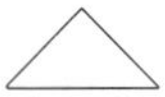

环丙烷

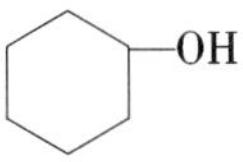

环己醇

②芳香族化合物：大多数含有苯环，是一类具有特殊性质的化合物。例如：

苯

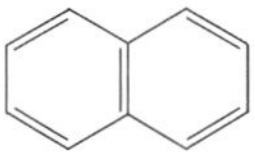

萘

（3）杂环化合物　这类化合物分子中，组成环的原子除碳原子外，还含有其他元素的原子（杂原子）如氮、氧、硫等。例如：

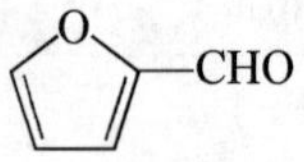

呋喃甲醛

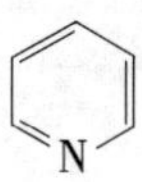

吡啶

2. 按官能团分类

官能团又称功能团或活性基团，是指决定有机化合物主要化学性质的原子或原子团，如—X（卤原子）、—OH（羟基）、—COOH（羧基）等。将含有相同官能团的化合物归为一类有机化合物，它们的性质基本相似。一些常见的官能团及有机化合物的类别见表1－9。

表1－9　一些常见的官能团及相应有机化合物的类别

官能团	官能团名称	有机化合物类	实例	
>C=C<	碳碳双键	烯烃	$CH_2=CH_2$	乙烯
—C≡C—	碳碳叁键	炔烃	CH≡CH	乙炔
—X	卤原子	卤代烃	CH_3CH_2Br	溴乙烷
—OH	醇羟基	醇	CH_3CH_2OH	乙醇
	酚羟基	酚	C_6H_5OH	苯酚
>C—O—C<	醚键	醚	$C_2H_5OC_2H_5$	乙醚
—C(=O)—H	醛基	醛	CH_3CHO	乙醛
—C(=O)—	酮基	酮	CH_3COCH_3	丙酮
—C(=O)—OH	羧基	羧酸	CH_3COOH	乙酸
$—NO_2$	硝基	硝基化合物	$C_6H_5NO_2$	硝基苯
$—NH_2$	氨基	胺	$C_6H_5NH_2$	苯胺

练　习　题

一、单项选择

1. 下列离子的电子层结构和 Kr 相同的是（　　）。

A. Na^+　　B. K^+　　C. Zn^{2+}　　D. Br^-

2. 下列离子的电子层结构和 Ar 相同的是（　　）。

A. Na^+　　B. K^+　　C. Zn^{2+}　　D. Br^-

3. 最外层电子具有 ns^2np^6 的结构特征，且与 Br^- 离子相差两个电子层的微粒是（　　）。

A. Na　　B. Cs^+　　C. S^{2-}　　D. F^-

4. 下列微粒中，最外层电子具有 ns^2np^6 结构特征，且与 Br^- 相差一个电子层的是（　）。

A. Na　　B. Cs^+　　C. S^{2-}　　D. F^-

5. 原子序数为 29 的元素，其原子核外电子排布的表示式正确的是（　　）。

A. [Ar] $3d^94s^2$　　B. [Kr] $3d^{10}4s^1$　　C. [Ar] $3d^{10}4s^1$　　D. [Kr] $4d^{10}5s^1$

6. 下列化合物中氢键表现最强的是（　　）。

A. NH_3　　B. H_2O　　C. HCl　　D. HF

7. 下列物质的晶体结构中既有共价键又有大 π 键和分子间力的是（　　）。

A. 金刚砂　　B. 碘　　C. 石墨　　D. 石英

8. 下列物质的晶体结构中属于原子晶体的是（　　）。

A. 冰　　B. 碘　　C. 干冰　　D. 金刚石

9. 下列物质中，化学键极性的大小顺序正确的是（　　）。

A. HF > HI > HCl > F_2 > NaF　　B. NaF > F_2 > HCl > HF > HI

C. NaF > HF > HCl > HI > F_2　　D. NaF > HF > HI > HCI > F_2

10. 下列关于杂化轨道的叙述中正确的是（　　）。

A. 凡是中心原子采用 sp^3 杂化轨道成键的分子，都是正四面体的空间构型

B. sp^2 杂化轨道是由同一原子的 1 个 ns 和 2 个 np 轨道混合组成的 3 个新的原子轨道

C. 凡 AB_3 型分子，中心原子都采用 sp^3 杂化轨道成键

D. CH_4 中的 sp^3 杂化轨道是由 H 原子的 $1s$ 原子轨道和碳原子 3 个 p 轨道混合组成的

二、判断是非

（　　）1. 在多电子原子中，原子核外电子的能级高低与 4 个量子数都有

关系。

（　　）2. 在同一个原子中可以有两个运动状态完全相同的电子存在。

（　　）3. 通常情况下，核外电子总是尽先占据能量最高的轨道。

（　　）4. 24、29 号元素 Cr、Cu 的外层电子构型分别是 $3d^54s^1$、$3d^{10}4s^1$。

（　　）5. 相邻原子与原子之间的相互作用称作化学键。

（　　）6. 由于共价键十分牢固，因而共价化合物的熔点均较高。

（　　）7. 共价键和离子键一样，既没有方向性也没有饱和性。

（　　）8. 氢键就是氢和其他原子间形成的化学键。

（　　）9. 氢键的键能大小和分子间力相近，因此两者没有区别。

（　　）10. σ 键只能由 $s-s$ 轨道形成；π 键只能由 $p-p$ 轨道形成。

三、综合题

1. 有第四周期 A、B、C、D 4 种元素，其价层电子数依次为 1，2，2，7，其原子序数依 A，B，C，D 依次增大，已知 A 和 B 的次外层电子数均为 8，而 C 和 D 次外层有 18 个电子。试根据原子结构判断：①哪些是金属元素？②C 与 D 的简单离子是什么？③哪一元素的氢氧化物碱性最强？④B 与 D 两原子间能形成何种化合物？

2. 把下列化合物按照官能团分类，哪些属于同一类化合物？称为什么化合物？如果按照碳架分类，哪些属于同一族？属于哪一族？

（1）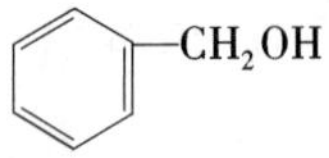　（2）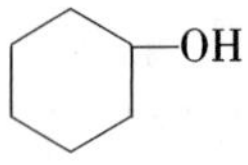　（3）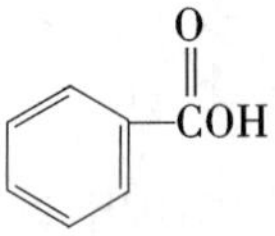　（4）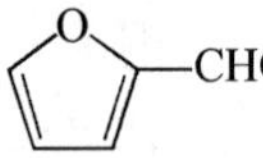

（5）$CH_3CH_2CH_2CHO$　（6）CH_3COOH　（7）$HOOCCH_2CH{=}CHCH_2COOH$

（8）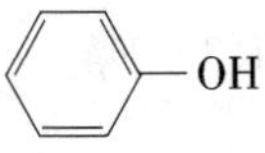　（9）CH_3CH_2OH　（10）$CH_2{=}C(CH_3){-}COOH$　（11）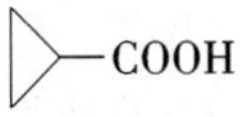

项目二　元素及其化合物

项目描述

自然界中存在着的天然元素有 90 余种，它们形成了形形色色的单质及化合物。元素及其化合物与人类生活、社会实践和科学技术有着密切的联系，在日常生活、工农业生产与科学研究中有着非常广泛的应用。元素及其化合物的基本知识是学习食品、药品等相关专业的基础。本项目主要学习常见元素及其重要化合物的结构、性质及应用。

学习目标

知识目标	（1）了解常见的金属元素及其重要化合物的性质及在分析中的应用。 （2）了解常见的非金属元素及其重要化合物的性质及在分析中的应用。 （3）了解重要的有机化合物的结构、性质及应用。
能力目标	（1）会鉴别常见的阴离子和阳离子。 （2）会鉴别常见的有机化合物。 （3）会写出常用定量分析反应的化学方程式。
素质目标	（1）培养从实际出发解决问题的能力。 （2）养成良好的学习方法和习惯。 （3）培养自我学习能力和终身学习的理念。 （4）培养团结协作和创新意识。

必备知识

一、金属元素及其重要化合物

（一）碱金属、碱土金属元素及其重要化合物

1. 单质的性质

碱金属、碱土金属元素是指周期表中 s 区除氢以外的所有金属元素。碱金

属包括锂、钠、钾、铷、铯、钫；碱土金属包括铍、镁、钙、锶、钡、镭，其中钫和镭是放射性元素。碱金属通常呈银白色，柔软、易熔，具有强烈的金属性，可与许多非金属剧烈反应，并能从其他金属化合物中置换出相应金属；可与水发生反应，生成氢氧化物。如钠与水剧烈作用生成 NaOH 和 H_2，易引起燃烧和爆炸，需贮存在煤油或石蜡油中。钾比钠更活泼，制备、贮存和使用时应更加小心。

碱土金属的活泼性略低于碱金属，在燃烧时，也会发出不同颜色的光辉。镁产生耀眼的白光，钙发出砖红色光芒，锶及其挥发性盐（如硝酸锶）为艳红色，钡盐为绿色。物质在灼烧时使火焰呈特征颜色的性质可用于鉴定该离子是否存在，这种验证反应被称为焰色反应。常见碱金属和碱土金属离子的火焰颜色见表 1 – 10。

动画：
几种金属的焰色反应

表 1 – 10　碱金属和碱土金属离子的火焰颜色

离子	Li^+	Na^+	K^+	Rb^+	Cs^+	Ca^{2+}	Sr^{2+}	Ba^{2+}
火焰颜色	洋红	黄色	紫色	紫红	紫色	橙红	深红	黄绿

2. 碱金属、碱土金属元素的重要化合物

（1）氢氧化钠（NaOH）　氢氧化钠又称烧碱、苛性碱或火碱，具有强碱性，是一种重要的化工原料，广泛地应用于造纸、制革、纺织、搪瓷、制皂、玻璃等无机和有机合成工业中。NaOH 还是重要的化学试剂，广泛地用于化学实验和分析检测中。

NaOH 的强碱性表现在它不仅能够与非金属及其氧化物作用，还能与一些两性金属及其氧化物作用，生成钠盐。如玻璃、陶瓷中因含有 SiO_2，易受 NaOH 腐蚀，在制备浓碱或熔融烧碱时常采用铸铁或镍制器皿；实验室盛放 NaOH 稀溶液的玻璃瓶也需用橡皮塞而不能用玻璃塞，浓的烧碱溶液只能存贮于塑料瓶中；NaOH 极易吸收空气中的二氧化碳，使得烧碱中常含有碳酸钠。工业上生产 NaOH 的方法有苛化法、隔膜电解法、水银电解法等。除第一种方法外，其余都是以食盐为原料，除得到 NaOH 外，还有氯气副产品，故统称为氯碱工业。

（2）氯化钠（NaCl）　俗名食盐，是人类赖以生存的物质，也是制造所有其他含氯、钠的化合物的常用原料。氯化钠广泛存在于自然界中，由海水或盐湖水晒制而得到含有硫酸钙和硫酸镁等杂质的粗盐，把粗盐溶于水，加入适量的氢氧化钠、碳酸钠和氯化钡，使溶液中的钙离子、镁离子、硫酸根离子以沉淀的形式析出，从而得到较为纯净的精盐。

（3）碳酸钠（Na_2CO_3）　碳酸钠又称苏打，俗称纯碱，是食用碱的主要成分，也是基本的化工产品之一。目前工业上常用联合制碱法或氨碱法制备纯碱。联碱法是用氨、二氧化碳和食盐水制碱，还可得副产品氯化铵。由于这种方法是由我国著名化学家侯德榜发明的，因而也称为侯氏制碱法。

（4）无水氯化钙（$CaCl_2$）　具有很强的吸水性，是一种廉价的干燥剂。不能干燥氨气，因为氯化钙能和氨生成加合物，如 $CaCl_2 \cdot 8NH_3$。$CaCl_2$还可用作制冷剂，如将 $CaCl_2 \cdot 6H_2O$ 与冰水按不同的比例混合可以得到不同程度的低温，可达到 -54.9℃。

重要的碱金属和碱土金属的盐还有硫酸钠、硫酸钙等。硫酸钠主要用于玻璃、纸张和染料等制造中。含 10 个结晶水的硫酸钠称为芒硝，无水 Na_2SO_4称为元明粉。硫酸钙的二水合称为生石膏，加热到 120℃，失去部分水后称作熟石膏。生石膏可用作雕塑或外科造型。

（二） ds 区元素及其重要化合物

1. 单质的性质

ds 区元素包括ⅠB 族（铜副族）的铜、银、金和ⅡB 族（锌副族）的锌、镉、汞，价电子构型分别为（$n-1$）$d^{10}ns^1$和（$n-1$）$d^{10}ns^2$，外层为 1 和 2 个电子，分别与碱金属和碱土金属元素相似，能生成相同的氧化态为 +1、+2 的化合物。由于元素的电子构型不同，铜副族、锌副族元素不如碱金属、碱土金属元素活泼，并且铜副族元素有大于族数为 1 的氧化态。

铜副族都是不活泼的重金属。铜与含有 CO_2的潮湿空气接触，表面易生成一层“铜绿”［碱式碳酸铜 $Cu(OH)_2 \cdot CuCO_3$］；而银、金不和氧反应，银与硫有较强的亲和作用，当和含 H_2S 的空气接触时即逐渐变暗。铜、银、金都易形成配合物，利用这一性质，可用氰化物从 Ag、Au 的硫化物矿或砂金中提取银和金。

铜、银、金都有很好的延展性、导电性和传热性。金是金属中延展性最强的，1g 纯金能抽成 2km 长的金丝。银的导电、传热性居金属之首，用于高级计算器及精密电子仪表中。铜的导电能力虽然次于银，但比银便宜得多。铜的合金如黄铜（Cu-Zn）、青铜（Cu-Sn）等在精密仪器、航天工业方面都有广泛应用。

铜是许多动物、植物体内必需的微量元素。铜和银的单质及可溶性化合物都有杀菌能力，银作为杀菌药剂更具有奇特功效。

锌副族元素的化学活泼性要比ⅠB 族强得多。Zn、Cd、Hg 都是银白色金属，Zn 略带蓝色。熔、沸点都比较低，Hg 是常温下唯一的液态金属。锌是活泼金属，能与许多非金属直接化合。它易溶于酸，也能溶于碱，是一种典型的两性金属。锌在潮湿空气中会氧化并在表面形成一层致密的碱式碳酸锌薄膜，像铝一样，能保护内层不再被氧化；镉的活泼性比锌差，镀镉材料更耐腐蚀、耐高温，故镉也常用的电镀材料；汞的密度（$13.6g/cm^3$）是常温下液体中最大的，因其流动性好，不湿润玻璃，并且在 0～200℃ 体积膨胀系数十分均匀，适于制造温度计及其他控制仪表。汞能溶解许多金属形成液态或固态合金，称作汞齐。汞齐在化工和冶金中都有重要用途。例如，钠汞齐与水反应，缓慢放出氢，是有机合成的还原剂。

锌副族元素对生物的作用极不相同。锌是人体必需的微量元素，而镉和汞对人体却有害无益。镉积累在肾、肝中，会使功能衰退；取代骨骼中的钙，会引起骨质疏松、软化和疼痛。汞进入人体，能积累在中枢神经、肝及肾内，引起头痛、食欲不振、睡眠不宁，严重时还会使语言失控，四肢麻木，甚至变形。

2. ds 区元素的重要化合物

（1）五水合硫酸铜（$CuSO_45H_2O$） 五水合硫酸铜又称胆矾或蓝矾，为蓝色结晶。在空气中慢慢风化，加热至 250℃ 时失去全部结晶水而成为无水物。无水 $CuSO_4$ 为白色粉末，极易吸水，吸水后又变成蓝色的水合物，可用来检验有机物中的微量水分，也可用作干燥剂。硫酸铜有氧化性，是斐林试剂的主体成分，用于测定食品中的还原糖。硫酸铜溶液有较强的杀菌能力，可防止水中藻类生长，它和石灰乳混合制得的“波尔多”液能消灭树木的害虫。

（2）硝酸银（$AgNO_3$） $AgNO_3$ 是最重要的可溶性银盐，在感光材料、制镜、保温瓶、电镀、医药、电子等工业中用途很广，也是制备其他银化合物的原料。$AgNO_3$ 在干燥空气中比较稳定，潮湿状态下见光容易分解，并因析出单质银而变黑，故 $AgNO_3$ 固体及溶液均要盛放于棕色瓶中于避光保存。

$AgNO_3$ 具有氧化性，遇微量有机物即被还原成单质银，皮肤或工作服沾上 $AgNO_3$ 后逐渐变成紫黑色。它有一定的杀菌能力，对人体有烧蚀作用。含 $[Ag(NH_3)_2]^+$ 的溶液称作托伦试剂，能把醛和某些糖类氧化，本身被还原为 Ag，发生银镜反应。$AgNO_3$ 可与卤素离子反应生成难溶于水的卤化银，可用于沉淀滴定测定卤素类离子及其化合物的含量。

（3）氧化锌（ZnO）和氢氧化锌［$Zn(OH)_2$］ ZnO 和 $Zn(OH)_2$ 均为白色粉末，不溶于水，是两性化合物，可溶于酸生成相应的锌盐，溶于碱则生成锌酸盐。如 ZnO 与酸碱的反应为：

$$ZnO + 2HCl = ZnCl_2 + H_2O$$

$$ZnO + 2NaOH = Na_2ZnO_2 + H_2O$$

氧化锌又称锌白，是优良的白色颜料。它遇 H_2S 不变黑（因为 ZnS 也是白色），这一点优于铅白。ZnO 无毒，具有收敛性和一定的杀菌能力，故大量用作医用橡皮软膏。溶有痕量锌的氧化锌能发出绿色的荧光，可作荧光剂。

（4）氯化汞（$HgCl_2$）和氯化亚汞（Hg_2Cl_2）　$HgCl_2$又称升汞，白色（略带灰色）针状结晶或颗粒粉末。熔点低（280℃），易气化。内服0.2～0.4g就能致人死亡。但少量使用，有消毒作用，1∶1000的稀溶液可用于消毒外科手术器械。

在酸性溶液中$HgCl_2$是较强的氧化剂，与适量$SnCl_2$作用时，生成白色丝状的Hg_2Cl_2；$SnCl_2$过量时，Hg_2Cl_2会进一步被还原为金属汞，沉淀变黑，分析化学常用上述反应鉴定Hg^{2+}或Sn^{2+}。

$$2HgCl_2 + Sn^{2+} + 4Cl^- \longrightarrow Hg_2Cl_2\downarrow + [SnCl_6]^{2-}$$

$$Hg_2Cl_2 + Sn^{2+} + 4Cl^- \longrightarrow 2Hg\downarrow + [SnCl_6]^{2-}$$

Hg_2Cl_2又称甘汞，是微溶于水的白色粉末，无毒，味略甜。Hg_2Cl_2不如$HgCl_2$稳定，见光易分解，故应保存在棕色瓶中。Hg_2Cl_2常用于制作甘汞电极，在医药上曾用作轻泻剂。

（三）d区元素及其重要化合物

1. 单质的通性

d区元素系第ⅢB到第Ⅷ族的所有元素，价电子层结构是$(n-1)d^{1\sim8}ns^{1\sim2}$（Pd和Pt例外，价电子层结构分别为$5d^{10}$和$5d^9 6s^1$）。它们$ns$轨道上的电子数几乎保持不变，主要差别在于$(n-1)d$轨道上的电子数不同。又因$(n-1)d$轨道和$ns$轨道的能量相近，$d$电子可以全部或部分参与成键，所以d区元素具有如下特性。

（1）单质的相似性　d区元素的最外层电子数一般都不超过两个，较易失去，所以都是金属元素，其有较大的有效核电荷，且d电子也存在一定的成键能力，因而具有较小的原子半径、较大的密度、较高的熔沸点和良好的导电导热性能。例如Os的密度（22.48g/cm^3），W的熔点（3380℃），Cr的硬度（莫氏硬度为9）等都是金属中最大的。d区元素的化学活泼性也较相近。同一周期从左到右，d区元素化学性质的变化远不如s区和p区显著。

（2）有可变的氧化态　d区元素除最外层s电子可参加成键外，次外层d电子在适当的条件下也可部分甚至全部参加成键，大多具有可变的氧化态。现以第四周期d区元素（又称第一过渡系列）为例，将其常见的氧化态见表1－11。

如表1－11所示，随原子序数的逐渐增加，氧化态先逐渐升高，但高氧化态逐渐不稳定（呈现氧化性），随后氧化态又逐渐降低。在同一族中自上而下高氧化态趋于稳定。

表1-11 第四周期d区元素常见的氧化态

族次	ⅢB	ⅣB	ⅤB	ⅥB	ⅦB	Ⅷ		
元素	Sc	Ti	V	Cr	Mn	Fe	Co	Ni
价电子构型	$3d^1 4s^2$	$3d^2 4s^2$	$3d^3 4s^2$	$3d^5 4s^1$	$3d^5 4s^2$	$3d^6 4s^2$	$3d^7 4s^2$	$3d^8 4s^2$
常见氧化态	+3*	+2、+3、+4	+2、+3、+4、+5*	+2、+3、+6	+2*、+3、+4、+6、+7	+2、+3*（+6）	+2*、+3	+2、（+3）

*表示最稳定的氧化态，有括弧者表示很不稳定的氧化态。

不同氧化态之间在一定的条件下可互相转化，表现出氧化、还原性。例如，铬的存在形式有Cr^{2+}、Cr^{3+}、$CrO_4{}^{2-}$、$Cr_2O_7{}^{2-}$等；锰的存在形式有Mn^{2+}、MnO_2、$MnO_4{}^{2-}$、$MnO_4{}^-$等。低氧化态（如Cr^{2+}，Mn^{2+}）具有还原性；高氧化态（如$Cr_2O_7{}^{2-}$、$MnO_4{}^-$）具有氧化性；而中间的氧化态（如Cr^{3+}、MnO_2）则既有氧化性又有还原性。

（3）水合离子大多具有颜色　d区元素水合离子具有颜色，可用于离子的鉴别或鉴定。表1-12所示为常见元素的水合离子的颜色。

表1-12 常见d区元素水合离子的颜色

离子	Fe^{3+}	Fe^{2+}	Cr^{3+}	Cr^{2+}	Co^{2+}	Ni^{2+}	Mn^{2+}	V^{3+}	Ti^{3+}
颜色	淡紫	淡绿	紫	蓝	桃红	绿	淡红	绿	紫红

（4）容易形成配合物　d区元素的离子一般具有高的电荷、较小的半径和9~17不规则的外层电子构型，具有较大的极化力；另外d区元素的原子或离子常具有未充满的*d*轨道，具有容易形成配合物的特性。另外，过渡元素空的*d*轨道能接受电子，这些元素及其化合物常显催化性质。例如，铁和钼是合成氨的催化剂；铂和铑是将氨氧化成NO（制取HNO_3）的催化剂；V_2O_5是将SO_2氧化成SO_3（制取H_2SO_4）的催化剂等。在d区元素中以第一过渡系的元素及其化合物应用较广，并有一定的代表性。

2. d区元素的重要化合物

（1）重铬酸钾（$K_2Cr_2O_7$）　重铬酸钾商品名为红矾钾，是橙红色晶体，水溶液显酸性，在鞣革、电镀等工业中广泛应用。由于$K_2Cr_2O_7$无吸潮性，又易用重结晶法提纯，故用它作分析化学中的基准试剂。

酸性溶液中，$Cr_2O_7^{2-}$是强氧化剂，能氧化 Fe^{2+}而被还原为 Cr^{3+}，在分析中常用来测定铁。

$$K_2Cr_2O_7 + 6FeSO_4 + 7H_2SO_4 = Cr_2(SO_4)_3 + 3Fe_2(SO_4)_3 + K_2SO_4 + 7H_2O$$

$K_2Cr_2O_7$和浓 H_2SO_4的混合物称作铬酸洗液，它有强氧化性，在实验室中用于洗涤玻璃器皿。在碱性溶液中可转化为 K_2CrO_4。K_2CrO_4无氧化性，可与 Ba^{2+}、Pb^{2+}或 Ag^+反应，生成难溶于水的铬酸银，用于这些离子的鉴定与分离。

（2）高锰酸钾（$KMnO_4$） $KMnO_4$为暗紫色晶体，有光泽，在酸性溶液中会缓慢分解，光对此反应有催化作用，故固体 $KMnO_4$及其溶液都需保存在棕色瓶中。

$KMnO_4$是常用的强氧化剂，热稳定性较差，加热至 200℃以上能分解并放出 O_2；与有机物或易燃物混合，易发生燃烧或爆炸。它无论在酸性、中性或碱性溶液中都能发挥氧化作用，即使稀溶液也有强氧化性，在工农业生产和分析检测中有较为广泛的应用。$KMnO_4$是常用的化学试剂，作为标准溶液可以测定许多物质的含量；在医药上和食品生产中，用作消毒剂，0.1% 的稀溶液常用于水果和茶杯的消毒，5% 溶液可治烫伤，还用作油脂及蜡的漂白剂。

（3）硫酸亚铁（$FeSO_4 \cdot 7H_2O$）和三氯化铁（$FeCl_3 \cdot 6H_2O$） 硫酸亚铁又称绿矾，有一定的还原性。在酸性介质中 Fe（Ⅱ）比较稳定，碱性条件下则易氧化。用铁屑或铁块与 HCl 或 H_2SO_4作用制备 $FeCl_2$或 $FeSO_4$或配制 Fe（Ⅱ）盐溶液时，为了防止 Fe^{2+}的氧化和水解需要加入过量的金属铁并保持溶液的酸性（随时补加酸）。

$FeSO_4$应用相当广泛，它与鞣酸作用生成鞣酸亚铁，在空气中被氧化成黑色鞣酸铁，常用来制作蓝黑墨水。

三氯化铁的主要性质之一是容易水解，生成铁的羟基配合物，溶液的颜色由黄色加深至红棕色。这种胶状水解产物和悬浮在水中的泥沙一起聚集沉淀，浑浊的水即变清澈。因此，三氯化铁或硫酸铁常用作净水剂。

三氯化铁的另一性质是氧化性，在酸性溶液中能氧化一些还原性较强的物质。工业上常用浓的 $FeCl_3$溶液在铁制品上刻蚀字样，或在铜板上腐蚀出印刷电路。

$$2FeCl_3 + Fe = 3FeCl_2$$

$$2FeCl_3 + Cu = 2FeCl_2 + CuCl_2$$

Fe^{3+}还能与 SCN^-能形成血红色的异硫氰酸根合铁配离子，可用于 Fe^{3+}的鉴定，反应为：

$$Fe^{3+} + n\,SCN^- \rightleftharpoons [Fe(SCN)_n]^{3-n} \text{（血红色）} \quad (n = 1 \sim 6)$$

铁的重要的化合物还有硝酸铁［$Fe(NO_3)_3 \cdot 9H_2O$］和铁铵矾［$NH_4Fe(SO_4)_2 \cdot 12H_2O$］等。另外，铁与氰能形成稳定的配合物，如 $K_4[Fe(CN)_6]$

（亚铁氰化钾，俗名黄血盐）和 $K_3[Fe(CN)_6]$（铁氰化钾，俗名赤血盐）。在含有 Fe^{2+} 的溶液中加入铁氰化钾或在 Fe^{3+} 溶液中加入亚铁氰化钾，都有蓝色沉淀形成，可用来鉴定 Fe^{2+} 和 Fe^{3+} 的存在。

$$K^+ + Fe^{2+} + [Fe(CN)_6]^{3-} = KFe[Fe(CN)_6]$$

（滕氏蓝）

$$K^+ + Fe^{3+} + [Fe(CN)_6]^{4-} = KFe[Fe(CN)_6]$$

（普鲁氏蓝）

（四）p 区元素及其重要化合物

1. 铝及其重要的化合物

（1）金属铝（Al） Al 广泛存在于地壳中，其丰度仅次于氧和硅，是蕴藏最丰富的金属元素。铝主要以铝矾土（$Al_2O_3 \cdot xH_2O$）矿物存在，它是冶炼金属铝的重要原料。纯铝是银白色的轻金属，无毒，富有延展性，具有很高的导电、传热性和抗腐蚀性，无磁性，不发生火花放电。在金属中，铝的导电、传热能力仅次于银和铜，延展性仅次于金。由于铝的性能优良，价格便宜，在宇航工业、电力工业、房屋建筑和运输、包装等方面被广泛应用。

铝的化学性质活泼，在不同温度下能与许多非金属直接化合。铝是典型的两性金属。既能溶于强酸，也能直接溶于强碱，并放出氢气：

$$2Al + 6H^+ = 2Al^{3+} + 3H_2\uparrow$$

$$2Al + 2OH^- + 6H_2O = 2[Al(OH)_4]^- + 3H_2\uparrow$$

铝的两性还表现在它的氧化物和氢氧化物既能溶于盐酸，也能溶于过量的氢氧化钠溶液中。

（2）无水硫酸铝 $[Al_2(SO_4)_3]$ 和矾 通常从饱和溶液中析出的硫酸铝 $[Al_2(SO_4)_3 \cdot 18H_2O]$ 是白色针状结晶，受热时会逐渐失去结晶水，至 250℃ 失去全部结晶水成为白色粉末状无水硫酸铝。$Al_2(SO_4)_3$ 易溶于水，同时发生水解使溶液呈酸性，水解产物 $Al(OH)_3$ 为胶体，它能以细密分散态沉积在棉纤维上，并可牢固地吸附染料。

硫酸铝是优良的媒染剂，也常用作水净化的凝聚剂和造纸工业的沉淀剂等。$Al_2(SO_4)_3$ 可与钾、钠、铵的硫酸盐形成复盐，称为矾。其中铝钾矾 $[K_2SO_4 \cdot Al_2(SO_4)_3 \cdot 24H_2O]$ 是最为常见的铝矾，俗称明矾，易溶于水，水解生成 $Al(OH)_3$ 或碱式盐的胶状沉淀，被广泛地用作为水的净化剂、造纸业的沉淀剂、印染业的媒染剂以及医药上的防腐、收敛和止血剂等。

2. 锡、铅及其重要化合物

（1）单质的性质及用途 锡是银白色金属，质软，熔点低，富有展性。银光闪闪的锡箔，曾经是优良的包装材料。锡在空气中不易被氧化，能长期保持其光泽。食品工业的罐头盒多由它（马口铁：镀锡铁）制耐腐蚀，价格便宜，又无毒。金属锡大量用于制造合金：焊锡、保险丝等低熔点合金。

铅是很软的重金属，用手指甲就能在铅上刻痕。新切开的断面很亮，但不久就会钝化变暗生成一层致密的碱式碳酸铅；铅能挡住 X 射线和核裂变射线。制作铅玻璃、铅围裙和放射源容器等防护用品；在化学工业中常用铅作反应器的衬里；铅大量用于制造合金，如焊锡、保险丝、铅字（Pb、Sb、Sn 合金）、青铜（Cu、Sn 合金）和蓄电池的极板（Pb、Sb 合金）等。

铅及铅的化合物都是有毒物质，并且进入人体后不易排出而导致积累性中毒。所以，食具、水管等不可用铅制造。

（2）氯化亚锡（$SnCl_2$）　$SnCl_2$是典型的还原剂，Sn^{2+}在溶液中易被空气中的氧所氧化，且 Sn^{2+} 极易水解。在配制 $SnCl_2$溶液时，除应先加入少量浓 HCl 抑制水解外，还要在刚配制好的溶液中加入少量金属 Sn。

（3）二氧化铅（PbO_2）　PbO_2是强氧化剂，在酸性溶液中能把 Mn（Ⅱ）氧化成 Mn（Ⅶ），与浓 H_2SO_4作用放出 O_2，与盐酸作用放出 Cl_2。铅的许多化合物难溶于水。铅和可溶性铅盐都对人体有毒。Pb^{2+}在人体内能与蛋白质中的半胱氨酸反应生成难溶物，使蛋白毒化。

二、非金属元素及其重要化合物

（一）卤素

1. 卤素的通性

卤素是ⅦA 族元素氟、氯、溴、碘和砹（放射性元素）的统称，价层电子构型为 ns^2np^5，很容易得到 1 个电子而形成卤素阴离子（X^-）。卤素单质有强烈的非金属性（氧化性），且随着 F、Cl、Br、I 顺序递增得电子能力递减，氧化性依次减弱。如氟、氯是强氧化剂，而碘是弱氧化剂。卤素最常见的氧化值是 -1。在形成卤素的含氧酸及其盐时，可以表现出正氧化值 $+1$、$+3$、$+5$ 和 $+7$（氟的电负性最大，不能出现正氧化值）。

2. 卤素的单质

（1）物理性质　卤素单质指 F_2、Cl_2、Br_2、I_2，都是非极性分子。熔、沸点依次升高，聚集状态和颜色也呈规律性变化。常温下，氟、氯为气体，溴为液体，碘为紫黑色固体。

卤素都具有刺激气味，吸入较多的卤素蒸气会导致中毒，甚至死亡。卤素单质在水中溶解度较小，而易溶于有机溶剂。如 I_2在水中很少溶解，而在

CH_3CH_2OH 或 CCl_4 中溶解度较大。为了增加它在水中的溶解度，可将 I_2 溶解在 KI 溶液中。

$$I_2 + KI \rightleftharpoons KI_3$$

（2）化学性质　在同周期的元素中卤素的非金属性最为突出，显示出活泼的化学性质。

①与金属、非金属作用：F_2 能与所有的金属以及除了 O_2 和 N_2 以外的非金属直接化合，与 H_2 在低温暗处也能发生爆炸；Cl_2 能与多数金属和非金属直接化合，但有些反应需要加热；Br_2 和 I_2 要在较高温度下才能与某些金属或非金属化合。

②与水、碱的反应：F_2 与水激烈反应放出 O_2；Cl_2 与水发生歧化反应，生成盐酸和次氯酸，后者在日光照射下可以分解出 O_2，Cl_2 在 NaOH 溶液中会歧化成 NaCl 和 NaClO；Br_2 和 I_2 与纯水的反应极不明显，但在碱性溶液中歧化反应的能力比 Cl_2 强。

$$Cl_2 + 2NaOH \rightleftharpoons NaCl + NaClO + H_2O$$

$$Br_2 + 2KOH = KBr + KBrO + H_2O$$

$$I_2 + 6NaOH = 5NaI + NaIO_3 + 3H_2O$$

③卤素间的置换反应：卤素单质从 F_2 到 I_2 氧化性逐渐减弱，前面的卤素可以将后面（非金属性较弱）的卤素从其卤化物中置换出来，可从晒盐后的苦卤生产溴或由海藻灰提取溴、碘。

$$Cl_2 + 2KBr = 2KCl + Br_2$$

$$Cl_2 + 2KI = 2KCl + I_2$$

3. 卤化氢及氢卤酸

卤素与氢的化合物合称卤化氢（HX）。卤化氢都是无色气体，具有刺激性气味。卤化氢溶于水即成氢卤酸，有广泛的用途。浓的氢卤酸打开瓶盖就会“冒烟”，这是由于挥发出的卤化氢与空气中的水蒸气结合形成了酸雾。

（1）酸性　氢卤酸的酸性强度由氢氟酸至氢碘酸酸性依次增强，氢氟酸是弱酸，氢碘酸是极强的酸。

（2）还原性　氢卤酸具有还原性，卤素阴离子还原能力的顺序依次是

$$F^- < Cl^- < Br^- < I^-$$

其中 F^- 的还原能力最弱，而 I^- 的还原性最强。HF 不能被任何氧化剂所氧化，HCl 只为一些强氧化剂如 PbO_2、$K_2Cr_2O_7$、MnO_2 等所氧化。

（3）HF 的特殊性　氢氟酸的酸性和还原性都很弱，但对人的皮肤、骨骼有强烈的腐蚀性。HF 与 SiO_2 或玻璃发生反应生成气态 SiF_4，因此，不能用玻璃瓶盛装氢氟酸。

$$SiO_2 + 4HF = SiF_4\uparrow + 2H_2O$$

氢氟酸是弱酸，但与 BF_3、AlF_3、SiF_4 等配合成相应的 HBF_4、$HAlF_4$、H_2SiF_6 后，其酸性大大增强。同时氢氟酸的浓度越大，酸性越强。

4. 重要的氯含氧酸及其盐

（1）次氯酸及其盐　将氯气通入水中即发生水解生成次氯酸（HClO）和 HCl。HClO 是一种弱酸（$K_a = 3.2 \times 10^{-3}$），且很不稳定，只能以稀溶液存在，不能制得浓酸，是很强的氧化剂。

氯气的漂白作用就是由于它与水作用而生成次氯酸的缘故，如 NaClO 是工业上常用的漂白剂。把氯气通入冷的碱溶液中，便生成次氯酸盐。漂白粉是 $Ca(ClO)_2 \cdot 2H_2O$ 和 $CaCl_2 \cdot Ca(OH)_2 \cdot H_2O$ 的混合物，有效成分是 $Ca(ClO)_2$。广泛用于纺织漂染、造纸等工业中，也是常用的廉价消毒剂，但使用时要注意安全。工业上，用氯和消石灰作用制取。

$$2Cl_2 + 3Ca(OH)_2 + H_2O \rightleftharpoons Ca(ClO)_2 \cdot 2H_2O + CaCl_2 \cdot Ca(OH)_2 \cdot H_2O$$

（2）氯酸及其盐　氯酸（$HClO_3$）是强酸，强度与 HNO_3 接近，只能在溶液中存在。$HClO_3$ 也是一种强氧化剂，但氧化能力不如 HClO。$KClO_3$ 是最重要的氯酸盐，为无色透明结晶，它比 $HClO_3$ 稳定。$KClO_3$ 在碱性或中性溶液中氧化作用很弱，在酸性溶液中则为强氧化剂。

在有催化剂（如 MnO_2、CuO）存在时，将 $KClO_3$ 加热至 300℃ 左右就会放出氧气：

$$2KClO_3 \xrightleftharpoons[\Delta]{\text{催化剂}} 2KCl + O_2 \uparrow$$

$KClO_3$ 对热的稳定性较高，但与有机物或可燃物混合、受热，特别是受到撞击极易发生燃烧或爆炸。在工业上 $KClO_3$ 用于制造火柴、烟火及炸药等。

（3）高氯酸及其盐　无水高氯酸（$HClO_4$）为无色透明的发烟液体，其水溶液是酸性最强的无机酸，而且是一种极强的氧化剂，木片或纸张与之接触即着火，遇有机物极易引起爆炸，并有极强的腐蚀性，在冷的稀溶液中 $HClO_4$ 的氧化性很弱。高氯酸盐多是无色晶体，K^+、Rb^+、Cs^+ 的高氯酸盐难溶于水。分析中利用高氯酸定量测定 K^+、Rb^+、Cs^+。有些高氯酸盐有较强的水合作用，可作优良的吸水剂和干燥剂。

（二）氧族元素

1. 氧族元素的通性

氧族元素是ⅥA 族元素氧、硫、硒、碲和钋（放射性元素）的统称。其中氧和硫是典型的非金属，硒和碲是准金属，钋是典型的金属。氧族元素是由典型的非金属过渡到金属的一个完整的家族。在氧族元素中以氧和硫的单质及其化合物较为重要。

2. 氧和臭氧

氧有氧气（O_2）和臭氧（O_3）两种同素异形体。氧气是无色无味的气体，是地球上有氧呼吸生命体不可缺少的物质，是化学反应的积极参与者。臭氧是浅蓝色气体，位于大气的最上层。由于它能吸收太阳的紫外辐射，减弱了紫外线对地球生物的伤害，起到保护地球上生物的作用。

O_3比O_2具有更强的氧化剂，可用它来代替常用的催化氧化和高温氧化，大大简化化工工艺流程，提高产品的产率。在环境化学上面，为了处理废气和净化废水，臭氧也大有作为。利用臭氧的强氧化性还可作为漂白剂用来漂白麻、棉、纸张等。臭氧还可作为皮、毛的脱臭剂。医学上可以利用臭氧的杀菌能力大作为杀菌剂。在空气中，含少量O_3可使人兴奋，但当浓度达1mL/L时，即对人体健康有害，人将会感到疲劳或头痛。

3. 过氧化氢和硫化氢

（1）过氧化氢（H_2O_2）　纯的H_2O_2是无色透明的黏稠液体，分子间有氢键，熔、沸点比水高，可与水以任意比混溶其水溶液称作双氧水。H_2O_2很不稳定，很容易发生分解反应，光照、加热或在碱性溶液中分解加速，故常用棕色瓶贮存，放置阴凉处。

H_2O_2是极弱的酸，可与碱反应而生成盐（过氧化物），可用来制备CaO_2或BaO_2。

$$H_2O_2 + Ba(OH)_2 = BaO_2 + 2H_2O$$

H_2O_2中氧的氧化值为-1，既有氧化性又有还原性。一般作氧化剂，如H_2O_2与$FeCl_2$、PbS的反应时均作氧化剂。H_2O_2与强氧化剂作用方显还原性。如与高锰酸钾反应时，H_2O_2作还原剂。

$$2KMnO_4 + 5H_2O_2 + 3H_2SO_4 = 2MnSO_4 + 5O_2 + K_2SO_4 + 8H_2O$$

由于反应产物是H_2O和O_2，不会造成二次污染，所以，H_2O_2溶液是较为理想的氧化剂和还原剂。过氧化氢的使用主要依赖于其氧化性，不同浓度的过氧化氢具有不同的用途：一般医用双氧水的浓度为3%，美容用品中双氧水的浓度为6%，试剂级双氧水的浓度为30%，食用级双氧水的浓度为35%，浓度在90%以上的双氧水可用于火箭燃料的氧化剂，90%以上浓度的双氧水遇热或受到震动就会发生爆炸。在食品工业中，它主要用于软包装纸的消毒、罐头厂的消毒、乳和乳制品杀菌、面包发酵、食品纤维的脱色，饮用水处理等。浓度稍大的双氧水会灼伤皮肤，使用时应格外小心！

（2）硫化氢（H_2S）　H_2S是无色有臭蛋味的气体，有毒，吸入后引起头疼、晕眩，具有麻醉神经中枢的作用，大量吸入会严重中毒，甚至死亡。H_2S也是一个极性分子，能溶于水，20℃时1体积水能溶解2.6体积的H_2S。H_2S的水溶液称为氢硫酸，它是二元弱酸：

$$H_2S \rightleftharpoons H^+ + HS^- \qquad K_{a_1} = 1.32 \times 10^{-7}$$

$$HS^- \rightleftharpoons H^+ + S^{2-} \qquad K_{a_2} = 7.10 \times 10^{-15}$$

氢硫酸溶液中 S^{2-} 浓度的大小，主要取决于溶液的酸度。在酸性溶液中通入H_2S,它只能供给极低浓度的 S^{2-}。但在碱性溶液中，则可供给较高浓度的 S^{2-}。金属硫化物在水中的溶解度差异甚大，通过 H^+ 浓度的改变对 S^{2-} 浓度的控制作用，可以达到各种金属硫化物的分级沉淀，使其得以分离。

硫化氢和氢硫酸最重要的性质就是它们的强还原性。例如氢硫酸在空气中放置时，易被氧化生成单质硫，使溶液变浑浊；强氧化剂可以将氢硫酸氧化成硫酸。由于硫化氢有毒，常用硫代乙酰胺作替代品来减少污染。

4. 硫的重要含氧化合物

（1）二氧化硫、亚硫酸及其盐　SO_2是无色气体，有强烈的刺激气味。容易液化，液态 SO_2可用作制冷剂。

SO_2易溶于水，生成很不稳定的亚硫酸 H_2SO_3。它只能在水溶液中存在，游离态的 H_2SO_3 尚未制得。H_2SO_3是二元中强酸，能形成正盐和酸式盐，如 Na_2SO_3和 $NaHSO_3$。

SO_2和 H_2SO_3及其盐中硫的氧化值为 +4，既有氧化性又有还原性，但以还原性为主。

$$2MnO_4^{\ -} + 5SO_3^{\ 2-} + 6H^+ = Mn^{2+} + 5SO_4^{\ 2-} + 3H_2O$$

$$Cl_2 + SO_3^{\ 2-} + H_2O = 2Cl^- + SO_4^{\ 2-} + 2H^+$$

后一反应常用于织物漂白工艺中，用作脱氯剂。

（2）三氧化硫、硫酸及其盐　纯净的 SO_3是易挥发的无色固体，熔点16.8℃，沸点44.8℃，极易与水化合生成 H_2SO_4，并放出大量热。浓 H_2SO_4是无色透明的油状液体，常温下98%浓 H_2SO_4的密度为1.84g/mL。浓 H_2SO_4具有强酸性，同时有强烈的吸水作用，不仅能吸收游离水，还能从含有 H 和 O 元素的有机物（如棉布、糖、油脂）中按 H_2O 的组成夺取水而使有机物碳化。另外，浓 H_2SO_4属于中等强度的氧化剂，但在加热的条件下，氧化性增强，几乎能氧化所有的金属和一些非金属。所以浓 H_2SO_4有强烈的腐蚀性。

稀释时浓 H_2SO_4会放出大量的热，故配制 H_2SO_4溶液时，需将浓 H_2SO_4慢慢注入水中，并不断搅拌。切不可将水倒入浓 H_2SO_4中！

硫酸正盐一般易溶于水，但 Sr^{2+}、Ba^{2+}和 Pb^{2+}的硫酸盐为难溶盐，Ag^+和 Ca^{2+}的硫酸盐为微溶盐。多数硫酸盐有形成复盐的特性，例如 $K_2SO_4 \cdot Al_2(SO_4)_3 \cdot 24H_2O$（明矾）、$(NH_4)_2SO_4 \cdot FeSO_4 \cdot 6H_2O$（摩尔盐）、$NH_4Fe(SO_4)_2 \cdot 6H_2O$（铁铵矾）等。$H_2SO_4$除生成正盐外，还能形成酸式盐，如 $NaHSO_4$、$KHSO_4$等。它们都可溶于水，并呈酸性，市售“洁厕净”的主要

成分即 $NaHSO_4$。

（3）硫代硫酸钠　含有结晶水的硫代硫酸钠（$Na_2S_2O_3 \cdot 5H_2O$）俗称海波或大苏打，是无色透明的晶体，易溶于水，其水溶液呈弱碱性。在酸性溶液中，会迅速分解：

$$Na_2S_2O_3 + 2HCl = 2NaCl + S\downarrow + SO_2\uparrow + H_2O$$

硫代硫酸钠是中等强度的还原剂，与弱氧化剂如碘反应生成连四硫酸钠，与强氧化剂反应生成硫酸钠：

$$2S_2O_3^{2-} + I_2 = S_4O_6^{2-} + 2I^-$$

$$S_2O_3^{2-} + 4Cl_2 + 5H_2O = 2SO_4^{2-} + 8Cl^- + 10H^+$$

前一反应在分析化学上用于间接碘量法的滴定反应，后一反应在纺织工业上用 $Na_2S_2O_3$ 作脱氯剂。

（三）氮族元素

氮族元素是周期系ⅤA族元素氮、磷、砷、锑和铋的统称。氮和磷是非金属元素，砷和锑是准金属，铋是金属元素，表现出从典型的非金属到金属的一个完整的过渡。

1. 氮及其重要化合物

（1）氮气　N_2 是无色、无臭、无味的气体，主要存在于大气中，是化学惰性物质。广泛用于电子、钢铁、玻璃工业上作惰性覆盖介质，还用于灯泡和可膨胀橡胶的填充物，工业上用于保护油类、在精密实验中用作保护气体。高温时，氮的活泼性增强，与某些金属（Li、Mg、Ga、Al、B 等）反应生成氮化物。氮与 O_2 在高温（约 2273K）或放电条件下直接化合成 NO，是固定氮的一种方法。自然界的某些微生物如大豆、花生等豆科植物的“根瘤菌”，在常温、常压下有固定空气中的氮的功能。氮的主要用途是制氨，通过氨可制得许多重要化工原料如肥料、硝酸、炸药等。

（2）氨和铵盐　氨是氮的重要化合物，主要用于化肥的生产。工业制氨是由氮气和氢气经催化合成：

$$N_2(g) + 3H_2(g) \rightleftharpoons 2NH_3(g)$$

氨是无色、有臭味的气体。在常压下冷到 -33℃，或 25℃加压到 990kPa，氨即凝聚为液体，称为液氨，贮存在钢瓶中备用。液氨汽化时，汽化热较高(23.35kJ/mol)，故氨可作制冷剂。

NH_3 为强极性分子，极易溶于水，通过氢键形成氨的水合物 $NH_3 \cdot H_2O$ 或 $2NH_3 \cdot H_2O$，同时氨发生部分离解而使氨水显碱性：

$$NH_3 + H_2O \rightleftharpoons NH_4^+ + OH^-$$

氨很容易与其他分子或离子形成配位键，也可以和许多金属离子加合成氨合离子。氨和酸作用可得相应的铵盐，多是无色晶体，易溶于水，热稳定性低、易水解。

（3）氮的含氧酸及其盐

①亚硝酸和亚硝酸盐：亚硝酸（HNO_2）是一种较弱的酸，很不稳定，只能以冷的稀溶液存在，浓度稍大或微热，立即分解：

$$2HNO_2 = H_2O + NO\uparrow + NO_2\uparrow$$

亚硝酸盐的稳定性较高。亚硝酸及其盐既有氧化性，又有还原性，而以氧化性为主。如在酸性介质中 NO_2^- 能将 I^- 定量氧化为 I_2，能用于测 NO_2^- 的含量。

$$2NO_2^- + 2I^- + 4H^+ = 2NO + I_2 + 2H_2O$$

当亚硝酸盐遇到了强氧化剂时，可被氧化成硝酸盐，该反应可用来区别 HNO_3 和 HNO_2。

$$5KNO_2 + 2KMnO_4 + 3H_2SO_4 = 2MnSO_4 + 5KNO_3 + K_2SO_4 + 3H_2O$$

$$KNO_2 + Cl_2 + H_2O = KNO_3 + 2HCl$$

亚硝酸盐中以 $NaNO_2$ 最为重要。亚硝酸钠广泛用于偶氮染料、硝基化合物的制备，也是肉制品加工的着色剂和防腐剂。但是亚硝酸盐有毒，是当今公认的强致癌物之一，切记勿过量使用。

②硝酸及其盐：纯 HNO_3 是无色油状液体，沸点 356K，熔点 231K，密度 0.5027g/cm^3。HNO_3 和水可按任何比例混合。硝酸恒沸溶液的沸点 394.8K，密度1.42g/cm^3，浓度为 69.2%（质量分数）及浓度约为 16mol/L，即一般市售的浓 HNO_3。浓硝酸受热或见光分解，使溶液呈黄色。所以硝酸应保存在阴凉处，以防分解。

HNO_3 是强酸，具有强酸的一切性质，且具有强氧化性。硝酸另一重要性质是硝化作用。可将硝酸分子中的硝基（—NO_2）引入有机化合物的分子中，制造硝化甘油、三硝基甲苯（TNT），三硝基苯酚等烈性炸药，用于国防工业建设。

多数硝酸盐为无色晶体，易溶于水，在常温下比较稳定，但在高温条件下固体硝酸盐都会分解而显氧化性，分解产物因金属离子的不同而有明显差别。几乎所有的硝酸盐受热分解都有氧气放出，所以硝酸盐在高温下大都是供氧剂。它与可燃物混合在一起时，受热会迅猛燃烧甚至爆炸，可用来制造焰火及黑火药，储存、使用时需注意安全。

2. 砷的重要化合物

砷的化合物中较为重要的是三氧化二砷（As_2O_3），俗称砒霜，白色粉末，微溶于水，剧毒（对人的致死量为 0.1 ~ 0.2g）。除用作防腐剂、农药外，也用作玻璃、陶瓷工业的去氧剂和脱色剂。

As_2O_3 的特征性质是两性和还原性。

$$As_2O_3 + 6HCl \xlongequal{} 2AsCl_3 + 3H_2O$$

$$As_2O_3 + 6NaOH \xlongequal{} 2Na_3AsO_3 + 3H_2O$$

在碱性介质中 AsO_3^{3-} 有较强的还原性，可将 I_2 还原为 I^-；在酸性介质中 H_3AsO_4 有一定的氧化性，又可将 I^- 氧化为 I_2。即

$$AsO_3^{3-} + I_2 + 2OH^- \xlongequal{} AsO_4^{3-} + 2I^- + H_2O \quad (反应1)$$

$$H_3AsO_4 + 2I^- + 2H^+ \xlongequal{} H_3AsO_3 + I_2 + H_2O \quad (反应2)$$

这是一个典型的随 pH 改变而倒向的可逆反应。由于 pH >9 时，I_2 即发生歧化，故反应 1 控制 pH 在 5 ~8，此条件下反应可定量进行，并应用于分析化学中测定 AsO_3^{3-}。

砷的化合物多数有毒，故它们的应用日趋减少，逐渐被其他无毒化合物所取代。

（四）碳族元素

碳族元素是周期系ⅣA 族元素碳、硅、锗、锡和铅的统称。碳和硅在自然界分布很广，碳是组成生物界的主要元素，而硅是构成地球上矿物界的主要元素。

1. 碳及其重要化合物

（1）碳　单质碳存在着三种同素异形体，即金刚石、石墨和球烯（富勒烯）。金刚石的硬度最大，被大量用于切削和研磨材料；石墨由于导电性能良好，又具化学惰性，耐高温，广泛用作电极和高转速轴承的高温润滑剂，也用来作铅笔芯。活性炭（具有石墨的晶型，但较细）是经过加工后的碳单质，因其表面积很大，有很强的吸附能力，用于化工、制糖工业的脱色剂以及气体和水的净化剂。球烯是 20 世纪 80 年代中期发现的（C_n原子簇，$40 < n < 200$）碳的同素异形体。20 世纪 90 年代以来，球烯化学得到蓬勃发展，由于合成方法的改进，C_{60}与钾、铷、铯化合后得到的超导体展示出潜在的应用价值。C_{60}的发现成为碳化学研究新的里程碑。

（2）一氧化碳（CO）　CO 是无色无臭的有毒气体，它是煤炭及烃类燃料在空气不充分条件下燃烧产生的，能和血液中的血红蛋白结合，破坏其输氧功能，使人的心、肺和脑组织受到严重损伤，甚至死亡。当空气中 CO 的体积分数达到 0.1% 时，就会引起中毒。

在工业上，CO 有很多用途，多数工业燃料中含有 CO，CO 也是冶炼金属的重要还原剂。CO 还具有加合性，在一定条件下能以 C 原子上的孤对电子配位，与金属单质作用生成金属羰基化合物，如 $Ni(CO)_4$、$Fe(CO)_5$等。这一性质在有机催化和金属提纯等方面具有重要意义。

（3）二氧化碳（CO_2）　CO_2是无色无臭的气体，易液化，常温加压成液

态，储存在钢瓶中。液态 CO_2 气化时能吸收大量的热，可使部分 CO_2 被冷却为雪花状固体，称作“干冰”。干冰是分子晶体，熔点很低，在 -78.5℃升华，是低温制冷剂，广泛用于化学和食品工业。

（4）碳酸及其盐　CO_2 能溶于水，20℃时 1L 水中约溶解 0.9L CO_2，溶解的 CO_2 只有部分生成 H_2CO_3，饱和的 CO_2 水溶液 pH 约为 3.9。H_2CO_3 很不稳定，只能在水溶液中存在，是二元弱酸，能生成碳酸盐和碳酸氢盐。它们的溶解性和热稳定性有显著差异。

2. *硅的含氧化合物*

硅在地壳中的含量极其丰富，约占地壳总质量的四分之一，仅次于氧。岩石、沙砾、泥土、玻璃、搪瓷等等都是硅的化合物。硅和碳的性质相似，可以形成氧化值为 +4 的共价化合物。硅和氢也能形成一系列硅氢化合物，称为硅烷，如甲硅烷 SiH_4、乙硅烷 Si_2H_6 等。

（1）二氧化硅（SiO_2）　在自然界中，SiO_2 遍布于岩石、土壤及许多矿石中。SiO_2 有晶形和非晶形两种，石英是常见的 SiO_2 天然晶体（无色透明的石英称水晶）；硅藻土是天然无定形 SiO_2，为多孔性物质、工业上常用作吸附剂以及催化剂的载体。

SiO_2 是原子晶体，它的熔点、沸点都很高。石英在 1600℃时，熔化成黏稠液体，当急剧冷却时，由于黏度大，不易结晶，而形成石英玻璃。它的热膨胀系数小，能耐温度的剧变，故用于制造耐高温的高级玻璃器皿。石英玻璃虽有较高的耐酸性，但能被 HF 所腐蚀而生成 SiF_4。SiO_2 是酸性氧化物，能与热的浓碱液作用生成硅酸盐：

$$SiO_2 + 2NaOH \xlongequal{\triangle} Na_2SiO_3 + H_2O$$

$$SiO_2 + Na_2CO_3 \xlongequal{\triangle} Na_2SiO_3 + CO_2\uparrow$$

以 SiO_2 为主要原料的玻璃纤维与聚酯类树脂复合成的材料称为玻璃钢，广泛用于飞机、汽车、船舶、建筑和家具等行业，以取代各种合金材料。石英光纤（SiO_2）具有极高的透明度，在现代通信中靠光脉冲传送信息，性能优异，应用广泛。

（2）硅酸（H_2SiO_3）　硅酸是 SiO_2 的水合物（不能由 SiO_2 与 H_2O 作用制得），有多种组成，可用 $xSiO_2 \cdot yH_2O$ 表示，习惯上常用简单的偏硅酸 H_2SiO_3 代表硅酸。硅酸是比 H_2CO_3 还弱的二元酸（$K_{a_1} = 1.7\times10^{-10}$，$K_{a_2} = 1.6\times10^{-12}$），溶解度很小，很容易被其他的酸（甚至碳酸、醋酸）从硅酸盐中析出：

$$SiO_3^{2-} + CO_2 + H_2O \xlongequal{} H_2SiO_3\downarrow + CO_3^{2-}$$

$$SiO_3^{2-} + 2HAc \xlongequal{} H_2SiO_3\downarrow + 2Ac^-$$

开始析出的单分子硅酸可溶于水，随后逐步聚合成多硅酸后才生成硅酸溶胶或凝胶，经洗涤、干燥就成硅胶。硅胶是白色稍透明的固体物质，具有许多极细小的孔隙，每克硅胶的内表面积可达800~900m^2，吸附能力很强，是优良的干燥剂。更可贵的是，它能耐强酸，广泛用于气体干燥或吸收，液体脱水和色层分析等，也用作催化剂或催化剂载体。

硅酸浸以$CoCl_2$溶液并经烘干后，就制成变色硅胶，是实验室常用的干燥剂。这种硅胶的颜色变化可以指示其吸湿程度，在使用过程中，当硅胶由蓝色变为粉红色时，说明已吸足了水，不再有吸湿能力。吸水的硅胶经加热脱水后又变为蓝色，重新恢复了吸湿能力。

（3）硅酸盐　硅酸盐在自然界分布很广，种类繁多、结构复杂，除了Na_2SiO_3（俗称水玻璃）为可溶性硅酸盐外，大多数硅酸盐难溶于水，且有特征颜色。硅酸盐结构复杂，以SiO_4四面体为结构单元，可连接成线、层、主体网状。一般以氧化物形式表示硅酸盐，例如白云石、泡沸石等。

Na_2SiO_3是很有实用价值的硅酸盐。制备时将石英砂与纯碱按一定比例[$m(Na_2O):m(SiO_2)=1:3.3$]混匀、加热熔融即得Na_2SiO_3熔体。Na_2SiO_3呈玻璃状态，能溶于水，故有水玻璃之称，工业上称为泡花碱，因常含有铁类的杂质而呈浅绿色。

（4）铝硅酸盐——分子筛　分子筛是多孔性铝硅酸盐，泡沸石则是天然的分子筛。人工合成的分子筛是由硅氧四面体（SiO_4）和铝氧四面体（AlO_4）的结构单元所组成的立体型空腔骨架，结构中有许多内表面很大的孔穴，以及和这些孔穴贯通的孔道，这些孔道的孔径均匀一致。若加热把孔道和孔穴中的水分子赶出，得到的分子筛便具有吸附某些分子的能力。直径比孔道小的分子能进入孔穴中，比孔穴大的分子被拒之于外，这样就起到筛选分子的作用。分子筛是极性吸附剂，它的吸附能力除与本身的孔穴和孔道大小有关外，还和被吸附物质的极性有关。分子筛对极性分子的吸附强于对非极性分子的吸附，同时对不饱和有机化合物能进行选择性吸附，这一点与其他吸附剂不同。另外，分子筛还常用作干燥剂和催化剂。

（五）硼的重要化合物

1. 氧化硼和硼酸

氧化硼（B_2O_3）是白色固体，也称硼酸酐或硼酐，常见的有无定形和晶体两种，晶体比较稳定。将硼酸加热到熔点以上即得B_2O_3。

$$2H_3BO_3 \xlongequal{\triangle} B_2O_3 + 3H_2O\uparrow$$

氧化硼用于制造抗化学腐蚀的玻璃和某些光学玻璃。熔融的B_2O_3能和许多金属氧化物作用，显出各种特征颜色，常用于搪瓷、珐琅工业的彩绘装饰中。

硼的含氧酸包括偏硼酸（HBO_2）、（正）硼酸（H_3BO_3）和四硼酸（$H_2B_4O_7$）等多种。H_3BO_3是无色、微带珍珠光泽的片状晶体，具有层状晶体结构。晶体内各片层之间容易滑动，所以 H_3BO_3可用作润滑剂。

H_3BO_3是一元弱酸（$K_a = 5.8 \times 10^{-10}$），在水中所表现出来的酸性并非硼酸本身离解出的 H^+，而是由 B 原子接受 H_2O 所离解出来的 OH^-，形成配离子 $B(OH)_4^-$，从而使溶液中 H^+浓度增大的结果。

$$H_3BO_3 + H_2O \rightleftharpoons [(HO)_3B \leftarrow OH]^- + H^+$$

2. *硼砂*

硼砂（$Na_2B_4O_7 \cdot 10H_2O$）是无色半透明的晶体或白色结晶粉末，是硼的含氧酸盐中最重要的一种。在空气中容易失水风化，加热到 350 ~ 400℃，失去全部结晶水成无水盐，在 878℃熔化为玻璃体。熔融状态的硼砂能溶解一些金属氧化物，形成偏硼酸盐，并依金属的不同而显示出特征颜色，例如：

$$Na_2B_4O_7 + CoO = Co(BO_2)_2 \cdot 2NaBO_2 \quad (蓝色)$$
$$Na_2B_4O_7 + NiO = Ni(BO_2)_2 \cdot 2NaBO_2 \quad (棕色)$$

此反应可用于焊接金属时除锈，也可以鉴定某些金属离子，这在分析化学上称为硼砂珠试验。

硼砂是一个强碱弱酸盐，可溶于水，在水溶液中水解而显示较强的碱性：

$$[B_4O_5(OH)_4]^{2-} + 5H_2O \rightleftharpoons 4H_3BO_3 + 2OH^- \rightleftharpoons 2H_3BO_3 + 2B(OH)_4^-$$

硼砂易于提纯，水溶液又显碱性，在实验室中，常用它配制缓冲溶液或作为标定酸浓度的基准物质；硼砂还用在玻璃和搪瓷工业中，可使瓷釉不易脱落并使其具有光泽；它在玻璃中可增加紫外线的透射率，提高玻璃的透明度和耐热性能；由于硼砂能溶解金属氧化物，焊接金属时用它作助熔剂；硼砂还是医药上的防腐剂和消毒剂；在工业上硼砂还可用做肥皂和洗衣粉的填料。

三、有机化合物

（一）烃

分子中只含碳和氢两种元素的有机物称为碳氢化合物，又称烃，是最简单的有机物，可以看作有机物的母体。根据烃分子结构中碳架的不同形式，可把烃分为链烃和环烃。链烃和环烃还可按分子结构中价键的不同，进一步分类如下：

- 烃
  - 链烃（脂肪烃）
    - 饱和链烃（烷烃）
    - 不饱和链烃
      - 烯烃
      - 炔烃
  - 环烃
    - 脂环烃
    - 芳香烃

1. 烷烃

甲烷是最简单、最重要的烷烃代表物。除甲烷外，还有一系列性质和甲烷很相似的烷烃，例如：

结构式：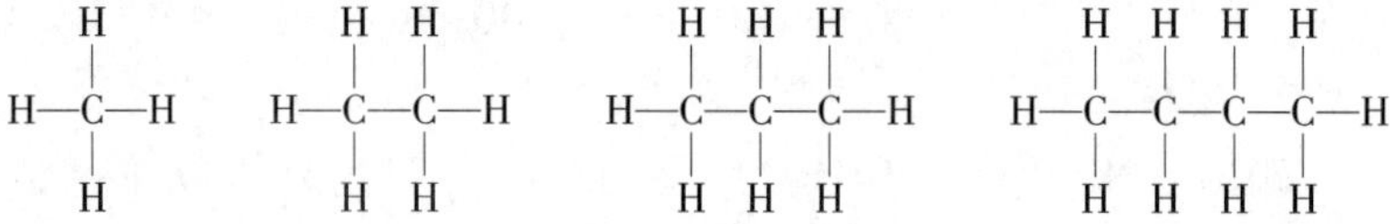

结构简式：	CH_4	CH_3CH_3	$CH_3CH_2CH_3$	$CH_3CH_2CH_2CH_3$
名称：	甲烷	乙烷	丙烷	丁烷

在烷烃分子中，碳碳原子之间都以单键结合成链状，其余的价键全部与氢原子相结合，达到"饱和"，故称之为饱和链烃或烷烃，用通式 C_nH_{2n+2} 表示其分子式。

（1）同系物　凡具有同一个通式，在组成上相差 CH_2 及其整数倍的一系列化合物，称为同系列。同系列中的各化合物互为同系物。同系物具有相似的化学性质，物理性质则随着碳原子数目的增加而呈现规律性的变化。利用这一规律，可推测某一同系物的物理性质。

（2）分异构现象、同分异构体　化合物具有相同的分子式，但具有不同结构的现象，称作同分异构现象。具有同分异构现象的化合物互称为同分异构体。烷烃的异构现象通常是由于分子中原子的连接顺序和连接方式不同而引起的碳架异构。随着碳原子数的增加，异构体数目也迅速地增加。同分异构现象的存在是自然界中有机化合物种类繁多的主要原因。

（3）烃基　烃分子失去一个或几个氢原子后所剩的部分称作烃基。用"—R"表示，如果是烷烃失去一个氢原子后剩余的原子团，就称作烷基，烷基可以表示为—C_nH_{2n+1}，如—CH_3称作甲基、—C_2H_5称作乙基。

（4）烷烃的命名

①普通命名法（习惯命名法）：普通命名法适于结构比较简单的烷烃的命名，根据分子中碳原子的数目称为某烷，十个碳原子以下用甲、乙、丙、丁、戊、己、庚、辛、壬、癸天干顺序命名；十一个碳原子以上用汉文数字十一、十二、……命名。没有支链的烷烃（即直链烷烃），在名称前冠以"正"字；链端第二个碳原子有一个甲基支链的，在名称前冠以"异"字；链端第二个碳原子有两个甲基支链的，在名称前冠以"新"字。例如：

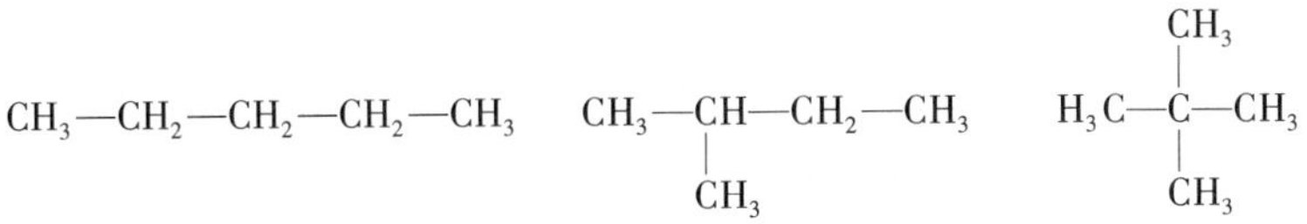

正戊烷　　　　异戊烷　　　　新戊烷

②系统命名法：系统命名法是根据国际纯粹和应用化学联合会（IUPAC）指定的命名原则，结合我国文字特点对有机物进行命名。在系统命名法中，直链烷烃的命名与普通命名法基本相同，只需去掉“正”字。例如：

$CH_3CH_2CH_2CH_2CH_3$　戊烷　　　$CH_3(CH_2)_{10}CH_3$　十二烷

对带有支链的烷烃可按下列步骤命名：

a. 选择主链：在分子中选择含碳原子数最多的碳链作主链，当有几个等长碳链可供选择时，应选择支链较多的碳链作为主链。按直链烷烃的命名原则命名为“某烷”。主链以外的支链作为取代基。

b. 主链碳原子编号：从靠近支链最近的一端给主链碳原子编号。当支链距主链两端相等时，把两种不同的编号系列逐项比较，最先遇到位次最小者为“最低系列”，即是应选取的正确编号。

c. 写名称：写名称时按取代基的位置、短横线、取代基的数目、名称、主链名称的顺序书写。相同的取代基合并，用“二、三、四”等数字表示其数目，位置序号之间用“,”隔开；不同的取代基小的写在前面，大的写在后面，阿拉伯数字与汉字之间用半字线“-”连接。例：

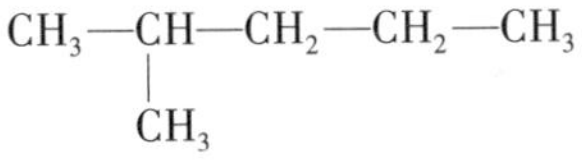

2-甲基戊烷

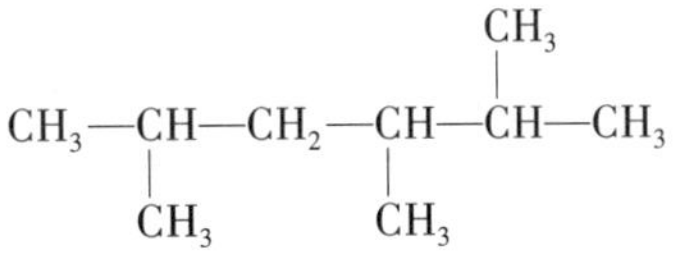

2，3，5-三甲基己烷

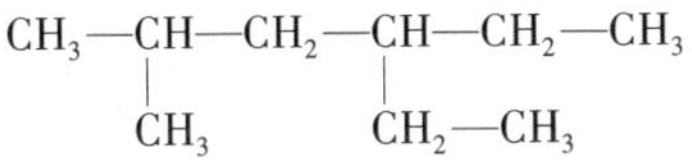

2-甲基-4-乙基己烷

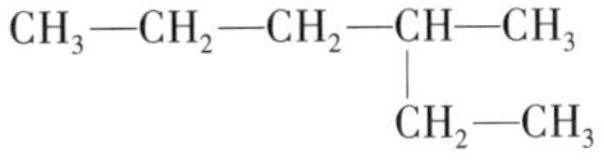

3-甲基己烷

（5）烷烃的性质

①物理性质：烷烃的物理性质随碳原子数的增加呈现规律性变化。常温常压（25℃、101325Pa）下，含1~4个碳原子的直链烷烃是气体，5~17个碳原子的直链烷烃是液体，18个碳原子以上的直链烷烃是固体。烷烃的熔、沸点都随分子质量增大而升高；相对密度均小于1，随分子相对支链的增加而升高，最后接近于0.8；折射率随相对分子质量的增加而缓慢增加。烷烃是非极性或弱极性化合物，难溶于水，易溶于氯仿、乙醚、四氯化碳等有机溶剂。

②化学性质：一般情况下，烷烃的化学性质很不活泼。常温下与强酸、强碱、强的氧化剂、强的还原剂都不反应，只有在某些特定的条件下才会发生某

些反应。

a. 氧化反应。烷烃在常温下不与氧化剂反应（氧气、酸性高锰酸钾溶液），可在氧气或空气中燃烧，生成二氧化碳和水，并放出大量的热。

$$C_nH_{2n+2} + O_2 \xrightarrow{燃烧} CO_2 + H_2O + Q$$

烷烃是重要的能源，若控制反应条件，烷烃可以氧化成醇、醛、羧酸等有机物，可得到的含 12 ~ 18 个碳原子的高级脂肪酸可用于制造肥皂，可以节约大量的食用油脂。

b. 卤代反应。有机物分子中某些原子或原子团被其他原子或原子团所代替的反应称作取代反应。若被卤素原子取代称为卤代反应。烷烃卤代反应的反应活性为：$F_2 > Cl_2 > Br_2 > I_2$。

在室温或黑暗处，烷烃与氯气混合并不发生反应，但在光照、紫外线或加热的条件下，氯气与烷烃可发生剧烈反应，甚至引起爆炸。

c. 裂化反应。在高温高压下，使烷烃分子发生裂解生成小分子的过程称为裂化。裂化反应是一个相当复杂的过程，碳原子数目越多、结构越复杂，裂化的产物就越复杂；反应条件不同，产物也不一致。隔绝空气加热到 400℃ 以上的裂化称作裂解反应（简称热裂）。例如：

$$CH_3CH_2CH_2CH_3 \longrightarrow \begin{cases} CH_4 + CH_3CH=CH_2 \\ CH_2=CH_2 + CH_3CH_3 \\ CH_3CH_2CH=CH_2 + H_2 \end{cases}$$

在催化剂作用下的裂化称作催化裂化。在石油加工的过程中，通常利用催化裂化得到大量有实用价值的产品，如作为内燃机燃料的汽油和作为化工原料的低级烷烃、烯烃以及环烷烃、芳香烃。

（6）重要的烷烃——甲烷　甲烷是最简单、最重要的烷烃，为无色无臭的气体，大量存在于自然界中，是石油气、天然气和沼气的主要成分。甲烷易溶于酒精、乙醚等有机溶剂，微溶于水，容易燃烧。富含甲烷的天然气和沼气是优良的气体燃料，甲烷燃烧不充分会产生浓厚的烟炱。烟炱是炭的微细颗粒，俗称炭黑。炭黑可做黑色颜料、墨汁以及橡胶的填料。

2. 烯烃

分子中含有碳碳双键（$>C=C<$）的不饱和链烃称作烯烃，通式为 C_nH_{2n}。碳碳双键是烯烃的官能团（决定一类有机物主要化学性质的原子或原子团）。

（1）烯烃的同分异构现象　烯烃的同分异构体比相应的烷烃多，原因是烯烃除了碳架异构外，还存在另外两种异构：一是由于官能团（双键）的位置不同而产生的位置异构；二是由于原子或基团在空间的排列方式不同引起的顺反异构。例如：

$CH_2=CH—CH_2—CH_3$　　$CH_3—CH=CH—CH_3$

1－丁烯　　2－丁烯

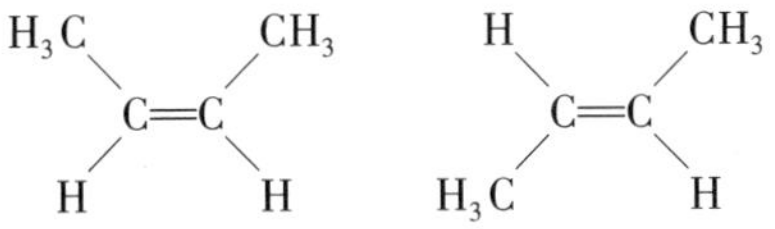

顺－2－丁烯　　反－2－丁烯

（2）烯烃的命名　烯烃一般用系统命名法，其命名原则与烷烃相似，只是把“烷”字改为“烯”字。由于双键是烯烃的官能团，因此必须选择含双键的最长碳链作为主链（母体）；从靠近双键的一端开始给主链碳原子编号，并用阿拉伯数字标出双键的位置，写在母体名称前面。例如：

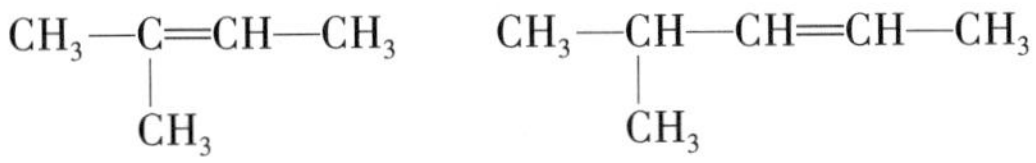

2－甲基－2－丁烯　　4－甲基－2－戊烯

（3）烯烃的性质

①物理性质：烯烃的物理性质的变化规律与烷烃相似。烯烃几乎不溶于水，而溶于四氯化碳、乙醚等有机溶剂。在常温下，C_2～C_4的烯烃为气体，C_5～C_{16}的为液体，C_{17}以上为固体。沸点、熔点、密度都随碳原子数的增加而升高，密度均小于1，都是无色物质，溶于有机溶剂，不溶于水。

②化学性质：烯烃的化学性质较活泼，易发生加成、氧化、聚合等反应，大多数化学反应都发生在双键上。

a. 加成反应。有机物分子里不饱和的碳原子跟其他原子或原子团直接结合生成新物质的反应称作加成反应。例如：将乙烯通入溴水时，溴水的红棕色褪去，生成无色的1，2－二溴乙烷。这个反应常用来检验碳碳双键的存在。

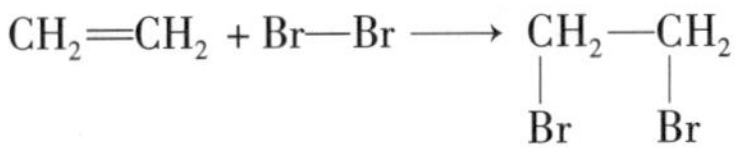

烯烃还能跟H_2、Cl_2、HCl、H_2O等在适宜的条件下起加成反应。不对称烯烃和卤化氢加成时，氢原子总是加到含氢较多的双键碳原子上，而卤原子则加到含氢原子较少的双键碳原子上。

b. 氧化反应。烯烃很容易被氧化，冷的稀高锰酸钾碱性溶液就能把烯烃氧化。例如：

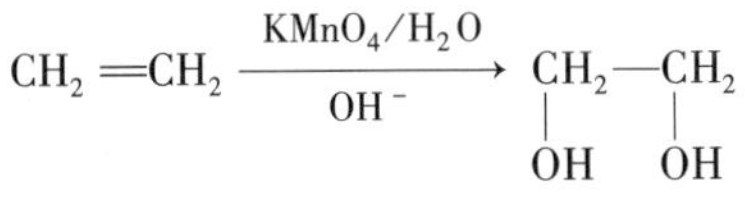

乙烯　　乙二醇

$$R-CH=CH-R' + KMnO_4 \xrightarrow{OH^-} R-\underset{OH}{\underset{|}{CH}}-\underset{OH}{\underset{|}{CH}}R' + MnO_2$$

烯烃与酸性高锰酸钾溶液反应时，可以生成羧酸类和酮类等物质。例如：

$$CH_3-CH=\underset{CH_3}{\underset{|}{C}}-CH_3 + KMnO_4 \xrightarrow{H^+} CH_3-COOH + CH_3-\overset{O}{\overset{\|}{C}}-CH_3$$

2－甲基－2－丁烯　　　　　　　　　　乙酸　　　　丙酮

将烯烃通入酸性 $KMnO_4$溶液，溶液的紫色褪去。常用此反应来鉴别烯烃。

c. 聚合反应。在一定条件下，烯烃分子可以互相加成，生成大分子。这种由低分子质量的化合物有规律地相互结合成高分子化合物的反应称为聚合反应。如乙烯在一定条件下可以聚合生成聚乙烯。

$$nCH_2=CH_2 \xrightarrow[\text{催化剂}]{\text{温度、压力}} \left[CH_2-CH_2\right]_n$$

聚乙烯

（4）重要的烯烃　自然界中很少存在烯烃。乙烯是植物体内自己能够产生的一种激素，很多植物器官中含有微量乙烯，乙烯在植物体内有很多生理功能。目前，农林生产上使用的乙烯利主要用于未成熟果实的催熟，防止苹果、橄榄等落果，促进棉桃在收获前张开等。大量的乙烯、丙烯等烯烃来源于石油裂化加工，它们都是重要的化工原料。

3. 炔烃

分子中含有碳碳叁键（—C≡C—）的链烃称作炔烃，通式为 C_nH_{2n-2}。碳碳叁键是炔烃同系物的官能团。乙炔是最简单的炔烃。除乙炔外，还有丙炔、丁炔等。

（1）炔烃的命名与同分异构现象　炔烃同系物的命名规则与烯烃相似，只需将“烯”字改为“炔”字即可。炔烃的同分异构体与烯烃相似，但炔烃没有顺反异构现象。

（2）炔烃的性质

①炔烃的物理性质：炔烃的物理性质与烯烃相似，也是随着分子质量增加而呈现规律性变化。炔烃的熔点、沸点比相应的烯烃高，密度稍大。

②炔烃的化学性质：炔烃分子中因含有碳碳叁键，化学性质比较活泼，易被氧化，易发生加成反应等。

a. 氧化反应。炔烃完全燃烧时生成 CO_2和 H_2O，并带有大量的浓烟。实际上，烃类物质燃烧时，可用火焰的明亮程度和黑烟的多少来初步区别各类烃。火焰的明亮程度顺序为：烷烃 > 烯烃 > 炔烃 > 芳香烃；黑烟多少的顺序为：芳香烃 > 炔烃 > 烯烃 > 烷烃。

炔烃也能被高锰酸钾等氧化剂氧化，但较烯烃难。

b. 加成反应。炔烃与卤素加成反应比烯烃难，如乙炔与氯气要在光照或 $FeCl_3$ 催化下才能发生加成反应。

$$\underset{\text{乙炔}}{H—C\equiv C—H} \xrightarrow{Cl_2} \underset{\text{1，2-二氯乙烯}}{Cl—CH=CH—Cl} \xrightarrow{Cl_2} \underset{\text{1，1，2，2-四氯乙烷}}{CHCl_2—CHCl_2}$$

炔烃还能跟 H_2、HCl、H_2O 等在适宜的条件下起加成反应。

c. 聚合反应。炔烃能发生聚合反应，一般不能像烯烃那样聚合成高分子化合物。例如，乙炔在催化剂存在下可以聚合。

$$2CH\equiv CH \xrightarrow[NH_4Cl]{Cu_2Cl_2} H_2C=CH—C\equiv CH$$

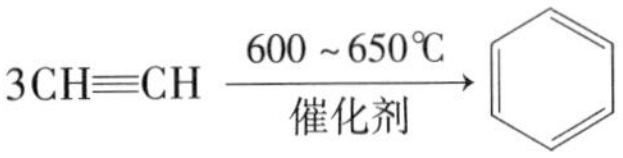

（3）重要的炔烃　乙炔是最简单的炔烃。乙炔是易爆炸的物质，高压的乙炔，液态或固态的乙炔受到敲打或碰击时容易爆炸；易溶于丙酮，乙炔的丙酮溶液是安全的，故把它溶于丙酮中可避免爆炸的危险。为了运输和使用的安全，通常把乙炔在 1.2MPa 下压入盛满丙酮浸润饱和的多孔性物质（如硅藻土、软木屑、或石棉）的钢筒中。

4. 苯

芳香烃简称芳烃，是一类具有特定的环状结构和特定的化学性质的有机物。苯是最简单的芳香烃，也是芳香烃的典型代表。

（1）结构　苯的分子式是 C_6H_6，结构式为：

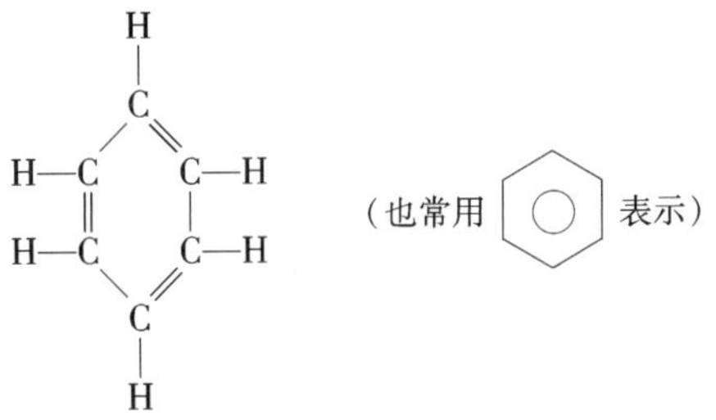

从苯的结构式来看，苯的化学性质应该显示出不饱和烃的性质。但实验证明，苯和一般不饱和烃在性质上有很大的差别。例如：苯与酸性高锰酸钾溶液不反应。对苯的结构作进一步的研究后发现，苯分子中的 6 个碳原子和 6 个氢原子在同一平面上，6 个碳原子形成正六边形的环状结构。6 个碳碳键都是相同的，它既不同于一般的单键，也不同于一般的双键，而是一种介于两者之间的特殊的化学键（共轭大 π 键）。

（2）苯的性质

①物理性质：苯是没有颜色、带有特殊气味的液体，比水轻，不溶于水，沸点 80.1℃，熔点 5.5℃。

②化学性质：苯具有特殊的环状结构，化学性质比较稳定，在一般情况下不与酸性 $KMnO_4$溶液或溴水发生反应。但在一定条件下，苯也可以发生一些反应。

a. 取代反应。苯分子中的氢原子能被其他原子或原子团所取代。例如在一定条件下，苯与浓 HNO_3和浓 H_2SO_4的混合酸发生取代反应生成硝基苯。

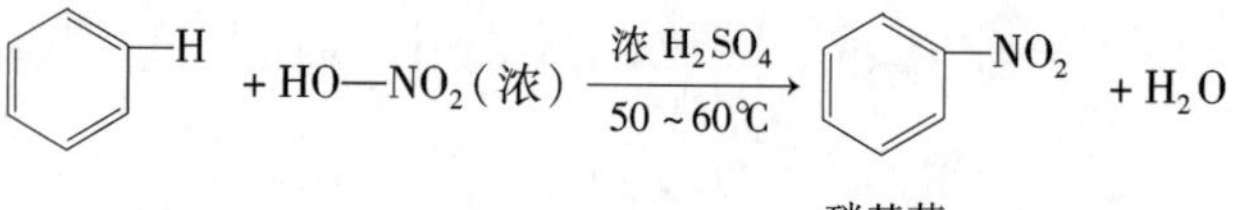

硝基苯

苯分子中的氢原子被—NO_2（硝基）所取代的反应称作硝化反应。

硝基苯是一种淡黄色的油状液体，有苦杏仁味，比水重，难溶于水，易溶于乙醇和乙醚。硝基苯是一种化工原料，人若吸入硝基苯或与皮肤接触，可引起中毒。

苯与浓 H_2SO_4在一定条件下发生磺化反应，生成苯磺酸。

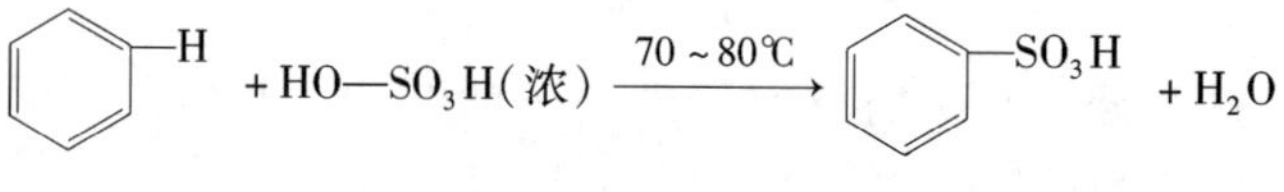

苯磺酸

苯分子中的氢原子被—SO_3H（磺酸基）所取代的反应，称为磺化反应。

b. 加成反应。苯不具有典型的双键所应有的加成反应，但在特殊情况下，如在催化剂、高温、高压、光的影响下，仍可发生一些加成反应。例如，苯在一定条件下，可与氢气、氯气发生加成反应。

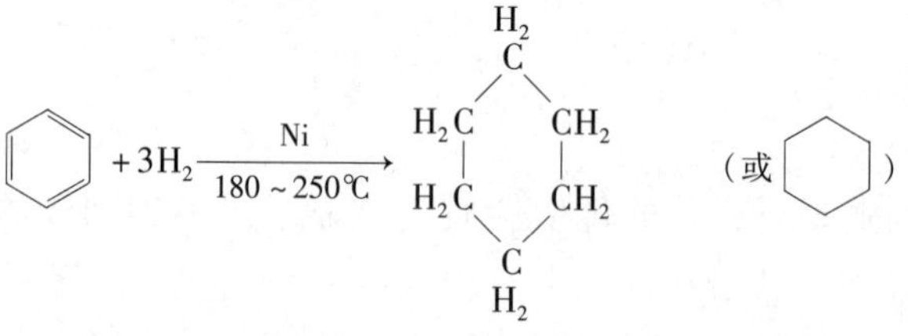

环己烷

苯和氯气加成的产物俗称“六六六”，曾经是常用的有机氯农药，由于它的残留毒性会引起累积性中毒，目前我国已禁止使用。

c. 氧化反应。苯环不能被高锰酸钾和重铬酸钾等氧化剂氧化。苯在空气里完全燃烧，生成二氧化碳和水，常因燃烧不完全而发出带有浓烟的明亮火焰。

（3）苯的同系物　苯的同系物主要有甲苯、二甲苯、三甲苯等，通式为C_nH_{2n-6}（$n≥6$）。苯的同系物在性质上跟苯有许多相似之处，例如，它们都能发生苯环上的取代反应。但由于苯环和侧链的相互影响，使苯的同系物也有一些化学性质跟苯不同，如甲苯能使酸性高锰酸钾溶液褪色，发生侧链氧化反应；甲苯可以和浓硝酸发生取代反应生成 TNT 炸药。

苯及其同系物对人有一定的毒害作用。长期吸入它们的蒸气能损坏造血器官和神经系统。贮藏和使用这些化合物的场所应加强通风，操作人员应注意采取保护措施。

（二）烃的衍生物

若烃分子中的氢原子被其他原子或原子团取代，就可以得到一系列较复杂的化合物，如氯代甲烷、乙醇等，这些化合物从结构上都可以看作是由烃衍变而成，所以统称为烃的衍生物。这里主要介绍一些重要的烃的衍生物的性质及用途。

1. 溴乙烷

烃分子中的氢原子被卤素原子取代后所生成的化合物，称作卤代烃。其通式可用 R—X 表示。卤素原子是卤代烃的官能团。溴乙烷是乙烷中的氢原子被溴一元取代的产物。

（1）溴乙烷的结构　溴乙烷的分子式是C_2H_5Br，结构式是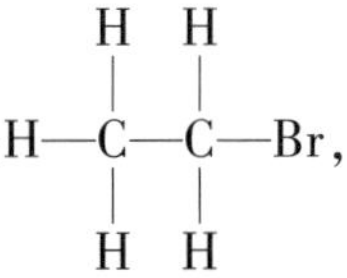，结构简式为CH_3CH_2Br或C_2H_5Br。

（2）溴乙烷的物理性质　纯净的溴乙烷是无色液体，沸点 38.4℃，密度比水大，不溶于水，易溶于乙醇等有机溶剂。

（3）溴乙烷的化学性质

①溴乙烷的水解反应：溴乙烷在碱存在的条件下可以跟水发生水解反应，生成乙醇和溴化氢，其实质是取代反应。

$$CH_3CH_2—Br + HO—H \xrightarrow{NaOH} CH_3CH_2—OH + H—Br$$

②溴乙烷的消去反应：有机化合物在一定条件下，从一个分子中脱去一个小分子（如H_2O、HBr 等），而生成不饱和（含双键或叁键）化合物的反应，称作消去反应。溴乙烷与强碱（NaOH 或 KOH）的醇溶液共热可发生消去反应生成烯烃。

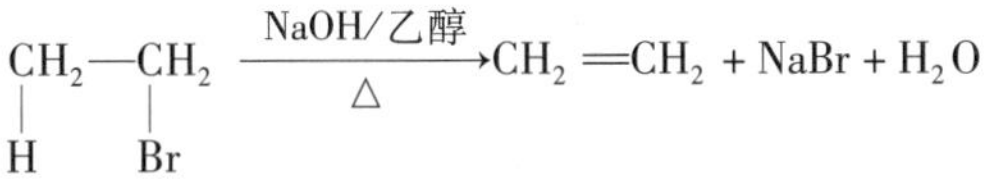

2. 乙醇

（1）乙醇的结构　乙醇分子式为 C_2H_6O，结构简式为 CH_3CH_2OH，官能团是—OH（羟基）。链烃基与羟基直接相连而成的化合物称作醇，乙醇是醇的代表物。

（2）乙醇的物理性质　纯净的乙醇是无色、透明、易挥发、有特殊香味的液体，密度为 $0.8g/cm^3$，沸点为78.3℃，是重要的有机溶剂，能溶解多种无机物和有机物，如医疗用的碘酒就是碘的酒精溶液，乙醇也能与水以任意比例互溶。

（3）乙醇的化学性质　乙醇分子是由乙基（C_2H_5—）和羟基（—OH）组成，分子中的 O—H 键和 C—O 键都有极性，比较活泼，多数反应发生在这两个部位。

①与活泼金属的反应：醇与水相似，能与活泼金属钠、钾、镁、铝等反应生成金属醇化物，并放出氢气。

$$\underset{\text{乙醇}}{CH_3CH_2OH} + Na \longrightarrow \underset{\text{乙醇钠}}{CH_3CH_2ONa} + H_2\uparrow$$

上述反应比水与金属钠反应要缓和得多，放出的热也不足以使生成的氢气自燃。因此，可利用乙醇与钠的反应销毁残余的金属钠。

②氧化反应：乙醇燃烧时，发出浅蓝色的火焰，并放出大量的热，故乙醇可作为常用的燃料。

$$C_2H_5OH + O_2 \xrightarrow{\text{点燃}} CO_2 + H_2O + Q$$

乙醇蒸气在热的催化剂（Cu 或 Ag）存在下被空气氧化生成乙醛。

$$\underset{\text{乙醇}}{CH_3CH_2OH} + O_2 \xrightarrow[\triangle]{\text{Cu 或 Ag}} \underset{\text{乙醛}}{CH_3CHO} + H_2O$$

乙醛具有明显的还原性。检验酒驾的酒精测试仪，就是依据该原理设计而成。仪器里装有经过酸化处理过的橙红色的三氧化铬硅胶，若司机酒后开车，呼出的气体含有乙醇蒸气，通过仪器遇到三氧化铬就会被氧化成乙醛，同时橙红色的三氧化铬被还原成绿色的三价铬离子，通过颜色的变化就可做出判断。

③脱水反应：乙醇与浓硫酸共热发生脱水反应，脱水方式随反应温度而异。

a. 分子内脱水（又称消去反应）：当乙醇与浓硫酸共热至170℃时，主要发生分子内脱水，生成乙烯。

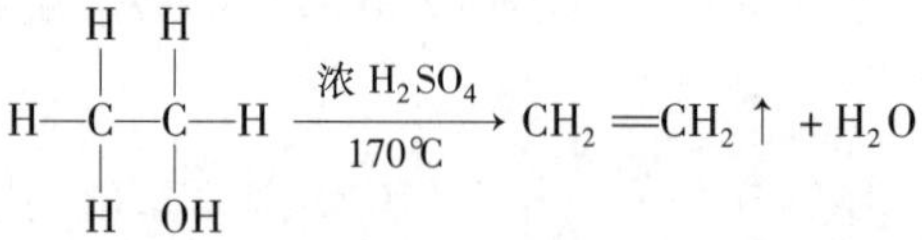

乙醇　　　　　乙烯

b. 分子间脱水：两分子醇在较低温度下发生分子间脱水，生成醚。

$$\underset{\text{乙醇}}{C_2H_5-OH} + \underset{\text{乙醇}}{H-O-C_2H_5} \xrightarrow[140℃]{\text{浓}H_2SO_4} \underset{\text{乙醚}}{C_2H_5-O-C_2H_5} + H_2O$$

一般情况下，较高的温度有利于醇的分子内脱水，较低的温度有利于醇的分子间脱水。这说明控制反应条件的重要性和有机反应的复杂性。

（4）乙醇的用途　乙醇是重要的有机合成原料，也是非常好的有机溶剂，在染料、香料、医药等工业中应用广泛，可用作溶剂、防腐剂、消毒剂（70% ~75% 的乙醇）、燃料等。乙醇是酒的主要成分可以饮用，少量乙醇有兴奋神经的作用，大量乙醇有麻醉作用，可使人体中毒，甚至死亡。

3. 乙醚

（1）乙醚的结构　乙醚分子式为 $C_4H_{10}O$，结构简式为 $CH_3CH_2OCH_2CH_3$ 或 $C_2H_5O\ C_2H_5$，官能团是—O—（醚基）。两个烃基通过一个氧原子连接起来的化合物称作醚，乙醚是醚的代表物。

（2）乙醚的物理性质　纯净的乙醚是无色液体，极易挥发，气味特殊，极易燃。纯度较高的乙醚不可长时间敞口存放，否则其蒸气可能引来远处的明火进而起火。凝固点为 -116.2℃，沸点 34.5℃，相对密度 0.7138（20/4℃）。能与乙醇、丙酮、苯、氯仿等混溶，水在乙醚中的溶解度为乙醚体积的 1/50，乙醚在 12℃时的溶解度为水体积的 1/10。

（3）乙醚的化学性质　醚比较稳定，故不易进行一般的化学反应，对碱、氧化剂、还原剂都很稳定。由于 C—O 键为极性键，在一定的条件下，醚也能发生一些特有的反应。

①与强酸的反应：在较高温度下，HI、HBr 等强酸能使乙醚键断裂，生成卤代乙烷。

$$C_2H_5OC_2H_5 + HI \longrightarrow 2C_2H_5I$$

②过氧化反应：乙醚长期与空气接触，会慢慢生成不易挥发的过氧化物。

$$C_2H_5OC_2H_5 \xrightarrow{[O]} C_2H_5OCH(OOH)CH_3$$

过氧化物不稳定，加热易爆炸。所以，乙醚类应尽量避免暴露在空气中，一般应放在棕色玻璃瓶中，避光保存。蒸馏放置过久的乙醚时，要先检验是否有过氧化物存在且不要蒸干，检验方法为：取少量醚，加入碘化钾的醋酸溶液，如果有过氧化物，则会有碘游离出来加入淀粉溶液，则溶液变为蓝色。或用硫酸亚铁和硫氢化钾（KSCN）混合物与醚振荡，如有过氧化物存在，会显红色。

若发现有过氧化物存在，则必须采用一定的方法除去。除去过氧化物的方法：

a. 加入 5% 的 $FeSO_4$ 或 Na_2SO_3 等还原剂于醚中振摇后蒸馏。

b. 贮藏时在醚中加入少许金属钠或铁屑防止过氧化物的生成。

（4）乙醚的用途　乙醚是低毒物质，主要是引起全身麻醉作用，此外，对皮肤及呼吸道黏膜有轻微的刺激作用。乙醚还是非常优良的有机溶剂，用作油类、染料、生物碱、脂肪、天然树脂、香料、非硫化橡胶等的溶剂。医药工业用作药物生产的萃取剂和医疗上的麻醉剂。食品检测中常与石油醚一起用作脂肪类物质的提取剂。

4. 苯酚

羟基与芳香环直接相连的化合物称作酚。苯分子里的 1 个氢原子被羟基取代而生成的酚，称作苯酚。苯酚是酚的代表物，也是最简单的酚。

（1）苯酚的结构　苯酚的分子式是 C_6H_6O，它的结构简式为 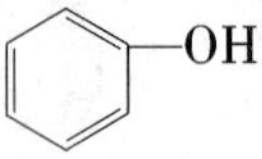 或 C_6H_5OH。

（2）苯酚的物理性质　苯酚存在于煤焦油中，俗名石炭酸。纯净的苯酚是无色晶体，易受空气中氧的氧化而带有不同程度的黄色或红色。因此，保存苯酚要密闭。苯酚熔点 43℃，沸点 182℃，常温时苯酚微溶于水，在热水中溶解度增大，当温度高于 70℃时能与水任意混溶。苯酚易溶于乙醇、乙醚等有机溶剂。苯酚有腐蚀性，与皮肤接触能引起灼伤，假如不慎沾到皮肤上，应立即用酒精洗涤，苯酚有毒，能杀菌，具有特殊气味。

苯酚对人体和农作物也有伤害，用量不宜过大，苯酚进入饮用水和灌溉水，会影响农作物和水生生物的生存和生长。

（3）苯酚的化学性质　在苯酚中，苯环与羟基直接相连，苯环影响羟基中氢原子，羟基影响苯环上的氢原子，使得苯酚表现出既不同于醇也不同于芳香烃的特殊性质。

①苯酚的酸性：苯酚具有极弱的酸性，在水溶液中只能解离出极少量的 H^+，不能使指示剂变色，但能与氢氧化钠等强碱作用，生成苯酚钠而溶于水中。

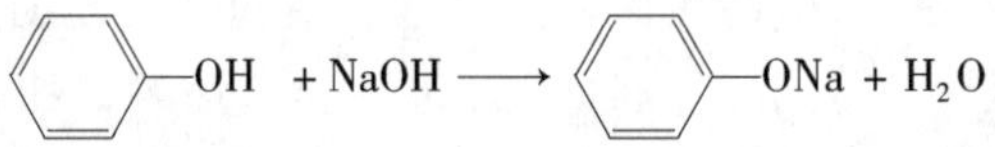

苯酚　　　　　　苯酚钠

将二氧化碳通入苯酚钠溶液，就会有苯酚游离出来，说明苯酚酸性比碳酸还要弱。

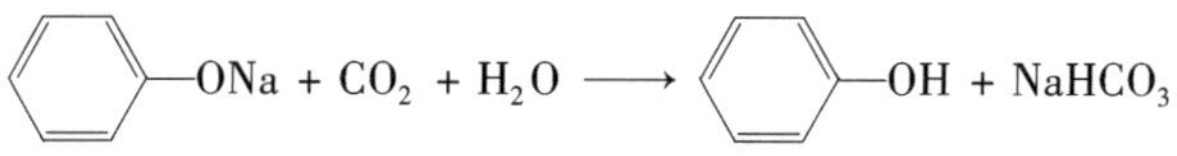

苯酚钠　　　　苯酚

②苯环上的取代反应：受羟基的影响，苯酚比苯更易与卤素、硝酸、硫酸等发生苯环上的取代反应。

a. 卤代。苯酚与溴水在常温下迅速反应，生成2，4，6－三溴苯酚白色沉淀。此反应极为灵敏，而且定量完成，常用于苯酚的定性和定量测定。

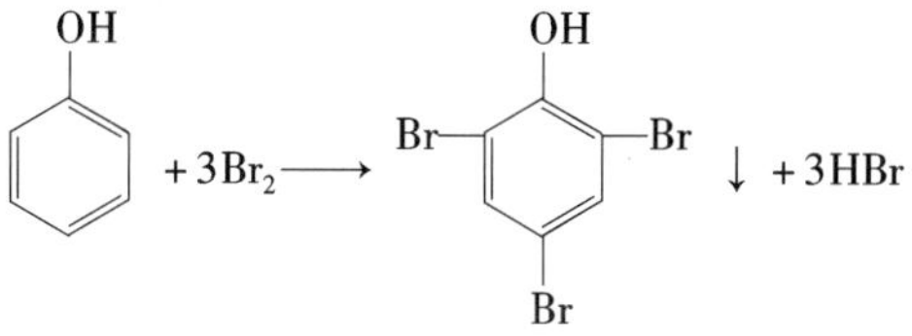

苯酚　　　　2,4,6－三溴苯酚(白色)

b. 硝化。低温下苯酚与稀硝酸作用生成邻硝基苯酚和对硝基苯酚。

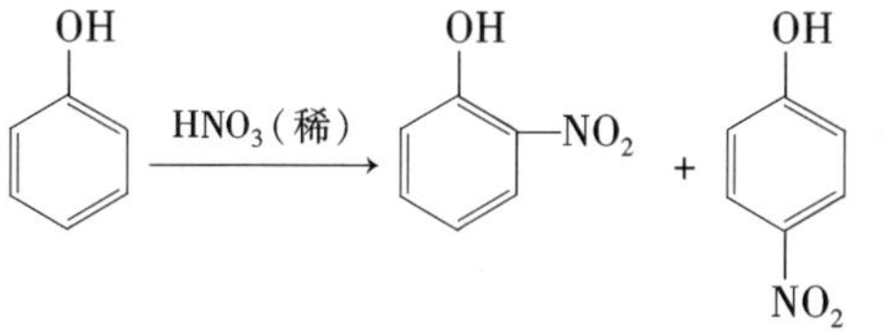

苯酚　　　　邻硝基苯酚　　　　对硝基苯酚

苯酚与混酸作用，可生成2，4，6－三硝基苯酚（俗称苦味酸）。

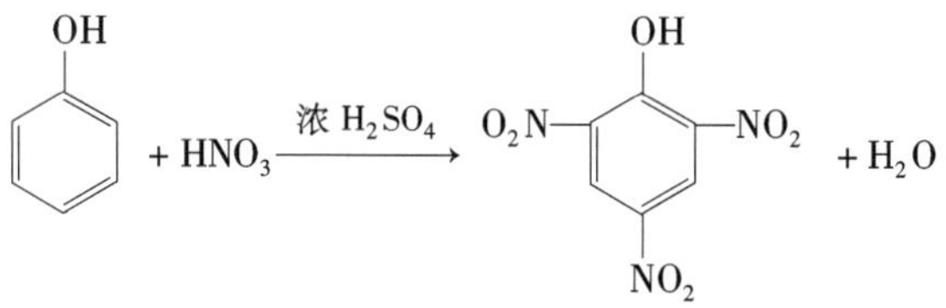

苯酚　　　　2,4,6－三硝基苯酚

苦味酸是黄色晶体，可溶于乙醇、乙醚和热水中，其水溶液酸性很强。苦味酸及其盐类都易爆炸，可用于制造炸药和染料。

③与三氯化铁的显色反应：苯酚与 $FeCl_3$ 溶液作用显紫色，利用此反应可检验苯酚的存在。

（4）苯酚的用途　苯酚是一种重要的有机合成原料，多用于制造酚醛塑料（俗称电木）、合成纤维（如锦纶）、炸药（如2，4，6－三硝基苯酚）、染料（如分散红3B）、农药（如植物生长调节剂2，4－D）、医药（如阿司匹林）等。粗制的苯酚可用于环境消毒，纯净的苯酚可制成洗剂和软膏，有杀菌和止痛效用。药皂中也掺入少量的苯酚。

视频：酚与三氯化铁的反应

5. 乙醛和丙酮

碳原子以双键和氧原子相连接的基团称为羰基（>C=O），羰基碳原子上至少连有一个氢原子的称作醛（醛基，—CHO），通式为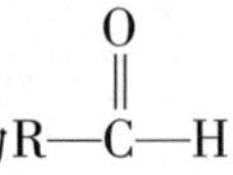（RCHO）；羰基碳原子上同时连有两个烃基的称作酮。乙醛和丙酮是醛和酮的典型代表物。

（1）乙醛和丙酮的结构　乙醛的分子式为 C_2H_4O，其结构式为 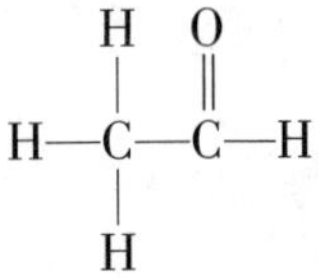，简写为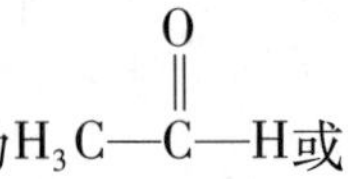或 CH_3CHO。

丙酮的分子式为 C_3H_6O，其结构式为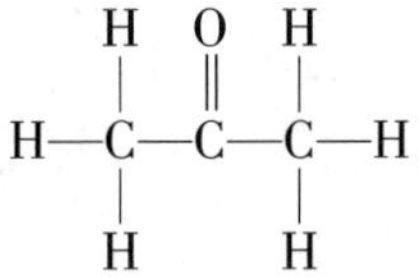，简写为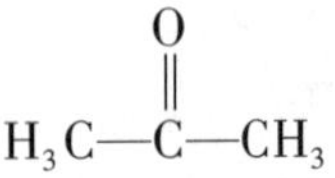 或 CH_3COCH_3。

（2）乙醛和丙酮的物理性质　乙醛是一种无色、易挥发、有刺激性气味的易燃液体，沸点20.8℃，密度0.7834g/mL，能与水、乙醇、乙醚、氯仿等互溶；丙酮是一种无色、易挥发、略带芳香气味的易燃液体，沸点56.2℃，密度0.7898g/mL，能与水、乙醇、乙醚等以任意比例互溶，丙酮还能溶解脂肪、树脂和橡胶等有机物。

（3）乙醛和丙酮的化学性质

①还原反应：有机反应中，在分子中加入氧或脱去氢称为氧化，加氢或去氧称为还原。在催化剂 Ni 的存在下，乙醛、丙酮分子中羰基的碳氧双键，都能与氢原子加成而被还原，分别生成乙醇和2－丙醇。

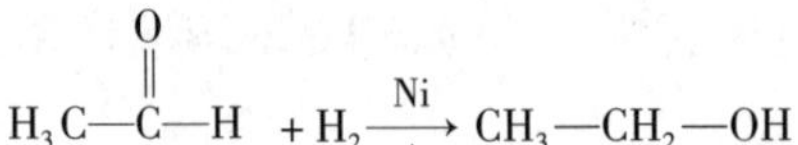

乙醛　　　　乙醇

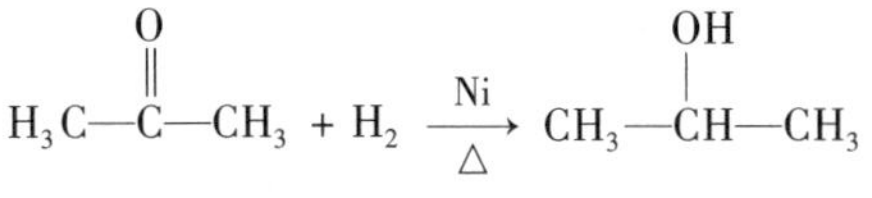

丙酮　　　　　　2-丙醇

②氧化反应：

a. 与强氧化剂反应。如在高锰酸钾、热硝酸等作用下，乙醛被氧化生成乙酸，丙酮被氧化生成甲酸和乙酸。

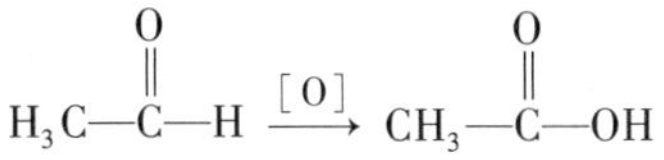

乙醛　　　　　　乙酸

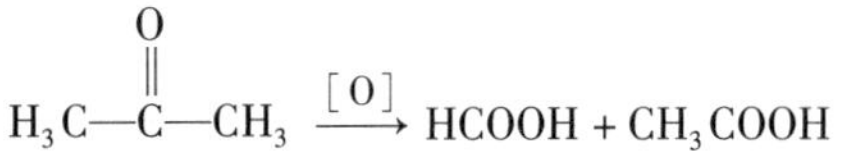

丙酮　　　　甲酸　　　　乙酸

b. 与弱氧化剂反应。在弱氧化剂的作用下，乙醛易被氧化，丙酮则不能被氧化。

银氨溶液（即托伦试剂，硝酸银的氨水溶液）是一种弱氧化剂，它与乙醛作用，乙醛被氧化成乙酸，银氨配合物中的银离子被还原成金属银，附着在试管壁上，形成银镜，这个反应称作银镜反应。

$$CH_3CHO + [Ag(NH_3)_2]^+ + 2OH^- \xrightarrow{\triangle} CH_3COO^- + NH_4^+ + 2Ag\downarrow + 3NH_3 + H_2O$$

银镜反应常用来检验醛基（—CHO）的存在。这也是工业上制镜、制保温瓶胆的原理。斐林试剂（新配制的氢氧化铜）也是一种弱的氧化剂，能氧化乙醛而不能氧化丙酮。斐林试剂与乙醛作用，乙醛被氧化成乙酸，并且生成砖红色的 Cu_2O 沉淀，这个反应称作斐林反应。

视频：醛与托伦试剂的反应

$$CH_3CHO + 2Cu(OH)_2 \xrightarrow{\triangle} CH_3COOH + \underset{\text{（砖红色）}}{Cu_2O}\downarrow + 2H_2O$$

银镜反应和斐林反应是醛基的特有反应，常用来区别醛和酮。

（4）乙醛和丙酮的用途　乙醛是重要的化工原料，用来生产乙酸、三氯乙醛、丁醇、农药敌百虫等。丙酮是重要的化工原料，用来合成有机玻璃、环氧树脂等，是良好的溶剂，广泛应用于实验室和制造油漆、胶片、人造丝等方面。代谢不正常的糖尿病患者的尿中含有较多的丙酮。

视频：醛与斐林试剂的反应

6. 乙酸

乙酸是一种常见的、重要的羧酸，也是最早由自然界得到的有机物之一。

日常生活中经常使用的调味品——食醋中就含有3% ~9%（质量分数）的乙酸，所以乙酸俗称醋酸。人们很早就会用大米、高粱、麸皮、柿子等有机物在微生物的作用下发酵转化为乙酸的方法来制食醋。乙酸在自然界分布很广，一些国家已研制出了醋酸饮料，乙酸还以盐、酯或游离态存在于动植物体内。

（1）乙酸的结构　乙酸的分子式为 $C_2H_4O_2$，结构式为 $H_3C-\overset{\overset{O}{\|}}{C}-OH$，结构简式为 CH_3COOH。乙酸分子结构中的 $-\overset{\overset{O}{\|}}{C}-OH$（或 $-COOH$）称作羧基，是羧酸的官能团。

（2）乙酸的物理性质　乙酸是一种无色、有强烈刺激性酸味的液体，沸点117.9℃，熔点16.6℃，当温度低于16.6℃时，就凝结成似冰状的晶体，所以无水乙酸又成为冰醋酸。乙酸易溶于水、醇、乙醚等有机物中。

（3）乙酸的化学性质　乙酸分子结构中的羧基是由羰基和羟基直接相连而成的，这两个官能团相互影响，使乙酸表现出特殊的性质。

①酸性：乙酸是弱酸，酸性比碳酸要强。具有酸的通性，能使石蕊变红，能与活泼金属、碱性氧化物、碱和某些盐发生反应。

$$CH_3COOH + Zn \longrightarrow (CH_3COO)_2Zn + H_2\uparrow$$

$$CH_3COOH + NaOH \longrightarrow CH_3COONa + H_2O$$

②酯化反应：在浓硫酸存在下，加热乙酸和乙醇的混合物，产生一种有香味的物质称作乙酸乙酯。这个反应是可逆的，生成的乙酸乙酯在同样条件下，发生水解，生成乙酸和乙醇。浓 H_2SO_4 在反应中作为催化剂和脱水剂。

$$H_3C-\overset{\overset{O}{\|}}{C}-OH + H-O-C_2H_5 \underset{\triangle}{\overset{\text{浓}H_2SO_4}{\rightleftharpoons}} H_3C-\overset{\overset{O}{\|}}{C}-O-C_2H_5 + H_2O$$

乙酸　　　乙醇　　　　　乙酸乙酯

这种醇与酸脱水生成酯的反应称为酯化反应。酯化反应在常温下也能进行，但速度缓慢。俗话说“酒是陈的香”，就是由于陈年老酒在放置过程中，发生一系列复杂的化学反应，其中少量的醇被氧化成酸，然后再与醇发生酯化反应，而产生各种酯所发出的浓香。

（4）乙酸的用途　乙酸是一种重要的有机化工原料，用途极为广泛，可用于生产醋酸纤维、合成纤维、喷漆溶剂、香料、染料、医药及农药等。

7. 乙酸乙酯

（1）乙酸乙酯的化学性质　乙酸乙酯易水解，在无机酸或碱存在下，乙酸乙酯水解后生成乙酸和乙醇。

$$H_3C{-}\overset{\overset{\large O}{\|}}{C}{-}OC_2H_5 + H_2O \xrightarrow{\text{无机酸或碱}} H_3C{-}\overset{\overset{\large O}{\|}}{C}{-}OH + C_2H_5OH$$

乙酸乙酯　　　　乙酸　　乙醇

酯的水解是酯化反应的逆反应。当在体系中加入碱时，碱中和了水解产生的乙酸，平衡向水解的方向进行，使水解反应趋于完全。

（2）乙酸乙酯的物理性质及用途　乙酸乙酯是易挥发，并有水果香味的液体。其他简单酯类如乙酸丁酯具有梨香，乙酸异戊酯具有香蕉香，丁酸甲酯具有菠萝香，丁酸戊酯具有杏香，异戊酸异戊酯具有苹果香等。许多芳香的花和果实中就含有酯。乙酸乙酯是酯的代表物，主要用作油漆、人造纤维等有机材料的溶剂，也可作为药物、有机酸的萃取剂和人造珍珠的黏合剂。

8. 羟基酸

（1）乳酸　乳酸存在于酸奶中，它也是肌肉中糖原的代谢产物。纯净的乳酸是无色黏稠液体，熔点 18℃，有强烈的吸水性，溶于水、乙醇和乙醚。乳酸的用途极为广泛，在医药上可用于空气消毒，其钙盐用作治疗佝偻病等缺钙症，钠盐用为解除酸中毒的药物。乳酸还大量用在食品、饮料及皮革工业中。

（2）酒石酸　酒石酸（二羟基丁二酸）存在于各种水果中，葡萄中含量较多。从自然界得到的酒石酸是无色晶体，熔点 170℃，易溶于水。其盐酒石酸锑钾　用于治疗血吸虫病，酒石酸钾钠用以配制费林溶液。

（3）柠檬酸　柠檬酸（枸橼酸）存在于柑橘类果实中。它是无色透明晶体，熔点 137℃，易溶于水、乙醇和乙醚。柠檬酸是糖代谢的中间产物。它常用于配制饮料。其钠盐为抗血凝药，铁铵盐可用于儿童缺铁性贫血的防治。

（4）水杨酸　水杨酸是柳树皮提取物，是一种天然的消炎药。常用的感冒药阿司匹林就是水杨酸的衍生物乙酰水杨酸钠，而对氨基水杨酸钠（PAS）则是一种常用的抗结核药物。

练习题

一、单项选择

1. 下列物质除（　　）外，可用作消毒剂。

A. O_3　　B. $KMnO_4$　　C. H_2O_2　　D. H_2SO_4

2. 下列化合物（　　）应纳入剧毒物品的管理。

A. NaCl　　B. Na_2SO_4　　C. $HgCl_2$　　D. H_2O_2

3. 下列物质中，有强氧化性且有很大毒性的是（　　）。

A. Hg_2Cl_2　　B. $KMnO_4$　　C. K_2CrO_7　　D. $Pb(NO_3)_2$

4. 下列阴离子既有氧化性又有还原性的是（　　）。

A. Cl^-　　B. NO_3^-　　C. NO_2^-　　D. CO_3^{2-}

5. “波尔多”溶液的组成是（　　）。

A. 石灰和 $Cu(NO_3)_2$的混合液　　B. 硫黄和 $Cu(NO_3)_2$的混合液

C. 硫黄和胆矾的混合液　　D. 石灰和胆矾的混合液

6. 下列说法错误的是（　　）。

A. 锌是两性元素　　B. 锌能和浓 NaOH 溶液作用放出氢

C. 锌与硝酸作用可生成氨　　D. 纯锌比不纯锌更容易反应

7. 下列有关硫代硫酸钠的性质正确的叙述是（　　）。

A. 在酸中不分解　　B. 在溶液中可氧化非金属单质

C. 与碘反应得 SO_4^{2-}　　D. 可以作配位剂

8. 汞滴落在地上，可采用下列哪种方法处理（　　）。

A. 用铁片粘起汞　　B. 撒硫粉于汞上，并用其搓磨汞珠

C. 用锌片粘起汞　　D. 撒碳粉于汞上，并用其搓磨汞珠

9. 下列氢氧化物中既能溶于过量氢氧化钠溶液，又能溶于氨水中的是（　　）。

A. $Fe(OH)_3$　　B. $Al(OH)_3$　　C. $Zn(OH)_2$　　D. $Mg(OH)_2$

10. NaOH 溶液通常会二氧化碳而含有碳酸钠，除去碳酸钠首选的试剂是(　　)。

A. 水　　B. 稀 HCl　　C. $BaCl_2$　　D. $Ba(OH)_2$

11. 下列有机物中既能被 $KMnO_4$氧化，又能被托伦试剂氧化的是（　　）。

A. 乙醛　　B. 甲烷　　C. 丙酮　　D. 苯

12. 下列物质中，能使紫色石蕊试液变红的是（　　）。

A. 乙醇　　B. 乙醛　　C. 乙酸　　D. 乙酸乙酯

13. 丙酮不能被斐林试剂氧化说明（　　）。

A. 丙酮不易被氧化　　B. 斐林试剂中不含 NaOH

C. 丙酮分子中没有羟基　　D. 斐林试剂是弱氧化剂，$KMnO_4$是强氧化剂

14. 某饱和一元醇 1.15g，与足量金属钠完全反应，产生氢气 280mL（标准状况下），该醇是（　　）。

A. C_3H_7OH　　B. CH_3OH　　C. C_2H_5OH　　D. C_4H_9OH

15. 下列有机物中，能与 $FeCl_3$发生显色反应的是（　　）。

A. 乙醇　　B. 苯酚　　C. 乙醚　　D. 苯

二、判断是非

（　　）1. 节日期间放的“天女散花”呈现五颜六色，其中紫色是钠燃烧的火焰颜色。

（　　）2. 卤素离子的还原性按 F^-、Cl^-、Br^-、I^- 的顺序依次减弱。

（　　）3. H_2O_2 在酸性介质中的还原性很弱，只有强氧化剂才能把它氧化。

（　　）4. 二氧化硫和氯气都具有漂白作用，它们的漂白原理是相同的。

（　　）5. 浓硫酸稀释时会放出大量的热，故配制硫酸溶液时，需将水慢慢地加入浓硫酸中，不用不断搅拌。

（　　）6. 浓硝酸的酸性比稀硝酸强，浓硝酸的氧化性也比稀硝酸强。

（　　）7. 虽然硼酸分子式为 H_3BO_3，但它是一元弱酸。

（　　）8. 氯化铜结晶为绿色，其在浓 HCl 溶液中为黄色，在稀的水溶液中又为蓝色。

（　　）9. 大多数过渡元素的水合离子均有颜色，且有丰富的氧化还原性质。

（　　）10. 实验室常用的铬酸洗液就是铬酸钾的稀硫酸溶液，该溶液有很强的氧化性，所以去污能力很强。

三、简答题

1. 实验室中，为什么 NaOH 标准溶液不能装在酸式滴定管中？商品 NaOH 中为什么常含有 Na_2CO_3？如何检验？如何去除？

2. 在常见气体中哪种物质能够使红色石蕊试纸变蓝？实验室中鉴定 NH_4^+ 可采用什么方法？

3. 实验室中配制 $FeCl_2$ 溶液时，应控制什么条件？为什么？

4. 为什么 Fe^{3+} 溶液中加入 KSCN 后出现红色，若再向溶液中加入铁粉，红色又消失？

四、综合题

1. 某一化合物 A 溶于水得一浅蓝色溶液，在 A 溶液中加入 NaOH 溶液可得浅蓝色沉淀 B。B 能溶于 HCl 溶液，也能溶于氨水；A 溶液中通入 H_2S，有黑色沉淀 C 生成；C 难溶于 HCl 溶液而易溶于热浓 HNO_3 中。在 A 溶液中加入 $Ba(NO_3)_2$ 溶液，无沉淀生成，而加入 $AgNO_3$ 溶液时有白色沉淀 D 生成；D 也能溶于氨水。试判断 A、B、C、D 各为何物？写出主要反应式。

2. 有一亮黄色溶液 A，加入稀硫酸转为橙色溶液 B，加入浓 HCl 又转为绿色溶液 C，同时放出能使淀粉—KI 试纸变色的气体 D。另外绿色溶液 C 加入 NaOH 溶液即生成灰蓝色沉淀 E，经灼烧 E 转为绿色固体 F。试判断上述 A、B、C、D、E 和 F 各为何物，并写出相应物质的化学式。

3. 有一种能溶于水的白色固体 A，将其水溶液进行下列试验后产生相应的实验现象：

（1）焰色反应——黄色；

（2）它使 KI_3 溶液或酸化的高锰酸钾溶液褪色而形成无色溶液，该无色溶液与氯化钡溶液作用生成不溶于稀硝酸的白色沉淀 B；

（3）加入硫黄粉，加热后则溶解形成无色溶液 C，此溶液酸化时产生乳白色或浅黄色沉淀，此溶液还能使 KI_3 溶液褪色，又能溶解 AgCl 或 AgBr。写出白色固体 A、白色沉淀 B 和无色溶液 C 的分子式，并写出相关的化学方程式。

4. 用简单的化学方法鉴别下列各组化合物。

（1）丙烷、丙烯、丙炔　　（2）苯、甲苯

5. 完成下列转换，并注明反应条件。

$$CH_2=CH_2 \rightarrow CH_3CH_2OH \rightarrow CH_3CHO \rightarrow CH_3COOH$$

项目三　化学反应基本原理

项目描述

对于化学反应能否被利用的研究，需要考虑3个重要问题，即反应能否发生（方向性）、反应的速率（现实性）和反应的产率（可能性）。在生产实践中通常关注的是后两个问题，可用化学反应速率和化学平衡来表示。这些化学反应基本原理不仅是以后学习化学的基础，也是化工生产过程中选择适宜条件时需要掌握的化学变化规律，它直接关系着产品的质量、产量和原料的转化率等。

学习目标

知识目标	（1）了解化学反应速率的概念，掌握其表示方法；了解碰撞理论，掌握浓度、压强、温度、催化剂对化学反应速率的影响。 （2）了解化学反应的可逆性，掌握化学平衡和平衡常数的概念。 （3）掌握浓度、压力、温度对化学平衡移动的影响。
能力目标	（1）可以正确区分化学反应速率的表示方法。 （2）会根据化学反应式书写化学平衡常数表达式并进行简单的计算。 （3）会利用平衡移动原理采取方法有效地提高转化率和生产率。
素质目标	（1）培养从实际出发解决问题的能力。 （2）养成良好的学习方法和习惯。 （3）培养自我学习能力和终身学习的理念。 （4）培养团结协作和创新意识。

必备知识

一、化学反应速率

不同化学反应的速率不相同，即使是同一反应，由于反应条件的改变，反应速率也会有很大的差异性。对于有益的化学反应，需要提高反应速率，节省反应时间，提高经济效益。对于不利的化学反应或者不需要的化学反应，要采取措施减慢反应速率。

（一）化学反应速率

反应速率是指在一定条件下，反应物通过化学反应转化为产物的速率，常用单位时间内反应物浓度的减少或者产物浓度的增加来表示，称为平均速率，用 $\bar{v}$ 表示

$$\bar{v} = \frac{\Delta c}{\Delta t} \tag{1-4}$$

反应速率单位的符号为 mol/（L·s）或 mol/（L·min）。以 H_2O_2 在 I^- 作用下分解反应为例：

$$H_2O_2\ (aq) \rightleftharpoons H_2O\ (l) + \frac{1}{2}O_2\ (g)$$

经实验测定 H_2O_2 的浓度与时间的关系见表 1－13。

表 1－13　H_2O_2 溶液浓度与时间关系

t/min	c（H_2O_2）/（mol/L）	$\bar{v}$（H_2O_2）$= -\frac{\Delta c}{\Delta t}$/［mol/（L·min）］
0	0.80	
20	0.40	0.020
40	0.20	0.010
60	0.10	0.0050
80	0.05	0.0025

从表 1－13 可以看出，随着反应的进行，反应物 H_2O_2 的浓度不断减少，各时间段内反应的平均速率也不断减小。如果将时间间隔取无限小，则平均速率的极限即为在某时间反应的瞬时速率，可用作图法近似求得。以某个反应物或生成物的浓度值 c 为纵坐标，时间 t 为横坐标，可测得若干对 $t-c$ 的值，在坐标系中就有若干个点。将这些点用曲线平滑地做出图。对应于某个时间 t，在曲线上便有一点，过此点作曲线的切线，切线斜率的绝对值便为 t 时刻的瞬时反应速率，如图 1－22 所示。

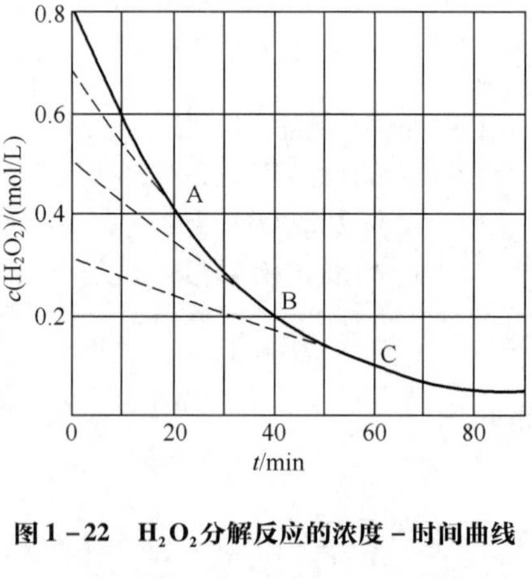

图 1－22　H_2O_2 分解反应的浓度－时间曲线

由图 1－22 可以看出，随着反应的进行，瞬时速率也在逐渐减小。由表 1－13还可以看出，同一反应的化学反应速率用不同物质的浓度变化来表示时，其数值可能会有所不同，但有一定的比例关系（与化学反应的计量数有关）。因此，在表示化学反应速率时必须指明具体物质，以免混淆。通常用易于测定其浓度的物质来表示。需要指出的是，以后所提到的反应速率均指瞬时速率。

（二）化学反应速率理论——碰撞理论和活化能

1. 碰撞理论

碰撞理论是在气体分子运动论的基础上建立的，适用于气相双分子反应。该理论认为，碰撞是发生化学反应的前提，只有有效碰撞才能发生化学反应，碰撞频率越高，反应速率越快。

在气相反应中，气体分子以极大的速率（约 10^5 cm/s）向各个方向运动，分子间在不断地碰撞，但大多数碰撞并不能发生反应，只有少数的分子在碰撞后才能发生反应。这种能够发生反应的碰撞，称为有效碰撞。分子间要发生有效碰撞必须满足以下两个条件：在碰撞时反应物分子必须有恰当的取向，使相应的原子能相互接触而形成生成物；反应物分子必须具有足够的能量，才能克服旧的化学键断裂前的引力和新的化学键形成前的斥力，否则就不能发生化学反应。因此，只有运动速率快的高能量分子相碰撞，才有足够大的力量使分子在碰撞中取得能量，以利于改组化学键。这种具有足够能量、能够发生有效碰撞的分子称作活化分子。

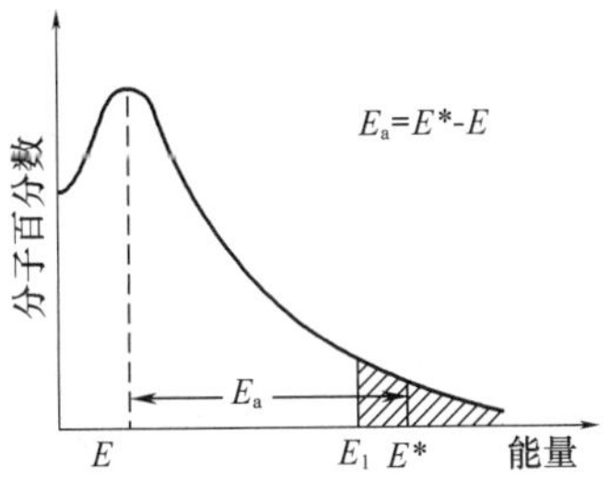

图 1－23　分子能量分布图

2. 活化能

在任何给定的温度下，分子运动的速率并不完全相同，具有的能量（动能）也不相同（图 1－23），但它们的平均能量是一定的。其中多数分子的能量接近平均值，极少数分子的能量低于或高于平均值。将活化分子的平均能量（E^*）与反应物分子的平均能量（E）之差称作活化能（E_a）。

活化能是具有平均能量的分子变为活化分子时所吸收的最低能量。其单位是 kJ/mol。不同反应的活化能是不同的。对某个具体反应而言，其活化能可视为一个定值。一般化学反应的活化能在 42～420kJ/mol，多数在 63～250kJ/mol。

图 1－23 中阴影部分的面积表示活化分子所占的百分数（E_1为活化分子的最低能量）。显然，如果反应的活化能越小，活化分子百分数越大，反应进行得越快；反之反应进行得越慢。反应活化能的大小决定于反应的本性，是不同

化学反应的速率相差悬殊的主要原因。

当反应体系的温度升高时，体系的能量升高，能量分布发生改变，有较多的分子获得能量而成为活化分子，致使有效碰撞次数增多，反应速率大大加快。

（三）影响化学反应速率的因素

化学反应速率首先决定于反应物的本质。另外，反应物的浓度、反应温度、催化剂等因素都会对化学反应的反应速率产生影响。

1. 浓度对反应速率的影响

实验证明，反应速率和反应物的浓度有密切关系。当其他条件相同时，增加反应物的浓度会增大反应速率，减少反应物的浓度会减小反应速率。对于一步完成的简单反应（基元反应），在一定温度下，反应速率和反应物浓度（气体可用分压）系数次方的乘积成正比（质量作用定律）。

$$mA + nB = C$$

$$v = kc^{m}(A) \cdot c^{n}(B) \text{ 或 } v = kp^{m}(A) \cdot p^{n}(B) \quad (1-5)$$

式（1-5）是质量作用定律的数学表达式，也称为基元反应的速率方程式。式中：c（A）［或 p（A）］和 c（B）［或 p（B）］分别为反应物 A 和 B 的瞬时浓度（或分压）；k 为用浓度（或分压）表示的反应速率常数，一般由实验测得。速率常数 k 取决于反应的本性，与浓度（分压）无关，是温度的函数。另外，使用催化剂，也会使 k 值发生改变。

需要强调的是，质量作用定律只适用于基元反应，不能用于复杂反应。

2. 温度对反应速率的影响

温度对化学反应速率的影响特别显著，升高温度可使大多数反应的速率加快。实验证明：一般情况下，对温度每升高 10K 化学反应速率大约增加到原来的 2～3 倍。

温度对反应速率的影响，主要体现在温度对速率常数的影响上。温度升高时，吸热反应的速率增长的倍数较大，放热反应的速率增长的倍数较小。温度升高使反应速率显著提高的原因主要有两个方面。一是温度升高，分子运动速率增大，分子间碰撞频率增加，反应速率加快。另外一个重要的原因是温度升高，活化分子的百分率增大，有效碰撞的百分率增加，使反应速率大大加快。无论是吸热反应还是放热反应，温度升高时反应速率都是增加的。

动画：
温度对化学反应速率的影响

3. 催化剂对反应速率的影响

催化剂是一种能显著地改变反应速率，而本身的组成、质量和化学性质在反应前后基本保持不变的物质。能加快反应速率的催化剂称作正催化剂；能减慢反应速率的催化剂称作负催化剂。通常催化剂指的就是正催化剂。

催化剂加快反应速率的机理有多种假设，最有可能的是，催化剂参与化学反应，改变了化学反应的途径，降低了活化能，使速率加快。

催化剂的特点是高效性和选择性。催化剂能成千上万倍地改变化学反应速率，比浓度和温度显得更重要，解决了许多化学反应的现实性问题。没有催化剂，许多化学产品的工业化、商业化将是不可思议的。另外，一种催化剂只能催化一种或几种反应，不存在万能催化剂。某些物质对催化剂的性能有很大的影响，有些物质可以大大增强催化剂的能力，这些物质称作助催化剂。有些物质可以严重降低甚至完全破坏催化剂的活性，这些物质称为催化剂毒物，这种现象称为催化剂中毒。

有催化剂参加的反应称作催化反应。催化反应不仅在工业生产上有重要意义，而且与生命现象密切相关。如生物体内复杂的代谢作用是依靠各种酶作催化剂来完成的，酶在新陈代谢活动中起着重要的作用，几乎一切生命现象都与酶有关。需要强调的是，催化剂能显著改变化学反应速率，一定是参与了化学反应，改变了化学反应的历程，降低了活化能。

除上述因素外，还有一些因素也影响化学反应速率。如有固体物质参加的反应，反应速率与固体粒子直径成反比。对于互不相溶的液体间的反应，可采用搅拌的方法以增大接触面积和机会，从而加快反应速率。另外，光、射线、激光、电磁波等对化学反应速率也有影响。

二、化学平衡

人们在研究物质的化学变化时，不仅注意反应进行的快慢，而且十分关心化学反应进行的程度，即有多少反应物可以转化为生成物，这就是化学平衡问题。

（一）可逆反应与化学平衡

1. 可逆反应

在同一条件下，既能向正反应方向进行同时又能向逆反应方向进行的化学反应称为可逆反应。例如，在一定条件下，氮气、氢气合成氨的同时，氨又分解为氮气和氢气，无论经过多长的时间，只要外界条件不变，氮气和氢气不可能完全转化为氨气。通常用“$\rightleftharpoons$”表示反应的可逆性。如：

$$N_2 + 3H_2 \rightleftharpoons 2NH_3$$

可以认为几乎所有反应都是可逆的，只是有些反应在人们已知的条件下逆反应进行的程度极为微小，以致可以忽略。这样的反应通常称之为不可逆反应。如氯酸钾受热分解的反应就是一例不可逆反应。

2. 化学平衡

可逆反应可用正反应速度（$v_{正}$）、逆反应速度（$v_{逆}$）或总速度（$v_{总}$）表示，且 $v_{总} = |v_{正} - v_{逆}|$。

可逆反应在进行到一定程度，便会建立起平衡。例如，一定温度下，将一定量的CO（g）和H_2O（g）加入到一个密闭容器中，会发生如下反应：

$$CO(g) + H_2O(g) \rightleftharpoons CO_2(g) + H_2(g)$$

反应开始时，CO（g）和H_2O（g）的浓度较大，正反应速率较大。一旦有CO_2和H_2生成，就产生逆反应。开始时逆反应速率较小，随着反应进行，反应物的浓度逐渐减小，生成物的浓度逐渐增大。正反应速率逐渐减小，逆反应速率逐渐增大。当正、逆反应速率相等时，即达到了平衡状态，称为化学平衡。当化学反应达到平衡时，表面看来反应好像停止了，实际上正、逆反应仍在进行，只不过在单位时间内每一种物质的生成量等于它的消耗量，故始终保持物质的浓度（或分压）不变。化学平衡是一种动态平衡，具有一切平衡的共性和特征，是有条件的、相对的、暂时的动态平衡：

（1）只有在恒温条件下，封闭体系中进行的可逆反应，才能建立化学平衡，这是建立化学平衡的前提。

（2）正、逆反应速率相等是平衡建立的条件。

（3）平衡状态是封闭体系中可逆反应进行的最大限度。各物质浓度（或分压）不再随时间改变，这是建立平衡的标志。

（4）化学平衡是有条件的平衡。当外界因素改变时，正、逆反应速率发生变化，原有平衡将受到破坏，直到建立新的动态平衡。

（二）化学平衡常数

1. 化学平衡常数和标准平衡常数

（1）化学平衡常数　对于任一可逆反应，不论反应的初始浓度（分压）如何，也不管反应是从正向还是从逆向开始，最后都能建立平衡。平衡时，反应物和产物的浓度（分压）都相对稳定，不随时间变化。这时，反应物和产物的浓度（分压）之间存在着某种关系。大量实验和理论推导证明，对于一般可逆反应：

$$aA + bB \rightleftharpoons dD + eE$$

在一定温度下，反应达到平衡时，各物质平衡浓度之间都有如下关系：

$$K = \frac{[D]^d \cdot [E]^e}{[A]^a \cdot [B]^b} \tag{1-6}$$

*K*称为化学平衡常数。它的含义是：在一定温度下当可逆反应达到平衡

时，各生成物平衡浓度幂的乘积与反应物平衡浓度幂的乘积之比为一个常数。式（1－6）中，各物质浓度以 mol/L 为单位，其指数均为化学方程式中相应物质化学计量数。K 与物质的起始浓度无关，与反应从正向还是逆向开始也无关系。若平衡体系中组分是气体时，式（1－6）中不使用浓度而用分压表示。书写平衡常数表达式时的注意事项：

①平衡常数表示式中各组分浓度或分压为平衡时的浓度或分压。

②反应中有固体或纯液体物质时，则它们的浓度或分压视为常数，在标准平衡常数表示式中不予写出；在稀溶液中进行的反应，如反应有水参加，水的浓度可视为常数，合并入平衡常数，不必出现在平衡关系式中；对于非水溶液中的反应，若有水参加，H_2O 的浓度不视为常数，应书写在化学平衡常数表示式中。

③化学平衡常数表示式必须与计量方程式相对应。同一化学反应以不同计量方程式表示时，平衡常数表示式不同，其数值也不同。

（2）标准平衡常数　按照 K 表达式，当 $\Delta v = (d+e) - (a+b) \neq 0$ 时，K 的单位为（mol/L）Δv，为了便于研究，热力学中规定平衡常数的量纲为 1，就是把 K 式中各物质的平衡浓度或分压除以标准浓度 $c^{\ominus}$（1mol/L）或标准压力 $p^{\ominus}$（101325Pa），这样就得到了标准平衡常数 $K^{\ominus}$。各组分的平衡浓度与 $c^{\ominus}$ 的比值为平衡时的相对浓度；各组分气体的平衡分压与 $p^{\ominus}$ 的比值为平衡时的相对分压。

本教材所涉及与化学平衡有关的平衡常数（酸碱、配合、沉淀）均指标准平衡常数。在具体应用时，为了书写方便，把标准符号省略去，均用 K 表示。因为两者在数值上是相等的。在具体计算时只需将有关组分浓度的数值代入计算即可，但压力必须要除以标准压力后方可代入平衡表达式计算。标准平衡常数的意义如下。

① K 为一可逆反应的特征常数，其大小可以衡量化学反应进行所能达到的程度。在给定条件下某反应的 K 值越大，表示反应进行得越完全，反之亦然。

②由平衡常数可以判断反应是否处于平衡态以及处于非平衡态时反应进行的方向。若一容器中置入任意量的 A、B、D 和 E 四种物质，在一定温度下进行下列可逆反应：

$$aA + bB \rightleftharpoons dD + eE$$

在一定温度下，将体系中各物质的浓度或分压按平衡常数的表示式列成等式，即得到反应商 Q。对于在溶液中进行的反应，有：

$$Q = \frac{[c(D)/c^{\ominus}]^d \cdot [c(E)/c^{\ominus}]^e}{[c(A)/c^{\ominus}]^a \cdot [c(B)/c^{\ominus}]^b}$$

对气体反应，有：

$$Q=\frac{[p'(\mathrm{D})/p^{\Theta}]^{d}\cdot[p'(\mathrm{E})/p^{\Theta}]^{e}}{[p'(\mathrm{A})/p^{\Theta}]^{a}\cdot[p'(\mathrm{B})/p^{\Theta}]^{b}}$$

这里必须着重指出，Q 和 K 表示式的形式虽然相似，但两者的概念是不同的。Q 表示式中各物质的浓度（分压）是任意状态下的浓度（分压），其商值是任意的；K 表示式中各物质的浓度（分压）是平衡时的浓度（分压），其商值在一定温度下是一常数。有了反应商和标准平衡常数的概念，可以得出确定一个可逆反应进行的方向和限度的判据：

$Q<K$ 正反应自发进行；

$Q=K$ 反应大平衡状态（即反应进行到最大限度）；

$Q>K$ 逆反应自发进行。

（3）多重平衡规则　当几个反应相加得到一个总反应时，总反应的标准平衡常数等于各相加反应的标准平衡常数之积，这就是多重平衡规则。例如：某温度下，已知下列两反应：

$$2NO(g)+O_2(g)\rightleftharpoons 2NO_2(g)\qquad K_1=a$$

$$2NO_2(g)\rightleftharpoons N_2O_4(g)\qquad K_2=b$$

若两式相加得：

$$2NO(g)+O_2(g)\rightleftharpoons N_2O_4(g)$$

则

$$K=K_1\cdot K_2=a\cdot b$$

应用多重平衡规则，可由已知反应的标准平衡常数计算有关反应的标准平衡常数。使用时应记住：所有标准平衡常数必须在同一温度，因为 K^{Θ} 随温度而变化；如果反应 3 = 反应 2 − 反应 1，则 $K_3=\frac{K_2}{K_1}$。

2. 化学平衡的相关计算

利用某一反应的标准平衡常数，可以从反应物的初始浓度计算达到平衡时反应物和产物的浓度及反应物的转化率。某反应物的转化率是指反应达到平衡时反应物已转化了的量（或浓度）占初始量（或浓度）的百分率，即：

$$\text{某反应物的转化率}(\alpha)=\frac{\text{某反应物已转化的量}}{\text{某反应物初始量}}\times100\%$$

转化率 α 越大，表示达到平衡时反应进行的程度越大。平衡常数和平衡转化率虽然都能表示反应进行的程度，但二者有差别。平衡常数与体系的起始状态无关，只与反应温度有关；转化率除与温度有关外，还与体系的起始状态有关，并随反应物的不同，转化率的数值也往往不同。

[例 1－1] 反应 $Fe^{2+}(aq)+Ag^{+}(aq)\rightleftharpoons Fe^{3+}(aq)+Ag(s)$ 开始前，体系中各物质的浓度为：$c(Ag^{+})=0.10mol/L$，$c(Fe^{2+})=0.10mol/L$，

$c(Fe^{3+}) = 0.010mol/L$，已知 298K 时 $K = 2.98$，求平衡时 Ag^+、Fe^{2+} 和 Fe^{3+} 的浓度及 Ag^+（aq）转化为 Ag（s）的转化率。

解：设达到化学平衡时有 x mol/L Ag^+（aq）转化为 Ag（s）

$$Fe^{2+}(aq) + Ag^+(aq) \rightleftharpoons Fe^{3+}(aq) + Ag(s)$$

	Fe^{2+}	Ag^+	Fe^{3+}
开始浓度/（mol/L）	0.10	0.10	0.010
平衡浓度/（mol/L）	$0.10-x$	$0.10-x$	$0.010+x$

$$K = \frac{[Fe^{3+}]}{[Fe^{2+}] \cdot [Ag^+]}$$

$$2.98 = \frac{0.010 + x}{(0.10 - x) \cdot (0.10 - x)}$$

$$x = 0.013mol/L$$

$$[Fe^{3+}] = 0.010 + 0.013 = 0.023mol/L$$

$$[Ag^+] = [Fe^{2+}] = 0.10 - 0.013 = 0.087mol/L$$

$$\alpha(Ag^+) = \frac{0.013}{0.10} \times 100\% = 13\%$$

［例 1－2］ 在密闭容器中装入 CO 和水蒸气，在 972K 条件下使这两种气体进行下列反应：

$$CO(g) + H_2O(g) \rightleftharpoons CO_2(g) + H_2(g)$$

若反应开始时两种气体的分压均为 8080kPa，已知平衡时有 50% 的 CO 转化为 CO_2。

（1）计算该温度下的 K。

（2）若在原平衡体系中再通入水蒸气，使密闭容器中水蒸气的分压在瞬间达到 8080kPa，通过计算 Q 值，判断平衡移动的方向。

（3）欲使上述水煤气变换反应有 90% CO 转化为 CO_2，问水煤气变换原料比 $p(H_2O)/p(CO)$ 应为多少？

解：（1）

$$CO(g) + H_2O(g) \rightleftharpoons CO_2(g) + H_2(g)$$

	$CO(g)$	$H_2O(g)$	$CO_2(g)$	$H_2(g)$
起始分压/kPa	8080	8080	0	0
分压变化/kPa	$-8080 \times 50\%$	$-8080 \times 50\%$	$8080 \times 50\%$	$8080 \times 50\%$
平衡分压/kPa	4040	4040	4040	4040

$$K = \frac{[p(CO_2)/p^\ominus] \cdot [p(H_2)/p^\ominus]}{[p(CO)/p^\ominus] \cdot [p(H_2O)/p^\ominus]} = \frac{(4040)^2}{(4040)^2} = 1$$

（2）

$$Q = \frac{[p'(CO_2)/p^\ominus] \cdot [p'(H_2)/p^\ominus]}{[p'(CO)/p^\ominus] \cdot [p'(H_2O)/p^\ominus]} = \frac{(4040)^2}{4040 \times 8080} = \frac{1}{2}$$

由于 $Q < K$，可判断平衡向正反应方向移动。

（3）欲使 CO 的转化率达到 90%，设原料气起始分压为：$p(CO) = x$ kPa、$p(H_2O) = y$ kPa

$$CO(g) + H_2O(g) \rightleftharpoons CO_2(g) + H_2(g)$$

起始分压/kPa	x	y	0	0
平衡分压/kPa	$x-0.90x$	$y-0.90x$	$0.90x$	$0.90x$

根据 $$K=\frac{[p(CO_2)/p^{\ominus}]\cdot[p(H_2)/p^{\ominus}]}{[p(CO)/p^{\ominus}]\cdot[p(H_2O)/p^{\ominus}]}=\frac{(0.90x)^2}{(x-0.90x)(y-0.90x)}=1$$

则 $$\frac{p(H_2O)}{p(CO)}=\frac{y}{x}=\frac{9}{1}$$

（三）化学平衡的移动

在一定条件下，当可逆反应达正、逆反应速率相等时，体系处于化学平衡状态。当外界条件变化时，正、逆反应速率随之发生变化，体系就会偏离原有平衡状态，而又逐渐趋于新的平衡状态。此种旧平衡破坏新平衡建立的过程，称作化学平衡的移动。影响化学平衡移动的外界因素有浓度、压力和温度。

1. 浓度对化学平衡的影响

浓度对化学平衡的影响可概括为：在其他条件不变的情况下，增加反应物的浓度或减少生成物的浓度，平衡向正反应方向移动；增加生成物的浓度或减少反应物的浓度，平衡向逆反应方向移动。

对于有气态物质参加的反应，增大（或减小）某一气态物质的分压，就是增大（或减小）该气态物质的浓度，结果是一致的。

根据浓度（或分压）对化学平衡的影响，在化工生产中，可根据具体情况采用增大反应物的浓度（或分压）或减小生成物的浓度（或分压）提高反应物（原料）的转化率。例如，在高温下从石灰石烧制生石灰的反应：$CaCO_3 \rightleftharpoons CaO + CO_2$。

实际生产中就是使生成的 CO_2 不断从平衡体系中排出，平衡不断地正向移动，使石灰石完全转化为 CaO 和 CO_2。

2. 压力对化学平衡的影响

压力对固体或液体的体积影响很小，压力改变不会影响溶液中各组分物质的浓度，对于没有气体参加的化学平衡，压力对化学平衡的影响可以忽略。对于气体参加的化学反应，当反应达平衡时，如果可逆反应两边气体分子总数不等，则改变压力对化学平衡有影响。在等温条件下，增大总压力，平衡向气体分子数减少的方向移动；降低总压力，平衡向气体分子数增多的方向移动。

动画：压力对化学平衡的影响

3. 温度对化学平衡的影响

浓度和压力对化学平衡的影响改变了 Q，使 $Q>K$ 或 $Q<K$ 使平衡发生移动，而 K 并不改变；而温度对化学平衡的截然不同，温度改变导致 K 发生变化，从而使平衡发生移动，

改变的结果和化学反应的热效应有关。实践证明：对于正向放热的反应（$\Delta H^{\ominus}<0$）升高温度，会使标准平衡常数减小，此时，$Q>K$ 平衡逆向移动，即向吸热方向移动。反之亦然。

总之，升高温度，平衡向吸热反应方向移动；降低温度，平衡向放热反应方向移动

4. 催化剂与化学平衡

催化剂能降低反应的活化能，加快反应速率。由于它以同样倍数加快正、逆反应速率，标准平衡常数并不改变，因此不会使平衡移动。但催化剂加入尚未达到平衡的可逆反应系统中，可以在不升高温度的条件下，缩短到达平衡的时间，这无疑有利于提高生产效率。

5. 平衡移动原理

综合上述各种因素对化学平衡的影响，1884 年法国科学家勒・夏特列归纳、总结出了一条关于平衡移动的普遍规律：当体系达到平衡后，若改变平衡状态的任一条件（浓度、压力和温度），平衡就向着能够削弱其条件改变的方向移动。这条规律称为勒・夏特列原理，又称平衡移动原理。把这个原理和反应速率的用于生产实践和科学研究，有如下综合应用。

（1）使一种价廉易得的反应物过量，以提高另一种原料的转化率。

（2）升高温度能增大反应速率，对于吸热反应还能增加转化率。

（3）对于气体反应，增加压力会使反应速率加快，对分子数减少的反应还能提高转化率。

（4）选用催化剂时，需考虑催化剂的催化性、活化温度、价格等，对容易中毒的催化剂需注意原料的纯化。

（5）所有化学平衡，包括酸碱电离平衡、沉淀溶解平衡、氧化还原平衡以及配位平衡均可用化学平衡的有关原理和方法来处理和计算。

练　习　题

一、单项选择

1. 温度升高能加快化学反应速率，其原因是（　　）。

A. 活化能降低　B. 活化分子减少　C. 活化分子增加　D. 有效碰撞减少

2. 恒容时，$N_2(g)+3H_2(g) \rightleftharpoons 2NH_3(g)+Q$ 欲使平衡向左移动，可以采用（　　）。

A. 降低温度　B. 增加压强　C. 加入负催化剂　D. 升高温度

3. 在 $CO(g)+H_2O(g) \rightleftharpoons CO_2(g)+H_2(g)-Q$ 的平衡中，能同等程度地增加正、逆反应速度的是（　　）。

A. 加催化剂　B. 增加 CO_2 的浓度 C. 减少 CO 的浓度 D. 升高温度

4. 反应 A（g）+2B（g）$\rightleftharpoons$ 2C（g）+2D（g）+Q，达到平衡后，如要使 $V_正$ 加快，平衡向右移动，可采取的措施是（　　）。

A. 使用催化剂　B. 升高温度　C. 增大 A 的浓度　D. 缩小容器体积

5. 对于体系 2HI（g）$\rightleftharpoons$ H_2（g）+I_2（g）$-Q$，增大压强，将加快反应速度，此时（　　）。

A. 正反应速度大于逆反应速度　B. 逆反应速度大于正反应速度

C. 正逆反应速度以同等程度加快　D. 仅正反应速度加快

6. 恒温下，采用（　　），2HI $\rightleftharpoons$ H_2+I_2 反应，平衡向正方向移动。

A. 增加压强　B. 增加反应物浓度

C. 加入负催化剂　D. 减少反应物浓度

7. 某温度时反应 H_2（g）+Br_2（g）$\rightleftharpoons$ 2HBr（g）的平衡常数 $K_1=4\times10^{-2}$，则在相同温度下，反应为 HBr（g）$\rightleftharpoons$ 1/2H_2（g）+1/2Br_2（g）的平衡常数为 K_2 =（　　）。

A. 4×10^{-2}　B. 2×10^{-1}　C. 5　D. 25

8. NH_4HS（S）$\rightleftharpoons$ NH_3（g）+H_2S（g）反应在某一温度时达到平衡，在其他条件不变的情况下，改变下列条件，不能使平衡发生移动的是（　　）。

A. 加入 NH_4HS 固体　B. 加入 HCl 气体

C. 扩大容器　D. 升高温度

9. 在一定条件下，某反应的转化率是 69.2%，加入催化剂，该反应的转化率将会（　　）。

A. 大于 69.2%　B. 小于 69.2%　C. 不能确定　D. 等于 69.2%

10. 可逆化学反应 2A+B $\rightleftharpoons$ 2C 达到化学平衡时，升高温度，C 的量增加，则此反应（　　）。

A. 放热反应　B. 是吸热反应

C. 没有显著的热量变化　D. 原化学平衡没有发生移动

二、是非题

（　　）1. 对于任一化学反应 $mA+nB=pC+qD$，由其速率方程可写为 $v=kC_A{}^m\cdot C_B{}^n$。

（　　）2. 质量作用定律是一个普遍的规律，适用于任何化学反应。

（　　）3. 催化剂的加入可以显著改变化学反应速率，也对化学平衡有重大影响。

（　　）4. 反应的活化能越大，在一定温度下反应速率也越大。

（　　）5. 可逆反应达到平衡状态后，各物质的浓度不再改变，反应就停止了。

(　　) 6. 对于已达到平衡的可逆反应，只要压力改变了，化学平衡就会发生移动。

(　　) 7. 温度每增加10℃，一切化学反应的反应速率均增加2~3倍。

(　　) 8. 压力改变只对反应前后分子总数有变化的可逆反应的化学平衡有影响。

(　　) 9. 使一种价廉易得的反应物过量，可以提高与它反应的另一种原料的转化率。

(　　) 10. 升高温度能增大反应速率，也能增加反应的转化率。

三、综合题

1. 某温度时，8.0mol SO_2和4.0mol O_2在密闭容器中反应生成气体SO_3，测得起始和平衡时（温度不变）体系的总压力分别为300kPa和220kPa。求该温度时反应：$SO_2(g) + \frac{1}{2}O_2(g) \rightleftharpoons SO_3(g)$的标准平衡常数和转化率。

2. 在一密闭容器中，反应：$CO(g) + H_2O(g) \rightleftharpoons CO_2(g) + H_2(g)$在773K的标准平衡常数为4.89，问：

(1) 当起始H_2O和CO的物质的量之比分别为1∶1和3∶1，达到平衡时，CO的转化率各为多少?

(2) 根据计算结果，能得到什么结论?

3. 在1273K时反应：$FeO(s) + CO(g) \rightleftharpoons Fe(s) + CO_2(g)$的$K=0.5$，若CO和$CO_2$的初始浓度分别为0.05mol/L和0.01mol/L，问：

(1) 反应物CO和生成物CO_2的平衡分压各为多少?

(2) 平衡时CO的转化率为多少?

(3) 若增加FeO的量，对平衡有无影响?

4. 在5.0L容器中含有相等物质的量PCl_3和Cl_2，进行合成反应为：

$$PCl_3(g) + Cl_2(g) \rightleftharpoons PCl_5(g)$$

在523K达到平衡时（$K=0.533$），PCl_5的分压是100kPa。问原来PCl_3和Cl_2物质的量各是多少?

项目四　溶　　液

项目描述

溶液是日常生活、工农业生产和科学实验中物质最主要的存在形式。动物的血液、植物体内的细胞液均为溶液；食品或药物必须经过消化变成溶液，才能便于吸收；许多化学反应需要在溶液中进行以保证足够的反应速度和完全程度；物质组成及含量的分析大多用湿法分析，即需要在水溶液中进行。正确认识溶液、准确配制一定浓度的溶液，是从事工农业生产及检验分析工作者必须掌握的基本知识和技能。

学习目标

知识目标	（1）理解各种溶液的浓度表示方法与掌握相互换算的方法。 （2）熟悉稀溶液的依数性及应用。 （3）了解电解质溶液的基本知识，掌握弱电解质的电离平衡。 （4）理解掌握常见酸碱溶液 pH 的相关计算方法。 （5）理解缓冲溶液的组成、原理、选择及配制方法。
能力目标	（1）可以正确地计算溶液的浓度并选购试剂。 （2）能对各种浓度的溶液进行相互换算。 （3）会用最简式计算常见溶液的 pH。 （4）会选择并配制缓冲溶液。
素质目标	（1）培养从实际出发解决问题的能力。 （2）养成良好的学习方法和习惯。 （3）培养自我学习能力，树立终生学习的理念。 （4）培养团结协作和创新意识。

必备知识

一、溶液浓度的表示及换算

（一）溶液的概念和分类

溶液是指一种或一种以上的物质以分子、原子或离子状态分散于另一种物质中所构成的均匀而又稳定的体系。溶液都是由溶质和溶剂组成，溶质和溶剂只有相对的意义。通常将溶解时状态不变的组分称为溶剂，而状态改变的称溶质；若组成溶液的两种组分在溶解前后的状态皆相同，则将含量较多的组分称为溶剂。所有溶液都具有共同的特性，即均匀性、无沉淀、组分皆以分子或离子状态存在。

溶质溶于溶剂形成溶液的过程称作溶解。物质在溶解时往往伴有热量的变化和体积的变化，有时还有颜色的变化。例如，硫酸溶于水放出大量的热，而硝酸钾溶于水则吸收热量；酒精溶于水体积缩小；无水硫酸铜是无色的，它的水溶液却是蓝色的。这些都表示在溶解过程中溶质和溶剂间有某种物理或化学作用（溶剂化作用）发生。但溶液中的组分还多少保留原有的性质，所以溶解过程既不完全是化学过程也不单纯是物理过程，而是一个复杂的物理化学过程。

溶液有液相（如食盐水等）、固相（如金属合金）、气相（如空气）3 种类型。溶液通常是指液相溶液，水是最常用的溶剂，如果没有特别说明，通常所说的溶液均为水溶液。溶液的性质与溶液中溶质和溶剂的相对含量有关，即与溶液的浓度有关。

（二）溶液浓度的表示方法及换算关系

溶液的浓度是指一定量的溶液或溶剂中所含溶质的量，可有不同的表示方式，而且各种表示浓度的物理量之间存在着一定的换算关系。

1. 溶液浓度的表示方法

按国际标准和国家标准的规定：溶液浓度的表示方法有物质的量浓度、摩尔分数、物质的质量分数等几种。

（1）物质的量浓度及摩尔分数　物质的量是表示组成物质的基本单元数目有多少的物理量，符号为 n，单位为摩［尔］，单位符号为 mol。若某物系中所含有的基本单元数目与 0.012kg 碳 -12 的原子数目相等（即阿伏伽德罗常量 6.02×10^{23}），此物系的“物质的量”为 1mol。

使用物质的量及其单位时，必须同时指明基本单元。基本单元是系统中组成物质的基本组分，常用符号 B 表示，它可以是分子、原子、离子、电子、其他粒子及这些粒子的特定组合。如 H、H_2、NaOH、$\frac{1}{2}H_2SO_4$、$\frac{1}{5}KMnO_4$ 和（H_2+NH_3）等。

动画：物质的量及其计算方法

1mol 物质的质量称为摩尔质量，用符号“M（B）”表示，单位符号为 kg/mol 或 g/mol。

使用摩尔质量也必须指明基本单元。任何原子、分子或离子的摩尔质量，当基本单元为其本身时，若用 g/mol 为单位，其数值等于该物质的相对原子质量或相对分子质量。

用 m（B）表示 B 物质的质量，则 n（B）与 M（B）、m（B）的关系为：

$$n(\mathrm{B})=\frac{m(\mathrm{B})}{M(\mathrm{B})} \tag{1-7}$$

物质的量浓度是指单位体积溶液中所含溶质的物质的量，用符号 c（B）表示，即：

$$c(\mathrm{B})=\frac{n(\mathrm{B})}{V} \tag{1-8}$$

式中 n（B）——物质 B 的物质的量，mol

V——溶液的体积，dm^3 或 L

c（B）——物质 B 的物质的量浓度，mol/dm^3 或 mol/L

物质的量浓度 c（B）、溶质 B 的质量 m（B），摩尔质量 M（B）的关系为：

$$c(\mathrm{B})=\frac{m(\mathrm{B})}{M(\mathrm{B})\cdot V}\text{或}\ m(\mathrm{B})=c(\mathrm{B})\cdot V\cdot M(\mathrm{B}) \tag{1-9}$$

物质的摩尔分数则是指物质 B 的物质的量 n（B）与混合物的物质的量（n）之比，用符号 x（B）表示，即：

$$x(\mathrm{B})=\frac{n(\mathrm{B})}{n} \tag{1-10}$$

若该组分由 A 和 B 组成，则：

$$x(\mathrm{A})=\frac{n(\mathrm{A})}{n(\mathrm{A})+n(\mathrm{B})}\quad\text{或}\quad x(\mathrm{B})=\frac{n(\mathrm{B})}{n(\mathrm{A})+n(\mathrm{B})} \tag{1-11}$$

显然有：$x(\mathrm{A})+x(\mathrm{B})=1$

（2）物质的质量分数和质量浓度　物质 B 的质量分数是指物质 B 的质量与溶液（或混合物）质量之比，一般用符号 w(B) 表示，即：

$$w(\mathrm{B})=\frac{m(\mathrm{B})}{m} \tag{1-12}$$

式中 m——溶液（或混合物）质量。

物质的质量分数量纲为 1，一般用百分率表述其结果。

物质 B 的质量浓度是指单位体积溶液所含溶质 B 的质量，一般以符号 $\rho(B)$表示，即：

$$\rho(B)=\frac{m(B)}{V} \tag{1-13}$$

式中　V——溶液的体积

质量浓度的单位为 kg/L，也可以用 g/L。

（3）质量摩尔浓度　溶液中溶质 B 的物质的量除以溶剂的质量，称为溶质 B 的质量摩尔浓度，以 b（B）表示，单位为 mol/kg。

$$b(B)=\frac{n(B)}{m} \tag{1-14}$$

例如：b（HCl）=1.0mol/kg，表示 1kg 水中含 1.0mol 的 HCl。质量摩尔浓度不随温度的变化而变化。对于很稀的溶液，溶液密度约为 1g/mL，1mol/kg≈1mol/L，即 b（B）≈c（B）。

［例 1-3］ 在 150mL 水中，溶解 9.0g 尿素［$(NH_2)_2CO$］，溶液的密度为 1.0392g/mL，求尿素的物质的量浓度、质量摩尔浓度、物质的摩尔分数各是多少？

解：（1）

$$V=\frac{m(B)+m(A)}{\rho}=\frac{9.0+150}{1.0392}=153.0\text{mL}$$

根据式（1-7）、式（1-8）

$$n[(NH_2)_2CO]=\frac{m[(NH_2)_2CO]}{M[(NH_2)_2CO]}=\frac{9.0}{60.0}=0.15\text{mol}$$

$$c[(NH_2)_2CO]=\frac{n[(NH_2)_2CO]}{V}=\frac{0.15}{153.0\times10^{-3}}=0.980\text{mol/L}$$

（2）根据式（1-14）

$$b[(NH_2)_2CO]=\frac{n[(NH_2)_2CO]}{m[H_2O]}=\frac{9.0}{60.0\times150\times10^{-3}}=1.00\text{mol/kg}$$

（3）

$$n[H_2O]=\frac{m[H_2O]}{M[H_2O]}=\frac{150}{18.0}=8.33\text{mol}$$

根据式（1-11）

$$x[(NH_2)_2CO]=\frac{n[(NH_2)_2CO]}{n[(NH_2)_2CO]+n[H_2O]}=\frac{0.15}{0.15+8.33}=0.018$$

$$x[H_2O]=1.000-x[(NH_2)_2CO]=1.000-0.018=0.982$$

2. 溶液浓度之间的换算

在实际工作中，常常需要将溶液的一种浓度换算成另一种形式的浓度表示，即进行相应的浓度换算。例如：实验室用的盐酸标识浓度为 37%，密度为 1.19g/mL，但在配制稀溶液时用物质的量浓度比较方便。体积浓度与质量浓度换算的联系是密度，以质量或物质的量不变列等式，可得溶质质量与溶液的物质的量浓度、物质的量浓度与质量分数及溶液稀释或增浓的换算关系。

溶质质量与溶液物质的量浓度的关系为：

$$m(\mathrm{B}) = c(\mathrm{B}) \cdot V_{液} \cdot M(\mathrm{B}) \tag{1-15}$$

溶液的物质的量浓度与溶液的质量分数关系为：

$$c(\mathrm{B}) = \frac{1000 \times \rho_{液} \times w(\mathrm{B})}{M} \tag{1-16}$$

将溶液稀释或增浓，根据前后溶质的质量或物质的量不变，可得稀释或增浓前后溶液浓度之间的关系分别为：

$$c_1V_1 = c_2V_2 \tag{1-17}$$

或

$$c_1V_1 + c_{浓} V_{浓} = c_2V_2 \tag{1-18}$$

式中　c_1，c_2——稀释或增浓前、后溶液的浓度

V_1、V_2——稀释或增浓前、后溶液的体积

[例1-4] 下列溶液为实验室和工业常用的试剂，试计算它们的物质的量浓度。

（1）盐酸：密度为1.19g/mL，质量分数为0.38。

（2）硫酸：密度为1.84g/mL，质量分数为0.98。

（3）硝酸：密度为1.42g/mL，质量分数为0.71。

（4）氨水：密度为0.89g/mL，质量分数为0.30。

解：

（1）$c(\mathrm{HCl}) = \frac{1000\rho w}{M} = \frac{1000 \times 1.19 \times 0.38}{36.5} = 12.4\ (\mathrm{mol/L})$

（2）$c(\mathrm{H_2SO_4}) = \frac{1000\rho w}{M} = \frac{1000 \times 1.84 \times 0.98}{98} = 18.4\ (\mathrm{mol/L})$

（3）$c(\mathrm{HNO_3}) = \frac{1000\rho w}{M} = \frac{1000 \times 1.42 \times 0.71}{63} = 16.0\ (\mathrm{mol/L})$

（4）$c(\mathrm{NH_3}) = \frac{1000\rho w}{M} = \frac{1000 \times 0.89 \times 0.30}{17} = 15.7\ (\mathrm{mol/L})$

二、稀溶液的依数性

溶解是一个物理化学过程，当溶质溶解在溶剂中形成溶液后，溶液的性质已不同于原来的溶质和溶剂。这种性质上的变化可分为两类：一类与溶质的性质、数量均有关，如溶液的导电性、颜色、pH、味道等；另一类与溶质的性质无关、与溶质的数量有关，如溶液的蒸气压、凝固点、沸点、渗透压。后一类性质的变化依赖于溶质的粒子数且又只适用于稀溶液，所以奥斯特瓦尔德（Ostwald）将这类性质称为稀溶液的“依数性”。讨论溶液的依数性必须具备两个条件：一是溶质是难挥发的非电解质；二是溶液必须是稀溶液，不考虑粒子间的相互作用。

（一）溶液的蒸气压下降和拉乌尔定律

在一定温度下，将一纯液体放在密闭的容器中，由于分子热运动，一部分

能量较高的液体分子从液面逸出，扩散到空气中形成蒸气，这一过程称为蒸发；蒸气的分子也在不断地运动，其中一些分子可能又重新回到液体表面变成液态分子，这一过程称为凝聚。当蒸发速度与凝聚速度相等时，液体表面上的蒸气压不再发生变化，此时的蒸气压称为该温度下的饱和蒸气压，简称蒸气压。任何纯液体在一定温度下都有确定的蒸气压，且随温度的变化而改变。温度升高，蒸气压增大，反之，蒸气压减小。

在某一温度下，当纯溶剂中溶解一定量的难挥发的非电解质（如蔗糖溶于水，硫溶于二硫化碳中），经测定，溶液的蒸气压下降了。溶质的加入一方面束缚了一部分能量较高的溶剂分子逸出，另一方面又占据了一部分溶剂的表面，减少了单位面积上的溶剂分子数，因此达到平衡时，溶液的蒸气压必然低于纯溶剂的蒸气压，且浓度越大，蒸气压下降越多。

1887 年，法国物理学家拉乌尔（F. M. Raoult）根据大量实验结果得出以下结论：在一定的温度下，难挥发的非电解质稀溶液的蒸气压下降值与溶质 B 的物质的量分数成正比。

此规律称为 Raoult（拉乌尔）定律，即：

$$\Delta p = p^* \cdot x(\mathrm{B}) = p^* \cdot \frac{n(\mathrm{B})}{n(\mathrm{A}) + n(\mathrm{B})}$$

当溶液很稀时：

$$n(\mathrm{A}) + n(\mathrm{B}) \approx n(\mathrm{A})$$

$$\Delta P = P^* \cdot \frac{n(\mathrm{B})}{n(\mathrm{A})}$$

因

$$n(\mathrm{A}) = \frac{m(\mathrm{A})}{M(\mathrm{A})}$$

$$\Delta p = p^* \cdot \frac{n(\mathrm{B})}{m(\mathrm{A})} \cdot M(\mathrm{A}) = P^* \cdot b(\mathrm{B}) \cdot M(\mathrm{A})$$

当温度一定时，P^* 和 M（A）为常数，可用 K 表示，则上式可为：

$$\Delta P = K \cdot b\ (\mathrm{B}) \tag{1-19}$$

式中　ΔP——气压下降值，Pa

K——蒸气压降低常数，Pa · kg/mol

b（B）——质量摩尔浓度，mol/kg

（二）溶液的沸点升高和凝固点下降

液体的蒸气压随温度的升高而增大，当液体的蒸气压等于外界压强时的温度称为该溶液的沸点（boiling point，BP）。沸点与外界压强有关。高原地区由于空气稀薄，外界压强较低，故水的沸点低于 100℃。日常生产中常利用这个原理进行减压蒸馏来浓缩液体或干燥。

往溶液中加入难挥发的非电解质时，由于蒸气压的下降，只有升高温度，才能使溶液的蒸气压与外界压强相等。这样溶液的沸点要比纯溶剂的沸点高。因此海水的沸点比纯水的沸点高。

实验证明，难挥发非电解质稀溶液的沸点上升值 ΔT_b 与溶液的质量摩尔浓度成正比，即

$$\Delta T_b = K_b \cdot b(B) \tag{1-20}$$

式中 ΔT_b——沸点上升值，K

K_b——沸点升高常数，K · kg/mol

b（B）——质量摩尔浓度，mol/kg

溶剂的凝固点（solidifying point，SP）是指液态溶剂和固态溶剂平衡存在时的温度。例如水的凝固点为0℃，此时水的蒸气压和冰的蒸气压相等。溶液和固态溶剂平衡共存时的温度称为溶液的凝固点。溶液的凝固点要比纯溶剂的凝固点低。溶液的浓度越大，凝固点越低。难挥发非电解质稀溶液的凝固点下降值与溶液的质量摩尔浓度成正比，即

$$\Delta T_f = K_f \cdot b(B) \tag{1-21}$$

式中 ΔT_f——凝固点下降值，K

K_f——凝固点降低常数，K · kg/mol

b（B）——质量摩尔浓度，mol/kg

对于沸点升高常数（K_b）与凝固点降低常数（K_f），两者的值取决于溶液的温度和溶剂的性质，与溶质的性质无关。常用溶剂的 K_b、K_f 值见表1-14。

[例1-5] 将1.76g甘油溶于150g水中，试计算此溶液在常压下的凝固点和沸点。已知甘油的摩尔质量 M_G 为92.1g/mol。

解：

$$b(B) = \frac{n(B)}{m} = \frac{1.76/92.1}{150/1000} = 0.127\text{mol/kg}$$

查表得水的 $K_f = 1.86$K · kg/mol、$K_b = 0.512$K · kg/mol，因而

$$\Delta T_f = K_f \cdot b(B) = 1.86 \times 0.127 = 0.236\text{K}$$

$$T_f = 273.15 - 0.236 = 272.68\text{K}$$

$$\Delta T_b = K_b \cdot b(B) = 0.512 \times 0.127 = 0.065\text{K}$$

$$T_b = 373.15 + 0.065 = 373.22\text{K}$$

表1-14 常用溶剂的 K_b 和 K_f

溶剂	沸点/℃	K_b/（K · kg/mol）	凝固点/℃	K_f/（K · kg/mol）
水	100	0.512	0	1.86
乙醇	78	1.22	-117.45	5.12
苯	80.15	2.53	5.5	—
乙酸	118.1	3.07	17	3.9
四氯化碳	76.55	5.03	-22.95	29.8

续表

溶剂	沸点/℃	K_b/（K·kg/mol）	凝固点/℃	K_f/（K·kg/mol）
氯仿	61.2	3.85	-63.5	4.68
乙醚	—	2.02	—	—
樟脑	208	5.95	178	40
环己烷	81	2.79	6.5	20.2
硝基苯	210.9	5.24	5.67	8.1

（三）溶液的渗透压与反渗透技术

1. 渗透现象

在一杯蔗糖浓溶液的液面上加一层清水，一段时间后就可得到浓度均匀的蔗糖溶液，这是由于清水和蔗糖溶液直接接触时，水分子从上层进入下层，同时蔗糖分子从下层进入上层，直到浓度均匀为止。这个由分子不断地运动和迁移的过程称为扩散。

如果在蔗糖溶液和纯水之间隔一层半透膜时，情况就不同了，如图1-24所示。半透膜是允许某些小分子物质（如水）通过而不允许大分子物质（如蔗糖）通过的多孔性薄膜，如动物的肠衣、膀胱膜、人工制得的羊皮纸等都是半透膜。

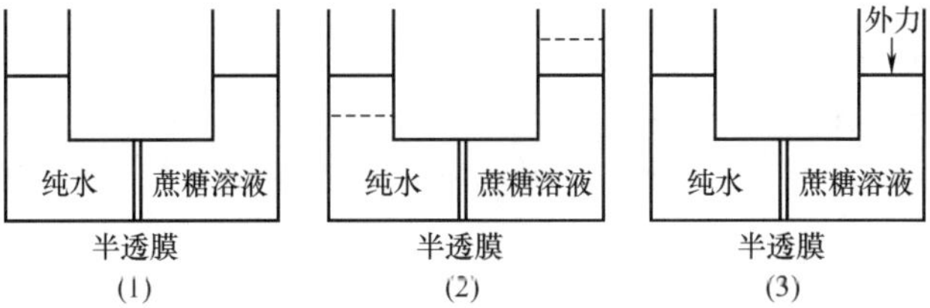

图1-24　溶液的渗透压示意图

（1）初始时　（2）达到渗透平衡时　（3）施加外力阻止渗透进行

这种溶剂分子通过半透膜进入溶液的自发过程称为渗透现象（也称渗透作用）。同样道理，用半透膜将两种不同浓度的溶液隔开时同样也会发生渗透现象。

2. 渗透压

如图1-24所示，一段时间以后，左侧液面下降，右侧液面升高，两侧液面也随之产生压力差，该压力使得右侧溶液中的水分子扩散速度加快，而左侧水分子扩散速度减慢，直到最后两侧水分子扩散速度相等，体系建立一个动态平衡，即达到渗透平衡。这种因维持被半透膜隔开的溶液和纯溶剂之间的渗透平衡所需施加于溶液的额外压力成为渗透压。也就是说，半透膜两边液面高度差所产生的压力即为该溶液的渗透压。

渗透压产生的根本原因是由于半透膜两边溶液浓度不同，蒸气压不同所引起的。溶液浓度越大，则渗透压越大，成为高渗溶液；溶液浓度越稀，渗透压越低，成为低渗溶液；溶液浓度相等则渗透压相等，渗透压相等时的两种溶液称为等渗溶液。1886 年，荷兰物理学家范特霍夫（Vant'Hoff）根据大量实验结果总结出：当温度不变时，难挥发非电解质稀溶液的渗透压与该溶液的物质的量浓度成正比；当浓度不变时，渗透压与溶液热力学温度成正比。可用公式表示为

$$\pi = c_B RT \tag{1-22}$$

式中 π——溶液的渗透压，kPa

R——气体常数，8.314kPa·L/（mol·K）

c_B——物质的量浓度，mol/L

T——热力学温度，K

式（1－22）表明：在一定温度下，难挥发非电解质稀溶液的渗透压只取决于单位体积溶液中所含溶质的物质的量（或粒子数），而与溶质的本性无关。

3. 反渗透技术

如果外加在溶液上的压力超过了溶液的渗透压，则溶液中的溶剂分子可以通过半透膜向纯溶剂方向扩散，纯溶剂的液面上升，这一过程称为反渗透。反渗透原理广泛应用于海水淡化，工业废水处理和溶液的浓缩等方面。

反渗透技术是当今最先进和最节能有效的膜分离技术。其原理是在高于溶液渗透压的作用下，依据其他物质不能透过半透膜而将这些物质和水分离开来。由于反渗透膜的膜孔径非常小（仅为 1nm 左右），因此能够有效地去除水中的溶解盐类、胶体、微生物、有机物等（去除率高达 97%～98%）。

三、电解质溶液和解离平衡

许多化学反应是在水溶液中进行的。根据化合物在水中溶解后（或熔融状态下）能否导电，可将化合物分为电解质和非电解质。在溶解或熔融状态下能够导电的化合物称为电解质；在溶解且熔融状态下均不能导电的化合物称为非电解质。根据在水溶液中解离能力的不同，又可将电解质分为强电解质和弱电解质。

（一）强电解质和弱电解质

1. 强电解质

凡在水溶液中能全部解离成离子的化合物称为强电解质。在强电解质溶液中只有水合离子，没有电解质分子，其解离方程式用“＝”表示完全解离。例如：

$$HCl = H^+ + Cl^-$$

$$NaOH = Na^+ + OH^-$$

从结构上看，强电解质包括离子型化合物和强极性共价化合物，如强酸（H_2SO_4、HNO_3、HCl）、强碱（NaOH、KOH）及大多数的盐类（NaCl、Na_2CO_3、NH_4NO_3）。

从理论上看，强电解质在水溶液中全部解离，解离程度应是100%，但根据溶液的导电性实验测得的解离度都小于100%。这是什么原因引起的呢？1923年德拜（J. W. Debye）和休克尔（E. Hǔkel）提出了“离子氛”及相关计算，初步解释了这个现象。

在理想状态的强电解溶液中，各离子、各组分似乎都是独立存在，不受其周围环境的影响。实际工作中并不存在这样的溶液。因为溶液中的荷电离子之间以及离子和溶剂分子之间存在着相互的静电作用，使得每一个离子的周围都吸引着一定数量带相反电荷的离子，甚至有些阴、阳离子会形成离子对，从而影响了离子在溶液中的活动性，降低了离子在化学反应中的作用能力，相当于离子数目的减少，导致溶液导电性比理论上要小一些，产生解离不完全的假象。这样的解离度称表观解离度。它反映了强电解质溶液中离子间相互制约的程度。一般来说，表观解离度大于30%的电解质为强电解质。

由于离子之间的牵制作用存在，相当于具有原作用能力的离子的浓度降低了，即有效浓度比实际浓度降低了。人们用“活度”这个物理量来定量描述强电解质溶液中离子间相互制约的程度。

活度是指单位体积电解质溶液中，表观上所含的离子浓度即离子的有效浓度。常用α表示：

$$\alpha = r \cdot c \qquad (1-23)$$

式中　α——活度

c——离子的实际浓度

r——活度系数

活度系数r反映了电解质溶液中离子间相互制约的程度大小。溶液中离子浓度越大，电荷越高，离子的牵制作用越大，r值越小，离子的有效浓度和实际浓度差距越大；溶液浓度越稀，离子间的牵制作用越小，r越接近1，则离子的活度与实际浓度就越趋于一致。

2. *弱电解质*

弱电解质是指在水溶液中只能部分解离成离子的化合物。在弱电解质溶液中，既有离子存在，又有弱电解质分子存在，其解离方程式用可逆符号“$\rightleftharpoons$”表示部分解离。例如：

$$HAc \rightleftharpoons H^+ + Ac^-$$

$$NH_3 \cdot H_2O \rightleftharpoons NH_4^+ + OH^-$$

弱电解质是弱极性共价化合物，如弱酸（HAc、HF、HClO、HCN、H_2CO_3

等)、弱碱（如氨水）和少数盐类（如 $HgCl_2$ 等)。

（二）弱电解质的解离平衡

1. 解离平衡常数

由于弱电解质在水溶液中不完全解离，解离过程是一个可逆过程。下面以一元弱酸醋酸的解离过程为例进行讨论。

$$HAc \underset{分子化}{\overset{解离}{\rightleftharpoons}} H^+ + Ac^-$$

在一定温度下，当 HAc 分子解离成离子的速率与离子重新结合成分子的速率相等时，HAc 在水溶液中的解离过程达到平衡状态，称为解离平衡。解离平衡也是动态平衡。平衡时，单位时间内解离的分子数和离子重新结合生成的分子数相等，即溶液中分子的浓度与离子的浓度均保持不变。溶液中 H^+、Ac^- 的浓度与未解离的 HAc 分子浓度间的关系可表示为：

$$K_a = \frac{[H^+] \cdot [Ac^-]}{[HAc]}$$

K_a 称为酸的解离平衡常数，简称解离常数。式中 $[H^+]$、$[Ac^-]$ 分别表示 H^+、Ac^- 和 HAc 的平衡浓度。弱碱的解离常数用 K_b 表示，如一元弱碱氨水的解离过程为：

$$NH_3 \cdot H_2O \rightleftharpoons NH_4^+ + OH^-$$

则其解离平衡常数表示为：

$$K_b = \frac{[NH_4^+] \cdot [OH^-]}{[NH_3]}$$

电解质的解离常数是解离平衡的特征常数，它表示弱电解质的解离程度的大小，即弱电解质的相对强弱，解离常数数值越大，说明解离程度越大。解离常数不受浓度的影响，只与电解质的本性和温度有关。在相同温度时，同类弱电解质的 K_a 或 K_b 可以表示弱酸或弱碱的相对强度。一些弱电解质的解离常数见附录 2。

多元弱酸在水溶液中的解离是分步进行的，各步解离都可达到平衡，且又相互影响，各步解离都有确定的解离常数，如：

$$H_2CO_3 \rightleftharpoons H^+ + HCO_3^- \qquad K_{a_1} = 4.3 \times 10^{-7}$$

$$HCO_3^- \rightleftharpoons H^+ + CO_3^{2-} \qquad K_{a_2} = 5.6 \times 10^{-11}$$

由于 $K_{a_1} \gg K_{a_2}$，故多元弱酸的酸性主要由第一步电离所决定。

2. 电离度

不同弱电解质在水溶液中的解离程度是不同的，有的解离程度大，有的解离程度小。解离程度的大小还可以用电离度来表示。当弱电解质在溶液中达到解离平衡时，已解离的弱电解质分子数占解离前溶液中电解质分子总数的百分比。电离度常用 α 表示。

$$\alpha = \frac{已解离的分子数}{解离前的分子总数} \times 100\% \qquad (1-24)$$

电离度则是转化率的一种形式，它表示弱电解质在一定条件下的解离百分率，可随浓度的变化而变化。

3. 解离常数 K_i 和电离度 α 的关系——稀释定律

电离度和解离常数都能表示弱电解质解离的能力大小，都可以用于比较弱电解质的相对强弱，二者既有联系又有区别。以弱酸 HAc 为例，讨论弱电解质的解离常数 K_i（包括 K_a、K_b）和解离度的关系。设 HAc 的浓度为 c（mol/L），电离度为 α。

	$HAc \rightleftharpoons$	H^+ +	Ac^-
起始浓度	c	0	0
平衡浓度	$c-c\alpha$	$c\alpha$	$c\alpha$

$$K_a = \frac{(c\alpha)^2}{c-c\alpha} = \frac{c\alpha^2}{1-\alpha}$$

写成 K_i 与 α 的一般关系式为：$K_i = \dfrac{c\alpha^2}{1-\alpha}$，当 $c/K_i > 500$，$\alpha < 5\%$ 时，$1-\alpha \approx 1$，则可得：

$$K_i = c\alpha^2 或 \alpha = \sqrt{\frac{K_i}{c}} \qquad (1-25)$$

式（1－25）称为稀释定律。该公式表明：在一定温度下，同一弱电解质的电离度与其浓度的平方根成反比，与其解离常数的平方根成正比。即浓度越稀，电离度越大；解离常数越大，电离度越大。

4. 影响解离平衡的因素

（1）同离子效应　由于弱电解质在水溶液存在解离平衡，根据平衡移动原理，只要改变平衡离子的浓度必然会使解离平衡发生移动。如在 IIAc 溶液中加入少量 NaAc，由于溶液中 Ac^- 浓度增大，使 HAc 的电离平衡向左移动，从而降低了 HAc 的电离度。

$$HAc \rightleftharpoons H^+ + Ac^- \qquad NaAc = Na^+ + Ac^-$$

这种在弱电解质溶液中加入一种与弱电解质含有相同离子的强电解质时，导致弱电解质的电离度降低的现象称为同离子效应。同离子效应的结果使弱电解质的电离度减小，但弱电解质的解离常数不变。同理，在弱碱氨水中加入某种铵盐（如 NH_4Cl 等）可以降低氨的电离度。

视频：酸碱平衡中的同离子效应

（2）盐效应　在弱电解质溶液中加入不含相同离子的强电解质，如 KCl、Na_2SO_4 等，溶液中离子数目增多，离子之间因静电作用相互吸引和制约，使弱电解质解离出来的离子结合成分子的机会减少，结果导致弱电解质的电离度略有增大，这种现象成为盐效应。

需要指出的是，当溶液中存在同离子效应时，同时也一定存在盐效应。但对于弱电解质稀溶液来说，同离子效应比盐效应产生的影响要大得多，所以一般情况可以忽略盐效应。

四、溶液的 pH 及计算

（一）酸碱质子理论

酸碱是工农业生产、日常生活及分析检测中重要的化学物质。人们对酸碱的认识经历了一个由浅入深、由低级到高级、由现象到本质的过程。19 世纪后期提出了许多关于酸碱的理论，主要有瑞典化学家阿仑尼乌斯的酸碱电离理论、丹麦物理化学家布朗斯特、英国化学家劳莱的酸碱质子理论和美国化学家路易斯的酸碱电子理论等。其中酸碱电离理论指出：在水溶液中解离产生的阳离子全部是 H^+ 的化合物称为酸，解离时产生的阴离子全部是 OH^- 的化合物称为碱。酸碱反应的本质是 H^+ 和 OH^- 结合生成水的反应。酸碱电离理论的缺陷在于它不适合非水溶液和无溶剂体系，局限性较大；而酸碱质子理论既可以适用于水溶液，也可适用于非水溶液和无溶剂体系，使酸碱的范围得以扩大。

1. 酸碱定义及其共轭关系

酸碱质子理论认为：在一个化学过程中，凡是能给出质子（H^+）的物质称为酸，如 HCl、NH_4^+、HPO_4^{2-} 等；凡是能接受质子的物质称为碱，如 Cl^-、NH_3、PO_4^{3-} 等。酸（HA）失去质子后变成碱（A^-），而碱（A^-）接受质子后变成酸（HA），它们的关系为：

$$\text{酸} \rightleftharpoons \text{碱} + \text{质子}$$

$$HA \rightleftharpoons A^- + H^+$$

这种因一个质子的得失而相互依存又相互转化的性质称为共轭性，对应的酸碱构成共轭酸碱对。HA 和 A^- 互为共轭酸碱对，HA 是 A^- 的共轭酸，A^- 是 HA 的共轭碱，相应的反应称为酸碱半反应。

在质子理论中，酸碱可以是阳离子、阴离子，也可以是中性分子。有些物质既能给出质子又能接受质子，被称为两性物质，如 H_2O、HCO_3^-、HPO_4^{2-} 等。

2. 酸碱反应的实质

质子理论认为，酸碱反应的实质是两个共轭酸碱对之间的质子传递反应，即酸把质子传递给碱后，各自转变为相应的共轭碱和共轭酸。酸碱反应质子的转移是通过溶剂水合质子来实现的。例如在 HCl 与 NH_3 反应生成 NH_4Cl 的酸碱反应，就是 HCl 与 NH_3 所对应的两个共轭酸碱对通过溶剂合质子转移的过程。

$$HCl + H_2O \xrightarrow{H^+} Cl^- + H_3O^+$$

$$H_3O^+ + NH_3 \xrightarrow{H^+} NH_4^+ + H_2O$$

总式 $$HCl + NH_3 \xrightarrow{H^+} NH_4^+ + Cl^-$$

按质子理论的酸碱定义，酸碱理论中的“盐的水解反应”实际上是酸碱质子转移反应，如 CO_3^{2-} 的水解反应：

$$CO_3^{2-} + H_2O \rightleftharpoons HCO_3^- + OH^-$$

根据酸碱质子理论，水既可以酸也可以是碱，作为溶剂的分子之间也可以发生质子转移反应：

$$H_2O + H_2O \rightleftharpoons OH^- + H_3O^+$$

水合质子 H_3O^+ 常简写为 H^+，故：

$$H_2O \rightleftharpoons H^+ + OH^-$$

上述反应称为水的质子自递反应，该反应的平衡常数称为水的质子自递常数，又称为水的离子积。即：

$$K_w = [H^+] \cdot [OH^-] \qquad (1-26)$$

25℃时，$K_w = 10^{-14}$，于是 $pK_w = 14.00$。

3. 一对共轭酸碱 K_a 和 K_b 的关系

在溶液固定时，酸或碱的强弱取决于物质给出质子或接受质子的能力大小。物质给出质子能力越强，其酸性也就越强，反之就越弱。弱酸、弱碱的溶解能力可以用相应的解离常数表示，而且一对弱的共轭酸碱的 K_a 和 K_b 之间有一定的关系。以 HAc 与它的共轭碱 Ac^- 为例进行讨论。

HAc 在水溶液中的解离平衡：

$$HAc \rightleftharpoons H^+ + Ac^-$$

反应的平衡常数：

$$K_a = \frac{[H^+] \cdot [Ac^-]}{[HAc]} \qquad (1-27)$$

对 Ac^-，在水溶液中有以下平衡存在：

$$Ac^- + H_2O \rightleftharpoons HAc + OH^-$$

反应的平衡常数

$$K_b = \frac{[HAc] \cdot [OH^-]}{[Ac^-]} \qquad (1-28)$$

将式（1-26）与式（1-27）相乘可得：

$$K_a \cdot K_b = [H^+] \cdot [OH^-] = K_w$$

也就是说，对于一元弱酸及其共轭碱，K_a 与 K_b 具有以下关系：

$$K_a \cdot K_b = K_w = 1.0 \times 10^{-14}\ (25℃) \qquad (1-29)$$

多元酸在水溶液中的离解是逐级进行的，例如 H_2CO_3：

$$H_2CO_3 \rightleftharpoons HCO_3^- + H^+ \qquad K_{a_1}$$

$$HCO_3^- \rightleftharpoons CO_3^{2-} + H^+ \qquad K_{a_2}$$

多元酸的共轭碱在水溶液中结合质子的过程也是逐级进行的，如 CO_3^{2-}：

$$CO_3^{2-} + H_2O \rightleftharpoons HCO_3^- + OH^- \qquad K_{b_1}$$

$$HCO_3^- + H_2O \rightleftharpoons H_2CO_3 + OH^- \qquad K_{b_2}$$

显然，对于二元酸及其共轭碱，它们的离解常数之间有以下关系存在：

$$K_{a_1} \cdot K_{b_2} = K_{a_2} \cdot K_{b_1} = [H^+] \cdot [OH^-] = K_w \qquad (1-30)$$

同理，对于三元酸则有：

$$K_{a_1} \cdot K_{b_3} = K_{a_2} \cdot K_{b_2} = K_{a_3} \cdot K_{b_1} = [H^+] \cdot [OH^-] = K_w \qquad (1-31)$$

利用共轭酸碱对相应酸或碱的离解常数就能求得对应共轭酸或共轭碱的离解常数。

（二）溶液的酸碱性和 pH

任何物质的溶液均有一定的酸碱性，它主要取决于溶液中 $[H^+]$ 和 $[OH^-]$ 的相对大小。

由于水的质子自递作用，纯水中存在着等量的 H^+ 和 OH^-。在水中加入一定酸或碱后，破坏了水的解离平衡，使得平衡向左（分子化）方向移动导致溶液中 H^+ 和 OH^- 浓度的相对大小发生改变，但仍然满足 $[H^+] \cdot [OH^-] = K_w$ 的关系。也就是说任何物质的水溶液，不论是中性、酸性或是碱性的水溶液中都同时含有 H^+ 和 OH^-，而且二者的乘积是个常数，只要知道溶液中 H^+ 或 OH^- 的浓度，就可以计算出 OH^- 或 H^+ 的浓度。

溶液的酸碱性通常用 $[H^+]$ 的大小来衡量，$[H^+]$ 越大，酸性越强，反之则反。在25℃时有：

中性溶液：$[H^+] = [OH^-] = \sqrt{1.0 \times 10^{-14}} = 1.0 \times 10^{-7}(mol/L)$

酸性溶液：$[H^+] > 1.0 \times 10^{-7} mol/L > [OH^-]$

碱性溶液：$[H^+] < 1.0 \times 10^{-7} mol/L < [OH^-]$

在实际应用中，当溶液中 $[H^+]$ 或 $[OH^-]$ 较小时，可用其对数的负值（负对数）即 pH 或 pOH 表示其酸碱性，即：

$$pH = -\lg[H^+] \quad 或 \quad pOH = -\lg[OH^-]$$

根据式（1-17），对于任何物质的水溶液，有：

$$pH + pOH = 14.0 \qquad (1-32)$$

在25℃时，溶液的 pH 与其酸碱性的关系为：

中性溶液：pH = pOH = 7.00

酸性溶液：$pH < pOH$，$pH < 7.00$

碱性溶液：$pH > pOH$ $pH > 7.00$

总之，pH 越小，溶液酸性也越强；pH 越大，溶液碱性也越强。一般而言，pH 只适用于 $[H^+]$ 在 $1.0 \times 10^{-14} \sim 1.0$mol/L 之间的溶液，其 pH 范围为 14 ~ 0。当溶液的 $c(H^+)$ 大于 1mol/L 时，直接用 $[H^+]$ 或 $[OH^-]$ 表示溶液的酸碱性，而不必用 pH 来表示。

pH 相差一个单位，则 $[H^+]$ 相差 10 倍。因此，两种不同 pH 的溶液混合时，必须换算成 $[H^+]$，然后再进行酸碱度的计算。

（三）常见酸碱溶液 pH 的计算

1. 强酸（碱）溶液

一元强酸溶液中存在下列两个质子转移反应：

$$HA \rightleftharpoons H^+ + A^-$$

$$H_2O + H_2O \rightleftharpoons H_3O^+ + OH^-$$

可知，溶液中 H^+ 的来源有两部分，即强酸的完全离解（相当于下式中的 c 项）和水的质子自递反应（相当于下式中的 $[OH^-]$）：

$$[H^+] = [OH^-] + [A^-]$$

$$[H^+] = \frac{K_w}{[H^+]} + c$$

当强酸的浓度不是太稀（即 $c \geqslant 10^{-6}$mol/L）时，水离解的 H^+ 可忽略，得到最简式：

$$[H^+] = c \tag{1-33}$$

当 $c \leqslant 10^{-8}$mol/L 时，溶液 pH 主要由水的离解决定：

$$[H^+] - \sqrt{K_w} \tag{1-34}$$

当强酸的浓度较稀，c 为 $10^{-6} \sim 10^{-8}$mol/L 时，得近似式：

$$[H^+] = \frac{1}{2}(c + \sqrt{c^2 + 4K_w}) \tag{1-35}$$

同理，可得一元强碱溶液中 $[OH^-]$ 计算的最简式为：

$$[OH^-] = c \tag{1-36}$$

2. 一元弱酸（碱）溶液

对于一元弱酸 HA，溶液中存在以下质子转移反应：

$$HA \rightleftharpoons H^+ + A^-$$

$$H_2O \rightleftharpoons H^+ + OH^-$$

溶液中 H^+ 的来源同样有两部分，即一元弱酸（碱）的部分离解（相当于式中的 A^- 项）和水的质子自递反应（相对于式中的 $[OH^-]$），同理，当弱酸的浓度 c 不是太小时，水离解的 H^+ 可忽略，有：

$$[H^+] = \frac{K_a \cdot [HA]}{[A^-]}$$

其中，$[H^+] = [A^-]$，$[HA] = c - [A] = c - [H^+]$，将它们代入上式可得：

$$[H^+] = \frac{K_a \cdot (c - [H^+])}{[H^+]}$$

解此一元二次方程可得一元弱酸溶液酸度的精确式：

$$[H^+] = \frac{-K_a + \sqrt{K_a^2 + 4K_a c}}{2} \tag{1-37}$$

显然，精确式的求解较为麻烦，可根据实际情况作近似处理。如 $c/K_a > 500$，$c \cdot K_a > 20K_w$，则可得计算一元弱酸溶液 $[H^+]$ 的最简式：

$$[H^+] = \sqrt{K_a \cdot c} \tag{1-38}$$

同理可得一元弱碱溶液中 $[OH^-]$ 的最简计算公式：

$$[OH^-] = \sqrt{K_b \cdot c} \tag{1-39}$$

[例 1-6] 计算 $c(NH_4Cl) = 0.10\text{mol/L}$ 的 NH_4Cl 溶液的 pH（NH_3 的 $K_b = 1.8 \times 10^{-5}$）。

解：由于 NH_4Cl 为 NH_3 的共轭酸，故：

$$K_a(NH_4^+) = \frac{K_w}{K_b(NH_3)} = \frac{1.0 \times 10^{-14}}{1.8 \times 10^{-5}} = 5.6 \times 10^{-10}$$

因为 $c/K_a > 500$，$c \cdot K_a > 20K_w$，可按最简式计算：

$$[H^+] = \sqrt{K_a \cdot c} = \sqrt{5.6 \times 10^{-10} \times 0.10} = 7.5 \times 10^{-6}\text{mol/L}$$

$$pH = 5.12$$

[例 1-7] 计算 $c(NH_3) = 0.10\text{mol/L}$ 的 $NH_3 \cdot H_2O$ 溶液的 pH（NH_3 的 $K_b = 1.8 \times 10^{-5}$）。

解：由题意知，$c/K_b > 500$，$c \cdot K_b > 20K_w$，可按最简式计算：

$$[OH^-] = \sqrt{K_b \cdot c} = \sqrt{1.8 \times 10^{-5} \times 0.10} = 1.35 \times 10^{-3}\text{mol/L}$$

$$pOH = 2.87,\ pH = 11.13$$

3. 两性物质溶液

以 NaHA 两性物质为例，计算该溶液的酸度。NaHA 溶液中有以下平衡存在：

$$HA^- \rightleftharpoons H^+ + A^{2-}$$

$$HA^- + H_2O \rightleftharpoons H_2A + OH^-$$

$$H_2O \rightleftharpoons H^+ + OH^-$$

可知，溶液中 H^+ 的来源有 3 部分，并有下列关系存在：

$$[H^+] = [OH^-] + [A^{2-}] - [H_2A]$$

式中：$[OH^-]=\dfrac{K_w}{[H^+]}$，$[A^{2-}]=K_{a_2}\cdot\dfrac{[HA^-]}{[H^+]}$，$[H_2A]=\dfrac{[HA^-]\cdot[H^+]}{K_{a_1}}$。

将这些平衡关系代入上式中，并整理得：

$$[H^+]=\sqrt{\frac{K_{a1}\cdot(K_{a2}[HA^-]+K_w)}{K_{a_1}+[HA^-]}}$$

该式为计算 NaHA 溶液的精确式。在计算时可以从具体情况作合理的简化处理。当 $K_{a_1}\gg K_{a_2}$，且 $c\cdot K_{a_2}\geqslant 20K_w$，$c\geqslant 20K_{a_1}$，可得计算 NaHA 溶液酸度的最简式，即：

$$[H^+]=\sqrt{K_{a_1}\cdot K_{a_2}} \tag{1-40}$$

$$pH=\frac{1}{2}(pK_{a_1}+pK_{a_2})$$

[例 1-8] 计算浓度为 0.10mol/L 的 $NaHCO_3$ 溶液的 pH。已知 $pK_{a_1}=6.36$，$pK_{a_2}=10.33$。

解：因为 $c\cdot K_{a_2}>20K_w$，$c>20K_{a_1}$

所以 $pH=\dfrac{1}{2}(pK_{a_1}+pK_{a_2})=\dfrac{1}{2}\times(6.36+10.33)=8.34$

4. 多元酸（碱）溶液

多元酸（碱）在溶液中存在逐级解离，但因多级离解常数存在显著差别，因此第一级解离平衡是主要的，而且第一级解离出来 H^+ 又将大大抑制以后各级的离解，故一般把多元酸碱作为一元酸碱来处理。对于多元酸：

当 $c\cdot K_{a_1}>20K_w$，$c/K_{a_1}\geqslant 500$，$\dfrac{2K_{a_2}}{\sqrt{c\cdot K_{a_1}}}\ll 1$ 时，有最简式：

$$[H^+]=\sqrt{c\cdot K_{a_1}} \tag{1-41}$$

多元碱溶液可以参照多元酸的处理方法。只需将计算式以及使用条件中的 $[H^+]$ 和 K_{a_1} 相应地换成 $[OH^-]$ 和 K_{b_1} 即可。

（四）溶液 pH 的测定

测定溶液 pH 的方法很多，常用 pH 试纸和酸度计来测定。

1. pH 试纸

常用的 pH 试纸有两种：广泛 pH 试纸和精密 pH 试纸。pH 试纸根据溶液的酸碱性不同而呈现不同的颜色。通常将待测溶液用玻璃棒或胶头滴管滴在试纸上，然后与标准比色卡对照，根据颜色的接近情况就可大致测出待测溶液的 pH。一般而言，广泛 pH 试纸的测量误差约为 1 个 pH 单位，而精密 pH 试纸的测量误差约为 0.2 个 pH 单位。

2. 酸度计

酸度计是可以精确测定溶液 pH 的仪器。目前常用的有 pHS-25 型数字 pH

计、pHS-3C 型精密 pH 计等。

五、酸碱缓冲溶液

酸碱缓冲溶液是指具有稳定溶液酸度作用的溶液。实践证明，弱酸及其共轭碱组成的溶液、两性物质溶液及高浓度的强酸或强碱等都具有缓冲作用。即将该体系适当稀释或向其中加入少量强酸或少量强碱时，溶液的酸度能基本保持不变。

（一）酸碱缓冲溶液的作用原理

以 $HA-A^-$ 缓冲体系为例说明缓冲溶液的作用原理。溶液中存在下列平衡：

$$HA \rightleftharpoons H^+ + A^-$$

向溶液中加入少量强酸时，加入的 H^+ 可与溶液中 A^- 反应生成难离解的共轭酸 HA，使平衡向左移动，溶液液中 $[H^+]$ 基本保持不变；向溶液中加入少量强碱时，加入 OH^- 与溶液中的 H^+ 结合成难离解的 H_2O，促使 HA 继续向水转移质子，平衡向右移动，溶液中 $[H^+]$ 也基本保持不变；如果将溶液稍加稀释，HA 和 A^- 浓度都相应降低，使 HA 的离解度增大，那么溶液中 $[H^+]$ 仍然基本保持不变，从而使溶液酸度稳定。

动画：
缓冲溶液的
作用原理

（二）酸碱缓冲溶液的 pH 计算

对于上述 $HA-A^-$ 缓冲体系，设缓冲组分的浓度分别为 c（HA）、c（A^-），溶液中存在下列平衡：

$$HA \rightleftharpoons H^+ + A^-$$

平衡时有：

$$K_a = \frac{[H^+]\cdot[A^-]}{[HA]} \quad 或 \quad [H^+] = K_a \cdot \frac{[HA]}{[A^-]}$$

由于溶液中 [HA] 及 $[A^-]$ 相对较高，同时由于同离子效应的存在，使得 HA 的离解度很小，可认为 $[HA] \approx c_{HA}$，$[A^-] \approx c_{A^-}$，则上式可近似处理成：

$$[H^+] = K_a \cdot \frac{c_{HA}}{c_{A^-}} \tag{1-42}$$

或

$$pH = pK_a - \lg \frac{c_{HA}}{c_{A^-}} \tag{1-43}$$

式（1－42）和式（1－43）说明，缓冲溶液的酸度与缓冲组分的性质（K_a）有关，同时与缓冲组分比有关。可以适当改变浓度比值，就可在一定范围内配制得不同值的缓冲溶液。

视频：缓冲溶液的pH测定及缓冲作用

[例 1－9] 计算 c（HAc）＝0.10mol/L 的 HAc 和 c（NaAc）＝0.10mol/L 的 NaAc 组成的缓冲溶液的 pH。向 100mL 这样的缓冲溶液中各加入 10mL 0.010mol/L HCl 或 NaOH 溶液后 pH 有何变化？如果将溶液稀释 1 倍，则 pH 如何变化？（$pK_a=4.75$）

解：（1）对于 $HAc-Ac^-$ 缓冲溶液有：

$$pH_0 = pK_a - \lg\frac{c_{HAc}}{c_{Ac^-}} = 4.75 - \lg\frac{0.10}{0.10} = 4.75$$

（2）向 100mL 这样的缓冲溶液中加入 10mL 0.010mol/L HCl 后，NaAc 能与 HCl 作用生成 HAc，这时有：

$$c_{HAc} = 0.10 \times \frac{100}{110} + 0.010 \times \frac{10}{110} = 0.092\text{mol/L}$$

$$c_{Ac^-} = 0.10 \times \frac{100}{110} - 0.010 \times \frac{10}{110} = 0.090\text{mol/L}$$

溶液的 pH 为：$pH_1 = 4.75 + \lg\frac{0.090}{0.092} = 4.74$

溶液 pH 的改变值为：$\Delta pH_1 = pH_1 - pH_0 = 4.74 - 4.75 = -0.01$

（3）向 100mL 这样的缓冲溶液中加入 10mL 0.010mol/L NaOH 后，HAc 能与 NaOH 作用生成 NaAc。这时：

$$c_{HAc} = 0.10 \times \frac{100}{110} - 0.010 \times \frac{10}{110} = 0.090\text{mol/L}$$

$$c_{Ac^-} = 0.10 \times \frac{100}{110} + 0.010 \times \frac{10}{110} = 0.092\text{mol/L}$$

$$pH_2 = 4.75 + \lg\frac{0.092}{0.090} = 4.76$$

$$\Delta pH_2 = pH_2 - pH_0 = 4.76 - 4.75 = 0.01$$

（4）将体系稀释 1 倍后，溶液中缓冲组分的浓度均减小 1/2，但比值不变，则有：

$$pH_3 = 4.75 + \lg\frac{0.050}{0.050} = 4.75$$

$$\Delta pH_3 = pH_3 - pH_0 = 4.75 - 4.75 = 0$$

该例题说明，缓冲溶液的确有稳定溶液酸度的作用。需要注意的是，任何酸碱缓冲溶液的缓冲能力都是有限的，若向体系中加入过多的酸或碱，或是过分稀释，都有可能使酸碱缓冲溶液失去缓冲作用。通常一个酸碱缓冲体系能起有效缓冲作用的范围也是有限的，一般来说，酸碱缓冲溶液的缓冲范围为

$pH \approx pK_a \pm 1$。当酸碱缓冲溶液的总浓度越大，构成缓冲体系的两组分的浓度比值越接近1，缓冲能力也就越强。

（三）酸碱缓冲溶液的分类及选择

酸碱缓冲溶液依用途的不同可分成普通酸碱通缓冲溶液和标准酸碱缓冲溶液两类。前者主要用于化学反应或生产过程中酸度的控制，在实际工作中应用很广。后者主要用于校正酸度计，标准缓冲溶液的pH一般都是严格通过实验测得，如果要进行理论计算还必须考虑离子强度的影响。酸碱缓冲溶液的选择主要考虑以下几点。

（1）对正常的化学反应或生产过程不构成干扰。即除维持酸度外，不能发生副反应。

（2）应具有较强的缓冲能力。为了达到这一要求，所选择体系中两组分的浓度比尽量接近1，且浓度适当大些为好。

（3）所需控制的pH应在缓冲溶液的缓冲范围内。如果酸碱缓冲溶液是由弱酸及其共轭碱组成，则pK_a应尽量与所需控制的pH一致。表1-15所示为一些常见的酸碱缓冲体系，可供选择时参考。

表1-15　一些常见的酸碱缓冲体系

缓冲体系	pK_a（或pK_b）	缓冲范围（pH）
HAc-NaAc	4.75	3.6~5.6
$NH_3 \cdot H_2O-NH_4Cl$	4.75（pK_b）	8.3~10.3
$NaHCO_3-Na_2CO_3$	10.25	9.2~11.0
$KH_2PO_4-K_2HPO_4$	7.21	5.9~8.0
$H_3BO_3-Na_2B_4O_7$	9.2	7.2~9.2

［例1-10］对于HAc-NaAc以及HCOOH-HCOONa两种缓冲体系，若要配制pH为4.8的酸碱缓冲溶液，应选择何种体系为好？现有c（HAc）=6.0mol/L HAc溶液12mL，配成250mL pH=4.8的酸碱缓冲溶液，应称取固体$NaAc \cdot 3H_2O$多少克？

解：据 $pH = pK_a - \lg \frac{c_{HA}}{c_{A^-}}$

若选用HAc-NaAc体系，$\lg \frac{c_{HAc}}{c_{Ac^-}} = pK_a - pH = 4.75 - 4.8 = -0.05$；

$\frac{c_{Ac^-}}{c_{HAc}} = 1.12$

若选用 HCOOH－HCOONa 体系，$\lg\frac{c_{HCOOH}}{c_{HCOO^-}}=3.75-4.8=-1.05$；

$\frac{c_{HCOO^-}}{c_{HCOOH}}=11.2$

显然，对于本例，由于 HAc－NaAc 体系的 pH 与所需控制的 pH 接近，两组分的浓度比值也接近于 1，其缓冲能力比 HCOOH－HCOONa 体系强，故应选择HAc－NaAc 缓冲体系。

若要配制 250mL pH＝4.8 的酸碱缓冲溶液，由 $c(HAc)=\frac{12\times6.0}{250}=$ 0.288mol/L 以及$\frac{c_{Ac^-}}{c_{HAc}}=1.12$ 可得：

$$c_{Ac^-}=1.12\times0.288=0.323\text{mol/L}$$

所以，称取 $NaAc\cdot3H_2O$ 的质量为：

$m_{NaAc\cdot3H_2O}=c\cdot V\cdot M=0.323\times0.250\times136\approx11\text{g}$

练　习　题

一、填空题

1. 在 100g 水中溶解 25g 食盐，则食盐的浓度可用质量分数表示为 w（NaCl）＝________；配制 2mol/L 的 NaOH 溶液 2L，需要 NaOH ________ g，已知M（NaOH）＝40g/mol。

2. 下列溶液的组成使用了哪些浓度表示方法：（1）75% 乙醇溶液________；（2）1mol/L 氢氧化钠溶液________；（3）98% 硫酸溶液________；（4）9g/L 氯化钠溶液________。

3. 5% 食盐水溶液在常压下的沸点________ 100℃（大于、小于或等于）；30% 的水溶液在常压下的凝固点________ 0℃（大于、小于或等于）。

4. 当半透膜内外溶液浓度不同时，溶剂分子会自动通过半透膜由________溶液一方向________溶液一方扩散。

5. 向 10mL 0.1mol/L HAc 溶液中加入 10mL H_2O，HAc 的离解度将________，平衡常数将________；向该溶液中加入 0.001mol/L HCl（设体积不变）后，溶液中［H^+］________，pH 将________，［Ac^-］将________。

6. 浓度都是 0.01mol/L 的 NH_4Cl、NaAc、NH_4Ac 溶液的 pH 由大到小的顺序是________。

二、单项选择

1.（　　）是质量使用的法定计量单位的名称。

A. 千克　　B. 摩尔　　C. 立方米　　D. 米

2.（　　）是物质的量使用的法定计量单位。

A. 千克　　B. 摩尔　　C. 立方米　　D. 米

3. mol/L 是（　　）的计量单位的符号。

A. 物质的量浓度　　B. 压强　　C. 体积　　D. 物质的量

4. 单位质量摩尔浓度的溶液是指 1mol 溶质溶于（　　）。

A. 1L 溶液　　B. 1000g 溶液　　C. 1L 溶剂　　D. 1000g 溶剂

5. 下列几种溶液蒸汽压最低的是（　　）。

A. NaCl　　B. HAc

C. H_2SO_4　　D. $CO(NH_2)_2$

6. 难挥发溶质溶于溶剂后，将会引起（　　）。

A. 蒸汽压升高　　B. 沸点升高　　C. 凝固点升高　　D. 以上三点都有

7. 与拉乌尔定律有关的稀溶液的性质是（　　）。

A. 凝固点降低　　B. 沸点升高　　C. 蒸汽压下降　　D. 以上三点都有

8. 含有 0.02mol/L 氯离子的 $MgCl_2$ 溶液中，其 $MgCl_2$ 浓度为（　　）。

A. 0.002mol/L　　B. 0.04mol/L　　C. 0.01mol/L　　D. 0.005mol/L

9. 物质的量浓度相同的下列溶液：HCl、H_2SO_4、CH_3COOH，导电能力由强到弱的次序（　　）。

A. $HCl = H_2SO_4 > CH_3COOH$　　B. $HCl > H_2SO_4 > CH_3COOH$

C. $H_2SO_4 > HCl > CH_3COOH$　　D. $HCl = H_2SO_4 = CH_3COOH$

10. 向 1mL pH = 2.8 的盐酸中加入（　　）mL 水，才能使溶液的 pH = 3.8。

A. 1　　B. 2　　C. 10　　D. 9

三、判断是非

（　　）1. 弱酸酸溶液浓度越稀，其电离度越大，因而其酸度越大。

（　　）2. 同一温度下，0.10mol/L 的 HAc 溶液和 1.0mol/L 的 HAc 溶液相比，由于浓度相差 10 倍，所以，$[H^+]$ 也相差 10 倍。

（　　）3. 在 25℃时，任何物质的水溶液的 pH 和 pOH 之和为 14.0。

（　　）4. pH = 13 的溶液呈强碱性，则溶液中无 H^+ 存在。

（　　）5. 在 25℃时，0.10mol/L NH_3（$pK_b = 4.74$）溶液 pH 约为 4.74。

（　　）6. 选择缓冲溶液时，应使缓冲体系的酸的 pK_a 等于或接近所需控制的 pH。

（　　）7. 缓冲溶液在任何 pH 条件下都能起缓冲作用。

（　　）8. 缓冲溶液的缓冲范围只与总浓度有关。

（　　）9. 缓冲溶液能够抵抗强酸、强碱对溶液酸度的影响的能力是有限的。

四、综合题

1. 硫酸瓶上的标记是：H_2SO_4 80.0%（质量分数），密度 1.727g/mL，相对分子质量 98.0。该硫酸的物质的量浓度是多少？

2. 通常用做消毒剂的过氧化氢溶液中，过氧化氢的质量分数 w（H_2O_2）为3.0%，这种水溶液的密度 ρ 为 1.0g/mL，请精确计算这种水溶液中过氧化氢的质量摩尔浓度、物质的量浓度和摩尔分数。

3. 质量分数为 10.01% 的葡萄糖（$C_6H_{12}O_6$）溶液的沸点应是多少？（H_2O 的 K_b = 0.512K · kg/mol）

4. 有一浓度很稀的难挥发的非电解质水溶液，30℃时测得其沸点为 100.60℃，求其凝固点和渗透压。（水的 K_b = 0.512K · kg/mol，K_f = 1.86K · kg/mol）

5. 为防止水在仪器中结冰，可在水中加入甘油降低凝固点。如果将凝固点降低 -2℃，每 100g 水中应加入多少克甘油。（甘油的摩尔质量为 92g/mol，水的 K_f = 1.86K · kg/mol）

6. 计算 0.1mol/L 下列溶液的 pH：H_2SO_4，HAc，$NH_3 \cdot H_2O$，NaCN，NH_4Cl，Na_2CO_3。

7. 将 100mL 0.20mol/L HAc 和 50mL 0.20mol/L NaOH 溶液混合，求混合溶液的 pH。

项目五　定量分析基础

项目描述

分析化学的方法根据其任务的不同，可分为定性分析和定量分析。在日常生产的品质控制与管理中用得较多的是定量分析。定量分析的基本知识与技能是从事检验工作的基础。在定量分析中，客观存在着一定的误差且有一定的规律可循，也可设法减免。而数据记录与处理则是对定量分析所得的结果进行正确的表示、运算和评价的保证。

学习目标

知识目标	（1）掌握定量分析的方法分类、一般步骤及方法。 （2）掌握滴定分析、称量分析的基本知识与结果计算。 （3）掌握定量分析误差的来源及特征、表示方法和减免方法。 （4）理解有效数字的意义，掌握正确记录和处理实验数据的方法。
能力目标	（1）可以选择化学定量分析和仪器分析进行物质含量的测定。 （2）能够采取提高分析结果准确度的方法。 （3）能够正确记录和分析实验数据，能够对化学分析的结果进行处理。 （4）能够准确计算滴定分析和称量分析的结果。
素质目标	（1）培养从实际出发解决问题的能力，树立“准确的量”的概念。 （2）养成良好的学习方法和习惯。 （3）培养自我学习能力和终身学习的理念。 （4）培养团结协作和创新意识。

必备知识

一、定量分析概述

（一）定量分析的方法分类

分析化学的方法根据其任务的不同，可分为定性分析和定量分析。在日常生产的品质控制与管理中用得较多的是定量分析。根据测定原理、操作方法及取用样品量的不同，定量分析可有多种方法分类。

1. 化学分析和仪器分析

（1）化学分析　根据物质的化学性质来准确测定物质中各成分（元素或基团）的含量或物质纯度的方法称作化学分析法。根据化学反应的现象和特征可以鉴定物质的化学组成；根据化学反应中试样和试剂的用量可确定样品中各组分的相对含量。前者属化学定性分析，后者属于化学定量分析。在生产实践中应用更为广泛的是化学定量分析。根据测定手段的不同，化学定量分析法又分为滴定分析法和称量分析法。化学分析是分析化学的基础，又称经典分析法。所用仪器简单，结果准确，因而应用范围广泛，但也有一定的局限性。例如：灵敏度较低，不适于微量成分的测定，分析速度较慢，不能满足快速分析的要求。

（2）仪器分析　仪器分析是以物质的物理性质或物理化学性质（如光、电、光化学及电化学等）为基础的仪器分析方法，因这类方法通常要使用较特殊的仪器而得名。仪器分析主要有光学分析法、电化学分析法、色谱法、质谱法、放射化学法等。仪器分析是现代分析化学的主要手段，因使用较精密的仪器，具有简便快速、药品用量少和灵敏度高的优点，适合于微量或痕量组分的分析，是使用越来越广泛的分析方法。

化学分析和仪器分析相辅相成，化学分析是分析化学的基础，仪器分析是现代分析化学的主要方法和发展方向。尽管仪器分析应用越来越广泛，化学分析在分析测试工作中是仍然具有非常重要的地位和作用。许多仪器分析方法都离不开化学处理和溶液平衡理论的应用。同时仪器分析大多需要化学纯品作标准，而这些化学纯品的成分都必须用化学分析方法来确定。

2. 常量分析、半微量分析和微量分析

根据分析时所需试样量、试样中被测组分的含量及操作方法的不同，定量分析也可分为如表 1－16 所示的相关方法。

表 1－16　由试样用量、组分含量划分的分析方法

方法	试样用量		方法	组分含量/%
	试样质量	试液体积/mL		
常量分析	>0.1g	>10	常量组分分析	>1
半微量分析	0.01～0.1g	1～10	微量组分分析	0.01～1
微量分析	0.1～10mg	0.01～1	痕量组分分析	<0.01
超微量分析	<0.1mg	<0.01		

试样用量与组分含量分类法两者之间并不存在直接的对应关系。如痕量组分分析，取样量少时属微量或超微量分析；取样多时（有时取样量达千克以上）又属常量分析。在无机定性分析中，多采用半微量分析法；在化学定量分析中，一般采用常量分析方法；在进行微量和超微量分析时，多采用仪器分析法。

另外，根据测定对象及任务的不同，定量分析方法还可分为无机分析和有机分析、常规分析和仲裁分析等。

（二）定量分析结果的表示方法

定量分析的结果通常表示为试样中某组分的相对含量，结果的表示形式主要从实际工作的要求和测定方法的原理来考虑，某些行业也有特殊的或习惯上常用的表示方法。不管使用哪种表示方法，均要注明被测组分的化学表示形式和含量的高低。

1. 被测组分的化学表示形式

（1）以被测组分实际存在形式表示　当被测组分的存在形式很明确时，可用其实际存在形式表示，如样品中氮的含量可以根据实际情况用 NH_3、NO_2^-、NH_4^+等化学形式表示。

（2）以元素或氧化物形式表示　当被测组分的化学形式不清楚或可能有多种存在形式时，可用被测对象的主体元素或其氧化物来表示，如铁矿石中的铁含量可用 Fe、Fe_2O_3、Fe_3O_4等化学形式表示。

（3）以离子形式表示　在分析电解质溶液时，可用离子形式表示，如 SO_4^{2-}、Na^+、K^+、Cl^-等。

（4）以特殊形式表示　有些测定方法是按专业上的需要制定的，只能以特殊的方式表示结果，如水质分析中，监测水被有机物污染的状况可用化学耗氧量（COD）表示，还可根据污染程度选择不用的方法测定，如 COD_{Mn}、COD_{Cr}等。

2. 被测组分的含量表示形式

（1）质量分数　对于固体或液体样品，可用质量分数 w（B）表示。实际应用中质量分数也可用百分率表示，如 37% 的盐酸。

（2）体积分数　对于气体或液体样品，通常用体积分数表示其含量，即某一组分的体积占混合物总体积的百分率，如空气中氧气的体积分数为 20.95%，医用酒精的体积分数为 75%。

对于液体样品也可用物质的量浓度或质量体积浓度表示其含量，如浓硫酸的物质的量浓度约为 18mol/L，酱油中氨基酸态氮的含量为 0.8g/100mL。

二、滴定分析法

（一）滴定分析法及有关术语

将已知准确浓度的试剂溶液通过滴定管滴加到待测物质的溶液中，直到它们恰好反应完全为止，然后根据所用试剂溶液的浓度和体积计算待测组分的含量的分析方法称为滴定分析法。其中已知准确浓度的试剂溶液称为标准溶液，又称为滴定剂；将标准溶液从滴定管滴加到被测物质溶液中的过程称为滴定；加入的标准溶液与被测组分正好作用完全的这一时刻称为化学计量点（sp）。化学计量点通常是通过指示剂的变色来确定的，滴定时，指示剂刚好发生颜色突变的转变点称为滴定终点（ep）。实际分析操作中滴定终点与理论上的化学计量点往往不能恰好符合，由此所造成的误差称为终点误差。

（二）滴定分析法对化学反应的要求

化学反应很多，但并不是所有的化学反应都能够适用于滴定分析。凡能用于滴定分析的化学反应必须具备以下三个条件：

（1）反应必须定量完成，即待测物质与标准溶液之间的反应要严格按一定的化学计量关系进行，无副反应发生，反应的定量完全程度达到99.9%以上。

（2）反应速度要快，对于速度慢的反应，可采取适当的方式提高反应速度。

（3）必须有适宜的指示剂或其他简便的方法确定终点。

（三）滴定方法分类

根据化学反应是否符合滴定分析的要求及滴定程序的不同滴定分析法通常有以下四种滴定方式。

1. 直接滴定法

直接滴定法是用标准溶液直接滴定被测物质，是滴定分析法中最常用的基本的滴定方式。凡能满足滴定分析要求的化学反应都可用直接滴定法。

2. 返滴定法

返滴定法又称剩余滴定法或回滴定法。当反应速度较慢或反应物是固体时，滴定剂加入样品后反应无法在瞬间定量完成，或者直接滴定缺乏合适的指示剂，可在被测定溶液中先加入一定过量的标准溶液，待反应定量完成后用另外一种标准溶液滴定剩余的标准溶液。如测定 $CaCO_3$ 的含量时，可先加入一定过量盐酸标准溶液至试样中，加热使样品完全溶解，冷却后再用 NaOH 标准溶液返滴定剩余的盐酸。

3. 置换滴定法

对于被测物质可以与滴定剂反应，但不按确定化学计量关系进行反应的情况，可以通过其他化学反应间接进行滴定，即加入适当试剂与待测物质反应，使其被定量地置换成另外一种可直接滴定的物质，再用标准溶液滴定此生成物，这种方法称作置换滴定法。如 $Na_2S_2O_3$ 不能直接滴定 $K_2Cr_2O_7$ 或其他氧化剂。$K_2Cr_2O_7$ 能将 $S_2O_3{}^{2-}$ 氧化成 $S_4O_6{}^{2-}$ 和 $SO_4{}^{2-}$ 的混合物，化学计量关系不确定。若在酸性 $K_2Cr_2O_7$ 溶液中加入过量 KI，定量置换出 I_2 后，再用 $Na_2S_2O_3$ 标准溶液滴定生成的 I_2，即可定量测定 $K_2Cr_2O_7$ 及其他氧化剂。

4. 间接滴定法

对于不能与滴定剂直接起反应的物质，可以通过另一种化学反应，以滴定法间接进行滴定，这种方法称作间接滴定法。如 Ca^{2+} 没有可变氧化态，不能直接用氧化还原法滴定。但若将 Ca^{2+} 沉淀为 CaC_2O_4 过滤洗净后溶解于 H_2SO_4 中，再用 $KMnO_4$ 标准溶液滴定与 Ca^{2+} 结合的 $C_2O_4{}^{2-}$，从而间接测定 Ca^{2+} 的含量。

另外，根据所利用的化学反应类型的不同，滴定分析法可以分为酸碱滴定法、沉淀滴定法、配位滴定法和氧化还原滴定法等。

（四）滴定分析中的计量关系与化学计算

1. 滴定分析中的计量关系

对于确定的化学反应：

$$a\,\mathrm{A} + b\,\mathrm{B} = g\,\mathrm{G} + h\,\mathrm{H}$$

当 a mol A 恰好与 b mol B 反应完全时有：

$$n(\mathrm{A}):n(\mathrm{B}) = a:b$$

即

$$n(\mathrm{B}) = \frac{b}{a}n(\mathrm{A}) \quad 或 \quad n(\mathrm{A}) = \frac{a}{b}n(\mathrm{B}) \tag{1-44}$$

在滴定分析中，B 为被测物质，A 为滴定剂。若 A 与 B 溶液的体积分别为 V（A）、V（B），浓度分别为 c（A）、c（B），根据式（1-44）可得如下关系式：

$$c(\mathrm{B})\cdot V(\mathrm{B}) = \frac{b}{a}c(\mathrm{A})\cdot V(\mathrm{A}) \tag{1-45}$$

根据溶质的质量与物质的量浓度之间的关系及式（1-45），可得被测物质 B 的质量与滴定剂 A 间的浓度和体积之间存在着如下关系：

$$m(\mathrm{B}) = \frac{b}{a}c(\mathrm{A})\cdot V(\mathrm{A})\cdot M(\mathrm{B}) \tag{1-46}$$

2. 化学计算

（1）$c(\mathrm{B})\cdot V(\mathrm{B}) = \frac{b}{t}c(\mathrm{A})\cdot V(\mathrm{A})$ 的应用　式（1-45）可用于在比较法

中计算待标定溶液的浓度，还可用于溶液的稀释或增浓的计算。

[例1-11] 有浓度为0.0916mol/L的HCl溶液1000mL，欲使其浓度增加为0.1000mol/L，问应加入浓度为0.5000mol/L的HCl溶液多少毫升？

解：设应加入HCl溶液V mL，根据溶液增浓前后溶质的物质的量应相等，则

$$0.5000 \times V + 0.0916 \times 1000 = 0.1000 \times (1000 + V)$$

$$V = 21.00\text{mL}$$

应加入浓度为0.5000mol/L的HCl溶液21.00mL。

[例1-12] 标定NaOH标准溶液时，称取邻苯二甲酸氢钾（KHP）基准物质0.4828g。若终点时用去NaOH溶液23.50mL，求NaOH溶液的浓度。

解：滴定到终点时，NaOH和KHP的物质的量应相等，即

$$n(\text{NaOH}) = n(\text{KHP})$$

$$c(\text{NaOH}) \cdot V(\text{NaOH}) = \frac{m(\text{KHP}) \times 1000}{M(\text{KHP})}$$

$$c(\text{NaOH}) \times 23.50 = \frac{0.4828 \times 1000}{204.2}$$

$$c(\text{NaOH}) = 0.1006\text{mol/L}$$

NaOH溶液的浓度为0.1006mol/L。

(2) $m(\text{B}) = \frac{b}{t}c(\text{A}) \cdot V(\text{A}) \cdot M(\text{B})$ 的应用　式（1-46）常用来计算配制一定浓度标准溶液需称取溶质的质量，也可用于估算应称取被测试样的质量或被测组分的质量分数；还可确定标准溶液的浓度（滴定度）或者估算应消耗标准溶液的体积。

[例1-13] 用Na_2CO_3标定0.10mol/L HCl标准溶液时，若使用50mL滴定管，问应称取基准物Na_2CO_3多少克？

解：

$$2HCl + Na_2CO_3 = 2NaCl + CO_2 + H_2O$$

$$n(Na_2CO_3) = \frac{1}{2}n(HCl)$$

$$m(Na_2CO_3) = \frac{1}{2}c(HCl) \cdot V(HCl) \cdot M(Na_2CO_3)$$

若使用50mL滴定管，通常消耗标准溶液应在25mL左右误差较小，可按25mL计算所需基准物质的量，即有：

$$m(Na_2CO_3) = \frac{1}{2} \times 0.10 \times 25 \times 10^{-3} \times 106.0 = 0.13(\text{g})$$

用分析天平称量时，一般应称取Na_2CO_3 0.12~0.15g。

[例1-14] 测定工业纯碱Na_2CO_3的含量，称取0.2560g试样，用0.2000mol/L HCl溶液滴定。若终点时消耗HCl溶液22.93mL，计算试样中

Na_2CO_3 的质量分数。

解：由题意知：

$$n(Na_2CO_3) = \frac{1}{2}n(HCl)$$

$$m(Na_2CO_3) = \frac{1}{2}c(HCl) \cdot V(HCl) \cdot M(Na_2CO_3)$$

设被测样品的质量为 m_s，则样品中的 Na_2CO_3 质量分数为：

$$w(Na_2CO_3) = \frac{\frac{1}{2} \cdot c(HCl) \cdot V(HCl) \cdot M(Na_2CO_3)}{m_s} \times 100\%$$

$$= \frac{\frac{1}{2} \times 0.2000 \times 22.93 \times 106.0 \times 10^{-3}}{0.2560} \times 100\% = 94.94\%$$

试样中 Na_2CO_3 的质量分数为 94.94%。

三、称量分析法

（一）称量分析法的分类和特点

根据使被测组分与试样中其他成分分离手段的不同，称量分析可分为挥发法、沉淀法等方法。

1. 挥发法（气化法）

挥发法是通过加热或其他方法使试样中某种被测组分气化逸出，然后根据试样质量的减轻计算出该组分的含量；或者在组分逸出后选用某种吸收剂来吸收，根据吸收剂的增重来计算被测组分的含量。挥发法适用于挥发性组分的测定，例如，试样中的湿存水或结晶水的测定、试样中 CO_2 的测定等可用此法。

2. 沉淀法

沉淀法是将被测组分以沉淀的形式从溶液中析出，然后进行过滤、洗涤、烘干或灼烧至组成恒定的物质，然后称质量，最后计算其含量。例如煤中硫含量的测定、芒硝中 SO_4^{2-} 的测定等。

挥发法和沉淀法是称量分析法中重要的分析方法，也是常用的分离技术。

称量分析法通过称量得到分析结果，不用基准物（或标准溶液）进行比较，其精确度较高，相对误差一般为 0.1%～0.2%。缺点是分析程序长，费事，分析速度慢，已逐渐被滴定法所取代。目前，硅、硫、磷、镍以及几种稀有元素的精确测定仍采用称量分析法。

（二）称量分析法对沉淀的要求

在沉淀法称量分析过程中，先后可得两种形式的沉淀，即沉淀形式和称量形式。

被测物与沉淀剂反应后，以适当的沉淀析出，该沉淀的化学形式称沉淀形式；沉淀经过过滤、烘干或灼烧成最后可进行称量的形式称为称量形式。

在沉淀法称量分析过程中，根据选择沉淀剂的不同，沉淀形式与称量形式可以相同，也可以不同。例如测定 Ba^{2+}，用 SO_4^{2-} 作沉淀剂，得到 $BaSO_4$沉淀，$BaSO_4$在 800℃条件下灼烧时不发生变化，此时，沉淀形式与称量形式相同；测定时，Mg^{2+}沉淀形式为 $MgNH_4PO_4 \cdot 6H_2O$，经过1100℃灼烧后得到的称量形式为 $Mg_2P_2O_7$，此时沉淀形式和称量形式就不同。为了保证测定有足够的准确度并便于操作，称量分析中对沉淀形式和称量形式都有一定要求。

1. 对沉淀形式的要求

（1）沉淀溶解度要小。沉淀的溶解度越小，被测组分沉淀越完全。根据一般分析结果的误差要求，沉淀的溶解损失不应超过分析天平的称量误差，即 0.2mg。

（2）沉淀必须纯净。

（3）沉淀应易于过滤和洗涤，故总是希望得到粗大的晶形沉淀，以便于操作，保证沉淀纯度。沉淀也应易于转变为称量形式。

2. 对称量形式的要求

（1）称量形式必须组成固定，符合一定的化学式，以便于结果计算。

（2）称量形式要有足够的化学稳定性，不受空气中 CO_2、水分和 O_2等因素的影响而发生变化，本身也不应分解或变质。

（3）称量形式应具有尽可能大的摩尔质量。称量形式摩尔质量越大，则被测组分在称量形式中的含量越小，称量误差越小，分析结果的准确度越高。

（三）称量分析中的化学计算

在称量分析中，由于称量形式是被测组分经过沉淀形式转化而来，它们的质量之间有一定的关系，可由称量形式的质量与样品的质量计算出被测组分的质量。

1. 称量形式与待测组分相同

当称量形式与待测组分相同时，则被测组分 B 的质量 m（B）和称量形式的质量 m（C）相等，若试样的质量为 m_s，则被测组分的质量分数 w（B）可表示为：

$$w(B) = \frac{m(C)}{m_s} \times 100\% \tag{1-47}$$

2. 称量形式与待测组分不同

当称量形式与待测组分不同时，可根据反应的定量关系，把称量形式的质量转换成被测组分的质量，转换关系可表示为：

$$m\ (\mathrm{B}) = m\ (\mathrm{C}) \cdot F$$

式中：F 为换算因素或化学因素，它表示 1g（一份）称量形式相当于被测组分的质量（份数）。则被测组分的质量分数 w（B）可表示为：

$$w(\mathrm{B}) = \frac{m(\mathrm{B})}{m_s} \times 100\% = \frac{m(\mathrm{C}) \cdot F}{m_s} \times 100\% \qquad (1-48)$$

在测量工作完成后，称量形式的质量 m（C）和试样的质量为 m_s，均为已知值，则分析结果的计算关键就是换算因素 F 的计算。若分析中可以确定出被测组分与称量形式之间的计量关系为 $b\mathrm{B} \approx c\mathrm{C}$，根据换算因素的意义，可得换算因素 F 的计算式：

$$F = \frac{b \cdot M(\mathrm{B})}{c \cdot M(\mathrm{C})} \qquad (1-49)$$

式中：M（B）、M（C）分别为被测组分和称量形式的摩尔质量，b、c 是使被测组分和称量形式中所含主体元素的原子个数相等时需乘以的系数。例如，以 $Mg_2P_2O_7$ 为称量形式，当被测组分为 Mg 及 P_2O_5 时，相应的换算因数分别为：

$$F = \frac{2M(\mathrm{Mg})}{M(\mathrm{Mg_2P_2O_7})} = 0.2184 \qquad F = \frac{M(\mathrm{P_2O_5})}{M(\mathrm{Mg_2P_2O_7})} = 0.6378$$

[例 1-15] 分析某铬矿（不纯的 Cr_2O_3）中的 Cr_2O_3 含量时，把 Cr 转变为 $BaCrO_4$ 沉淀。设称取 0.50000g 试样，最后得 $BaCrO_4$ 质量为 0.2530g。求此矿中 Cr_2O_3 的质量分数。

解：由称量形式 $BaCrO_4$ 的质量换算为 Cr_2O_3 的质量，其换算因数为：

$$F = \frac{M(\mathrm{Cr_2O_3})}{2M(\mathrm{BaCrO_4})} = \frac{152.0}{2 \times 253.3} = 0.3000$$

$$w(\mathrm{Cr_2O_3}) = \frac{M(\mathrm{BaCrO_4}) \cdot F}{m_s} \times 100\% = \frac{0.2530 \times 0.3000}{0.5000} \times 100\% = 15.18\%$$

此矿中 Cr_2O_3 的质量分数为 15.18%。

[例 1-16] 测定四草酸氢钾的含量，用 Ca^{2+} 为沉淀剂，最后灼烧成 CaO 称量。称取样品质量为 0.5172g，最后得 CaO 为 0.2265g，计算样品中 $KHC_2O_4 \cdot H_2C_2O_4 \cdot 2H_2O$ 的质量分数。

解：因为：　$1\mathrm{KHC_2O_4 \cdot H_2C_2O_4 \cdot 2H_2O} \sim 2\mathrm{CaC_2O_4} \sim 2\mathrm{CaO}$

所以，四草酸氢钾的化学因数为：

$$F = \frac{M(\mathrm{KHC_2O_4 \cdot H_2C_2O_4 \cdot 2H_2O})}{2M(\mathrm{CaO})} = \frac{254.2}{2 \times 56.08} = 2.266$$

则：　$w(\mathrm{KHC_2O_4 \cdot H_2C_2O_4 \cdot 2H_2O}) = \frac{0.2265 \times 2.266}{0.5172} \times 100\% = 99.24\%$

样品中 $KHC_2O_4 \cdot H_2C_2O_4 \cdot 2H_2O$ 的质量分数为 99.24%。

四、定量分析中的误差及数据处理

（一）定量分析中的误差

化学计量包括化学测量和计算。在测量过程中，即使采用最可靠的实验方法，使用最精密的仪器，由技术很熟练的实验人员进行实验，也不可能得到绝对准确的结果。同一个人在相同条件下，对同一个试样进行多次测定，所得结果也不会完全相同。说明在定量分析中，误差是客观存在的，且有一定的规律可循，也可以设法减免。

1. 误差产生的原因及分类

误差是指测定结果与真实值之间的差值，根据误差产生的原因与性质，误差可以分为系统误差和偶然误差两类。

（1）系统误差　系统误差是指在分析过程中由于测量系统的原因所造成的误差。它的大小、正负是可测的，又称为可测误差。系统误差的特点是具有单向性和重现性，对分析结果的影响比较固定，在同一条件下重复测定时，会重复出现，其大小、正负相对固定。根据系统误差的性质及产生的原因，系统误差可分为：

①方法误差：由于实验方法本身不够完善而引起的误差。例如，在称量分析中，由于沉淀溶解损失而产生的误差；在滴定分析中，化学反应不完全、指示剂选择不当以及干扰离子的影响等原因而造成的误差。

②仪器误差：仪器本身的缺陷造成的误差。如天平两臂长度不相等，砝码、滴定管、容量瓶等未经过校正而引起的误差。

③试剂误差：如果试剂不纯、蒸馏水中有被测物质或干扰物质造成的误差。

④个人误差：个人误差是指由于操作人员的个人主观原因造成的误差。例如个人对颜色的敏感程度不同，在辨别滴定终点颜色时，偏深或偏浅等都会引起误差。

（2）偶然误差　偶然误差是指在分析过程中由于一些难以控制、无法避免的偶然因素造成的误差，也称随机误差或不可定误差。如实验时仪器性能的微小波动或环境温度、湿度的变化、气流的影响等有变动而得不到控制，使某次测量值异于正常值。这类误差的大小、正负在单次测定中较难预测和控制。但在相同条件下，把某个实验重复做多次（称作平行测定或平行试验），随着测定次数的增多，偶然误差的出现服从正态分布规律。即绝对值相等的正、负偶然误差出现的概率大体相等；大偶然误差出现的概率小，小偶然误差出现的概率大；多次平行测定结果的平均值趋向于真实值。因此，在消除了系统误差的情况下，增加平行测定的次数，可以减少偶然误差对分析结果的影响。

另外，在实际测量中，往往还存在由于工作上的粗枝大叶、不遵守操作规程等而造成的过失误差，例如器皿不干净、丢失试液、加错试剂、看错砝码、记录及计算错误等，这些都属于不应有的过失，会对实验结果带来严重的影响，必须注意避免和杜绝。

动画：
随机误差

2. 误差的表示

（1）准确度与误差　准确度表示测量值与真实值接近的程度。准确度的大小，用绝对误差或相对误差表示。测量值与真实值越接近，误差就越小，准确度越高；反之误差越大，准确度越低。若以 x 表示测量值，以 μ 代表真实值，则绝对误差和相对误差的表示方法如下：

$$\text{绝对误差} = x - \mu \tag{1-50}$$

$$\text{相对误差} = \frac{x - \mu}{\mu} \times 100\% \tag{1-51}$$

绝对误差和相对误差都有大小和正负之分。正值表示实验结果偏高，负值表示实验结果偏低。同样的绝对误差，当被测定的物理量或化学量较大时，相对误差就比较小，测定的准确度就比较高。因此用相对误差来表示各种情况下测定结果的准确度更为确切些。

需要说明的是，真实值是客观存在的，但又是难以得到的，只是一个哲学概念。通常所说的真实值是指人们设法采用各种可靠的分析方法，经过不同的实验室，不同的具有丰富经验的分析人员进行反复多次的平行测定，再通过数理统计的方法处理而得到的相对意义上的真实值。

（2）精密度与偏差　对于不知道真实值的场合，可以用精密度来衡量测定结果的好坏。精密度是指在同一条件下，对同一样品进行多次重复测定时各测定值相互接近的程度，其大小可用偏差表示。偏差是指测定值与多次测定结果的平均值之差。偏差越小，说明测定的精密度越高。偏差可分为绝对偏差、平均偏差、相对平均偏差、标准偏差等来表示。

①绝对偏差和相对偏差：测量值与平均值之差称为绝对偏差。绝对偏差占平均值的百分率称作相对偏差。若令 $\bar{x}$ 代表一组平行测定的平均值，则单个测量值 x_i 的绝对偏差 d 、相对偏差 d_r 分别为：

$$d = x_i - \bar{x} \tag{1-52}$$

$$d_r = \frac{d_i}{\bar{x}} \times 100\% = \frac{x_i - \bar{x}}{\bar{x}} \times 100\% \tag{1-53}$$

由式（1-51）、式（1-52）可知，d 及 d_r 值有正负和大小之分。

②平均偏差和相对平均偏差：各单个偏差绝对值的平均值称为平均偏差；平均偏差占平均值的百分率称作相对平均偏差，计算式分别为：

$$\bar{d}=\frac{\sum_{i=1}^{n}|x_i-\bar{x}|}{n} \qquad (1-54)$$

$$\bar{d}_{\mathrm{r}}=\frac{\bar{d}}{\bar{x}}\times 100\%=\frac{\sum_{i=1}^{n}|x_i-\bar{x}|/n}{\bar{x}}\times 100\% \qquad (1-55)$$

由式（1－53）、式（1－54）可知，平均偏差和相对平均偏差只有大小之分，不能为负值。

③标准偏差和相对标准偏差（变异系数 CV）：用统计学方法处理分析数据时，常用标准偏差（S）和相对标准偏差（S_{r}）来衡量一组测定值的精密度。标准偏差又称均方根偏差，当测定次数为有限值（$n<30$）时，S 和 S_{r} 计算方法分别为：

$$S=\sqrt{\frac{\sum_{i=1}^{n}(x_i-\bar{x})^2}{n-1}} \qquad (1-56)$$

$$S_{\mathrm{r}}=\frac{S}{\bar{x}}\times 100\% \qquad (1-57)$$

标准偏差可以更好地将较大的偏差和测定次数对精密度的影响反映出来。

［**例 1－17**］用间接法配制标液时，4 次标定某溶液浓度，结果为 0.2041、0.2049、0.2039 和 0.2043mol/L。计算测定结果的平均值（$\bar{x}$）、平均偏差（$\bar{d}$）、相对平均偏差（$\bar{d}/\bar{x}$）、标准偏差（S）及相对标准偏差（S_{r}）。

解：平均值 $\bar{x}=(0.2041+0.2049+0.2039+0.2043)/4=0.2043\mathrm{mol/L}$

平均偏差 $\bar{d}=(0.0002+0.0006+0.0004+0.0000)/4=0.0003\mathrm{mol/L}$

相对平均偏差 $\bar{d}/\bar{x}=(0.0003/0.2043)\times 100\%=0.15\%$

标准偏差 $S=\sqrt{\frac{0.0002^2+0.0006^2+0.0004^2+0.0000^2}{4-1}}=0.0004\mathrm{mol/L}$

相对标准偏差 $S_{\mathrm{r}}=(0.0004/0.2043)\times 100\%=0.2\%$

（3）准确度与精密度的关系　准确度表示分析结果的正确性，反映的是系统误差和偶然误差的大小；精密度表示分析结果的重现性，反映的是偶然误差的大小。分析结果的准确度好，则精密度一定好。但精密度高的测定结果，不一定是准确的。精密度是保证准确度的先决条件，精密度差，所测结果不可靠，也就失去了衡量准确度的前提；高的精密度不一定能保证高的准确度，但只有高的精密度才可能有高的准确度。

动画：准确度和精密度的关系

3. 误差的减免

要想得到准确的分析结果，必须设法减免在分析过程中带来的各种误差。

（1）选择恰当的分析方法　要得到满意的测定结果，必须根据分析对象、样品情况及对分析结果的要求，选择适当的分析方法。首先，需要了解不同方法的灵敏度和准确度。对于常量组分的测定，化学分析法能获得比较准确的分析结果；对微量或痕迹量组分的测定，化学分析法的灵敏度则较低。仪器分析法灵敏度高，绝对误差小，可用于微量或痕量组分的测定；对常量组分测定，仪器分析法的准确度则较低。因此，常量组分的测定通常选用化学分析法；而微量和痕量组分的测定要选仪器分析法。另外，还要考虑与被测组分共存的其他物质的干扰问题，以便排除干扰。

（2）适当增大取样量，减小测量误差　为了保证分析结果的准确度，必须尽量减小各分步骤的测量误差，使测量误差小于方法误差。如一般分析天平的称量误差为 ±0.0001g，用减重法称量两次的最大误差是 ±0.0002g。为了使称量的相对误差小于0.1%，取样量必须大于0.2g。在有滴定步骤的分析方法中，要设法减小滴定管读数误差。一般滴定管的读数误差是 ±0.01mL，完成一次滴定需两次读数，因此可能产生的最大误差是 ±0.02mL。为了使滴定的相对误差小于0.1%，应消耗的滴定剂的体积必须大于20mL。

（3）增加平行测定次数，减小偶然误差　由于偶然误差随着测定次数的增多服从正态分布规律。在消除了系统误差的情况下，增加平行测定的次数，可以减少偶然误差对分析结果的影响。

（4）消除测量中的系统误差

①校正方法：某些分析方法的系统误差可用其他方法直接校正，选用公认的标准方法与所采用的方法进行比较，找出校正系数，通过校正系数校正试样的分析结果，从而消除方法误差。

②校准仪器：如对砝码、移液管、滴定管及分析仪器等进行校准，可以减免系统误差。

③做对照试验：用含量已知的标准试样或纯物质，以同一方法对其进行定量分析，由分析结果与已知含量的差值，求出分析结果的系统误差。用此误差对实际样品的定量结果进行校正，便可减免系统误差。

④做空白试验：在不加样品的情况下，用测定样品相同的方法、步骤进行定量分析，把所得结果作为空白值，从样品的分析结果中扣除。这样可以消除由于试剂不纯或溶剂等干扰造成的系统误差。

（二）定量分析结果的数据处理

为了得到准确的分析结果，不仅要准确地测定各种数据，而且还要正确地记录数据和处理数据。因为分析结果的数值不仅表示试样中被测组分的含量多少，而且还反映了测定的准确度。在记录数据和计算结果应保留几位数字是一件很重要的事，过多地增加或随意减少数据的位数是错误的；在处理数据时，对于多种测量准确度的数据，遵循何种计算规则，才能既客观反映测量的准确度又能节约时间，要解决这些问题，必须要了解“有效数字”的意义并学会正确地处理数据。

1. 有效数字及运算规则

（1）有效数字的意义及位数确定　有效数字是指在分析工作中实际上能测量到的数字。在有效数字中，只有最后一位是可疑值，只允许有 ±1 的误差，其余均为准确值。例如，使用 50mL 滴定管滴定，最小刻度为 0.1mL，所得到的体积读数是 25.87mL，表示前三位数是准确的，只有第四位是估读出来的，属于可疑数字，那么这四位都是有效数字，它不仅表示了滴定体积为 25.87mL，而且说明计量的精确度为 0.01mL。

在确定有效数字位数时，应该注意以下几个问题。

①注意“0”的意义：“0”既可以是有效数字，也可以做定位用的无效数字。例如，在数据 0.06050g 中，6 后面的两个 0 都是有效数字；而 6 前面的两个 0 则是用于定位的无效数字，它的存在表明有效数字的首位 6 是 0.06g；末位 0 说明该质量可准确至十万分之一，因此该数据为 4 位有效数字。对于特别小或特别大的数，可用科学计数法即 10 的幂次表示。例如，0.006050g 可写成 6.050×10^{-3}，仍然是 4 位有效数字；又如，2500L 若为 3 位有效数字，则可写成 2.50×10^3L。

②有效数字的位数应与测量仪器的精确程度相对应：例如，如果使用 50mL 滴定管，由于它可读至 ±0.01mL，那么数据的记录就必须而且只能记到小数点后第 2 位。

③对于化学计算中的一些分数和倍数关系，由于它们都是自然数，并非测量所得，应看成是足够有效，即需要几位写几位。

④pH、pM、lgK_a 等对数值，有效数字仅取决于小数部分的位数，整数部分只说明该数的方次。例如 pH = 11.02，它只有两位有效数字，因为 $c(H^+) = 9.5 \times 10^{-12}$mol/L。

（2）有效数字的修约　在数据处理过程中，各测量的有效数字的位数可能不同，在运算时按一定的规则舍入多余的尾数，不但可以节约计算时间，而且可以避免误差累计。按运算法则确定有效数字的位数后，舍入多余的尾数，称为数字修约。修约规则可简称为“四舍六入五成双（或尾留双），五后有数就进一”。该规则规定：测量值中被修约数等于或小于 4 时，舍弃；等于或大于 6 时，进位；等于 5 时，若 5 后面有不为 0 的数，则进位，若 5 后为 0，5 的去留是以成双它前面的那个数为偶数为原则。如将 3.2463 修约为 2 位数为 3.2，修约为 3 位数为 3.25；将 3.6085、3.6075 修约为 4 位均为 3.608；将 3.608501、

3.607501 修约为 4 位数分别为3.609、3.608。

另外，在修约有效数字时，只允许对原测量值一次修约至所需位数，不能分次修约。例如，4.1349 修约为 3 位数，不能先修约成 4.135，再修约为 4.14，只能一次修约为 4.13。

（3）有效数字的计算　在获得有效数字后，处理这些有效数字时要根据误差传递的规律，对参加运算的有效数字和运算结果进行合理的取舍。

①加减法：几个有效数字相加或相减时，根据加减法中误差传递规律，它们的和或差的小数点后的位数应与绝对误差最大（也就是小数点后位数最少）的有效数字的位数相同。例如求的 50.1，1.45 及 0.5812 的和，则以小数点后位数最少的 50.1 为依据，将其余两个数先修约后再相加，结果为 52.1。

原数	小数点后位数	绝对误差	修约为
50.1	1	±0.1	50.1
1.45	2	±0.01	1.4
0.5812	4	±0.0001	0.6
			52.1

②乘除法：在几个数据的乘除运算中，根据乘除法误差传递规律，所得结果的有效数字的位数取决于相对误差最大的那个数，也即有效数字位数最少的那个数，如下式的运算：

$$\frac{0.0325 \times 5.103 \times 60.06}{139.8} = 0.0713$$

各数的相对误差分别为：

$$0.0325：\frac{\pm 0.0001}{0.0325} \times 100\% = \pm 0.3\%；5.103：\frac{\pm 0.001}{5.103} \times 100\% = \pm 0.02\%；$$

$$60.06：\frac{\pm 0.01}{60.06} \times 100\% = \pm 0.02\%；139.8：\frac{\pm 0.1}{139.8} \times 100\% = \pm 0.07\%$$

4 个数中相对误差最大的数是 0.0325，它是 3 位有效数字，因此运算结果也应保留 3 位有效数字即 0.0713。

在有效数字取舍和计算过程中，还应注意以下几点：

a. 在计算过程中，应先修约后计算。

b. 在分析化学中，经常会遇到一些分数，如化学计量数之比等，它们是纯数，是准确数字，可视为无限位，需在几位写几位。

c. 若某一数据第 1 位有效数字大于或等于 8，则有效数字的位数可多算 1 位，如 8.37 虽只有 3 位，但可以看作 4 位有效数字。

d. 在计算过程中，可暂时多保留一位数字，再根据四舍六入五成双的规则舍弃去多余的数字。

e. 有关化学平衡的计算（如求平衡状态下某离子的浓度），由于 pH、lg$K$

等对数值，只有小数部分才为有效数字，通常只需取一位或两位有效数字即可。

f. 大多数情况下，表示误差时，取一位有效数字已足够，最多取两位。

采用计算器连续运算的过程中可能保留了过多的有效数字，但最后结果应当修约成适当的位数，以正确表达测定结果的准确度。

2. 可疑值的取舍

在一组平行测定数值中，常发现有个别测定值比其余测定值明显地偏大或偏小，这种明显偏大或偏小的数值称为可疑值。发现有可疑值，必须要查找原因。如查明的确是由于“过失”原因造成，则这一数据必须舍去；否则不能随便舍去或轻易保留。特别是当测量数据较少时，可疑值的取舍对分析结果产生很大的影响，必须慎重对待。可借助于统计学方法来决定取舍。统计检验方法有多种，各有其优缺点，比较简单的处理方法有 Q 检验法和 $4\bar{d}$ 法。

（1）Q 检验法　Q 检验法又称舍弃商法。它是将多次测定的数据，按其数据的大小顺序排列为：x_1，x_2，…，x_n，设 x_n 或 x_1 为可疑值，根据统计量 Q 进行判断，确定可疑值的取舍。

统计量 Q 为：

$$Q = \frac{x_2 - x_1}{x_n - x_1} \quad 或 \quad Q = \frac{x_n - x_{n-1}}{x_n - x_1} \tag{1-58}$$

式中的分子为可疑值与相邻的一个数值之差、分母为整组数据的极差。Q 值越大，说明可疑值偏离其他值越远。Q 称为舍弃商。将 $Q_{计}$ 值与表 1-17 中给出的 $Q_{0.90}$ 值比较，若 $Q_{计} > Q_{0.90}$，则应舍弃可疑值，否则应予保留。

表 1-17　不同测定次数和置信度下的 Q 值

测定次数 n		3	4	5	6	7	8	9	10
置信度	$Q_{0.90}$	0.94	0.76	0.64	0.51	0.56	0.47	0.44	0.41
	$Q_{0.95}$	0.98	0.85	0.73	0.64	0.59	0.54	0.51	0.48
	$Q_{0.99}$	0.99	0.93	0.82	0.74	0.68	0.63	0.60	0.57

［**例 1-18**］测定试样中锌的含量分别为 22.36%、22.38%、22.35%、22.40%、22.44%。试用 Q 检验法确定 22.44% 是否舍去？

解：$Q = \frac{22.44\% - 22.40\%}{22.40\% - 22.35\%} = 0.44$

查表 1-17，$n=5$ 时，$Q_{0.90} = 0.64$

因为 $Q_{计} = 0.44 < Q_{0.90} = 0.64$

所以，22.44% 这个数据应该保留。

（2）$4\bar{d}$ 法　$4\bar{d}$ 法是先求出除可疑值外的其余数据的算术平均值 $\bar{x}$ 及平均偏差 $\bar{d}$，然后，将可疑值与平均值之差的绝对值与 $4\bar{d}$ 比较，若其绝对值大于或等于 $4\bar{d}$，则可疑值应舍弃，否则应予保留。

［例1－19］ 分析某试样中含铜量，五次平行测定结果为24.82%、24.83%、24.86%、24.89%、24.96%，问24.96%这个测定值是否应舍弃？

解：首先求出不包括24.96%这个数据的其余各数据的平均值 $\bar{x}$ 及平均偏差 $\bar{d}$：

$$\bar{x}=\frac{24.82\%+24.83\%+24.86\%+24.89\%}{4}=24.85\%$$

$$\bar{d}=\frac{0.03\%+0.02\%+0.01\%+0.04\%}{4}=0.025\%$$

可疑值与平均值之差的绝对值为：

$$24.96\%-24.85\%=0.11\%$$

$$4\bar{d}=4\times0.025\%=0.10\%$$

由于0.11% > 0.10%，所以测定值24.96%应舍去，分析结果应为24.85%。

以上两种方法，$4\bar{d}$ 法计算简单，不必查表，但数据统计处理不够严密，适用于处理一些要求不高的实验数据；Q 检验法符合数理统计原理，比较严谨，方法也简便，置信度可达90%以上，适用于测定3～10次的数据处理，但需要查阅 Q 的经验值。

练 习 题

一、单项选择

1. 在滴定分析中，一般利用指示剂颜色的突变来判断化学计量点的到达，在指示剂变色时停止滴定，这一点称为（　　）。

A. 化学计量点　　B. 滴定终点　　C. 滴定　　D. 滴定误差

2. 滴定分析用标准溶液是（　　）。

A. 确定了浓度的溶液

B. 用基准试剂配制的溶液

C. 用于滴定分析的溶液

D. 确定了准确浓度、用于滴定分析的溶液

3. 下面有关称量分析法的叙述错误的是（　　）。

A. 称量分析是定量分析方法之一

B. 称量分析法不需要基准物质作比较

C. 称量分析法一般准确度较高

D. 操作简单适用于常量组分和微量组分的测定

4. 标准溶液与待测组分按 $a\mathrm{A}+b\mathrm{B}=c\mathrm{C}$ 反应，化学计量点时待测组分 B 物质的量应为（　　）。

A. $n(\mathrm{B})=\frac{a}{b}n(\mathrm{A})$　　B. $n(\mathrm{B})=\frac{b}{a}n(\mathrm{A})$

C. $n(\mathrm{B})=\frac{c}{b}n(\mathrm{C})\cdot n(\mathrm{A})$　　D. $n(\mathrm{B})=\frac{c}{b}n(\mathrm{C})\cdot\frac{a}{b}n(\mathrm{A})$

5. 在滴定分析中，一般要求滴定误差是（　　）。

A. ≤0.1%　　B. >0.1%　　C. 0.2%　　D. >0.5%

6. 个别测定值减去平行测定结果平均值，所得的结果是（　　）。

A. 绝对偏差　　B. 绝对误差　　C. 相对偏差　　D. 相对误差

7. 测定值减去真实值的结果是（　　）。

A. 相对误差　　B. 相对偏差　　C. 绝对误差　　D. 绝对偏差

8. $\frac{0.0234\times4.303\times71.07}{127.5}$的计算结果是（　　）。

A. 0.0561259　　B. 0.056　　C. 0.0561　　D. 0.05613

9. 22.26 + 7.21 + 2.1350 三位数相加，由计算器所得结果为 31.6050 应修约为（　　）。

A. 31　　B. 31.6　　C. 31.60　　D. 31.604

10. 常量滴定管每次读数可估计到 ±0.01mL，若要求滴定的相对误差小于 0.1%，在滴定时，耗用体积应控制为（　　）mL。

A. 10～20　　B. 20～30　　C. 30～40　　D. 40～50

二、判断是非

（　　）1. 增加平行测定的次数可以减小系统误差。

（　　）2. 测定结果的准确度高，则精密度一定高。

（　　）3. 1.02、0.303、pH = 4.74 的有效数字都是 3 位。

（　　）4. 一个试样经 8 次以上的测试，可去掉一个最大值和最小值，然后求平均值。

（　　）5. 系统误差是定量分析中的主要误差来源，它影响分析结果的准确度。

（　　）6. 有效数字就是单纯的数据，不能反映仪器的精度和测定的准确度。

（　　）7. 科学实验中，有效数字不仅反映某物理量的大小，还反映仪器和方法的准确度。

（　　）8. 精密度高，说明测量过程中系统误差小。

（　　）9. 称量式的摩尔质量较大时，称量分析的准确度较高。

（　　）10. 被测组分的百分含量 $=\frac{沉淀质量}{样品质量}\times 100\%$。

三、简答题

1. 标定碱溶液时，邻苯二甲酸氢钾（$KHC_8H_4O_4$，$M=204.23g/mol$）和二水合草酸（$H_2C_2O_4 \cdot 2H_2O$，$M=126.07g/mol$）都可以作为基准物质，选择哪一种更好，为什么？

2. 什么是有效数字？有效数字的修约规则是什么？测定结果发现可疑值应如何处理？

3. 沉淀法称量分析的一般步骤是什么？根据灼烧后 $BaSO_4$ 的质量，将之换算为 S 含量时的换算因素的表达式是什么？

4 指出下列各种误差是系统误差还是偶然误差？如果是系统误差，请区别方法误差、仪器和试剂误差或操作误差，并给出它们的消除办法。

（1）砝码受腐蚀；（2）天平的两臂不等长；（3）容量瓶与移液管不配套；（4）在称量分析中被测组分沉淀不完全；（5）试剂含被测组分；（6）以含量为99% 的草酸钠作基准物标定溶液的浓度；（7）化学计量点不在指示剂的变色范围内；（8）读取滴定管读数时，小数点后第二位数字估计不准。

四、综合题

1. 实验室只有 36.5%（$\rho=1.19g/mL$）的浓盐酸，现需配制 1000mL 0.10mol/L 的待标定盐酸滴定液，需 36.5% 的浓盐酸多少毫升？在配制过程中要用到哪些玻璃仪器？（已知 HCl 的相对分子质量为 36.45）

2. 滴定 0.1600g 草酸试样，消耗 NaOH 标准溶液（浓度为 0.1000mol/L）22.90mL，试求草酸试样中的 $H_2C_2O_4$ 质量分数。

3. 将 0.5500g 不纯 $CaCO_3$ 溶于 HCl 溶液（0.5020mol/L）25.00mL 中，煮沸除去 CO_2，过量 HCl 溶液用 NaOH 溶液返滴定耗去 4.20mL，若用 NaOH 溶液直接滴定 HCl 溶液 20.00mL 消耗 20.67mL，计算试样中 $CaCO_3$ 的质量分数。

4. 称取铁矿试样 0.3143g，溶于酸并还原为 Fe^{2+}，用 0.02000mol/L $K_2Cr_2O_7$ 溶液滴定，消耗了 21.30mL。计算试样中 Fe_2O_3 的质量分数。

5. 标定 $KMnO_4$ 标准溶液的浓度时，精密称取 0.3562g 基准草酸钠溶解并稀释至 250mL 容量瓶中，精密量取 10.00mL，用该标准溶液滴定至终点，消耗 48.36mL。计算 $KMnO_4$ 标准溶液的浓度。

6. 准确称取 0.5000g 纯净的 $BaCl_2 \cdot nH_2O$，用称量分析法得 $BaSO_4$ 0.4777g，计算该晶体中 $BaCl_2$ 的含量，并计算每分子 $BaCl_2 \cdot nH_2O$ 中含结晶水的数目 n 为多少？（已知 $BaCl_2$、$BaSO_4$、H_2O 的分子摩尔质量分别为 208.24、233.4、18.00g/mol）

7. 某实验人员测定某溶液的浓度（mol/L），4 次分析结定结果为 0.1044、0.1042、0.1049 和 0.1046，应用 Q 检验法，决定 0.1049 的数值是否能弃去？

8. 某同学标定 HCl 溶液的浓度，得下列结果：0.1011、0.1010、0.1012、0.1016（mol/L）。根据 $4\bar{d}$ 法，问有否可疑值舍去？

项目六　化学实验基础

项目描述

化学实验基础知识和基本技能是从事分析检测工作的人员必备的工作素质，是开展分析检测工作的基础。在教师的指导下学习并完成化学实验基本操作和基本技能训练，在此过程中学习实验室规则和安全知识、化学实验的基本操作、天平、滴定分析仪器使用和称量分析操作的相关知识和基本技能。

学习目标

知识目标	（1）熟悉化学实验室有关规则和安全常识。 （2）理解化学实验的基本操作方法和试剂、仪器的使用。 （3）掌握溶液的配制方法。 （4）掌握滴定分析和称量分析的一般操作方法和相关仪器的使用。
能力目标	（1）正确使用实验室用水、试剂、仪器及设备；能正确处理有毒、有害、易燃、易爆物质及实验室一般意外事故。 （2）学会托盘天平和电子天平的使用，掌握直接法、减量法称量物体质量的方法。 （3）会使用滴定分析、称量分析仪器，掌握正确的操作方法。 （4）会正确记录和处理实验数据。
素质目标	（1）培养从实际出发解决问题的能力。 （2）树立“准确的量”的概念，培养学生严谨的科学态度。 （3）培养自我学习能力树立终生学习的理念。 （4）培养团结协作精神和创新意识。

必备知识

一、化学实验室基本知识

（一）化学实验室学生守则

（1）实验前必须认真预习实验内容，明确实验目的，了解实验步骤、方法、基本原理及注意事项。

（2）进入实验室必须穿实验服，禁止披发、穿拖鞋、高跟鞋、背心、短裤（裙）。

（3）实验开始前，应检查仪器、试剂或材料是否齐全，否则应立即报告老师及时登记、补领或调换。如对仪器的使用方法、试剂的性能不明确时，严禁开始实验，以免发生意外。

（4）实验过程中应注意保持安静，不得大声喧哗。严格按照确定的实验方案、内容和试剂用量进行操作，仔细观察，积极思考，并及时如实记录实验现象和实验数据。

（5）实验过程中必须严格遵守实验室各项制度。注意安全，爱护仪器，节约药品，节约水电，不得擅自将实验室物品带出实验室。

（6）实验过程中要保持实验台面和地面的整洁；共用仪器和试剂用毕，随时放回原处；废纸、火柴梗等杂物严禁丢入水槽；有毒废液应专门收集并进行无毒处理。

（7）实验结束后，应及时整理有关物品。将所用过的仪器洗净并整齐地放回实验仪器柜内，如有损坏，必须及时登记补领；做好卫生清理工作；经指导老师检查后方可离开实验室。

（8）根据实验原始记录，认真书写实验报告或技能训练报告，并按时交给指导老师审阅。

（二）实验室安全守则

（1）产生刺激性、恶臭、有毒气体（如 Cl_2、Br_2、HF、H_2S 等）的实验，应在通风橱内进行。

（2）白磷、钾、钠等暴露在空气中易燃烧，应采用安全的方法保存。白磷应保存在水中；钾、钠应保留在煤油中，取用时用镊子夹取；乙醇、乙醚、丙酮、苯等有机溶剂容易引燃，使用时必须远离明火，用完应立即盖紧瓶塞。

（3）浓酸、浓碱具有强腐蚀性，使用时要小心，切勿溅在衣服、皮肤及眼睛上。稀释浓硫酸时，应将浓硫酸沿玻棒慢慢注入水中，并不断搅拌，而不能将水倒入浓硫酸中。

（4）有毒试剂（如重铬酸钾、铅盐、镉盐、砷和汞的化合物）不能进入人口内或接触伤口，也不能将其随便倒入下水道，应按要求倒入指定的容器内。

（5）加热试管时，不能将管口朝向自己或别人，也不能俯视正在加热的液体，以防液体溅出造成烧伤或灼伤。

动画：防毒安全

（6）在不了解化学药品性质时，不允许将药品任意混合，以免发生意外事故。

（7）禁止用手直接取用试剂。嗅闻气体时，应该用手在瓶口轻轻扇动，仅使少量的气体飘入鼻孔。

（8）金属汞易挥发，当被人吸到体内后，易引起慢性中毒。一有汞洒落在桌面或地上，必须尽可能收集起来，并用硫磺粉盖在洒落的地方，使汞变成不挥发的硫化汞，也可用喷洒20% $FeCl_2$水溶液散落过汞的地面，干后清扫。

（9）使用酒精灯或煤气灯，应随用随点；不用时，将酒精灯盖上灯罩，煤气灯应关闭开关。

（10）强氧化剂（如氯酸钾、高氯酸）及其混合物（如氯酸钾与红磷、碳、硫等混合物），不能研磨，否则容易发生爆炸。

（11）不纯氢气、甲烷遇火易爆炸，操作时应严禁烟火。点燃前必须先检查并确保其纯度，银氨溶液不能长期保存，容易发生爆炸。

（12）实验室内严禁吸烟、饮食。每次实验完毕，将手洗净才能离开实验室。

（三）试剂使用规则

（1）按实验规定用量取用试剂，不得随意增减。

（2）取用试剂应看清标签的名称和浓度，切勿拿错。不准用手直接取用试剂，取出的试剂不能放回原试剂瓶内，应倾倒入指定的容器内，严禁将试剂任意混合。

（3）固体试剂要用清洁和干燥的药匙取用；取用液体试剂要用滴管，滴管应保持垂直，不可倒立，不能触及所用的容器器壁，同一滴管未洗净时，不得吸取其他试剂瓶中的试剂，以免污染试剂。

（4）试剂用毕后应立即盖好瓶塞，放回原处。要求回收的试剂，应放入指定的回收容器中。

（5）使用有腐蚀性及易燃、易爆的试剂时，要小心谨慎，严格遵守操作规程，遵从教师指导。

（四）实验室常见事故处理

动画：防爆安全

1. 割伤

若一般轻伤，应及时挤出污血，并在伤口处涂上红药水或龙胆紫药水，再用纱布包扎；伤口内若有玻璃碎片或污物，先用消毒过的镊子取出，用生理盐水洗净伤口，并用3% H_2O_2消毒，然后涂上红药水，撒上消炎药并用绷带包扎；

若伤口过深、出血过多时，可用云南白药止血或扎止血带，并送往医院救治。

2. 烫伤

在烫伤处抹上烫伤膏或万花油，或用高锰酸钾或苦味酸涂于烫伤处，再搽上凡士林、烫伤膏或直接涂上玉树仁油。若烫伤后起泡，不要挑破水泡。

3. 吸入有毒气体

吸入硫化氢气体，应立即到室外呼吸新鲜空气；吸入氯、氯化氢气体时，可吸入少量酒精和乙醚的混合蒸气使之解毒；吸入溴蒸气时，可吸入氨气和新鲜空气解毒。

4. 酸烧伤

先用干布蘸干，并用大量水冲洗，再用饱和碳酸氢钠溶液或稀氨水冲洗，最后再用水冲洗。如果溶液溅入眼睛内，立即用大量水长时间冲洗，再用2% $Na_2B_4O_7$溶液洗眼，然后再用蒸馏水冲洗（有条件用洗眼器冲洗）。

5. 碱烧伤

先用大量的水冲洗，再用2%醋酸溶液冲洗，然后再用水冲洗。若碱液溅入眼睛内，立即用大量水长时间冲洗，再用3%硼酸溶液冲洗，最后再用蒸馏水冲洗。

6. 白磷灼伤

用1%硫酸铜或高锰酸钾溶液冲洗伤口，最后再用水冲洗。

7. 毒物进入口内

把5～10mL稀硫酸铜或高锰酸钾溶液（约5%）加入一杯温水中，内服后用手指伸入咽喉，促使呕吐，并立即送往医院救治。

8. 触电

立即切断电源，必要时进行人工呼吸，对伤势严重者，应立即送医院救治。

动画：用水、用电安全

（五）实验室灭火常识

实验过程中万一不慎起火，切不可惊慌，应立即采取灭火措施。

（1）首先关闭燃气阀门，切断电源，迅速移走周围易着火的东西特别是有机溶剂和易燃易爆物质，防止火势蔓延。

（2）由于物质燃烧要有空气并达到一定的温度。因此，灭火采取的是将燃烧物质与空气隔绝和降温措施。

（3）扑灭燃着的苯、油或醚，应用砂土覆盖，切勿用水。一般小火可用湿布、石棉布覆盖燃烧物灭火。火势大时

动画：防火安全

可使用泡沫灭火器。但电器设备引起的火灾，只能用四氯化碳灭火器灭火。实验人员衣服着火时，切勿乱跑，应赶快脱下衣服，用石棉布覆盖着火处，或者就地卧倒滚打，也可以起到灭火的作用。火势较大，应立即报警。

常用灭火器及使用范围见表1－18。

表1－18　灭火器种类及其应用范围

灭火器名称	应用范围
泡沫灭火器	用于油类着火。因为泡沫是 $Al(OH)_3$ 和 CO_2，能导电，所以不能用于扑灭电器着火。
CO_2灭火器	内装液体 CO_2，用于扑灭电器设备失火和小范围油类及忌水的化学品着火。
1211 灭火器	内装液态 CF_2ClBr 液化气。适用于油类、有机溶剂、精密仪器、高压设备着火。
干粉灭火器	内装碳酸氢钠等盐类物质和适量润滑剂和防潮剂，用于扑灭油类、可燃气体、电器设备、精密仪器、图书文件等不能用水灭火的火焰。
CCl_4灭火器	内装液态 CCl_4，用于扑灭电器设备和小范围的汽油、丙酮等的着火。

（六）实验室用水常识

依据我国 GB/T 6682—2008 及《分析实验室用水规格和试验方法》的规定，参照电导率、比电阻、可氧化物质、吸光度、蒸发残渣、可溶性硅等指标要求，将适用于化学分析和无机痕量分析等试验用水分为 3 个级别。其中一级水，基本不含有溶解或胶态离子杂质及有机物；二级水，可含有微量的无机、有机或胶态杂质。有些实验室对水还有特殊的要求，可根据需要检验有关项目，如氧、铁、氨含量等。实验室常用的蒸馏水、去离子水和电导水，它们在298K 时的电导率分别为 1、0.1、0.01mS/m，与三级水的指标相近。不同级别用水的制备方法、贮存条件及使用范围见表1－19。

表1－19　不同级别用水的制备方法、贮存条件及使用范围

级别	制备与贮存	使　用
一级水	可用二级水经石英设备蒸馏或离子交换混合床处理后，再经0.2μm 微孔滤膜过滤制取。不可贮存，使用前制备	有严格要求的分析实验，包括对颗粒有要求的试验，如高效液相色谱分析用水
二级水	可用多次蒸馏、反渗透或去离子等方法制备。贮存于密闭的、专用聚乙烯容器中	仪器分析等试验，如原子吸收光谱分析用水
三级水	它可以采用蒸馏、反渗透或去离子等方法制备。贮存于密闭的、专用聚乙烯容器中，也可使用密闭的、专用玻璃容器贮存	一般化学分析试验

不同的化学实验，对水的质量要求也不同，不能都用自来水，也不能都用纯水，应根据实验要求，选用适当级别的纯水。在使用时，还应注意节约，因为纯水来之不易避免造成浪费。

在实验中，无机制备实验则根据实验要求与进展，决定在哪些步骤之前用自来水，哪些步骤之后用纯水；在化学分析、常数测定、定性分析等实验中都用纯水。如对纯水有特殊要求的，会在实验中注明。

二、化学实验基本操作

（一）玻璃器皿的洗涤和干燥

玻璃器皿的洗涤是化学实验中一项重要操作技术，玻璃器皿的干净与否直接影响实验结果。已洗净的玻璃器皿应洁净透明，器壁应均匀附着水膜而不挂水珠。凡已洗净的仪器，不能再用抹布或纸巾擦拭其内壁，防止再次受污染。

1. 玻璃器皿的洗涤

实验用的试管、烧杯、锥形瓶等玻璃器皿应及时洗涤干净，洗涤方法如下。

（1）用水刷洗　用水刷洗可除去仪器内的可溶性污物。若污物是水溶性的，一般先后用自来水、纯水冲洗 2～3 遍即可洗净。若污迹不易冲洗掉，可用试管刷刷洗。刷洗时，试管刷应轻轻转动或上下移动，不宜用力过猛，以防戳穿底部，然后分别用自来水、蒸馏水冲洗 2～3 遍即可洗净。

（2）用洗涤剂刷洗　用去污粉、肥皂或合成洗涤剂刷洗，可除去仪器沾有的油污和一些有机物。洗涤时，先用少量水把仪器润湿，再用毛刷蘸取少量洗涤剂刷洗仪器内、外壁，然后分别用自来水、纯水冲洗干净。若污物仍不能除去，可用热的碱溶液浸泡。

注意，滴定管、移液管和容量瓶等容量仪器不宜用刷子刷洗，以免玻璃受磨损，也不宜用强碱性的洗涤剂洗涤，以免玻璃受腐蚀，影响其准确容积。

（3）用洗液润洗　根据污物的化学性质，选择合适的洗涤液（简称洗液）与之发生化学反应而除去。如酸（碱）性污垢用碱（酸）性洗液洗涤；氧化性（还原性）污垢用还原性（氧化性）洗液洗涤。

①氧化性洗液——铬酸洗液：铬酸洗液是由重铬酸钾和浓硫酸配制而成的，适用于除去油污或还原性等物质。洗涤时，往仪器内加入少量铬酸洗液，倾斜并慢慢转动仪器，使其内壁全部被洗液湿润后，把洗液倒回原瓶内，然后分别用自来水、蒸馏水冲洗 2～3 遍即可洗净（注意：第一、二遍洗涤的水应倒入废物缸内，不要直接倒入下水道，以免污染水源）。对于沾污严重的仪器可用洗液浸泡一段时间，或用热的洗液洗涤，效果会更好。

用铬酸洗液洗涤时应注意：被洗涤仪器不宜有水；洗液洗后倒回原瓶，供反复使用，直至洗液变绿（Cr^{3+}）；洗液吸水性强，注意瓶塞盖紧；铬（VI，III）有毒，会污染环境，尽可能不用或少用。

②还原性洗液——草酸洗液：草酸洗液是由 8g 草酸溶于 100mL 水中，加少量浓盐酸制得的。用于除去氧化铁、二氧化锰等残污。

③酸性洗液：酸洗液常用纯酸或混酸。如用盐酸洗液（化学纯盐酸与水 1∶1 混合）可除去碱性物质和一般无机残污；用 50% 硝酸或王水（浓硝酸与浓盐酸 1∶3 混合）可除去仪器表面吸附的金属（如银镜）。

此外，还有碱性高锰酸钾洗液（用于洗涤油污及有机物沾污）、碳酸钠洗液（用于煮沸除油污）、氢氧化钠 - 乙醇洗液（用于洗涤油污及某些有机物）、盐酸 - 乙醇洗液（用于洗涤比色皿、比色管上的油污）、浓硝酸 - 乙醇洗液（用于洗涤结构复杂的仪器所沾的油脂或有机物）、有机溶剂洗液（用于除去可被有机溶剂溶解的有机残污）等。

2. 玻璃器皿的干燥

一些常用的仪器（如试管、烧杯等）的干燥可置于石棉网上用明火烘烤干。用酒精灯直接烤干试管时，试管口应略向下倾斜，并来回移动试管，当烘烤到不见水珠时，再将试管口向上赶尽水汽；也可用吹风机、气流干燥器吹干或用烘箱烘干；若洗净的玻璃器皿不是急用，可将其口向下放在仪器架上自然晾干。

要注意的是，容量玻璃仪器如滴定管、移液管、容量瓶等应自然沥干，不能在烘箱中烘烤。

（二）物质的加热与冷却

1. 常用的加热仪器和加热方法

常用加热仪器有酒精灯、酒精喷灯、煤气灯和电加热器等。常用电加热器有电炉、电热套、电热板、烘箱、红外灯、高温炉等。

（1）酒精灯的使用　酒精灯是最常用的加热仪器，其使用方法如下：

①检查灯芯的长短是否合适；

②点燃时，可用火柴、纸条等，绝不能用燃着的酒精灯去点燃另一盏酒精灯［图 1－25（1）］；

③酒精的加入量应为酒精灯的 1/3～2/3，酒精可通过漏斗加入，但酒精灯须先熄灭［图 1－25（2）］；

④熄灭酒精灯时，必须用灯帽，绝不能用嘴吹火［图 1－25（3）］；

⑤实验室风速很大时，可采用防风罩或防风板。

视频：加热设备的使用

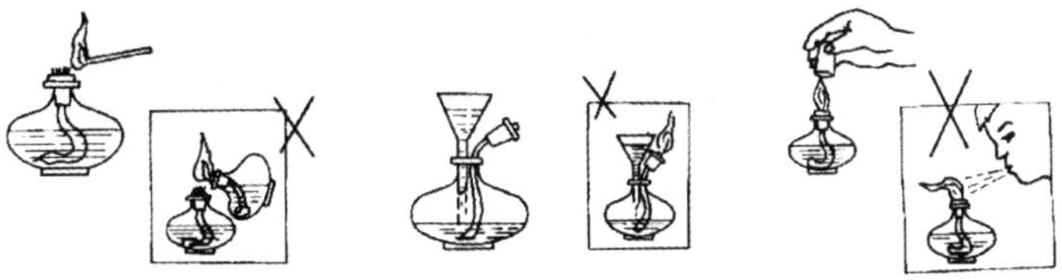

(1) 点燃　　(2) 添加酒精　　(3) 熄灭

图 1－25　酒精灯的使用

（2）加热方法

①直接加热：将盛有被加热物的器皿直接放在热源中加热。实验中可直接加热的有试管、烧杯、烧瓶、锥形瓶、蒸发皿和坩埚等器皿。这些器皿都能承受一定的温度，但不能骤热或骤冷。因此，加热前必须先擦干器皿外面的水，加热后不能马上与潮湿冰冷的物体接触。用酒精灯加热物体时，应将被加热的器皿放在外焰加热。

a. 试管加热固体时，应用试管夹夹住或把试管固定在铁架台上。先用小火均匀加热试管的各部位，再集中加热有试剂部位。试管口稍向下倾斜（图 1－26），以免凝聚在试管上的水倒流到灼热的试管底，使试管炸裂。

b. 用试管加热液体时，液体体积不能超过试管容积的 1/3。加热时应用试管夹夹住或把试管固定在铁架台上，使试管与台面保持约 45°（图 1－27），试管口不能对着自己或他人。先使试管液体均匀受热，再自上而下的加热液体，注意防止局部过热，避免液体爆沸冲出。

c. 烧杯、烧瓶等器皿加热液体时（图 1－28），应将它们放在三脚架或铁圈上，垫上石棉网加热，使其受热均匀。

图 1－26　固体物质的加热

图 1－27　加热试管中的液体

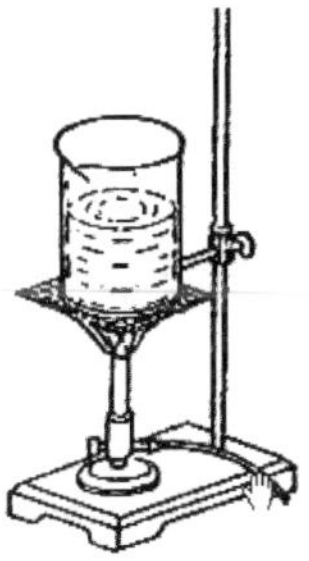

图 1－28　加热烧杯

d. 蒸发皿加热液体时，液体量应少于蒸发皿容积的 2/3。可将蒸发皿放在三脚架或铁圈上直接加热。若物质不稳定，应采用水浴加热。蒸发时，应不断搅拌，防止暴沸。至快蒸干时，停止加热，利用余热将残留的少量水分蒸发。加热后的蒸发皿不得骤冷，以免炸裂。

e. 高温加热固体时，可将固体放在坩埚中进行。开始时，火不要太大，使坩埚均匀受热后再逐渐加大火焰。根据实验要求控制灼烧温度和时间。灼烧完后，稍冷，再用干净且预热过的坩埚钳夹持坩埚放入干燥器内冷却。

②间接加热：将盛放被加热物的器皿放在热浴中加热。当被加热物质要求控制在一定温度范围之内并且要受热均匀时，可根据具体情况选择特定的热浴间接加热。常用的热浴有水浴、油浴、空气浴等。

a. 水浴。要求温度不超过100℃时，用水浴加热。水浴加热一般在水浴锅中进行。使用水浴锅时，锅内盛水量不能超过其容积的三分之二，加热时要随时向水浴锅内补充适量的水，以免烧干。受热器皿放置在水中，不能接触到锅底或锅壁，水浴液面应高于器皿内的液面。水浴加热蒸发皿时，应用水蒸气加热，即蒸发皿在不泡于水浴的前提下，尽可能增大其受热面积。

b. 空气浴。利用空气间接加热，对于沸点80℃以上的液体均可采用。酒精灯、煤气灯隔垫石棉网加热是最简单的空气浴，但此法受热不均匀，不能用于回流低沸点易燃液体及减压蒸馏等。

c. 油浴。加热温度100～250℃常用的热浴。常用的浴液有甘油（可加热到140～150℃，温度过高会分解）、植物油（如菜子油、蓖麻油、花生油等，可加热到220℃，常加入1%对苯二酚作抗氧化剂；温度过高会分解，达到闪点会燃烧，使用时要小心）、液体石蜡（可加热到200℃左右，高温易燃）、硅油（可加热到250℃，透明度好，是理想的浴液，但价格较贵）等。用油浴加热时，油量不能过多，以超过反应物液面为宜，注意油溢出易发生火灾。加热完毕后，反应器外壁要擦干后，方能进行后续操作。

2. 冷却

某些化学反应，特别在有机实验中，有时需要使用低温冷却操作，如某些低温反应，如重氮化反应一般在0～5℃进行；沸点很低的有机物，用冷却方法减少挥发；加速结晶等。常用的冷却方法有自然冷却（热的溶液可在空气中放置，让其自然冷却至室温）、流水（冷却剂）冷却和回流冷却。常用的冷却剂有水（最常用的冷却剂，价廉，热容量大）、冰-水混合物（可冷至0～5℃）、冰-盐混合物（可冷至-18～-5℃，一般以冰-盐质量比为3∶1混合）、干冰（固态CO_2，可冷至-60℃，加适当溶剂，如丙酮，可冷至-78℃）、液氮（可冷至-196℃）。通常根据冷却温度和要带走的热量大小来而选择合适的冷却剂。

（三）蒸馏

蒸馏是分离、纯化液态混合物的一种常用的方法，是化学实验中常用的实验技术。一般可用于分离液体混合物（仅对混合物中各成分的沸点有较大的差别时才能达到较有效的分离）、测定纯化合物的沸点、提纯（通过蒸馏含有少量杂质的物质，提高其纯度）和回收溶剂或浓缩溶液。

常用的蒸馏装置可用标准磨口仪器装配，由圆底烧瓶、蒸馏头、温度计、冷凝管、接收管和接收瓶组成。当用普通玻璃仪器装配蒸馏装置时，通常使用带支管的蒸馏烧瓶，各玻璃仪器间用胶塞连接，见图 1－29。

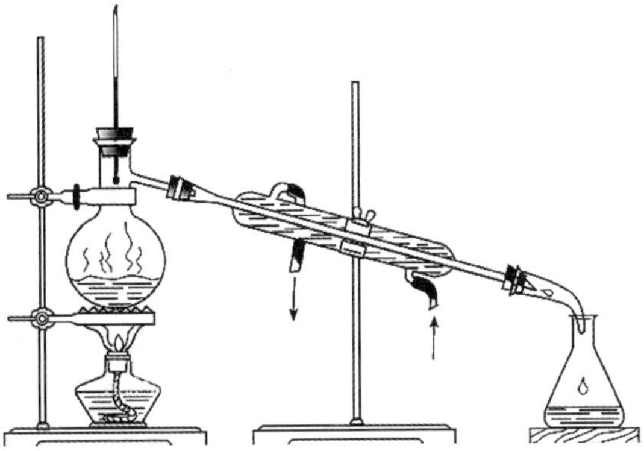

图 1－29　简易蒸馏装置

1. 蒸馏装置安装

根据被蒸馏液体的体积选择大小合适的蒸馏瓶（一般控制在蒸馏瓶容积的 1/3 ~ 2/3）。仪器安装顺序一般从热源开始，自下而上，从左到右。要保证仪器稳妥端正，无论从正面还是侧面观察，全套仪器装置的轴线都要在同一平面内，各连接部分既紧密吻合，又无张力，整套装置要平正、整齐、正确、美观。

2. 蒸馏操作

（1）加料　将待蒸馏液通过玻璃漏斗小心倒入蒸馏瓶中。不要使液体从支管流出。加入几粒沸石，塞好带温度计的塞子。温度计应安装在通向冷凝管的侧口部位。再一次检查仪器的各部分连接是否紧密和妥善。

动画：蒸馏

（2）加热　用水冷凝管时，先打开冷凝水龙头缓缓通入冷水，然后开始加热。加热时可见蒸馏瓶中液体逐渐沸腾，蒸气逐渐上升，温度计读数也略有上升。当蒸气的顶端达到水银球部位时，温度计读数急剧上升。这时应适当调整热源温度，使升温速度略为减慢，蒸气顶端停留在原处，使瓶颈上部和温度计受热，让水银球上液滴和蒸气温度达到平衡。然后再稍稍提高热源温度，进行蒸馏（控制加热温度以调整蒸馏速度，通常以每秒1～2滴为宜）。温度计的读数就是液体（馏出液）的沸点。

馏液体沸点在140℃以下时，用水冷凝管；沸点在140℃以上者，应改用空气冷凝管。蒸馏低沸点易燃或有毒液体时，可在尾接管的支接管接一根长橡皮管，通入水槽的下水管内或引入室外，并将接受瓶在冰水浴中冷却。如果蒸馏出的产品易潮分解，可在尾接管的支管处接一个氯化钙干燥管，以防潮气进入。使用水冷凝管时，冷凝水应从冷凝管的下口流入，上口流出，以保证冷凝管的套管内充满水。水冷凝管的种类很多，常用的为直形冷凝管。

（3）观察沸点及收集馏液　进行蒸馏前，至少要准备两个接受瓶，其中一个接受前馏分（或称馏头），另一个（需称量）用于接受预期所需馏分（并记下该馏分的沸程：即该馏分的第一滴和最后一滴时温度计的读数）。

当所需馏分蒸出后，若继续升温，温度计读数会显著升高，此时应停止蒸馏。即使杂质很少，也不要蒸干，以免蒸馏瓶破裂及发生其他意外事故。

3. 拆除蒸馏装置

蒸馏完毕，先应撤出热源（拔下电源插头，再移走热源），然后停止通水，最后拆除蒸馏装置［与安装顺序相反，即先取下接受器，然后拆下尾接管、冷凝管、蒸馏头和蒸馏瓶等（先右后左、从上而下）］。

（四）化学试剂的取用

1. 试剂的规格

化学试剂按其纯度的高低可分为4个等级，其级别、规格、标志以及适用范围见表1-20。

表1-20　一般化学试剂和生化试剂的规格和适用范围

级别	中文名称	英文缩写	标签颜色	适用范围
一	优级纯（保证试剂）	GR	深绿色	精密分析和科学研究
二	分析纯（分析试剂）	AR	金光红色	一般分析和科学研究
三	化学纯	CP	中蓝色	一般定性和化学制备
四	实验试剂	LR	棕色或黄色	一般化学制备
生化试剂	生化试剂 生化染色剂	BR CR	咖啡色或玫瑰色	生化试验

另外，还有一些供特殊分析用的试剂，如光谱纯、色谱纯、基准试剂等，可适用于不同要求的分析。

2. 试剂的选用

应根据工作性质（分析任务）分析方法的灵敏度、待测组分的含量和对分析结果准确度的要求选用不同等级的试剂。注意不得越级使用试剂，分析纯配试剂，基准物质标定，同时选用相应级别的水（溶剂）。

3. 试剂的取用

实验室分装化学试剂时，一般是固体试剂装在广口瓶中；液体试剂或配制的溶液盛放在细口瓶或滴瓶中；见光易分解的试剂（如 $AgNO_3$、$KMnO_4$、H_2O_2 等）应盛放在棕色瓶内。每只试剂瓶上都应贴上标签，标明试剂名称、规格或浓度以及配制日期。

取用化学试剂时，先打开瓶盖（塞）并将其倒置在实验台上。若瓶塞不是平顶的而是扁平的，可用手指夹住或放在洁净的表面皿上，不可将其横置在实验台上，以免沾污。试剂取完后，应及时盖上瓶盖（塞），禁止将瓶盖（塞）混用，然后将试剂瓶标签朝外放回原处。化学试剂须使用特定的工具来取用，不能用手直接接触。多取的试剂放入指定的容器，不得放回原来试剂瓶中。

（1）固体试剂的取用

①取粉末状或小颗粒状试剂要用药匙，取用粉末状或小颗粒状的试剂时，将试管倾斜或平放，把盛有试剂的药匙（或纸槽）小心地送到试管底部，让试管竖立，使试剂全部落到试管底部（图 1－30）。药匙应专匙专用。用过的药匙必须洗净，擦干后才能再使用，以免沾污试剂。

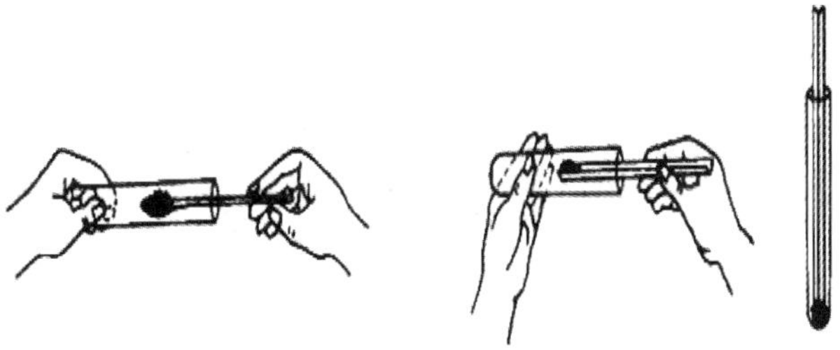

图 1－30　向试管中加入粉末状固体试剂

②取用块状固体试剂时，试管要平拿，用镊子把颗粒放进试管后，再让试管慢慢竖立，使颗粒缓慢地滑到试管底部，防止固体试剂击破试管底部，如图 1－31 所示。

③取用一定质量的固体试剂时，根据固体的性质及要求的质量精度，把固体放在干净的称量纸、表面皿上或小烧杯、称量瓶内，用托盘天平或分析天平

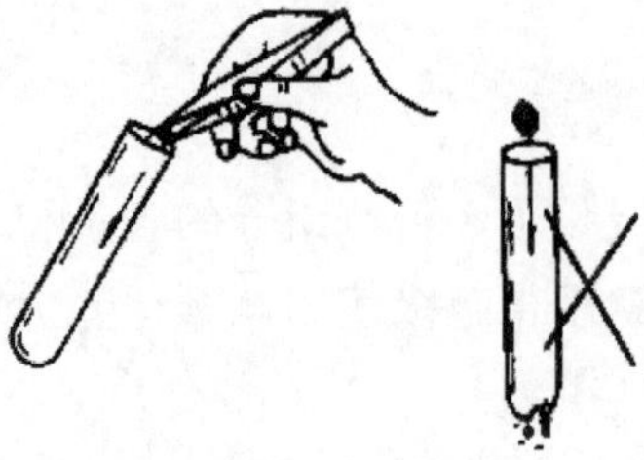

图1-31 向试管中加入块状固体

称量可得。

（2）液体试剂的取用 取用液体试剂时，通常采用倾泻法。先把瓶塞拿下，倒置于桌面上，然后右手拿试剂瓶（标签对着手心），左手拿接收容器，使其倾斜一定角度，把溶液慢慢地倒入接收容器中；往烧杯加液体试剂时须通过玻棒引流注入。倒完后，立即盖好瓶塞，将试剂瓶放回原处。

取用一定体积的液体试剂时，可用量筒、量杯（或移液管、吸量管）等仪器。使用量筒时，应选用比所量体积稍大的量筒。读数时，量筒必须放平稳，使视线与量筒内液体的凹液面的最低处在同一水平线上，如图1-32所示。使用量筒时要注意，不能用量筒来加热和烘干，不能量热的液体，不能用作反应的容器，也不能作有明显热量变化的混合或稀释实验。

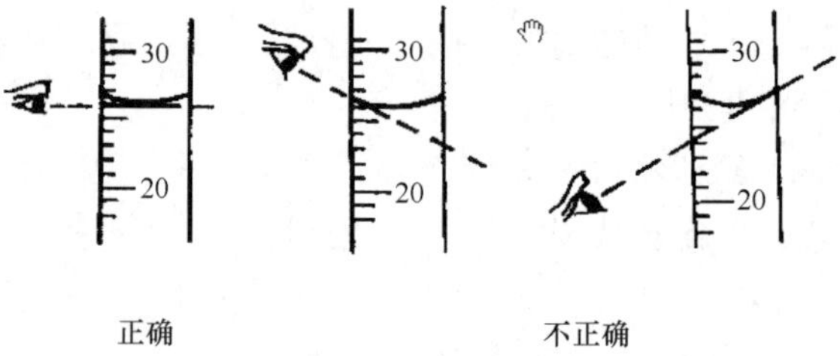

图1-32 量筒的读数

取用少量液体试剂时，可用胶头滴管。使用胶头滴管时，用拇指和食指挤压胶头，无名指和中指夹住玻璃管位置，把滴管的尖嘴插入试剂瓶的液面以下，放松拇指和食指，液体就会被吸入滴管内，把胶头滴管移出试剂瓶，垂直放到试管或其他容器的上方，挤压胶头，使液体滴出。胶头滴管尖嘴不能插入试管或其他容器内，也不能盛液倒置或平放在桌面上，以防倒流，腐蚀胶头和沾污试剂。取完试剂后，胶头滴管应挤空，插回原瓶上。洗滴管时应将胶帽取下，滴瓶中不可以长期盛放易挥发，易腐蚀胶帽的试剂。

（五）物质的溶解

溶解过程中可采用研磨、振荡、搅拌、加热等措施加速溶解。溶解前要考虑好溶质和溶剂的加入顺序，一般情况下是把溶质加入到溶剂中。

1. 固体物质的研磨

固体物质研磨后可以加速其溶解或反应，通常在研钵中进行（图1－33）。根据固体的性质和硬度选择合适的研钵，把研钵洗净晾干（或擦干），放入待研磨的固体。研磨时左手稳住研钵，右手握住研杵，先用研杵把较大的固体压碎，再用研杵在钵内稍加用力地边压边转动，并随时把沾在研杵和研钵壁上的固体刮下研碎。研磨完毕，用药匙把研好的固体全部刮出。

图1－33 研磨固体

固体物质研磨时应注意：研磨的量不能超过研钵体积的1/3；潮湿的固体要先干燥，冷却后再研磨；大块固体需先在外面用布或纸包好锤细后方可进行研磨；研磨易燃易爆的物质要小心；研磨易挥发的、易产生刺激性气味的或有毒蒸气的试剂时应用纸盖上；不能把相互能发生反应的物质混在一起研磨；用研钵混合固体粉末时，应用药匙，不能用研杵；研钵一般不做反应的容器，不允许用火直接加热。

2. 振荡和搅拌

振荡和搅拌是把液体与液体或液体和固体进行充分混合的操作，小口径的容器一般用振荡，如试管、锥形瓶等。大口径的容器一般用搅拌方法，如烧杯等。

（1）振荡　烧瓶及锥形瓶的振荡，一般是手持瓶颈，运用手腕的力量，使瓶沿着一个方向做圆周运动；振荡试管时，试管内的液体不能超过试管体积的1/3，用拇指、食指和中指捏住试管上部，用手腕的力量进行振荡，反复振荡几次即可达到充分混合的目的。

（2）搅拌　在烧杯中混合液体或溶解固体时，一般用玻璃棒进行搅拌，搅拌时应注意：玻璃棒的长度应与烧杯的大小相适应，一般玻棒斜放在烧杯中，露出烧杯外面的长度是在烧杯内长度的1/2；搅拌时，使玻璃棒作均匀的圆周运动，不要使玻璃棒碰到容器的边缘和底部。玻璃棒转速不宜太快，以免使液体溅出或击破烧杯。

（六） 溶液的配制

1. 一般溶液的配制

一般溶液是指非标准滴定溶液，它在分析工作中常作为溶解样品、调节酸度、分离或掩蔽离子、显色等使用。配制一般溶液精度要求不高，溶液浓度只需保留1～2位有效数字，计量质量或体积不必要用精准量器，台秤、量筒、烧杯等辅助玻璃器皿就可完成。一般步骤如下。

（1）根据要求计算所用溶质、溶剂的量。

（2）固体用台秤称其质量，液体用量筒（量杯、烧杯）量体积。

（3）按正确的方法混合均匀。固体溶质直接用溶剂（水）溶解，并稀释至指定体积（注意配制 NaOH 或 KOH 时的放热，须冷却后再转移至试剂瓶中）；液体溶质可直接量取后稀释（注意用浓 H_2SO_4 配制时，须将浓 H_2SO_4 沿玻璃棒缓慢加到水中，并不断搅拌）。

2. 标准溶液的配制

标准溶液是指已知准确浓度（用4位有效数字表示）的试剂溶液，分析工作中正确配制标准溶液、准确地确定其浓度以及标准溶液妥善保存，对于提高分析结果的准确度有重大意义。配制标准溶液一般有直接法和间接法两种方法。

（1）直接法　直接法适合于用基准物质配制标准溶液。首先准确称取一定量的基准物质于小烧杯中，溶解后定量地转移到容量瓶中，用蒸馏水稀释至刻度，然后根据称取物质的质量和容量瓶的体积，计算出该标准溶液的准确浓度。

作为直接配制的溶质，基准物质必须具备以下条件：

①试剂的纯度足够高（99.9%以上），一般可以用基准试剂或优级纯试剂；

②物质的组成与化学式相符，若含结晶水，其结晶水的含量应与化学式相符；

③试剂稳定，如不易吸收空气中的水分和二氧化碳，不易被空气氧化；

④摩尔质量尽可能大些。

由于大多数物质不能满足基准物质的条件，可采用间接配制法。

（2）间接法　间接法就是先配近似浓度的溶液再标定的方法。首先粗略地称取一定质量的溶质或量取一定体积的溶液，配制成接近于所需要浓度的溶液，然后用基准物或另一种物质的标准溶液通过滴定的方法来确定它的准确浓度。这种确定浓度的操作称为标定。

例如，NaOH 极易吸收空气中的和水分，配制 NaOH 标准溶液只能用间接法配制。如欲配制 0.1mol/L NaOH 标准溶液，可先配成约为 0.1mol/L 的溶液，然后用该溶液滴定准确称量的邻苯二甲酸氢钾的溶液，根据两者完全作用时 NaOH 溶液的用量和邻苯二甲酸氢钾的质量，根据化学反应的计量关系可计算出 NaOH 溶液的准确浓度。

3. 配制和保存标准溶液时的注意事项

（1）配制及分析中所用的水及稀释液，在没有注明其他要求时，系指其纯度能满足分析要求的蒸馏水或离子交换水（纯水）。容器应用纯水洗 3 次以上。

特殊要求的溶液应事先作纯水的空白值检验。如配 $AgNO_3$溶液时，应检验水中无 Cl^-；配制用于 EDTA 配位滴定的溶液应检验水中无杂质阳离子。

（2）工作中使用的分析天平、砝码、滴定管、容量瓶及移液管均需校正。

（3）标准溶液规定为以 20℃时标定的浓度为准（否则应进行换算）。

（4）在标准溶液的配制中规定用基准物标定和比较法标定时，不要略去其中任何一种，而且两种方法测得的浓度值之相对误差不得大于 0.2%，以标定所得数字为准。

（5）直接法配制标准溶液或标定时所用基准试剂应符合要求，含量为 99.95%～100.05%，换批号时，应做对照后再使用；间接法配制标准溶液所用药品应符合化学试剂分析纯级。

（6）配制 0.02mol/L 或更稀的标准溶液时，应在临用前，将浓度较高的标准溶液用煮沸并冷却水稀释，必要时重新标定。

（7）配好的溶液要用带塞的试剂瓶盛装。见光易分解的溶液要装于棕色瓶中；挥发性试剂例如用有机溶剂配制的溶液，瓶塞要严密；见空气易变质及放出腐蚀性气体的溶液也要盖紧，长期存放时要用蜡封住；浓碱液应用塑料瓶装，如装在玻璃瓶中，要用橡皮塞塞紧，不能用玻璃磨口塞。

（8）每瓶试剂溶液必须有标明名称、规格、浓度和配制日期的标签。

（七）定量分析基本操作

1. 称量仪器的使用

天平是实验室中最常用的称量质量的仪器，常规的分析操作都要使用天平，天平的称量误差直接影响分析结果。托盘天平、机械阻尼天平、电光天平和单盘天平曾是 20 世纪实验室主要的称量工具，进入 21 世纪以来，应用较为广泛的是电子天平。下面主要介绍托盘天平和电子天平的使用。

（1）托盘天平（台秤）　托盘天平是根据杠杆原理制成的，它用已知质量的砝码来衡量被称物体的质量。如图 1－34 所示，设杠杆 AC 的支点为 B，AB 和 BC 的长度相等，A、C 两点是力点，A 点悬挂的被称物体的质量为 $m(P)$，C 点悬挂的砝码质量为 $m(Q)$。

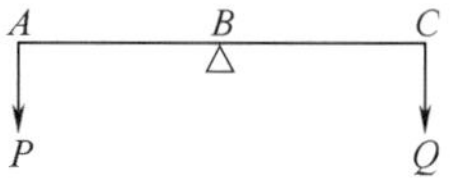

图 1－34　杠杆原理示意图

当杠杆处于平衡状态时，力矩相等，即：

$$m(P) \cdot AB = m(Q) \cdot BC$$

因　$$AB = BC$$

则　$$m(P) = m(Q)$$

天平中 $m(P)$ 和 $m(Q)$ 分别为称量物和砝码的质量，称量时，当天平达到平衡状态时，称量物质量可以从砝码读取。图 1－35 所示为托盘天平的构造图，左、右各一个托盘，左盘放物体，右盘放砝码，根据指针在刻度盘上的摆动情况确定托盘天平的平衡位置。使用托盘天平称量时，按下列方法操作：

①零点调整，空盘状态下，游码置于“0”刻度处（最左边），调节零点螺丝至指针指示位置停留在刻度牌中间刻度（零点）。

②称量物放在左盘（试剂不能直接放在盘上），调整右盘上砝码（从小到大），直至平衡时指针停留在零点位置，记录全部砝码的总质量（包括游码）即称量物的质量。

③称量结束，应把全部砝码正确放回砝码盒内相应位置，游码标尺上的游码回至“0”刻度处，并及时做好清洁整理。

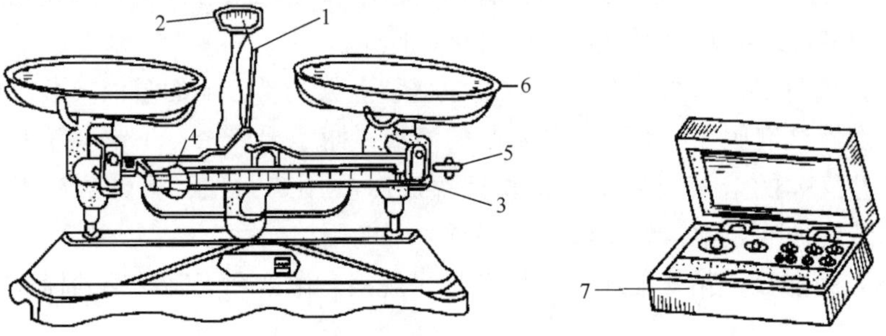

图1－35　托盘天平

1—指针　2—刻度牌　3—游码标尺　4—游码　5—零点调节螺丝　6—天平盘　7—砝码盒

（2）电子天平　电子天平是最新一代的称量仪器，其工作原理是利用电子装置完成电磁力补偿的调节，使物体在重力场中实现力的平衡，或通过电磁力矩的调节使物体在重力场中实现力矩的平衡。根据电流力效应原理，假设通过线圈电流的方向和磁场方向如图1－36所示，则磁场中通过电流 I 的线圈所产生的电磁力 F 方向向上，在磁体的磁感应强度、线圈的直径和匝数等因素一定的条件下，电磁力与通过线圈的电流强度成正比：$F=K\cdot I$。

视频：托盘天平的构造及使用

由图1－37可见，在电子天平中，秤盘通过支架与线圈相连接，秤盘上被称物体的质量 m 与形成的重力 mg 通过连杆支架作用于线圈，其方向向下。当磁场线圈内有电流通过时，线圈所产生的方向向上的电磁力 F 与之相对抗。电子天平采用了电流控制电路等测量与补偿装置的设计环节，相应改变电流 I 的大小，使所产生的电磁力与被称量物体的重力相干衡，让秤盘支架的位置在弹性簧片的作用下复原，从而达到 $F=K\cdot I=mg$。

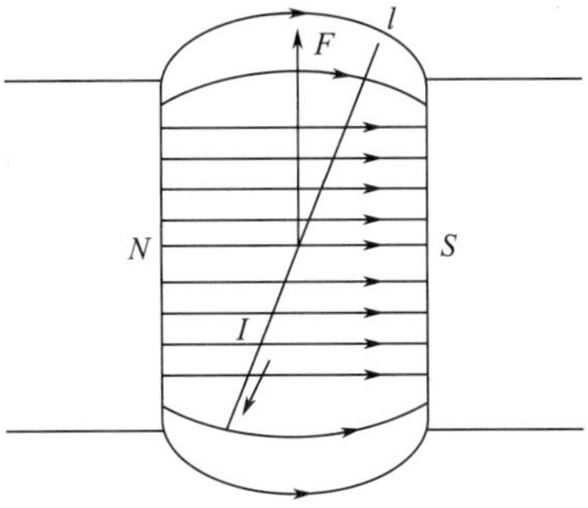

图1－36　电流力效应原理示意图

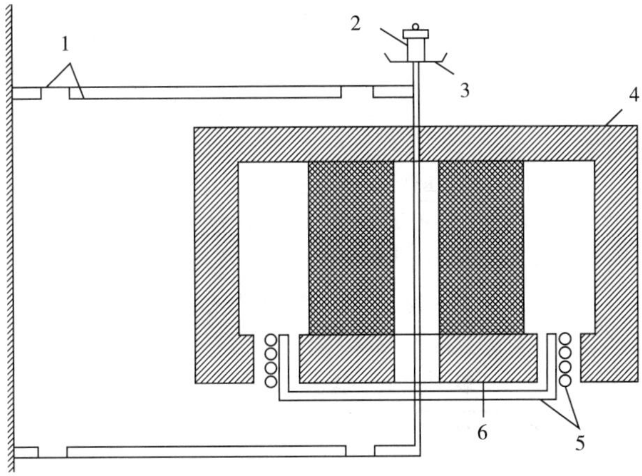

图1－37　天平的电磁力平衡示意图

1—簧片及支架　2—被称物体　3—秤盘支架　4—磁钢

5—线圈及线圈架　6—磁回整体

常见电子天平通常由截荷接受与传递装置、测量与补偿装置等部件组成，可分为顶部承载式和底部承裁式两类，目前常用的多数为顶部承载式，其结构和控制面板示意图见图1－38。

传统的分析天平按其精度（即分度值/最大载荷）可分为10级，其中一级天平精度最好，十级天平精度最差，电子天平根据精度常分为四个等级，具体参数见表1－21。

在化学分析中，常选用分度值为0.1mg、最大称量值为100～200g的万分之一天平，特殊情况下可用到千分之一（准至1mg）或十万分之一天平（准至0.01mg）。

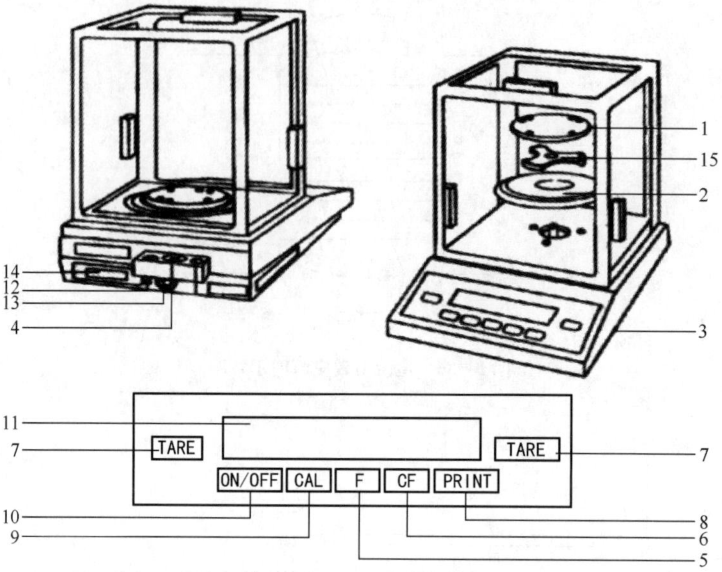

图 1-38　BS110S 型电子天平及其操作面板

1—秤盘　2—屏蔽环　3—地脚螺丝　4—水平仪　5—功能键　6—清除键　7—去皮键清零　8—输出打印键　9—校准键　10—开关键　11—显示屏　12—去连锁开关　13—电源接口　14—数据接口　15—秤盘支架

表 1-21　电子天平的分类

类别	最大称量值/g	标尺分度值
超微量电子天平	2～5	＜（最大）称量值的 10^{-6}
微量天平	20～50	＜（最大）称量值的 10^{-5}
半微量天平	20～100	＜（最大）称量值的 10^{-5}
常量电子天平	100～200	＜（最大）称量值的 10^{-5}

由于电子天平可直接称量，全量程不需要砝码，放上被测物质后，在几秒钟内达到平衡，直接显示读数，具有体积小、称量速度快、使用寿命长、性能稳定、操作简便和灵敏度高的特点。另外，电子天平还具有自动校正、自动去皮、超载显示、故障报警以及具有质量电信号输出功能，且可与打印机、电脑联用进一步扩展其功能，应用越来越广泛。使用电子天平操作过程如下：

①检查天平的水平状态：如不水平，则通过天平底下的水平调节脚加以调

节。调节时注意观察水平仪气泡的位置，气泡居中则表示状态水平。

②打开电源开关接通电源，预热30min，等天平稳定后方可准确称量。

③称量结束后，应取出被称物，按“OFF”键关闭天平，将天平还原。在天平的使用记录本上记下称量操作的时间和天平状态，并签名。整理好台面之后方可离开。

（3）电子天平的称量方法　电子天平的使用方法较半自动电光天平来说大为简化，无需加减砝码，调节质量。复杂的操作由程序代替，主要介绍电子天平的几种快捷称量方法。

视频：电子分析天平的使用

①直接称量法：用于称量一物体的质量、洁净干燥的不易潮解或升华的固体试样的质量。如称量某小烧杯的质量：关好天平门，按“TAR”键清零。打开天平左门，将小烧杯放入托盘中央，关闭天平门，待稳定后读数。记录后打开左门，取出烧杯，关好天平门。

②固定质量称量法：又称增量法，用于称量某一固定质量的试剂或试样。这种称量操作的速度很慢，适用于称量不易吸潮，在空气中能稳定存在的粉末或小颗粒（最小颗粒应小于0.1mg）样品，以便精确调节其质量。操作可以在天平中进行，用左手手指轻击右手腕部，将牛角匙中样品慢慢震落于容器内，当达到所需质量时停止加样，关上天平门，显示平衡后即可记录所称取试样的质量。记录后打开左门，取出容器，关好天平门。

固定质量称量法要求称量精度在0.1mg以内。如称取0.5000g样品，则允许质量的范围是0.4999～0.5001g。超出这个范围的样品均不合格。若加入量超出，则需重称试样，已用试样必须弃去，不能放回到试剂瓶中。操作中不能将试剂撒落到容器以外的地方。称好的试剂必须定量的转入接收器中，不能有遗漏。

③递减称量法：又称减量法。用于称量一定范围内的样品和试剂。主要用于称量易挥发、易吸水、易氧化及易吸收二氧化碳的物质。药品必须放在特定的称量容器（称量瓶）中进行称量。用滤纸条从干燥器中取出称量瓶，用纸片夹住瓶盖并打开瓶盖，用牛角匙加入适量试样（多于所需总量，但不超过称量瓶容积的三分之二），盖上瓶盖，置入天平中，显示稳定后，按“TAR”键清零。用倾倒法进行取样（图1－39），具体操作如下：用滤纸条取出称量瓶，在接收器的上方倾斜瓶身，用瓶盖轻击瓶口使试样缓缓落入接收器中，当估计试样接近所需量时，继续用瓶盖轻击瓶口，同时将瓶身缓缓竖直，用瓶盖敲击瓶口上部，使粘于瓶口的试样落入瓶中，盖好瓶盖。将称量瓶放入天平，显示的质量减少量即为倾出试样的质量。若倾出的试样质量低于规定的质量范围下限时，可重复上述操作一次或多次，直至倾出的试样质量符合规定的称量要求。

若倾出试样的质量超出规定的质量范围上项时，则需重称，已取出试样不能收回，必须弃去。

(a) (b)

图1-39 称量瓶手持方法和试样倾倒方法

（4）使用天平的注意事项

①在开、关开平门及放取称量物时，动作必须轻缓，切不可用力过猛或过快，以免造成天平损坏。

②对于过热或过冷的称量物，应使其回到室温后方可称量。

③称量物的总质量不能超过天平的称量范围。在固定质量称量时要特别注意。

④所有称量物都必须置于一定的洁净干燥容器（如烧杯、表面皿、称量瓶等）中进行称量，以免沾染腐蚀天平。

⑤为避免手上的油脂汗液污染，不能用手直接拿取容器。称取易挥发或易与空气作用的物质时，必须使用称量瓶以确保在称量的过程中物质质量不发生变化。

2. 容量器皿的使用

容量器皿特指滴定管、移液管和容量瓶，是滴定分析中用来准确测定溶液体积的量器。正确规范使用容量器皿是滴定分析结果准确度的重要保证。

（1）滴定管　滴定管是滴定操作时准确测量放出标准溶液体积的一种量器。滴定管的管壁上有刻度线和数值，最小刻度为0.1mL，“0”刻度在上，自上而下数值由小到大，可准确读到0.01mL。传统的滴定管根据其构造分酸式滴定管和碱式滴定管两种。酸式滴定管下端有玻璃旋塞，用以控制溶液的流出。碱式滴定管下端连有一段橡皮管，管内有玻璃珠，用以控制液体的流出，橡皮管下端连一尖嘴玻璃管。酸式滴定管只能用来盛装酸性溶液或氧化性溶液，碱式滴定管只能用来盛装碱性溶液或非氧化性溶液，凡能与橡皮起作用的溶液均不能使用碱式滴定管。

视频：滴定管及其使用方法

①使用前的准备：

a. 洗涤。一般可直接用自来水冲洗或用肥皂水或洗衣粉水泡洗，但不可用去污粉刷洗。油污严重洗净时可用铬酸洗液洗涤。洗涤时将酸式滴定管内的水尽量除去，关闭活塞，倒入 10～15mL 洗液于滴定管中，两手端住滴定管，边转动边向管口倾斜，直至洗液布满全部管壁为止，立起后打开活塞，将洗液放回原瓶中。如果滴定管油垢较严重，需用较多洗液充满滴定管浸泡十几分钟或更长时间，甚至用温热洗液浸泡一段时间。洗液放出后，先用自来水冲洗，再用蒸馏水淋洗 2～3 次。碱式滴定管的洗涤方法与酸式滴定管基本相同，但要注意铬酸洗液不能直接接触胶管，否则胶管变硬损坏。简单方法是将胶管连同尖嘴部分一起拔下，滴定管下端套上一个滴瓶塑料帽，然后装入洗液洗涤，浸泡一段时间后放回原瓶中。然后用自来水冲洗，用蒸馏水淋洗 3～4 次备用。

b. 试漏。酸式滴定管使用前应检查玻璃活塞是否配合紧密。如不紧密将会出现漏水现象，则不宜使用。为了使玻璃活塞转动灵活并防止漏水，需在活塞上涂以凡士林。为了防止在滴定过程中活塞脱出，可用橡皮筋将活塞扎住。碱式滴定管不需涂油，主要是要检查橡皮管是否已老化、玻璃殊的大小是否合适，必要时要进行更换。

c. 装标准溶液。装标准溶液时应从盛标准溶液的容器内直接将标准溶液倒入滴定管中，以免浓度发生改变。先用待装标准溶液淋洗滴定管 2～3 次，即可装入标准溶液至“0”刻线以上。检查尖嘴内是否有气泡。如有气泡，将影响溶液体积的准确测量。排除气泡的方法是：用右手拿住滴定管无刻度部分使其倾斜约 30°角，左手迅速打开旋塞，使溶液快速冲出，将气泡带走。碱式滴定管应按图 1－40 所示的方法，将胶管向上弯曲，用力捏挤玻璃珠外橡皮管使溶液从尖嘴喷出，以排除气泡。碱式滴定管的气泡一般是藏在玻璃珠附近，必须对光检查胶管内气泡是否完全赶尽。赶尽后再调节液面 0.00mL 处，或记下初读数。

②滴定：进行滴定操作时，应将滴定管夹在滴定管架上。对于酸式滴定管，左手控制活塞，大拇指在管前，食指和中指在后，三指轻拿活塞柄，手指略微弯曲，向内扣住活塞，避免产生使活塞拉出的力，然后向里旋转活塞使溶液滴出；进行碱式滴定管滴定操作时，用左手的拇指和食指捏住玻璃珠靠上部位，向手心方向捏挤橡皮管，使其与玻璃珠之间形成一条缝隙，溶液即可流出，见图 1－41。

滴定前，先记下滴定管液面的初读数，滴定时，应使滴定管尖嘴部分插入锥形瓶口（或烧杯）下 2cm 处。滴定速度不能太快，以每秒 3～4 滴为宜，切不可成液柱流下。边滴边摇（或用玻棒搅拌烧杯中溶液）。向同一方向作圆周旋转（不应前后振动以免溶液溅出）。临近终点时，应 1 滴或半滴地加入，并

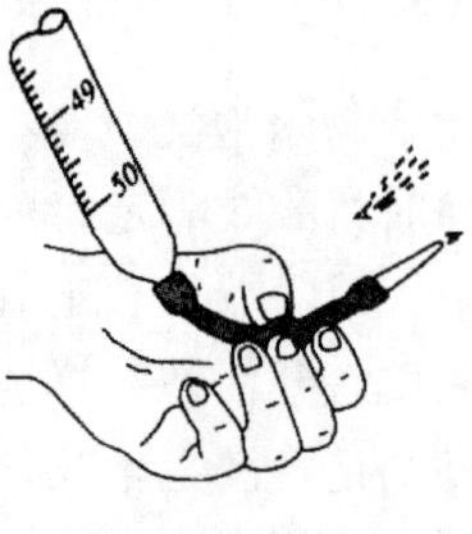

图1-40 碱式滴定管赶气泡

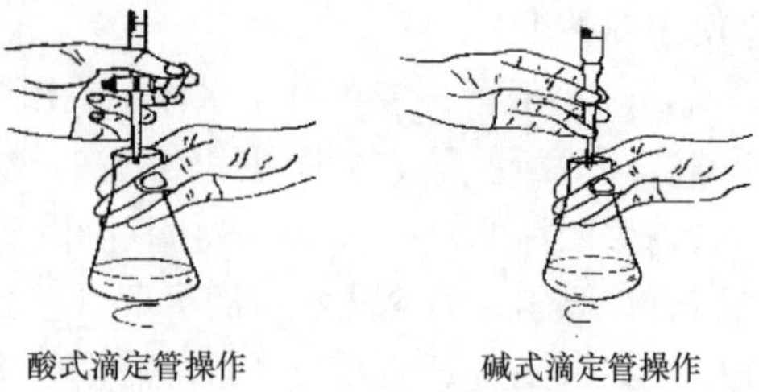

图1-41 滴定管的操作方法

用洗瓶收入少量水冲洗锥形瓶内壁，使附着的溶液全部流下，然后摇动锥形瓶，观察终点是否已达到，至终点时停止滴定。

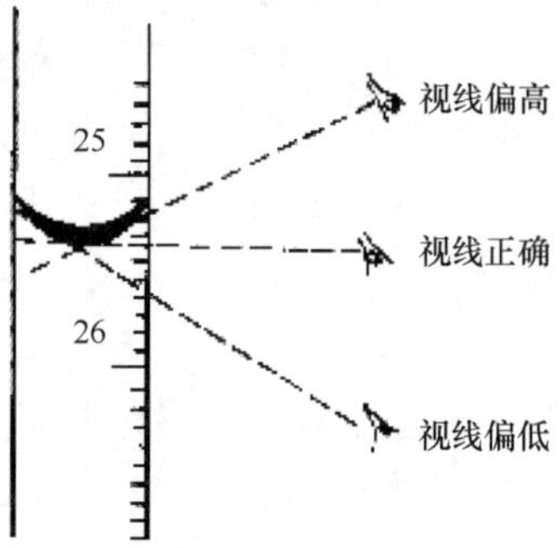

图1-42 滴定管读数

③读数：读取滴定管的读数时，要使滴定管垂直，视线应与弯月面下沿最低点在一水平面上（图1-42），要在装液或放液后1~2min进行。如果滴定液颜色太深，不能观察下缘时，可以读液面两侧最高点连线的读数。

④滴定操作注意事项：

a. 滴定管在装满滴定液后，管外壁的溶液要擦干，以免流下或溶液挥发而使管内溶液降温（在夏季影响尤大）。手持滴定管时，也要避免手心紧握装有溶液部分的管壁，以免手温高于室温（尤其在冬季）而使溶液的体积膨胀（特别是在非水溶液滴定时），造成读数误差。

b. 每次滴定须从刻度零开始，以使每次测定结果能抵消滴定管的刻度误差。

c. 用毕滴定管后，倒去管内剩余溶液，用水洗净。装入蒸馏水至刻度线以上，用大试管套在管口上。这样，下次使用前可不必再用洗液清洗。

d. 滴定管长时不用时，酸式滴定管活塞部分应垫上纸。否则，时间一久，塞干不易打开。碱式滴定管不用时胶管应拔下，蘸些滑石粉保存。

近年来，一种新式的酸碱两用滴定管在分析检验中被广泛使用，其结构、操作方法与酸试滴定管相似，旋塞用四氟乙烯材料制成，具有耐腐蚀，不需涂油和密封性好的特点。

（2）容量瓶　容量瓶是用来准确测量容纳液体体积的量器。它是一种带有磨口玻璃塞的细长颈、梨形的平底玻璃瓶，颈上有标线。当瓶内液体在所指定温度下达到标线处时，其体积即为瓶上所注明的容积数。容量瓶有多种规格，小的有5、25、50、100mL，大的有250、500、1000、2000mL等。它主要用于直接法配制标准溶液和准确稀释溶液。

①使用前的准备：容量瓶在使用前要试漏和洗涤。试漏的办法是将瓶中装水至标线附近，左手塞紧塞子并将瓶子倒立2min，用滤纸片检查是否有水渗出。如不漏水，将瓶直立，再将塞子旋转180°后，倒立2min再检查是否有水渗出。洗涤的方法一般是先用自来水洗涤、蒸馏水洗净后即可。污染较重时可用铬酸洗液洗涤，洗涤时将瓶内水尽量倒空，然后倒入铬酸洗液20～30mL，盖上瓶塞，边转动边向瓶口倾斜，至洗液充满全部内壁。放置数分钟，倒出洗液，用自来水、蒸馏水淋洗后备用。

视频：容量瓶的使用方法

②定量转移溶液：如果是用固体物质配制标准溶液，应先将准确称量好的固体溶质放在烧杯中，用少量蒸馏水或溶剂溶解，然后一手将玻璃棒插入容量瓶，底端靠近瓶壁，另一手拿着烧杯，让烧杯嘴靠紧玻棒，使溶液沿玻璃棒慢慢流下。溶液流完后将烧杯沿玻棒向上提，并逐渐竖直烧杯，将玻璃棒放回烧杯，但玻璃棒不能碰烧杯嘴。用洗瓶冲水洗玻棒和烧杯壁数次，每次约5mL。将洗涤液用相同方法定量转入容量瓶中［图1－43（1）］。如果是把浓溶液定量稀释，则可用移液管或吸量管直接吸取一定体积的溶液移入容量瓶中即可。

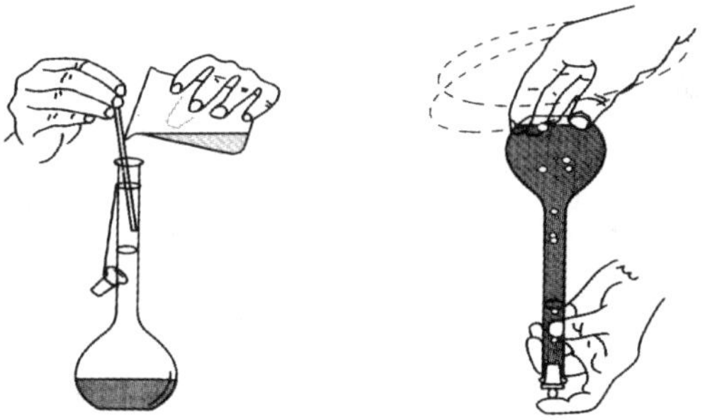

(1)　　(2)

图1－43　定量转移及摇匀

③稀释溶液并定容：定量转移完成后用蒸馏水或溶剂进行稀释。当蒸馏水或溶剂加至容量瓶的3/4处时，塞上塞子，用右手食指和中指夹住瓶塞，将瓶拿起，轻轻摇转，使溶液初步混合均匀，注意不能倒转。当液面接近标线时，等1～2min后再用滴管滴加蒸馏水或溶剂至刻度。滴加时，不能手拿瓶底，应拿瓶口处，眼睛平视弯液面下部与刻度线重合，盖好瓶塞。

④混合均匀：塞紧瓶塞，左手食指顶住瓶塞，其余四指拿住瓶颈标线以上部分，用右手指尖托住瓶底（注意不要用手掌握住瓶塞瓶身），将容量瓶倒转使气泡上升到顶，如此反复十余次使溶液充分混匀，见图1－43（2）。

⑤使用容量瓶时注意事项：

a. 不能在容量瓶里进行溶质的溶解；

b. 容量瓶不能进行加热，如果溶质在溶解过程中放热，要待溶液冷却后再进行转移；

c. 容量瓶只能用于配制溶液；

d. 容量瓶用毕应及时洗涤干净，塞上瓶塞，并在塞子与瓶口之间夹一张纸条，防止瓶塞与瓶口粘，连塞与瓶应编号配套或用绳子（橡皮筋）相连接以防止瓶塞丢失、污染或搞错。

（3）移液管　移液管是准确移取放出液体体积的量器。它是一根细长中间膨大的玻璃管，在管的上端有刻线。膨大部分标有它的容积和标定时的温度。移液管有 10、25、50mL 等规格。吸量管是带有分刻度的移液管，用它可以移取不同体积的溶液，常用规格有 1、2、5、10mL 等。

①使用前的准备：移液管和吸量管使用前均要用自来水洗涤，再用蒸馏水洗净。较脏时（内壁挂水珠时）可用铬酸洗液洗净。其洗涤方法是：右手拿移液管或吸量管，管的下口插入洗液中，左手拿洗耳球，先把球内空气压出，然后把球的尖端接在移液管或吸量管的上口，慢慢松开左手手指，将洗液慢慢吸入管内直至上升到刻度以上部分，等待片刻后，将洗液放回原瓶中。如果需要比较长时间浸泡在洗液中时，应准备一个高型玻璃筒或大量筒（筒底铺些玻璃丝），将吸量管直立于筒中，筒内装满洗液，筒口用玻璃片盖上，浸泡一段时间后，取出吸量管，沥尽洗液，用自来水冲洗，再用蒸馏水淋洗干净。干净的移液管和吸量管应放置在干净的移管架上。

视频：移液管和吸量管的使用方法

②吸取溶液：移液时为保证移取时浓度保持不变，应先使用滤纸将管口外水珠擦去，再用被移溶液润洗 2～3 次，润洗操作类似常量滴定管的洗涤操作。

吸取溶液时，用右手大拇指和中指拿在管子的刻度上方，插入溶液中，左手用吸耳球将溶液吸入管中。当液面上升至标线以上，立即用右手食指（用大拇指操作不灵活）按住管口。管尖靠在瓶内壁，稍放松食指，液面下降。当弯液面与刻线相切时，立即用食指按紧管口见图 1－44（1）。将移液管放入锥形瓶中，将锥形瓶略倾斜呈 45°，管尖靠瓶内壁，管尖放到瓶底是错误的，移液管垂直，松开食指，液体自然沿瓶壁流下，液体全部流出后停留 15s，取出移液管，见图 1－44（2）。留在管口的液体不要吹出，因为校正时未将这部分体积计算在内。使用吸量管时，通常是液面由某一刻度下降

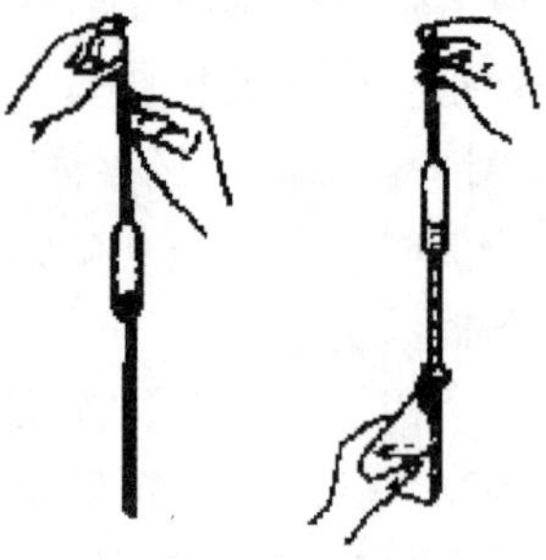

(1)　　(2)

图 1－44　移液管的操作方法

到另一刻度，两刻度之差就是放出的溶液的体积，注意目光与刻度线平齐。

③使用时注意事项：

a. 移液管及刻度吸量管一定用橡皮吸球（洗耳球）吸取溶液，不可用嘴吸取。

b. 移液时，移液管不要伸入太浅，以免液面下降后造成吸空；也不要伸入太深，以免移液管外壁附有过多的溶液。

c. 需精密量取5、10、20、25、50mL 等整数体积的溶液，应选用相应大小的移液管，不能用两个或多个移液管分取相加的方法来精密量取整数体积的溶液。同一实验中应尽可能使用同一吸量管的同一区段。

d. 移液管和吸量管在实验中应与溶液一一对应，不应混用以避免沾染。

e. 使用同一移液管量取不同浓度溶液时要充分荡洗3次，应先量取较稀的一份，然后量取较浓的。在吸取第一份溶液时，高于标线的距离最好不超过1cm，这样吸取第二份不同浓度的溶液时，可以吸得再高一些荡洗管内壁，以消除第一份的影响。

需要强调的是，容量器皿受温度影响较大，切记不能加热，只能自然沥干，更不能在烘箱中烘烤。另外，容量仪器在使用前常需校正，以确保测量体积的准确性。

3. 沉淀法称量分析操作

沉淀法称量分析的基本操作，包括沉淀的生成、沉淀的过滤和洗涤、沉淀烘干、炭化、灰化及质量恒定等。

（1）沉淀的生成　在含有被测组分的试液中加入适当的沉淀剂，将被测组分转化成难溶化合物的过程称为深沉。沉淀作用一般在烧杯中进行。用滴管将沉淀剂加入到试液中，注意将滴管口接近液面，但不能伸入到溶液中去。沉淀时应根据沉淀的性质和分析的要求选择合适的沉淀条件，沉淀后要检查是否沉淀完全。若不完全需继续加入适当过量的沉淀剂，直至检查到沉淀完全为止。

（2）沉淀的过滤和洗涤　使母液和沉淀分离的操作称作过滤。根据沉淀在灼烧中是否会被纸灰还原及称量形式的性质，选择滤纸或玻璃滤器过滤。对于干燥后需要灼烧的沉淀可用滤纸过滤，同时根据沉淀的性状选用紧密程度不同的滤纸；对于干燥后不要灼烧的沉淀可用微孔玻璃滤器过滤。

①滤纸过滤：对于用滤纸过滤的沉淀，要注意选择滤纸及漏斗，同时将滤纸正确折叠并与漏斗密合后，采用“倾泻法”过滤，并初步洗涤沉淀。

a. 滤纸的选择。定量滤纸又称无灰滤纸（每张灰分在0.1mg以下或准确已知）。由沉淀量和沉淀的性质决定选用大小和致密程度不同的快速、中速和慢速滤纸。晶形沉淀多用致密滤纸过滤，蓬松的无定形沉淀要用较大的疏松的滤纸。由滤纸的大小选择合适的漏斗，放入的滤纸应比漏斗沿低0.5～1cm。

b. 滤纸的折叠和安放。如图 1－45 所示，先将滤纸沿直径对折成半圆图 1－45（1），再根据漏斗的角度的大小折叠［可以大于90°，见图 1－45（2）］。折好的滤纸，一个半边为 3 层，另一个半边为单层，为使滤纸 3 层部分紧贴漏斗内壁，可将滤纸的上角撕下图 1－45（3），并留做擦拭沉淀用。将折叠好的滤纸放在洁净的漏斗中，用手指按住滤纸，加蒸馏水至满，必要时用手指小心轻压滤纸，把留在滤纸与漏斗壁之间的气泡赶走，使滤纸紧贴漏斗并使水充满漏斗颈形成水柱，以加快过滤速度。

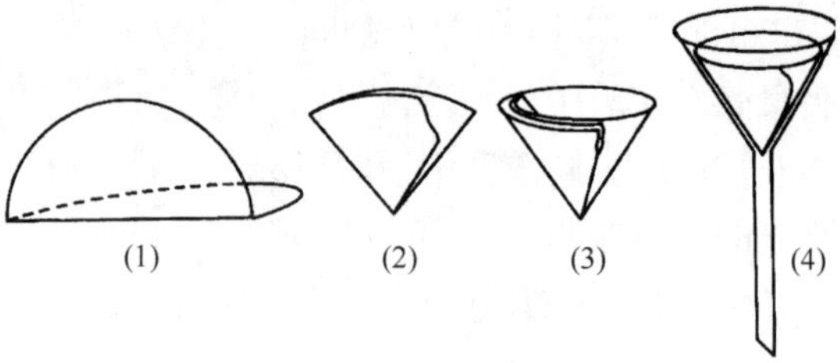

图 1－45 滤纸的折叠和安放

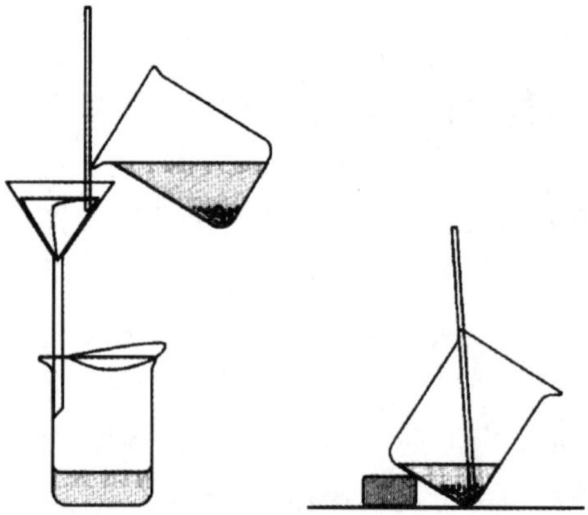

图 1－46 倾泻法过滤操作和倾斜静置

c. 沉淀的过滤。将滤纸放入漏斗后，滤纸的上缘应低于漏斗口约 0.5cm，用食指按住，同时用洗瓶挤出蒸馏水润湿，然后用食指轻压滤纸四周，挤压出滤纸和漏斗壁之间的气泡，在漏斗中注入蒸馏水，此时漏斗的颈部可形成一连续的水柱，它会加快过滤速度。一般多采用“倾泻法”过滤。操作方法如图1－46所示。

将漏斗置于漏斗架上，接受滤液的洁净烧杯放在漏斗下面，使漏斗颈下端在烧杯边沿以下3～4cm 处，并与烧杯内壁靠紧。先将沉淀倾斜静置，然后将上层清液小心倾入漏斗滤纸中，使清液先通过滤纸，而沉淀尽可能地留在烧杯中，尽量不搅动沉淀，操作时一手拿住玻璃棒，使与滤纸近于垂直，玻璃棒位于 3 层滤纸上方，但不和滤纸接触。另一只手拿住盛沉淀的烧杯，烧杯嘴靠住玻璃棒，慢慢将烧杯倾斜，使上层清液沿着玻璃棒流入滤纸中，随着滤液的流注，漏斗中液体的体积增加，至滤纸高度的 2/3 处，停止倾

注（切勿注满），停止倾注时，可沿玻璃棒将烧杯嘴往上提一小段，扶正烧杯；在扶正烧杯以前不可将烧杯嘴离开玻璃棒，并注意不让沾在玻璃棒上的液滴或沉淀损失，把玻璃棒放入烧杯内，但勿把玻璃棒靠在烧杯嘴部。

d. 沉淀的洗涤和转移。洗涤沉淀一般也采用倾泻法，为提高洗涤效率，按“少量多次”的原则进行。即加入少量洗涤液，充分搅拌后静置，待沉淀下沉后，倾泻上层清液，再重复操作数次后，将沉淀转移到滤纸上。洗涤完毕后在烧杯中加入少量洗涤液，将沉淀充分搅起，立即将悬浊液一次转移到滤纸中。然后用洗瓶吹洗烧杯内壁、玻璃棒，再重复以上操作数次；这时在烧杯内壁和玻璃棒上可能仍残留少量沉淀，这时可用撕下的滤纸角擦拭，放入漏斗中。然后按图1－47进行最后冲洗。沉淀全部转移完全后，再在滤纸上进行洗涤，以除尽全部杂质。注意在用洗瓶冲洗时是自上而下螺旋式冲洗（图1－48），以使沉淀集中在滤纸锥体最下部，重复多次，直至检查无杂质为止。

图1－47　沉淀转移操作

图1－48　在滤纸上洗涤沉淀

②减压过滤：减压过滤也称抽滤，减压过滤的原理是由真空泵或水循环将吸滤瓶内的空气抽出，降低瓶内气压而促使过滤加速，其装置如图1－49所示。

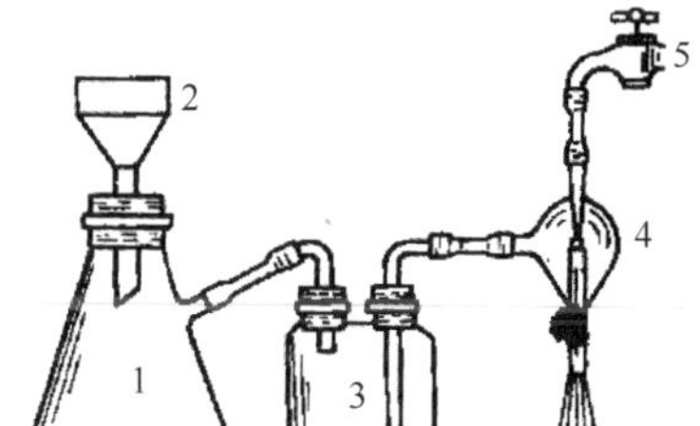

图1－49　减压过滤的装置

1—吸滤瓶　2—布氏漏斗　3—安全瓶　4—抽气管（水泵）　5—自来水龙头

（3）烘干与灼烧

①干燥器的准备和使用：干燥器是具有磨口盖子的密闭厚壁玻璃器皿，常用以保存坩埚、称量瓶、试样等物。它的磨口边缘涂一薄层凡士林，使之能与盖子密合，如图1－50（1）所示。

干燥器底部盛放干燥剂，最常用的干燥剂是变色硅胶和无水氯化钙，其上搁置洁净的带孔瓷板。坩埚等即可放在瓷板孔内。

干燥剂吸收水分的能力都是有一定限度的。因此，干燥器中的空气并不是绝对干燥的，只是湿度较低而已。使用干燥器时应注意下列事项：

a. 干燥剂不可放得太多，以免沾污坩埚底部。

b. 打开干燥器时，不能往上掀盖，应用左手按住干燥器，右手小心地把盖子稍微推开，如图1-50（2）所示，等冷空气徐徐进入后才能完全推开，盖子必须仰放在桌子上。

c. 搬移干燥器时，要用双手拿着，用大拇指紧紧按住盖子，如图1-50（3）所示。

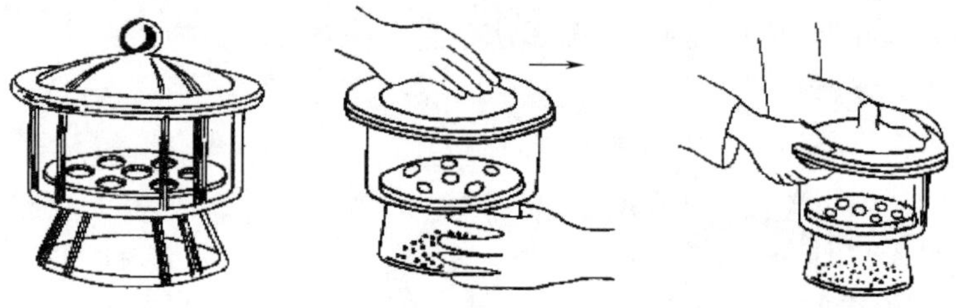

(1) 干燥器　　(2) 干燥器盖的开启和关闭　　(3) 干燥器的搬移

图1-50　干燥器的使用

d. 不可将太热的物体放入干燥器中。

e. 有时较热的物体放入干燥器中后，空气受热膨胀会把盖子顶起来，为了防止盖子被打翻，应当用手按住，不时把盖子稍微推开（不到1s），以放出热空气。

f. 灼烧或烘干后的坩埚和沉淀，在干燥器内不宜放置过久，否则会因吸收一些水分而使质量略有增加。

g. 变色硅胶干燥时为蓝色（含无水 Co^{2+} 色），受潮后变粉红色（水合 Co^{2+} 色）。可以在120℃烘受潮的硅胶待其变蓝后反复使用，直至破碎不能用为止。

沉淀的干燥和灼烧是在一个预先灼烧至质量恒定的坩埚中进行，因此，在沉淀的干燥和灼烧前，必须预先准备好坩埚。

②坩埚的准备：先将瓷坩埚洗净，小火烤干或烘干，编号（可用含 Fe^{3+} 或 Co^{2+} 的蓝墨水在坩埚外壁上编号），然后在所需温度下，加热灼烧。灼烧可在高温电炉中进行。由于温度骤升或骤降常使坩埚破裂，最好将坩埚放入冷的炉膛中逐渐升高温度，或者将坩埚在已升至较高温度的炉膛口预热一下，再放进

炉膛中。一般在800～950℃条件下灼烧半小时（新坩埚需灼烧1h）。从高温炉中取出坩埚时，应先使高温炉降温，然后将坩埚移入干燥器中，将干燥器连同坩埚一起移至天平室，冷却至室温（约需30rnin），取出称量。随后进行第二次灼烧，时间15～20min，然后冷却和称量。如果前后两次称量结果之差不大于0.2mg，即可认为坩埚已达质量恒定，否则还需再灼烧，直至质量恒定为止。灼烧空坩埚的温度必须与以后灼烧沉淀的温度一致。

坩埚的灼烧也可以在煤气灯上进行。事先将坩埚洗净晾干，将其直立在泥三角上，盖上坩埚盖，但不要盖严，需留一小缝。用煤气灯逐渐升温，最后在氧化焰中高温灼烧，灼烧的时间和在高温电炉中相同，直至质量恒定。

③沉淀的烘干和灼烧：沉淀的烘干和灼烧的目的是去除水分和可挥发成分，使沉淀形式转化为称量形式。烘干和灼烧的温度及时间随沉淀的不同而有差异。

a. 沉淀的烘干。烘干一般是在250℃以下进行。凡是用微孔玻璃滤器过滤的沉淀，可用烘干方法处理。一般将微孔玻璃坩埚（或漏斗）连同沉淀放在表面皿上，然后放入烘箱中，根据沉淀性质确定烘干温度。一般第一次烘干时间要长些，约2h，第二次烘干时间可短些，约45min到1h，根据沉淀的性质具体处理。沉淀烘干后，取出坩埚（或漏斗），置干燥器中冷却至室温后称量。反复烘干、称量，直至质量恒定为止。

b. 沉淀的包裹、干燥、炭化与灼烧。灼烧是指高于250℃以上温度进行的处理。它适用于用滤纸过滤的沉淀，灼烧是在预先已烧至恒重的瓷坩埚中进行的。坩埚准备好后即可开始沉淀的干燥和灼烧。利用玻璃棒把滤纸和沉淀从漏斗中取出，按图1－51，折卷成小包，把沉淀包卷在里面。此时应特别注意，勿使沉淀有任何损失。如果漏斗上沾有些微沉淀，可用滤纸碎片擦下，与沉淀包卷在一起。

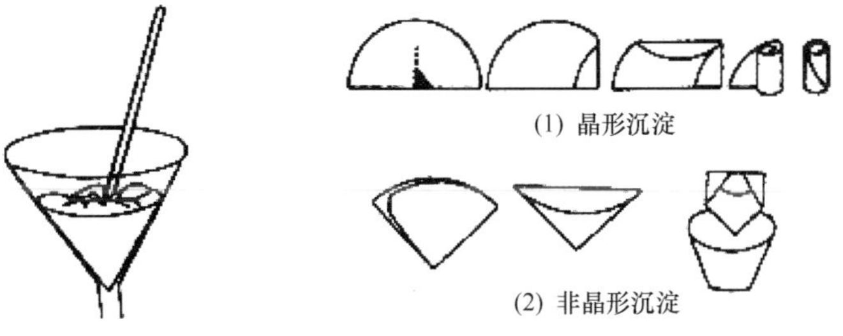

图1－51　过滤后滤纸的折卷

将滤纸包装进已质量恒定的坩埚内，使滤纸层较多的一边向上，可使滤纸灰化较易。按图1－52将斜坩埚置于泥三角上，盖上坩埚盖，然后如图1－53

所示，将滤纸烘干并炭化，在此过程中必须防止滤纸着火，否则会使沉淀飞散而损失。若已着火，应立刻移开煤气灯，并将坩埚盖盖上，让火焰自熄。当滤纸炭化后，可逐渐提高温度，并随时用坩埚钳转动坩埚，把坩埚内壁上的黑炭完全烧去，将炭烧成 CO_2 而除去的过程称作灰化。待滤纸灰化后，将坩埚垂直地放在泥三角上，盖上坩埚盖（留一小孔隙），于指定温度下灼烧沉淀，或者将坩埚放在高温电炉中灼烧。一般第 1 次灼烧时间为 30 ~ 45min，第 2 次灼烧 15 ~ 20min。每次灼烧完毕从炉内取出后，都需要在空气中稍冷，再移入干燥器中。沉淀冷却到室温后称量，然后再灼烧、冷却、称量，直至质量恒定。

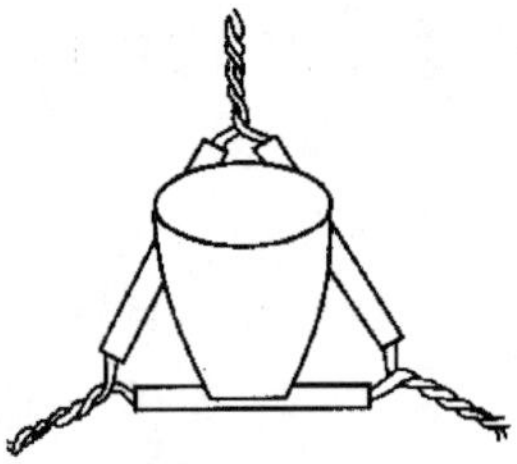

图 1 – 52　坩埚侧放泥三角上

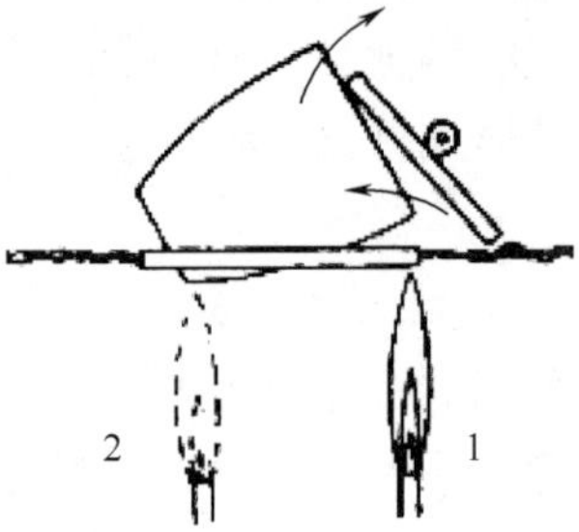

图 1 – 53　烘干（1）和炭化（2）

实训练习

实训一　称量技术训练

一、目的要求

（1）了解天平工作原理，学习天平使用规则，掌握天平使用方法。

（2）训练和掌握天平操作技能，学会熟练使用天平。

（3）熟练掌握试样的直接称量法和差减称量方法。

（4）培养准确、简明地记录实验原始数据的习惯。

二、实训原理

台秤和分析天平的工作原理是杠杆原理；电子天平的工作原理是电磁力平衡原理。

三、仪器与试剂

仪器：电子天平、干燥器、称量瓶、小烧杯、表面皿、称量纸、牛角匙等。

试剂：NaCl 粉末试样。

四、操作步骤

1. 称量前的准备

（1）检查天平的水平状况，若不水平，则调整至水平状态。

（2）打开电源预热天平。

2. 减量法称量训练

（1）直接称量法称取烧杯的质量　领取两个洁净的小烧杯，分别标记为烧杯 A、烧杯 B。分别先用托盘天平粗称并记录其质量为 m_{0A}、m_{0B}，（准确记录数据到0.1g），再用电子天平准确称量，记录其质量为 m_{1A}、m_{1B}（准确记录数据到0.0001mg），比较两种天平称量结果的差异。

（2）用减量法称量 0.2～0.4g NaCl 试样于烧杯 A 中　在一洁净的称量瓶中加入约半瓶 NaCl 固体，在电子天平上称其总质量，记录其质量为 m_2，然后自天平中取出称量瓶，将 0.2～0.4g NaCl 慢慢倾入上述直接法已经称好质量烧杯 A 中，然后再准确称量倾出试样后的称量瓶的质量，记为 m_3，则 $m_2 - m_3$ 即为倾出试样的质量（注意：为防止倾出量超标，应少量多次进行，如果一次倾出的试样量已经超出规定量，则需重新）。称量倾入试样后的烧杯 A 质量，记为 m_{2A}。$m_{2A} - m_{1A}$ 亦为倾出试样的质量。

（3）用减量法称量 0.2～0.4g NaCl 试样于烧杯 B 中　第一份试样称好后，按照上述步骤再称取 0.2～0.4g NaCl 于烧杯 B 中，其质量可分别记为 m_4、m_5、m_{2B}。

（4）结果的检查。

①检查 m_{0A} 与 m_{1A}、m_{0B} 与 m_{1B} 是否相等，比较两者的差异说明为什么。

②检查 $m_2 - m_3$ 与 $m_{2A} - m_{1A}$、$m_4 - m_5$ 与 $m_{2B} - m_{1B}$ 是否相等，如不相等求出差值，要求差值小于 0.5mg。

③检查倾入烧杯中的两份样品质量是否在 0.2～0.4g，如不符合要求，分析原因并继续称量。

3. 称量后的检查

训练结束后，要检查天平是否关好，天平盘内是否清扫污物（如有需用毛刷刷净）、天平电源是否切断、是否已经在记录本上签字等。

五、数据记录与结果处理

清晰、正确、实事求是记录测定数据，将结果填入表 1－22 中并按要求进行结果处理。

表 1-22 天平称量试验结果

记录项目	A	B
台秤称取小烧杯的质量/g	m_{0A} =	m_{0B} =
电子天平称取小烧杯的质量/g	m_{1A} =	m_{1B} =
"称量瓶+试样"的质量（倾出前）/g	m_2 =	m_4 =
"称量瓶+试样"的质量（倾出后）/g	m_3 =	m_5 =
"烧杯+试样"的质量/g	m_{2A} =	m_{2B} =
称量瓶倾出试样的质量/g	m_2-m_3 =	m_4-m_5 =
烧杯中倾入试样的质量/g	$m_{2A}-m_{1A}$ =	$m_{2B}-m_{1B}$ =
倾出与倾入试样质量的绝对差值/g		

六、思考题

（1）什么情况下用直接称量法、减量法或增量法称量？

（2）称量前应如何检查天平？

（3）进行减量法称量时，从称量瓶向器皿转移试样时能否用药勺取样？

（4）如果转移试样时有少许式样洒落在外边，此次称量数据是否能使用？

（5）就在本次实验中的称量情况，谈谈熟练掌握天平使用需要注意的问题。

实训二　滴定分析操作训练

一、目的要求

（1）了解滴定分析的常用仪器和作用；学习掌握容量器皿的洗涤方法。

（2）训练和掌握容量瓶、移液管的使用方法。

（3）训练和掌握滴定操作，学会滴定终点的判断。

（4）初步掌握甲基橙、酚酞指示剂终点颜色的确定。

二、实训原理

0.1mol/L NaOH 标准溶液（强碱）和 0.1mol/L HCl 标准溶液（强酸）相互滴定时，化学计量点时的 pH 为 7.0，滴定的突跃范围为 4.3～9.7。

在指示剂不变的情况下，一定浓度的 HCl 溶液和 NaOH 溶液相互滴定时，所消耗的体积之比值 V_{HCl}/V_{NaOH} 应是一定的，改变被滴定溶液的体积，此体积之比应基本不变，借此，可以检验滴定操作技术和判断终点的能力。

三、仪器与试剂

仪器：酸式滴定管、碱式滴定管、移液管、容量瓶、锥形瓶、烧杯、玻璃棒、洗耳球等。

试剂：0.10mol/L HCl 溶液、0.10mol/L NaOH 溶液、甲基红指示剂、酚酞指示剂。

四、操作步骤

1. 仪器使用基本练习

（1）练习滴定管的洗涤、试漏、涂油、用自来水练习排气泡、计数以及滴定管的滴速控制，用锥形瓶练习滴定过程中两只手的配合操作。

（2）练习移液管、容量瓶的洗涤，用自来水练习移液管吸液、放液操作和容量瓶的定容操作。

2. 溶液滴定操作

（1）用 0.1mol/L HCl 溶液滴定 0.1mol/L NaOH 溶液。

①将酸式滴定管、碱式滴定管按照规定操作准备好，分别装好 0.1mol/L HCl 溶液和 0.1mol/L NaOH 溶液，调整好零刻度，待用。

②从碱式滴定管放 20.00mL 0.1mol/L NaOH 溶液于 250mL 锥形瓶中，加 2 滴甲基橙指示，摇匀，溶液呈黄色，用准备好的 0.1mol/L HCl 溶液滴定，至溶液颜色由黄色变成橙色时为终点（若滴过量则溶液会呈红色，此时可再向溶液中滴入过量的 NaOH 溶液，使溶液呈黄色，再用 HCl 滴至终点，这样反复练习终点颜色的判断，直至熟练后再进行实验）。

③平行滴定 3 次，记录数据。

（2）用 0.1mol/L NaOH 溶液滴定 0.1mol/L HCl 溶液。

①按（1）中步骤①准备好酸碱滴定管。

②从酸式滴定管放 20mL 0.1mol/L HCl 溶液于 250mL 锥形瓶中，加 2 滴酚酞橙指示，摇匀，溶液呈无色。用准备好的 0.1mol/L NaOH 溶液滴定上述溶液，当滴至溶液颜色由无色变成浅红色时为终点。

③平行滴定 3 次，记录数据。

五、数据记录与结果处理

清晰、正确、实事求是地记录测定数据，并将结果填入表 1－23 和表 1－24中，并按要求进行结果处理。

表 1-23　HCl 溶液滴定 NaOH 溶液的数据记录表

记录项目	平行次序		
	Ⅰ	Ⅱ	Ⅲ
HCl 溶液的初始读数/mL			
HCl 溶液的终点读数/mL			
滴定消耗 HCl 溶液的体积 V_{HCl}/mL			
NaOH 溶液的初始读数/mL			
NaOH 溶液的终点读数/mL			
放出 NaOH 溶液的体积 V_{NaOH}/mL			
V_{HCl}/V_{NaOH}			
V_{HCl}/V_{NaOH} 的平均值			
个别测定结果的绝对偏差			
相对平均偏差/%			

表 1-24　用 NaOH 溶液滴定 HCl 溶液的数据记录表

记录项目	平行次序		
	Ⅰ	Ⅱ	Ⅲ
NaOH 溶液的初始读数/mL			
NaOH 溶液的终点读数/mL			
滴定消耗 NaOH 溶液的体积 V_{NaOH}/mL			
HCl 溶液的初始读数/mL			
HCl 溶液的终点读数/mL			
放出 HCl 溶液的体积 V_{HCl}/mL			
V_{HCl}/V_{NaOH}			
V_{HCl}/V_{NaOH} 的平均值			
个别测定结果的绝对偏差			
相对平均偏差/%			

六、思考题

（1）滴定管和移液管在使用前如何处理？为什么？

（2）用来滴定的锥形瓶是否需要干燥，是否需要用被滴定溶液润洗几次以除去其水分？为什么？

（3）遗留在移液管口内部的少量溶液，是否应当吹出去？为什么？

（4）进行滴定管读数时，如果视线高于或低于弯月面，所读刻度和正确的读数相比有何变化？

实训三　粗食盐的提纯

一、目的要求

（1）学习提纯食盐的原理、方法及有关离子的鉴定。

（2）掌握溶解、过滤、蒸发、浓缩、结晶、干燥等基本操作。

（3）进一步巩固称量操作技术。

二、实训原理

粗食盐中的不溶性杂质（如泥沙等）可通过溶解和过滤的方法除去。粗食盐中的可溶性杂质主要是 Ca^{2+}、Mg^{2+}、K^+ 和 $SO_4{}^{2-}$ 等，选择适当的试剂使它们生成难溶化合物的沉淀而被除去。

（1）在粗盐溶液中加入过量的 $BaCl_2$ 溶液，除去 $SO_4{}^{2-}$：

$$Ba^{2+} + SO_4{}^{2-} = BaSO_4 \downarrow$$

过滤，除去难溶化合物和 $BaSO_4$ 沉淀。

（2）在滤液中加入 NaOH 和 Na_2CO_3 溶液，除去 Mg^{2+}，Ca^{2+} 和沉淀 $SO_4{}^{2-}$ 时加入的过量 Ba^{2+}：

$$Mg^{2+} + 2OH^- = Mg(OH)_2 \downarrow$$

$$Ca^{2+} + CO_3^{2-} = CaCO_3 \downarrow$$

$$Ba^{2+} + CO_3^{2-} = BaCO_3 \downarrow$$

过滤除去沉淀。

（3）溶液中过量的 NaOH 和 Na_2CO_3 可以用盐酸中和除去。

（4）粗盐中的 K^+ 和上述的沉淀剂都不起作用。由于 KCl 的溶解度大于 NaCl，且含量较少，因此在蒸发和浓缩过程中，NaCl 先结晶出来，而 KCl 则留在溶液中。

三、仪器与试剂

仪器：台秤，烧杯，量筒，普通漏斗，漏斗架，布氏漏斗，吸滤瓶，蒸发皿，石棉网，酒精灯，药匙。

试剂：粗食盐，HCl（6mol/L），HAc（6mol/L），NaOH（6mol/L），$BaCl_2$（6mol/L），Na_2CO_3（饱和），$(NH_4)_2C_2O_4$（饱和），镁试剂，滤纸，pH 试纸。

四、操作步骤

1. 粗食盐的提纯

（1）称取 10.0g 粗食盐，放在 100mL 烧杯中，加入 40mL 水，搅拌并加热使其溶解。至溶液沸腾时，在搅拌下逐滴加入 1mol/L $BaCl_2$溶液至沉淀完全（约 2mL）。继续加热 5min，使 $BaSO_4$的颗粒长大而易于沉淀和过滤。

为了试验沉淀是否完全，可将烧杯从石棉网上取下，待沉淀下降后，取少量上层清液于试管中，滴加几滴 6mol/L HCl 溶液，再加几滴 1mol/L $BaCl_2$溶液进行检验。常压过滤。

（2）在滤液中加入 1mL 2mol/L NaOH 和 2mol/L Na_2CO_3至完全沉淀，加热至沸，待沉淀下降后，取少量上层清液放在试管中，滴加 Na_2CO_3溶液，检查有无沉淀生成。如不再产生沉淀，减压过滤。

（3）在滤液中逐滴加入 2mol/L HCl 溶液，直至溶液呈微酸性为止（pH 为 2 ~3）。

（4）将滤液倒入蒸发皿中，用小火加热蒸发，浓缩至稀粥状的稠液为止，切不可将溶液蒸干。

（5）冷却后，用布氏漏斗过滤，尽量将结晶抽干。将结晶放回蒸发皿中，小火加热干燥，直至不冒水蒸气为止。

（6）将精食盐冷至室温，称量。最后把精盐放入指定容器中。计算产率。

2. 产品纯度的检验

取粗盐和精盐各 1g，分别溶于 5mL 蒸馏水中，将粗盐溶液过滤。两种澄清溶液分别盛于 3 支小试管中，组成 3 组，对照检验它们的纯度。

（1）SO_4^{2-}的检验　在第 1 组溶液中分别加入 2 滴 6mol/L HCl 溶液，使溶液呈酸性，再加入 3 ~5 滴 1mol/L $BaCl_2$，如有白色沉淀，证明 SO_4^{2-}存在，记录结果，进行比较。

（2）Ca^{2+}的检验　在第 2 组溶液中分别加入 2 滴 6mol/L HAc 使溶液呈酸性，再加入 3 ~5 滴饱和的 $(NH_4)_2C_2O_4$溶液。如有白色 CaC_2O_4沉淀生成，证明 Ca^{2+}存在。记录结果，进行比较。

（3）Mg^{2+}的检验　在第 3 组溶液中分别加入 3 ~5 滴 6mol/L NaOH 溶液，使溶液呈碱性，再加入 1 滴“镁试剂”。若有天蓝色沉淀生成，证明 Mg^{2+}存在。记录结果，进行比较。

镁试剂是一种有机染料，在碱性溶液中呈红色或紫色，但被 $Mg(OH)_2$沉淀吸附后，则呈天蓝色。

五、数据记录与结果处理

清晰、正确、实事求是地记录测定数据，并将结果填入表 1 -25、表 1 -26

中，并按要求进行结果处理。

表 1－25　粗食盐提纯结果

记录项目	结果
粗食盐质量/g	
提纯后食盐质量/g	
产率/%	

表 1－26　产品纯度的检测结果

检测项目	检测结果	
	粗盐	精盐
SO_4^{2-} 的检验		
Ca^{2+} 的检验		
Mg^{2+} 的检验		

六、思考题

（1）粗食盐提纯时怎样除去实验过程中所加的过量沉淀剂？
（2）提纯后的食盐溶液浓缩时为什么不能蒸干？

练　习　题

一、单项选择

1. 实验室中常用的铬酸洗液，用久后表示失效的颜色是（　　）。
A. 黄色　B. 绿色　C. 红色　D. 无色

2. 洗涤盛 $KMnO_4$ 溶液后产生的褐色污垢合适的洗涤剂是（　　）。
A. 有机溶剂　B. 碱性溶液　C. 工业盐酸　D. 草酸洗液

3. 各种试剂按纯度从高到低的代号顺序是（　　）。
A. GR＞AR＞CP　B. GR＞CP＞AR
C. AR＞CP＞GR　D. CP＞AR＞GR

4. 不符合滴定分析对所用基准试剂要求的是（　　）。
A. 在一般条件下性质稳定　B. 实际组成与化学式相符
C. 主体成分含量 99.95%～100.05%　D. 杂质含量≤0.1%

5. 分析用水的质量要求中，不用进行检验的指标是（　　）。
A. 阳离子　B. 密度　C. 电阻率　D. pH

6. 下列各种装置中，不能用于制备实验室用水的是（　　）。
A. 回馏装置　B. 蒸馏装置　C. 离子交换装置　D. 电渗析装置
7. 下列天平能较快显示重量数字的是（　　）。
A. 全自动机械加码电光天平　B. 半自动电光天平
C. 阻尼天平　D. 电子天平
8. 称量易挥发液体样品用（　　）。
A. 称量瓶　B. 安瓿球　C. 锥形瓶　D. 滴瓶
9. 称量易吸湿的固体样应用（　　）盛装。
A. 研钵　B. 表面皿　C. 小烧杯　D. 高型称量瓶
10. 有关容量瓶的使用正确的是（　　）。
A. 通常可以用容量瓶代替试剂瓶使用
B. 用后洗净用烘箱烘干
C. 先将固体药品转入容量瓶后加水溶解配制标准溶液
D. 定容时，无色溶液弯月面下缘和标线相切即可
11. 下面移液管的使用正确的是（　　）。
A. 一般不必吹出残留液
B. 用蒸馏水淋洗后即可移液
C. 用后洗净，加热烘干后可再用
D. 移液管只能粗略地量取一定量液体体积
12. 有关滴定管的使用错误的是（　　）。
A. 使用前应洗干净，并检漏
B. 滴定前应保证尖嘴部分无气泡
C. 要求较高时，要进行体积校正
D. 为保证标准溶液浓度不变，使用前可加热烘干
13. 沉淀的（　　）是使沉淀和母液分离的过程。
A. 过滤　B. 洗涤　C. 干燥　D. 分解
14. 有关布氏漏斗及抽滤瓶的使用不正确的是（　　）。
A. 不能直接加热
B. 滤纸要略小于漏斗的内径
C. 使用时宜先开抽气管，后过滤
D. 过滤完毕后，先关抽气管，后断开抽气管与抽滤瓶的连接处
15. 不属于蒸馏装置的仪器是（　　）。
A. 蒸馏器　B. 冷凝器　C. 干燥器　D. 接收器
16. 装配蒸馏装置的一般的顺序是（　　）。
A. 由下而上，由左而右　B. 由大而小，由右而左

C. 由上而下，由左而右　　　　D. 由小而大，由右而左

17. 电器设备火灾宜用（　　）灭火。

A. 水　　B. 泡沫灭火器　　C. 干粉灭火器　　D. 湿抹布

18. 违背剧毒品管理的选项是（　　）。

A. 使用时应熟知其毒性以及中毒的急救方法

B. 未用完的剧毒品应倒入下水道，用水冲掉

C. 剧毒品必须由专人保管，领用必须领导批准

D. 不准用手直接去拿取毒物

19. 有关汞的处理错误的是（　　）。

A. 汞盐废液先调节 pH 至 8 ~ 10 加入过量 Na_2S 后，再加入 $FeSO_4$ 生成 HgS、FeS 共沉淀，然后再作回收处理

B. 洒落在地上的汞可用硫磺粉盖上，干后清扫

C. 实验台上的汞可采用适当措施收集在有水的烧杯

D. 散落过汞的地面可喷洒 20% 的 $FeCl_2$ 水溶液，干后清扫

20. 常用酸中毒及急救不妥的是（　　）。

A. 溅到皮肤上立即用大量水或 2% 的 $NaHCO_3$ 溶液冲洗

B. 误食盐酸可用 2% 的小苏打溶液洗胃

C. 口腔被酸灼伤可用 NaOH 溶液含漱

D. HF 酸溅到皮肤上，立即用大量水冲洗，再用 5% 的小苏打水洗，再涂甘油 - 氧化镁糊

二、判断是非

（　　）1. 准确称取分析纯的固体 NaOH，就可直接配制标准溶液。

（　　）2. 用纯水洗涤玻璃仪器时，使其既干净又节约用水的方法原则是少量多次。

（　　）3. 蒸馏完毕，拆卸仪器过程应与安装顺序相反。

（　　）4. 酸式滴定管活塞上凡士林涂得越多越有利于滴定。

（　　）5. 电子天平一定比普通电光天平的精度高。

（　　）6. 在分析化学实验中常用化学纯的试剂。

（　　）7. 电子天平较普通天平有较高的稳定性。

（　　）8. 凡是优级纯的物质都可用于直接法配制标准溶液。

（　　）9. 要求较高时，容量瓶在使用前应进行体积校正。

（　　）10. 遇水燃烧物起火可用泡沫灭火器灭火。

（　　）11. 压缩气体钢瓶应避免日光或远离热源。

（　　）12. 易燃液体废液不得倒入下水道。

（　　）13. As_2O_3 是一种剧毒氧化物。

（　　）14. 灭火器内的药液密封严格，不须更换和检查。
（　　）15. 钡盐接触人的伤口也会使人中毒。
（　　）16. 电器仪器使用时若遇停电，应立即断开电闸。
（　　）17. 实验室中家庭有用的物品可以暂时借用。
（　　）18. 酒精灯不用时应吹灭。
（　　）19. 电水浴锅可用酸溶液代替水使用。
（　　）20. 移液管的使用不必考虑体积校正。

模块二　基本分析技术

项目一　食用白醋中总酸含量的测定

项目描述

酸度是食品、化工生产中原辅料、半成品、产品的一项重要监测指标。分析工作人员（学生）在规定时间内，按照分析检测的专业要求，在教师的指导下完成“食用白醋中总酸含量的测定”方案制定和实施工作，并提交分析报告。在此工作过程中，巩固滴定分析的基本知识和技能，学习掌握酸碱滴定的原理、酸碱指示剂的选择、滴定过程的控制等相关知识和技能。

学习目标

知识目标	（1）了解食用白醋中总酸的含义、来源及含量高低对产品品质的影响。 （2）理解酸碱指示的变色原理、变色范围；理解酸碱滴定的基本原理，学会根据滴定曲线选择指示剂的方法。 （3）用酸碱滴定的原理测定食用白醋中总酸及含量。 （4）根据分析数据，熟练计算食用白醋中总酸含量，学会分析结果的评价方法。
能力目标	（1）会用差减法称量试剂或样品的质量。 （2）规范操作滴定管、移液管、容量瓶等常规分析仪器。 （3）能配制和标定常用的碱标准溶液；能应用酸碱滴定法测定食用白醋中总酸含量。 （4）学会空白校正的方法。 （5）能正确记录和处理分析数据，并正确表示分析结果，完成实验报告。

续表

素质目标	（1）树立学生的质量意识，激发学生的社会责任感。 （2）培养学生严谨求实的科学态度。 （3）培养学生的观察能力和模仿能力。 （4）培养学生的岗位职业技能。

必备知识

一、酸碱指示剂

以酸碱反应为基础的滴定分析法称作酸碱滴定法。在酸碱滴定过程中，随着滴定剂的加入，溶液的酸度呈规律性的变化，可用酸碱指示剂、pH 试纸或酸度计测定溶液的 pH 的变化情况，最常用的是使用酸碱指示剂确定化学计量点。化学上把能以颜色变化指示溶液酸度变化的化学试剂称作酸碱指示剂。

（一）酸碱指示剂的变色原理

酸碱指示剂是一些有机弱酸或弱碱，这些弱酸或弱碱与其共轭碱或共轭酸具有不同的颜色。例如酚酞是一种有机弱酸，其 $pK_a = 6 \times 10^{-10}$，它在溶液中的离解平衡可表示如下：

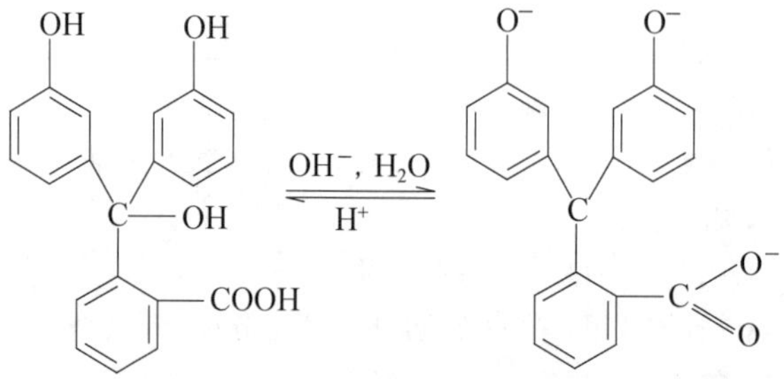

酸式（无色）　　碱式（红色）

动画：酚酞的变色过程

从离解平衡式可以看出，当溶液由酸性变化到碱性，平衡向右方移动，酚酞由酸式色变为碱式色，溶液有无色变成红色；反之，由红色变成无色。又如甲基橙是一种有机弱碱，其变色反应表示如下：

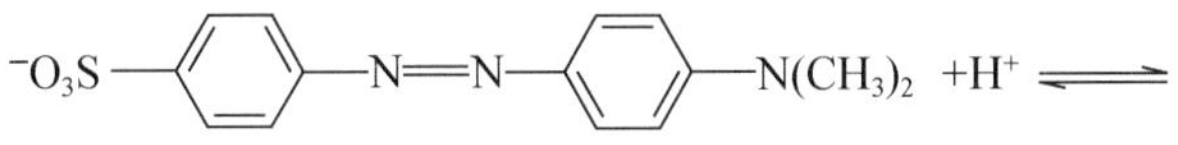

碱式（黄色）

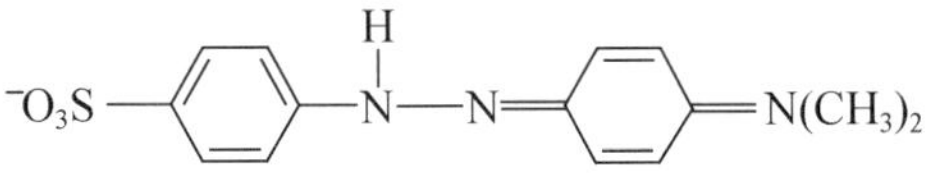

酸式（红色）

当溶液酸度降低时，平衡向左方移动，甲基橙主要以碱式存在，溶液由红色向黄色转变；反之，由黄色向红色转变。

以 HIn 代表弱酸指示剂，其离解平衡表示如下：

$$\underset{\text{酸式色}}{HIn} \rightleftharpoons \underset{\text{碱式色}}{In^-} + H^+$$

动画：甲基橙的变色过程

由此可见，酸碱指示剂的变色和其本身的性质（内因）有关，也和溶液的 pH（外因）相关，是内在、外在因素共同作用的结果，两者缺一不可。

（二）指示剂的变色范围

溶液 pH 的变化使指示剂共轭酸碱的离解平衡发生移动，致使颜色变化。由于人的眼睛对颜色变化的辨别能力有限，只有当溶液的 pH 改变到一定范围，才能明显看到指示剂的颜色变化。通常把指示剂明显地由一种颜色变化到另一种颜色所对应的最小 pH 范围称作指示剂的变色范围。以弱酸型指示剂（HIn）为例，讨论指示剂的变色范围与溶液 pH 之间的数量关系。由弱酸指示剂在溶液中的离解平衡可知：

$$\frac{[H^+]\cdot[In^-]}{[HIn]}=K_{HIn} \tag{2-1}$$

式（2-1）中，K_{HIn}为指示剂的离解平衡常数，称为指示剂常数。在一定温度下 K_{HIn}为定值，上式改写为：

$$\frac{[In^-]}{[HIn]}=\frac{K_{HIn}}{[H^+]} \tag{2-2}$$

式（2-2）表明，在一定酸度范围内，$[In^-]$ 与 $[HIn]$ 比值决定了溶液的颜色，而溶液的颜色是由指示剂离解常数 K_{HIn}和溶液的酸度 pH 两个因素决定的。对于指定指示剂，在一定温度下 K_{HIn}是常数，溶液的颜色完全决定于溶液的 pH。溶液的 pH 改变时，溶液的颜色就会发生相应的改变。

不难理解，溶液中指示剂的颜色是两种不同颜色的混合色。当两种颜色的浓度之比为 1∶10 或 10∶1 以上时，只能看到浓度较大的那种颜色。一般认为，能够看到颜色变化的指示剂浓度比 $[In^-]/[HIn]$ 的范围是 1∶10～10∶1。如果用溶液的 pH 表示，则为：

$$\frac{[In^-]}{[HIn]}=\frac{1}{10} \qquad [H^+]=10K_{HIn} \qquad pH=pK_{Hin}-1$$

$$\frac{[In^-]}{[HIn]}=10 \qquad [H^+]=\frac{1}{10}K_{HIn} \qquad pH=pK_{Hin}+1$$

由此可见，当 pH 在 $pK_{HIn}-1$ 以下时，溶液只显酸式的颜色；pH 在 $pK_{Hin}+1$ 以上时，只显指示剂碱式的颜色。在 $pK_{HIn}-1$ 到 $pK_{HIn}+1$ 之间，我们才能看到指示剂的颜色变化情况，故把 $pH=pK_{HIn}\pm1$ 称为指示剂的理论变色范围。当溶液中 $[HIn]=[In^-]$ 时，溶液中 $[H^+]=K_{HIn}$，即 $pH=pK_{HIn}$，这是二者浓度相等时的 pH，即为理论变色点，此时溶液的颜色是酸式色和碱式色的中间色。由于人的眼睛对不同颜色的敏感程度不同，实验测得的指示剂变色范围并不都是 2 个 pH 单位，而是略有上下。如甲基红的 $pK_{In}=5.1$，其理论变色范围应是 4.1～6.1，实验测得，甲基红变色范围的 pH 为 4.4～6.2。

视频：甲基橙的变色范围

指示剂的变色范围体现了物质变化由量变到质变的过程。指示剂的变色范围越窄越好。因为 pH 稍有改变就可观察到溶液颜色的改变，有利于提高测定结果的准确度。各种指示剂由于 pK_{HIn} 不同，变色范围有明显差异，且变色范围的幅度也各不相同。大多数指示剂的变色范围幅度是 1.6～1.8 个 pH 单位。一些常用的酸碱指示剂及变色范围见表 2－1。

表 2－1 一些常用的酸碱指示剂的变色范围

指示剂	pH 变色范围	颜色变化	pK_{HIn}	浓度	10mL 试液用量／滴
百里酚蓝	1.2～2.8	红～黄	1.7	0.1% 20% 乙醇溶液	1～2
甲基黄	2.9～4.0	红～黄	3.8	0.1% 20% 乙醇溶液	1
甲基橙	3.1～4.4	红～黄	3.4	0.05% 水溶液	1
溴酚蓝	3.0～4.6	黄～紫	4.1	0.1% 20% 乙醇溶液或其钠盐水溶液	1
溴甲酚绿	4.0～5.6	黄～蓝	4.9	0.1% 20% 乙醇溶液或其钠盐水溶液	1～2
甲基红	4.4～6.2	红～黄	5.2	0.1% 60% 乙醇溶液或其钠盐水溶液	1
溴百里酚蓝	6.2～7.6	黄～蓝	7.3	0.1% 20% 乙醇溶液或其钠盐水溶液	1
中性红	6.8～8.0	红～黄橙	7.4	0.1% 60% 乙醇溶液	1
苯酚红	6.8～8.4	黄～红	8	0.1% 60% 乙醇溶液或其钠盐水溶液	1
酚酞	8.0～10.0	无～红	9.1	0.5% 90% 乙醇溶液	1～3

续表

指示剂	pH 变色范围	颜色变化	pK_{HIn}	浓度	10mL 试液用量 / 滴
百里酚蓝	8.0~9.6	黄~蓝	8.9	0.1% 20%乙醇溶液	1~4
百里酚酞	9.4~10.6	无~蓝	10	0.1% 90%乙醇溶液	1~2

（三） 混合指示剂

在某些酸碱滴定中，pH 突跃范围很窄，使用一般的指示剂难以判断终点，此时可以采用混合指示剂。它具有变色范围窄，变色明显等优点。

混合指示剂一般有两种配制方法。一种是由两种或两种以上的指示剂混合而成。例如溴甲酚绿（$pK_a=4.9$，黄→蓝）和甲基红（$pK_a=5.2$，红→黄）按 3∶1 混合后，使溶液在酸性条件下呈酒红色（黄 + 红），碱性条件下呈绿色（蓝 + 黄），而在 pH =5.1 时两者颜色发生互补，产生灰色，颜色在此时发生突变，十分敏锐，常常用于以 Na_2CO_3 为基准物质标定盐酸标准溶液的浓度。另一种是在某种指示剂中加入一种惰性染料。例如由甲基橙和靛蓝组成的混合指示剂，靛蓝颜色不随 pH 改变而变化，只作为甲基橙的蓝色背景。在 pH >4.4 的溶液中，混合指示剂显绿色（黄与蓝配合）；在 pH <3.1 的溶液中，混合指示剂显紫色（红与蓝配合）；在 pH =4 的溶液中，混合指示剂显浅灰色（几乎无色），终点颜色变化非常敏锐。实验室用的 pH 试纸就是根据混合指示剂的原理制成的。

二、酸碱滴定基本原理及应用

（一） 酸碱滴定曲线及指示剂的选择

酸碱滴定法作为一种滴定分析法，其关键是化学计量点的确定。而化学计量点通常靠指示的变色来确定。为了在滴定过程中选择合适的指示剂，一方面要了解酸碱指示剂的变色规律，另一方面也要了解滴定过程中溶液酸度的变化规律。滴定反应过程的变化规律性，通过实验或计算方法记录滴定过程中溶液 pH 随标准溶液体积或反应完全程度变化情况，如用图形表示即可得到滴定曲线。利用滴定曲线可从理论解释滴定过程的变化规律，而且对指示剂的选择更具有重要的实际意义。分别讨论几种类型的酸碱滴定过程中溶液 pH 的变化规律及指示剂的选择方法。

1. 强酸（强碱）的滴定

以 NaOH 滴定 HCl 为例讨论，设 HCl 溶液的浓度 $c_a=0.1000mol/L$，体积

$V_a = 20.00\text{mL}$；NaOH 溶液的浓度 $c_b = 0.1000\text{mol/L}$，滴定时加入的体积为 V_b（mL），整个滴定过程分为以下 4 个阶段。

（1）滴定开始前（$V_b = 0$） 溶液的酸度等于盐酸的原始浓度，则 $[H^+] = 0.1000\text{mol/L}$，pH = 1.00。

（2）滴定开始至化学计量点前（$V_a > V_b$） 随着 NaOH 溶液的不断加入，溶液中 $[H^+]$ 逐渐减小，其大小取决于剩余 HCl 的量和溶液的体积，即：

$$[H^+] = \frac{V_a - V_b}{V_a + V_b} c_a$$

例如，滴入 NaOH 溶液 19.98mL（化学计量点前 0.1%）时，溶液的 $[H^+]$ 为：

$$[H^+] = \frac{20.00 - 19.98}{20.00 + 19.98} \times 0.1000 = 5.00 \times 10^{-5}\text{mol/L}$$

$$\text{pH} = 4.30$$

（3）化学计量点时（$V_a = V_b$） 滴入 NaOH 溶液 20.00mL 时，NaOH 和 HCl 以等物质的量相互作用，溶液中呈中性，即 $[H^+] = [OH^-] = 10^{-7}\text{mol/L}$，pH = 7.00。

（4）化学计量点后（$V_b > V_a$） 化学计量点后，溶液的 pH 由过量的 NaOH 的量和溶液的体积来决定，即：

$$[OH^-] = \frac{V_b - V_a}{V_b + V_a} \cdot c_b$$

例如，滴入 NaOH 溶液 20.02mL（化学计量点后 0.1%）时，溶液的 $[OH^-]$ 为

$$[OH^-] = \frac{20.02 - 20.00}{20.02 + 20.00} \times 0.1000 = 5.00 \times 10^{-5}\text{mol/L}$$

$$\text{pOH} = 4.30 \qquad \text{pH} = 9.70$$

用类似的方法可以计算出滴定过程中各点的 pH，其数据见表 2-2。以 NaOH 加入量为横坐标，以溶液的 pH 为纵坐标作图，所得曲线就是强碱滴定强酸的滴定曲线，见图 2-1。

表 2-2 用 0.1000mol/L NaOH 溶液滴定 20.00mL 0.1000mol/L HCl 溶液

NaOH 溶液加入量		剩余 HCl 溶液的体积/mL	过量 NaOH 溶液的体积/mL	pH
体积/mL	百分率*/%			
0.00	0.0	20.00		1.00
18.00	90.0	2.00		2.28
19.80	99.0	0.20		3.30
19.98	99.9	0.02		4.31
20.00	100.0	0.00		7.00

续表

NaOH 溶液加入量		剩余 HCl 溶液的体积/mL	过量 NaOH 溶液的体积/mL	pH
体积/mL	百分率*/%			
20.02	100.1		0.02	9.70
20.20	101.0		0.20	10.70
22.00	110.0		2.00	11.70
40.00	200.0		20.00	12.50

* 百分率为滴入标准溶液的体积占化学计量点时所需溶液体积的百分比。表 2 -3 与此同。

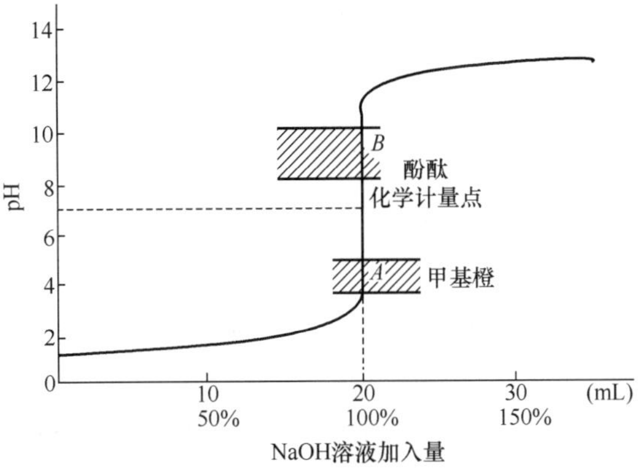

图 2 -1 0.1000mol/L NaOH 溶液滴定 20.00mL 0.1000mol/L HCl 溶液的滴定曲线

动画：NaOH 滴定 HCl 的滴定曲线

从表 2 -2 和图 2 -1 可以看出，从滴定开始到加入 NaOH 溶液 19.98mL 时，溶液的 pH 仅改变了 3.30 个单位，但从 19.98mL 至 20.02mL，即在化学计量点 ±0.1% 范围内溶液的 pH 由 4.30 急剧增加到 9.70，增大了 5.40 个 pH 单位，溶液由酸性突变到碱性。这种 pH 的突变称为滴定突跃。滴定突跃所在的酸度范围称为滴定突跃范围。显然，滴定突跃是选择指示剂的依据。凡是理论变色点的 pH 处于滴定突跃范围内的指示剂都可以用来指示滴定的终点。本例中可选酚酞、甲基红、甲基橙作为指示剂。如果用强酸滴定强碱，则滴定曲线恰好和图 2 -1 的曲线对称，即 pH 变化方向相反。

酸碱的浓度可以改变滴定突跃范围的大小。不同浓度 NaOH 溶液滴定不同浓度 HCl 溶液的滴定曲线见图 2 -2。从图 2 -2 可以看出，用 0.01、0.1、1mol/L 三种浓度的标准溶液进行滴定，滴定突跃的 pH 范围分别为 5.30 ~ 8.70、4.30 ~ 9.70、3.30 ~ 10.70。溶液浓度越大，突跃范围越大，可供选择的指示剂越多；溶液浓度越小，突跃范围越小，指示剂的选择就受到限制。如用 0.01mol/L 强碱溶液滴定 0.01mol/L 强酸溶液，由于其突跃范围减小到 pH5.30～8.70，就不能使用甲基橙指示终点。应该指出的是，分析工作者可根据分析结果准确度的要求（±0.1%或±0.2%）确定滴定突跃范围和选择适宜的指示剂。

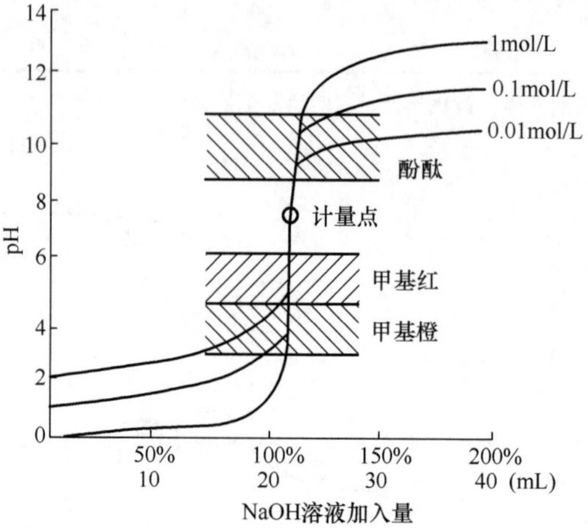

图 2－2　不同浓度 NaOH 溶液滴定 HCl 溶液的滴定曲线

2. 一元弱酸（碱）的滴定

以 0.1000mol/L 的 NaOH 溶液滴定 20.00mL 同浓度的 HAc 溶液为例，讨论强碱滴定一元弱酸的滴定曲线及指示剂的选择。整个滴定过程仍分为 4 个阶段。

（1）滴定开始前（$V_b=0$）　溶液的［H^+］主要来自 HAc 的离解，由于 $c_aK_a>20K_w$，$c_a/K_a>500$，故应按最简式计算，即

$$[H^+]=\sqrt{c_a\cdot K_a}=\sqrt{0.1000\times1.76\times10^{-5}}=1.36\times10^{-3}\text{mol/L}$$

$$pH=2.88$$

（2）滴定开始至化学计量点前（$V_a>V_b$）　当加入 V_b NaOH 溶液时，滴定溶液中存在 HAc－NaAc 缓冲体系，且有：

$$[Ac^-]=\frac{c_bV_b}{V_a+V_b}\qquad[HAc]=\frac{c_aV_a-c_bV_b}{V_a+V_b}$$

因为 $c_a=c_b=0.1000$mol/L，将上述关系式代入式 1－42，可得：

$$pH=pK_a+\lg\frac{V_b}{V_a-V_b}$$

当 $V_b=19.98$mL（化学计量点前 0.1%）时，溶液的 pH 为：

$$pH = 4.75 + \lg \frac{19.98}{20.00 - 19.98} = 7.75$$

（3）化学计量点时（$V_a = V_b$）　化学计量点时，滴定体系为 NaAc 溶液，其酸度由 HAc 的共轭碱 Ac^- 的 K_b 和 c_b 决定，由于溶液的体积增大 1 倍，故浓度为 $c_b = 0.05000$mol/L，则

$$[OH^-] = \sqrt{K_b \cdot c} = \sqrt{\frac{K_w}{K_a} \cdot c} = \sqrt{\frac{1.0 \times 10^{-14}}{1.76 \times 10^{-5}} \times 5.0 \times 10^{-2}} = 3.33 \times 10^{-6} \text{ mol/L}$$

$$pOH = 5.27 \qquad pH = 8.73$$

（4）化学计量点后（$V_b > V_a$）　与强碱滴定强酸一样，该阶段溶液的酸度主要由过量的碱的浓度所决定，共轭碱 Ac^- 所提供的 OH^- 可以忽略。当过量 0.02mL NaOH 溶液时，pH = 9.70。

若对整个过程逐一计算并作图，就得到这一滴定类型的滴定曲线，见表 2 - 3 和图 2 - 3。

表 2 - 3　用 0.01000mol/L NaOH 溶液滴定 20.00mL 0.01000mol/L HAc 溶液

NaOH 溶液加入量		剩余 HAc 溶液的体积/mL	过量 NaOH 溶液的体积/mL	pH
体积/mL	百分率/%			
0.00	0.0	20.00		2.88
18.00	90.0	2.00		5.70
19.80	99.0	0.20		6.75
19.98	99.9	0.02		7.75
20.00	100.0	0.00		8.73
20.02	100.1		0.02	9.70
20.20	101.0		0.20	10.70
22.00	110.0		2.00	11.70
40.00	200.0		20.00	11.50

从表 2 - 3 和图 2 - 3 可以看出，强碱滴定弱酸有如下特点。

①滴定曲线起点高：因弱酸电离度小，溶液中的 $[H^+]$ 低于弱酸原始浓度。因此用 NaOH 滴定 HAc，不同于滴定 HCl，滴定的曲线不在处 pH 1.00，而在 pH 2.88 处。

②滴定曲线的形状不同：从滴定曲线可知，滴定过程中的 pH 的变化速率不同于强碱滴定强酸，开始时溶液 pH 变化快，其后变化稍慢，接近于化学计量点时又逐渐加快。

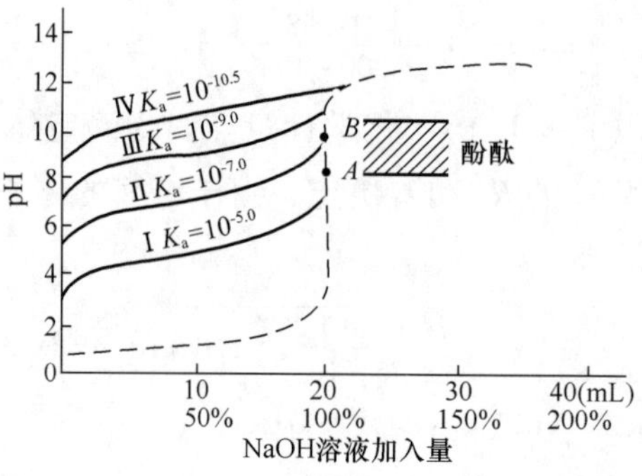

图 2-3　用 NaOH 标准溶液滴定不同弱酸溶液的滴定曲线

③滴定突跃范围小：从表 2-3 可知，滴定突跃范围为 pH 7.75～9.70，小于强碱滴定强酸滴定突跃范围的 pH 4.30～9.70。在化学计量点时由于 Ac^- 显碱性，滴定的不在 7，而在偏碱性区。显然在酸性区内变色的指示剂（如甲基橙、甲基红等）都不能使用，所以本滴定宜选用酚酞或百里酚酞作指示剂。

强碱滴定弱酸的突跃范围大小和强酸强碱的滴定一样，与其浓度（c_a）有关，同时还和被滴定的弱酸的强弱有关。c 越大，K_a 越大，则突跃范围越宽，反之则反。一般来说，当 $c \cdot K_a \geqslant 10^{-8}$ 时，滴定突跃可大于或等于 0.3 个 pH 单位，人眼能够辨别出指示剂颜色的改变，滴定就可以直接就可以直接进行，这时终点误差也在允许的 ±0.1% 以内。同样，只有满足 $c \cdot K_b \geqslant 10^{-8}$ 时，才能以强酸滴定弱碱。

3. 多元酸（碱）的滴定

多元酸（碱）的滴定通常是分步进行的。对于某多元酸要进行分步准确滴定，必须满足下列条件：$c \cdot K_a \geqslant 10^{-8}$ 且 $K_{ai}/K_{ai+1} > 10^4$。由于多元酸含有多个质子，在水溶液中是逐级离解的，因而首先应根据 $c \cdot K_a \geqslant 10^{-8}$ 判断各个质子能否被准确滴定，然后根据 $K_{ai}/K_{ai+1} > 10^4$（允许误差 ±1%）来判断能否实现分步滴定，再由终点 pH 选择合适的指示剂。对于多元碱、混合酸（碱）也可以用同样的条件进行判断。

（二）酸碱滴定法的应用

1. 直接法测定一般酸碱性物质

（1）工业烧碱含量的测定

①测定原理：

$$HCl + NaOH = NaCl + 2H_2O \text{（指示剂：甲基橙）}$$

②含量计算：

$$w(\text{NaOH}) = \frac{c(\text{HCl}) \cdot V(\text{HCl}) \cdot M(\text{NaOH})}{m_s} \times 100\%$$

（2）工业醋酸含量的测定

①测定原理：

$$HAc + NaOH = NaAc + H_2O\text{（酚酞指示剂）}$$

②含量计算：

$$w(HAc) = \frac{c(NaOH) \cdot V(NaOH) \cdot M(HAc)}{m_s} \times 100\%$$

或

$$\rho(HAc, g/L) = \frac{c(NaOH) \cdot V(NaOH) \cdot M(HAc)}{V_s}$$

2. 间接法滴定弱的酸碱性物质——铵盐的测定

铵盐是弱酸，$K_a = 5.6 \times 10^{-10}$，不能用 NaOH 标准溶液直接滴定，可用以下间接方式进行测定。

（1）蒸馏法

①测定原理：在铵盐溶液中加入过量的 NaOH 标准溶液后，加热煮沸，蒸馏出 NH_3，然后用 HCl 标准溶液滴定剩余的 NaOH，用甲基橙作指示剂确定终点。也可以用硼酸吸收 NH_3 生成硼酸铵，再用 HCl 标准溶液滴定，选择溴甲酚绿－甲基红作指示剂确定终点。

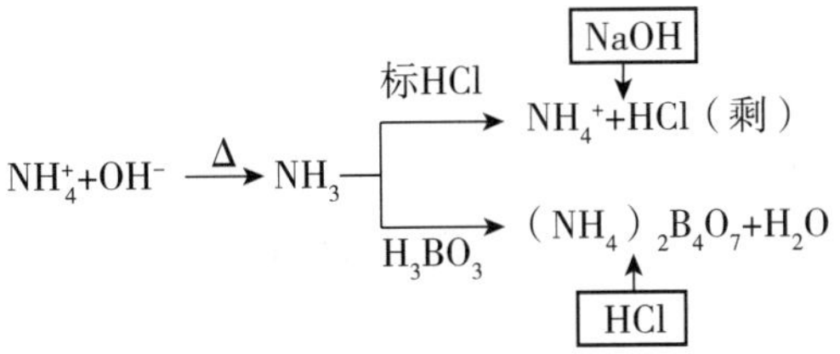

②含量计算：

$$w(NH_4^+) = \frac{[c(NaOH) \cdot V(NaOH) - c(HCl) \cdot V(HCl)] \cdot M(NH_4^+)}{m_s} \times 100\%$$

或　$$w(NH_4^+) = \frac{c(HCl) \cdot V(HCl) \cdot M(NH_4^+)}{m_s} \times 100\%$$

有机物在浓硫酸和硫酸钾作用下，其中的氮转化为 NH_4^+ 后，再测定 NH_4^+ 含量的方法称作凯氏定氮法。凯氏定氮法是国标测定有机物中蛋白质含量的第一种方法。

（2）甲醛法

①测定原理：铵盐用中性甲醛处理，甲醛与铵盐作用生成六亚甲基四铵和相当于铵盐量的无机酸，以酚酞作指示剂，可用 NaOH 标准溶液滴定，终点时由无色变为淡红色。

$$4NH_4^+ + 6HCHO = (CH_2)_6N_4H^+ + 3H^+ + 6H_2O$$
$$(K_a = 5.6 \times 10^{-10}) \qquad (K_a = 7.1 \times 10^{-6})$$

②含量计算：

$$w(N) = \frac{c(NaOH) \cdot (V - V_0) \cdot M(N)}{m_s} \times 100\%$$

此法也可用于调味品中氨基酸态氮含量的测定。

实训练习

实训一　氢氧化钠标准溶液的配制与标定

一、目的要求

（1）了解基准物质邻苯二甲酸氢钾（$KHC_8H_4O_4$）的性质及其应用。

（2）掌握 NaOH 标准溶液的配制和用基准物标定其准确浓度的方法。

（3）加深了解指示剂的变色原理，巩固滴定终点控制方法。

（4）进一步规范天平及容量器皿的操作方法。

二、实训原理

由于氢氧化钠易吸收空气中的水分和二氧化碳，不符合基准物要求，只能先配成近似浓度的溶液，然后再用基准物质进行标定。一般常用邻苯二甲酸氢钾（$KHC_8H_4O_4$）作为基准物质标定氢氧化钠。标定反应如下：

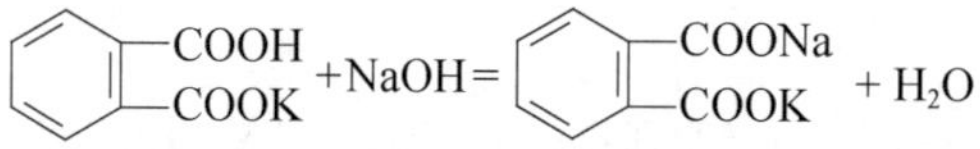

滴定产物是 $KHC_8H_4O_4$，溶液呈弱碱性，可选用酚酞作指示剂，终点无→淡红。氢氧化钠准确浓度的计算公式为：

$$c(NaOH) = \frac{m(KHC_8H_4O_4) \times 1000}{M(KHC_8H_4O_4) \times V(NaOH)}$$

三、仪器与试剂

仪器：电子天平、碱式滴定管、容量瓶、移液管、锥形瓶等滴定分析常用仪器。

试剂：邻苯二甲酸氢钾（$KHC_8H_4O_4$）基准试剂（在 100～125℃ 干燥 1h 后，置于干燥器中备用）、NaOH 固体（分析纯）、酚酞指示剂（2g/L 乙醇溶液）。

四、操作步骤

视频：氢氧化钠标准溶液的配制

视频：氢氧化钠标准溶液的标定

1. 0.10mol/L NaOH 标准溶液的配制

用台秤称取 2.1g 固体氢氧化钠，放入烧杯中，加水溶解然后稀释至 500mL，再转移至试剂瓶中，贴上标签，待标定。

2. 0.1mol/L NaOH 标准溶液浓度的标定

以减量法准确称取邻苯二甲酸氢钾 0.4 ~ 0.6g（准至 0.1mg）三份，分别置于 3 个 250mL 锥形瓶中，加入 40 ~ 50mL 蒸馏水溶解后（可稍微加热），加入 1 ~ 2 滴酚酞指示剂，用 NaOH 标准溶液滴定至溶液呈微红色且 30s 内不褪色即为终点。平行 3 次，根据一定量的邻苯二甲酸氢钾消耗 NaOH 标准溶液的体积，计算 NaOH 标准溶液的浓度及平均值。

五、数据记录与结果处理

清晰、正确、实事求是记录测定数据并将结果填入表 2 -4 中，并按要求进行结果处理。结果填入表 2 -4 中。

表 2 -4　NaOH 标准溶液浓度的标定

记录项目	平行次序		
	Ⅰ	Ⅱ	Ⅲ
称取邻苯二甲酸氢钾的质量/g			
NaOH 标准溶液的初始读数/mL			
NaOH 标准溶液的终点读数/mL			
标定消耗 NaOH 标准溶液的体积/mL			
c（NaOH）/（mol/L）			
c（NaOH）的平均值/（mol/L）			
个别测定值的绝对偏差/（mol/L）			
相对平均偏差/%			

六、思考题

（1）称取 NaOH 及邻苯二甲酸氢钾各用什么天平？为什么？

（2）为什么称取邻苯二甲酸氢钾基准物要在 0.4 ~0.6g 范围内？能否少于 0.4g 或多于 0.6g？为什么？

（3）若标定好的 NaOH 标准溶液在保存时吸收了空气中的 CO_2，以它测定溶液 HCl 的浓度，若用酚酞为指示剂，对测定结果产生何种影响？改用甲基橙，结果又如何？

实训二　食用白醋中总酸含量的测定

一、目的要求

（1）掌握食用白醋中总酸含量的测定原理及操作技能。
（2）理解强碱滴定弱酸的滴定过程、突跃范围及指示剂的选择原理。
（3）进一步巩固滴定分析基本操作。

二、测定原理

食用醋的主要成分醋酸（HAc），此外还含有少量的其他弱酸如乳酸等。醋酸的电离常数 $K_a = 1.8 \times 10^{-5}$，用 NaOH 标准溶液滴定醋酸，其反应式为：

$$NaOH + HAc = NaAc + H_2O$$

化学计量点的 pH 约为 8.7，属碱性范围，可用酚酞作指示剂，滴定终点时由无色变为微红色，食用醋中可能存在的其他各种形式的酸也与 NaOH 反应，滴定所得为总酸度，以 ρ（HAc）表示。

$$\rho(HAc) = \frac{c(NaOH) \cdot V(NaOH) \cdot M(HAc)}{V_s} \quad (g/L)$$

三、仪器与试剂

仪器：电子天平、碱式滴定管、容量瓶、移液管、锥形瓶等滴定分析常用仪器。

试剂：邻苯二甲酸氢钾（$KHC_8H_4O_4$）基准试剂（在 100～125℃干燥 1h 后，置于干燥器中备用）、NaOH 固体（分析纯）、酚酞指示剂（2g/L 乙醇溶液）、食用白醋试样。

视频：白醋中总酸含量的测定

四、操作步骤

1. 0.10mol/L NaOH 标准溶液的配制与标定

先配制 52% 的 NaOH 饱和溶液、放置数日，澄清后取适量上层清液，用新煮沸的冷却的蒸馏水（或纯净水）稀释到指示体积、摇匀。标定操作同实训一“四”中 2。

2. 食用白醋样液的制备

准确吸取食用白醋试样 10.00mL 置于 100mL 容量瓶中，用新煮沸并冷却的蒸馏水稀释至刻度，摇匀。

3. 食用白醋样液的测定

用移液管吸取 25.00mL 上述稀释后的试液于 250mL 锥形瓶中，加入 25mL 新煮沸并冷却的蒸馏水，2 滴酚酞指示剂。用上述标定的标准溶液滴至溶液呈微红色且 30s 不褪色即为终点，平行 3 次。同时做空白试验，根据 NaOH 标准溶液的用量，计算食用醋的总酸度。

五、数据记录与结果处理

清晰、正确、实事求是记录测定数据，将结果填入表 2－5 中，并按要求进行结果处理。

表 2－5 食用白醋中总酸含量的测定

记录项目	平行次序		
	Ⅰ	Ⅱ	Ⅲ
滴定用试液体积数/mL			
NaOH 标准溶液初始读数/mL			
NaOH 标准溶液终点读数/mL			
空白试验结果/mL			
样液消耗 NaOH 标准溶液的体积/mL			
ρ（HAc）/（g/L）			
ρ（HAc）的平均值/（g/L）			
个别测定值的绝对偏差/（g/L）			
相对平均偏差/%			

六、思考题

（1）测定食用白醋中总酸含量时，为何选用酚酞指示剂？能否选用甲基橙或甲基红？

（2）强碱滴定弱酸和强碱滴定强酸相比，滴定过程中 pH 变化有哪些不同？

（3）什么是空白试验？其结果如何反映在测定结果中？

练 习 题

一、单项选择

1. 标定 HCl 溶液常用的基准物质是（　　）。

A. $H_2C_2O_4$　　B. 无水 Na_2CO_3　　C. $CaCO_3$　　D. 邻苯二甲酸氢钾

2. 标定 NaOH 溶液常用的基准物是（　　）。

A. 无水 Na_2CO_3　　B. 邻苯二甲酸氢钾　　C. $CaCO_3$　　D. 硼砂

3. 用 0.1000mol/L HCl 溶液滴定 0.1000mol/L $NH_3 \cdot H_2O$（$pK_b = 4.74$），宜选用的指示剂是（　　）。

A. 铬酸钾　　B. 甲基橙　　C. 酚酞　　D. 溴酚蓝

4. 用 0.1000mol/L NaOH 溶液滴定 0.1000mol/L HAc（$K_a = 5.0 \times 10^{-5}$），宜选用的指示剂是（　　）。

A. 甲基红　　B. 甲基橙　　C. 酚酞　　D. 溴酚蓝

5. 相同物质的量浓度的氢氧化钡溶液和盐酸等体积混合后，加入酚酞溶液呈现（　　）。

A. 蓝色　　B. 红色　　C. 紫色　　D. 无色

二、判断是非

（　　）1. 酸碱指示剂的变色与溶液中的氢离子浓度无关。

（　　）2. 使酚酞显红色的溶液一定是碱性的。

（　　）3. 使甲基橙显红色的溶液一定是酸性的。

（　　）4. 酸碱指示剂的变色范围全部或部分地落在突越范围内都可选用。

（　　）5. 强酸滴定一元弱碱，化学计量点时溶液的 pH 小于 7。

三、简答题

1. 酸碱滴定中根据滴定曲线选择指示剂的原则是什么？为什么在同一种类型的滴定中，选择的指示剂却有不同？例如：(1)0.1mol/L HCl 溶液滴定 0.1mol/L NaOH 溶液可以选用甲基橙，但 0.01mol/L HCl 溶液滴定 0.01mol/L NaOH 溶液则选用甲基红而不用甲基橙；(2)用 NaOH 溶液滴定 HCl 溶液时选用酚酞而不用甲基橙。

2. 若有某溶液，对酚酞无色，对甲基红显黄色，指出该溶液的 pH 范围；若有某溶液，使甲基橙显黄色，使甲基红显红色，指出该溶液的 pH 范围。

3. 何为酸碱滴定的 pH 突跃范围？影响强酸（碱）和一元弱酸（碱）滴定突跃范围的因素有哪些？

四、综合题

1. 称取 0.6235g Na_2CO_3基准物标定某 HCl 标准溶液，以甲基橙为指示剂，终点时用去 HCl 溶液 24. 96mL，求该 HCl 标准溶液的准确浓度。

2．用 0. 5026g 邻苯二甲酸氢钾基准物标定某 NaOH 溶液浓度，以酚酞为指示剂，滴定至终点用去该 NaOH 标准溶液 21. 88mL，求该 NaOH 标准溶液的准确浓度。

3．称取混合碱试样 0. 9496g，加酚酞指示剂，用 0. 2788mol/L HCl 标准溶液滴定至终点，消耗 HCl 标准溶液 32. 16mL。再加甲基橙指示剂，滴定至终点，又耗去该 HCl 标准溶液 24. 65mL。求试样中各组分的质量分数。

4．称取混合碱试样 0. 6528g，加酚酞指示剂，用 0. 1993mol/L HCl 标准溶液滴定至终点，消耗 HCl 标准溶液 21. 76mL。再加甲基橙指示剂，滴定至终点，又耗去该 HCl 标准溶液 27. 15mL。求试样中各组分的质量分数。

5．有一纯的（100%）未知有机酸试样 0. 4000g，加水 40. 0mL 使其溶解，然后用 0. 1000mol/L NaOH 标准溶液滴定，滴定曲线表明该酸为一元酸，加入 32. 80mL 溶液时到达终点。当加入 16. 40mL NaOH 标准溶液时，pH 为 4. 20。根据上述数据求：（1）酸的 pK_a；（2）酸的相对分子质量。

项目二　自来水中钙、镁含量的测定

项目描述

水的硬度（水中钙、镁的含量）是工业用水和生活用水水质分析的一项重要指标。水的硬度测定是水质分析中的一个重要项目。分析人员按照规范化操作要求，在教师的指导下完成“自来水中钙、镁含量的测定”方案的制定和实施工作，并提交分析报告。在此工作过程中，巩固滴定分析的基本知识和技能，学习配位化合物的基本知识、配位滴定原理、金属指示剂以及水的硬度表示方法等相关知识和操作技能。

学习目标

知识目标	（1）了解配位化合物的基本知识。 （2）熟悉 EDTA 的性质、EDTA 与金属离子配合物的特点及影响因素。 （3）理解金属指示剂的作用原理，掌握金属指示剂应具备的条件，熟悉常用指示剂的选择。 （4）掌握 EDTA 法的测定原理，学会配位滴定中 pH 的控制、选择及干扰离子的消除方法。 （5）了解工业生产、日常生活对水的硬度的要求及其重要性。 （6）掌握水硬度测定的原理和方法。 （7）根据分析数据，熟练计算水中总硬、钙硬及镁硬的含量。
能力目标	（1）熟练编制水的硬度测定的工作方案。 （2）熟练配制和标定 EDTA 标准溶液。 （3）能熟练应用 EDTA 法测定水中钙镁含量或其他金属离子含量。 （4）能正确表示分析结果。 （5）能正确处理实验测定的数据，写出水质硬度的评价报告。
素质目标	（1）培养尊重科学、以客观事实为依据的科研品格。 （2）培养实地调查能力。 （3）培养岗位职业技能和职业道德。 （4）培养探索和创新意识。

必备知识

一、配位化合物的基本概念

（一）配位化合物的组成

1. 配位化合物的概念

配位化合物是一类复杂的化合物，它们的同共特征是都含有复杂的组成单元（用方括号标出）如 $[Cu(NH_3)_4]SO_4$、$[Cu(H_2O)_4]SO_4$、$[Ag(NH_3)_2]Cl$ 等。研究发现，这些复杂的组成单元内部都存在着配位键，如 $[Cu(NH_3)_4]^{2+}$ 是由一个 Cu^{2+} 和 4 个 NH_3 以 4 个配位键结合而成，$[Ag(NH_3)_2]^+$ 由一个 Ag^+ 和 2 个 NH_3 以两个配位键结合而成。化学上把由一个简单阳离子或原子和一定数目的中性分子或阴离子以配位键相结合形成具有一定特性的配位个体称作配离子（或配分子）。配离子又可分为配阳离子｛如 $[Cu(H_2O)_4]^{2+}$、$[Ag(NH_3)_2]^+$ 等｝和配阴离子｛如 $[PtCl_6]^{2-}$、$[Fe(CN)_6]^{4-}$ 等｝。配分子是一些不带电荷的电中性化合物，如 $[CoCl_3(NH_3)_3]$、$[Fe(CO)_5]$ 等。配分子或含有配离子的化合物称为配位化合物。习惯上配离子也称作配位化合物。

2. 配位化合物的组成

根据维尔纳 1893 年创立的配位理论，配位化合物的通常由内界和外界两大部分组成，如图 2－4 所示。

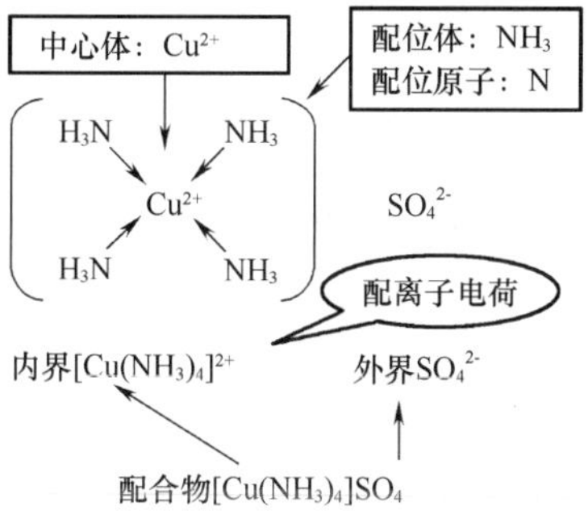

图 2－4 配合物的组成示意图

内界为配合物的特征部分，由中心体和配体组成，一般用方括号括起来。不在内界的其他离子构成外界。内外界之间以离子键结合，在水溶液中可离解成配离子和其他离子，配离子可以像一个简单离子一样参加反应。配分子没有外界，本身就是一种化合物。

（1）中心体　中心体又称作中心离子或中心原子，用 M 表示，是配合物的形成体。它位于配离子的中心，一般由能够提供空轨道的带正电荷的阳离子或原子充当。常见的中心体为过渡金属元素的阳离子或原子，如 Cu^{2+}、Fe^{3+}、Ag^{+}、Co，Ni 等；有时阴离子或一些氧化数为正值的非金属元素也可以作中心体，但较少，如 $[SiF_6]^{2-}$中的 Si（Ⅳ）、$[I(I_2)]^{-}$等。

（2）配位体　在配合物内，能提供孤对电子并与中心体以配位键结合的中性分子或阴离子称作配位体，简称配体。例如 NH_3、H_2O、CO、OH^-、CN^-、X^-（卤素离子）等。提供配体的物质称作配位剂，如 NaOH、KCN 等。在配体中可提供孤对电子与中心离子（或原子）直接以配位键结合的原子称作配位原子。通常是电负性较大的非金属元素的原子，如 F、Cl、Br、I、O、S、N、P、C 等。

根据一个配体中所含配位原子的数目不同，可将配体分为单齿配体和多齿配体。只含一个配位原子的配体称作单齿配体，如 NH_3、H_2O、CO、OH^-、CN^-、X^-等。含有两个或两个以上的配位原子的配体称作多齿配体，如草酸根（$C_2O_4^{2-}$）、乙二胺（en）、氨基乙酸（NH_2CH_2COOH）等。

（3）配位数　与中心体直接以配位键相结合的配位原子的总数称作该中心体的配位数，它等于中心体与配位体之间形成的配位键的总数。

若配体是单齿的，则中心体的配位数等于配体的数目。如果配位体是多齿的，配体的数目就不等于中心离子的配位数。在配合物中，中心离子最常见的配位数为 2、4 和 6。

（4）配离子的电荷　配离子的电荷数等于中心离子和配位体总电荷的代数和。如 $[Fe(CN)_6]^{4-}$配离子的电荷为 −4 $[-4=(+2)+(-1)\times 6]$。

（二）配合物的命名

配合物的命名与无机化合物的命名规则相同，采用统一命名法。若配合物为配阳离子化合物，称作某化某或某酸某，若为配阴离子化合物，则在配阴离子与外界阳离子之间用“酸”字连接，称作某酸某。配位化合物的命名主要是配合物内界的命名，可按照以下原则进行命名。

1. 配合物内界命名顺序

配位体数（用倍数词头一、二、三等汉字表示）配体名称“合”中心体名称（用加括号的罗马数字表示中心体的氧化数，没有外界的配合物可不加以标名）。若配合物内界为阳离子，则后加“离子”二字，在命名化合物时可省略。若配合物内界为阴离子，则后加“酸根”二字，在命名化合物时可省略。

2. 配位体的排列顺序

如果在同一配合物中有两种或两种以上的配体时，其命名有顺序的要求。

一般为：无机配体在前，有机配体在后；无机配体中阴离子在前，中性分子在后；中性分子中，先氨后水再有机分子。不同配体间用“·”隔开。

以下是一些配合物命名的实例，有些配合物还常用习惯名或俗名。

$K[PtCl_3(C_2H_4)]$	三氯·一乙烯合铂（Ⅱ）酸钾
$K[PtCl_5(NH_3)]$	五氯·一氨合铂（Ⅳ）酸钾
$[Co(NH_3)_5(H_2O)]Cl_3$	三氯化五氨·一水合钴（Ⅲ）
$[Ag(NH_3)_2]OH$	氢氧化二氨合银（Ⅰ）
$[Cu(NH_3)_4]SO_4$	硫酸四氨合铜（Ⅱ）
$[CrCl_2(H_2O)_4]C1$	一氯化二氯·四水合铬（Ⅲ）
$K_4[Fe(CN)_6]$	六氰合铁（Ⅱ）酸钾　亚铁氰化钾　俗称黄血盐
$K_3[Fe(CN)_6]$	六氰合铁（Ⅲ）酸钾　铁氰化钾　俗称赤血盐
$[Fe(CO)_5]$	五羰基合铁

（三）配合物的类型

1. 简单配位化合物

简单配位化合物是指单齿配体与中心体配位而形成的配合物。如 $[Cu(NH_3)_4]SO_4$、$[Co(NH_3)_6]C1_3$、$[CrCl_2(H_2O)_4]C1$ 等。

2. 螯合物

由多齿配体通过两个或两个以上的配位原子与同一中心体形成的具有环状结构的配合物称作螯合物。形成螯合物的多齿配体称为螯合剂，常见的螯合剂是含有 N、O、S、P 等配位原子的有机化合物。如乙二胺能与 Cu^{2+} 形成两个五元环的螯合物，其结构如图 2－5 所示。

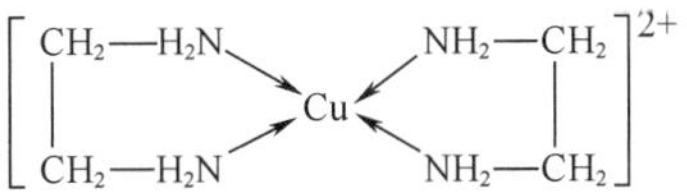

图 2－5　乙二胺与 Cu^{2+} 的螯合物示意图

与简单配合物相比，在中心离子、配位原子相同的情况下，螯合物具有更强的稳定性，在水溶液中的离解能力也更小。螯合物中所含的环的数目越多，其稳定性也越强。此外，螯合环的大小也会影响螯合物的稳定性。一般具有五原子环或六原子环的螯合物最稳定。

许多螯合物都具有特殊的颜色。在定性分析中，常用形成有特征颜色的螯合物来鉴定金属离子的存在与否。例如，在氨性条件下，丁二酮肟与 Ni^{2+} 形成鲜红色螯合物沉淀可用于 Ni^{2+} 的定性鉴定。

氨羧配位剂（以氨基二乙酸为基体）是最常见的一类螯合剂。分子结构中同时含有氨氮和羧氧两种配位能力很强的配位原子，氨氮能与Co、Ni、Zn、Cu、Hg等配位，而羧氧几乎能与一切高价金属离子配位。所以氨羧配剂几乎能与所有金属离子配位，形成多个多元环状结构的螯合物。在氨羧配位剂中又以乙二胺四乙酸（EDTA）为代表，应用最为广泛。EDTA的结构简式如图2－6所示。

动画：
螯合物简介

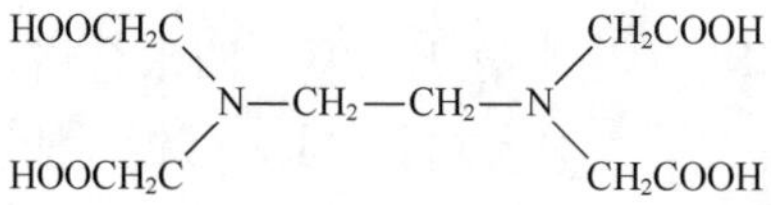

图2－6　EDTA的结构示意图

EDTA是一种白色无水结晶粉末，无毒无臭，具有酸味，常温下在水中的溶解度较小（0.2g EDTA/100g水），难溶于酸和一般有机溶剂，易溶于氨水和氢氧化钠溶液中。实验室所用的EDTA就是将其溶解于氢氧化钠溶液后结晶析出的二胺四乙酸二钠（$Na_2H_2Y \cdot 2H_2O$）。

EDTA是一种配位能力很强的螯合剂，其分子中含有2个氨基和4个羧基，既可作四齿配体，也可作为六齿配体。在一定条件下，EDTA能够与周期表中绝大多数金属离子形成多个五元环状配位比为1∶1的螯合物，结构相当稳定，且易溶于水，便于在水溶液中进行分析。正是因为这个原因，分析中以配位滴定法测定金属离子含量时，常用EDTA作为配位剂（EDTA法）。如Ca^{2+}是一个弱的配合物形成体，但可以与EDTA形成十分稳定的螯合物，其结构如图2－7所示。

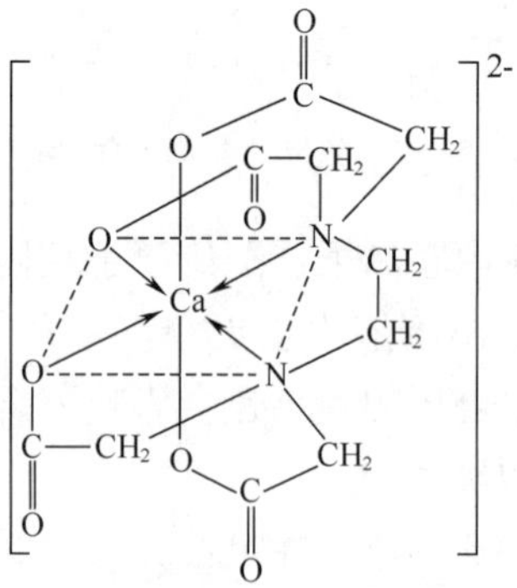

图2－7　EDTA与的Ca^{2+}螯合物示意图

需要注意的是，EDTA 与有色离子会生成颜色更深的螯合物，不利于滴定终点的确定，可考虑降低被测离子浓度或选用其他配位剂的标准溶液。

二、EDTA 与金属离子的配位平衡

（一） EDTA 的离解平衡

EDTA 是四元酸（H_4Y），在酸性溶液中可再接受 2 个质子形成六元酸(H_6Y^{2+})，在溶液中有六级解离：

$$H_6Y^{2+} \rightleftharpoons H_5Y^{+} + H^{+} \qquad K_{a1} = \frac{[H^{+}] \cdot [H_5Y^{+}]}{[H_6Y^{2+}]} = 0.13$$

$$H_5Y^{+} \rightleftharpoons H_4Y + H^{+} \qquad K_{a2} = \frac{[H^{+}] \cdot [H_4Y]}{[H_5Y^{+}]} = 3.0 \times 10^{-2}$$

$$H_4Y \rightleftharpoons H_3Y^{-} + H^{+} \qquad K_{a3} = \frac{[H^{+}] \cdot [H_4Y]}{[H_5Y^{+}]} = 1.0 \times 10^{-2}$$

$$H_3Y^{-} \rightleftharpoons H_2Y^{2-} + H^{+} \qquad K_{a4} = \frac{[H^{+}] \cdot [H_2Y^{2-}]}{[H_3Y^{-}]} = 2.1 \times 10^{-3}$$

$$H_2Y^{2-} \rightleftharpoons HY^{3-} + H^{+} \qquad K_{a5} = \frac{[H^{+}] \cdot [HY^{3-}]}{[H_2Y^{2-}]} = 6.9 \times 10^{-7}$$

$$HY^{3-} \rightleftharpoons Y^{4-} + H^{+} \qquad K_{a6} = \frac{[H^{+}] \cdot [Y^{4-}]}{[HY^{3-}]} = 5.9 \times 10^{-11}$$

由于每步解离均不完全，所以，H_6Y^{2+} 在溶液中可能有 7 种存在型体，且溶液的 pH 不同，则各种型体所占的比例不同，且随溶液的 pH 变化而变化。在不同 pH 溶液中，EDTA 的主要存在形式见表 2 –6。

表 2 –6　EDTA 的主要存在型体与溶液 pH 的关系

pH	<1	1 ~ 1.6	1.6 ~ 2	2 ~ 2.7	2.7 ~ 6.2	6.2 ~ 10.3	>12
型体	H_6Y^{2+}	H_5Y^{+}	H_4Y	H_3Y^{-}	H_2Y^{2-}	HY^{3-}	Y^{4-}

需要指出，在 EDTA 的 7 种存在型体中，只有 Y^{4-} 有配位能力，且 pH 越大，则 Y^{4-} 的分布系数越大，配位能力越强。因此，溶液的酸度是影响金属离子和 EDTA 配合物稳定性的一个重要条件。

（二） EDTA 与金属离子的配位平衡

金属离子能与 EDTA 形成 1∶1 的多元环状螯合物，其配位平衡为（为方便讨论，略去 EDTA 和金属离子的电荷，分别简写为 Y 和 M）：

$$M + Y \rightleftharpoons MY$$

$$K_{MY}=\frac{[MY]}{[M]\cdot[Y]} \tag{2-3}$$

式中：K_{MY}为EDTA金属离子配合物的稳定常数。它的数值反映了M－EDTA配合物的稳定性的大小。EDTA和常见金属离子螯合物的稳定常数见附录4。

（三）副反应和条件稳定常数

配合物的稳定性主要取决于金属离子的性质和配位体的性质。附录4所列数据是指配位反应达平衡时，EDTA全部成为Y^{4-}的情况下的稳定常数，是个绝对值。它没有考虑到其他因素对配合物的影响，只有在特定条件下才适用。在实际测定过程中，常存在着如下副反应：

总的看来，反应物M和Y发生的副反应都不利于主反应的进行，而反应产物MY的副反应则有利于主反应的进行。副反应的发生程度以副反应系数加以描述。

1. 配位剂Y的副反应

（1）酸效应和酸效应系数　溶液的酸度对EDTA配位能力的影响称作酸效应。酸效应的大小可用酸效应系数$\alpha_{Y(H)}$来衡量。$\alpha_{Y(H)}$等于在一定pH条件下未参加反应的配位体的总浓度与游离配位体的浓度的比值。如EDTA的酸效应系数为：

$$\alpha_{Y(H)}=\frac{c(Y)}{[Y^{4-}]}$$

$$=\frac{[Y^{4-}]+[HY^{3-}]+[H_2Y^{2-}]+[H_3Y^{-}]+[H_4Y]+[H_5Y^{+}]+[H_6Y^{2+}]}{[Y^{4-}]}$$

$$=1+\frac{[H^+]}{K_{a_6}}+\frac{[H^+]^2}{K_{a_5}K_{a_6}}+\cdots+\frac{[H^+]^6}{K_{a_1}K_{a_2}K_{a_3}K_{a_4}K_{a_5}K_{a_6}} \tag{2-4}$$

式中各K值为EDTA的各级离解常数。

根据式2－4可计算在不同条件下的$\alpha_{Y(H)}$值，常用其对数值$\lg\alpha_{Y(H)}$表示，见表2－7。

表2－7　EDTA在不同pH时的$\lg\alpha_{Y(H)}$

pH	$\lg\alpha_{Y(H)}$	pH	$\lg\alpha_{Y(H)}$	pH	$\lg\alpha_{Y(H)}$
0.0	23.64	5.0	6.45	10.0	0.45
1.0	18.01	6.0	4.65	11.0	0.07

续表

pH	$\lg\alpha_{Y(H)}$	pH	$\lg\alpha_{Y(H)}$	pH	$\lg\alpha_{Y(H)}$
2.0	13.51	7.0	3.32	12.0	0.01
3.0	10.60	8.0	2.27	13.0	0.00
4.0	8.44	9.0	1.28		

表2－7说明，酸效应系数随溶液酸度增加而增大。$\alpha_{Y(H)}$的数值越大，表示酸效应引起的副反应越严重，只有当pH＞12.00时，$\alpha_{Y(H)}=1$时，表示总浓度$c(Y)=[Y^{4-}]$，此时EDTA的配位能力最强。

（2）共存离子效应与共存离子效应系数　若溶液中除参与反应的金属离子M外，还存在其他金属离子N，N也与Y发生反应，从而使Y与金属离子M的反应能力下降，这种作用称作共存离子效应，其影响可用共存离子效应系数$\alpha_{Y(H)}$来衡量。

$$N+Y \rightleftharpoons NY$$

$$\alpha_{Y(N)}=\frac{c(Y)}{[Y^{4-}]}=\frac{[Y^{4-}]+[NY]}{[Y^{4-}]}=1+[N]\cdot K_{NY} \quad (2-5)$$

显然，干扰离子浓度越大，其配合物的稳定性越强，则其影响越明显。

综合考虑配位剂的酸效应和其存在离子效应，可得配位剂的总副反应系数为：

$$\alpha_Y=\alpha_{Y(H)}+\alpha_{Y(N)}-1 \quad (2-6)$$

2. 金属离子的副反应和副反应系数

（1）金属离子的配位效应与配位效应系数　若溶液中除Y外，还存在其他配位剂L，L也与M发生反应，从而使金属离子M与Y的反应能力下降，这种作用称作金属离子的配位效应，其影响可用配位效应系数$\alpha_{M(L)}$表示来衡量。

$$\alpha_{M(L)}=\frac{c_M}{[M]}$$

$$=\frac{[M]+[ML_1]+[ML_2]+\cdots+[ML_n]}{[M]}$$

$$=1+\beta_1\cdot[L]+\beta_2\cdot[L]^2+\cdots+\beta_n\cdot[L]^n \quad (2-7)$$

（2）水解效应和水解效应系数　金属离子与水中OH^-结合生成羟基配合物或氢氧化物，使其身配位能力下降的现象称作水解效应，影响程度大小用水解效应系数$\alpha_{M(OH)}$衡量。同理有：

$$\alpha_{M(OH)}=1+\beta_1\cdot[OH^-]+\beta_2\cdot[OH^-]^2+\cdots+\beta_n\cdot[OH^-]^n \quad (2-8)$$

显然，溶液的pH越高，则水解效应越明显。

综合考虑配位效应和水解效应，可得金属离子的总副反应系数为：

$$\alpha_M = \alpha_{M(L)} + \alpha_{M(OH)} - 1 \tag{2-9}$$

3. 产物的副反应

由于产物的副反应通常不太稳定，对于配位平衡的影响较小，可忽略不计。

4. M－EDTA 配合物的条件稳定常数

在配合物的稳定常数的表达式中，绝对稳定常数不受浓度的影响。由于 EDTA 和金属离子的副反应的存在，使得未配位的 EDTA 的浓度（设其浓度为 [Y′]）与游离的 Y^{4-} 浓度不相等，未配位的金属离子的浓度（设其浓度为 [M′]）与游离的金属离子的浓度也不相等，若再用绝对稳定常数表示稳定性就失真。此时，可用条件平衡常数 K'_{MY} 来表示副反应对配位平衡的影响，且有：

$$K'_{MY} = \frac{[MY']}{[M'] \cdot [Y']} \tag{2-10}$$

若 MY 的副反应不考虑，有 [MY′] ＝ [MY]，再由 EDTA 和金属离子的副反应系数的讨论可知，[M′] ＝ [M] $\cdot \alpha_M$；[Y′]$_Y$ ＝ [Y] $\cdot \alpha_Y$，将它们代入上式得：

$$K'_{MY} = \frac{[MY]}{[M] \cdot \alpha_M \cdot [Y] \cdot \alpha_Y} = \frac{K_{MY}}{\alpha_M \cdot \alpha_Y} \tag{2-11}$$

$$\lg K'_{MY} = \lg K_{MY} - \lg\alpha_M - \lg\alpha_Y \tag{2-12}$$

式（2－12）反映了在一定外界条件下，配合物 MY 所表现出来的实际稳定性，K'_{MY}称作条件稳定常数，它比 K_{MY}具有实际意义。在配位体系中，若不存在干扰离子，也无其他配位剂，金属离子的水解效应较小时，则有：

$$\lg K'_{MY} = \lg K_{MY} - \lg\alpha_{Y(H)} \tag{2-13}$$

式（2－13）是 EDTA 法配位滴定中最重要的关系式，利用它可以计算在不同酸度条件下配合物的条件稳定常数，比较和判断配合物的实际稳定性。

[例 2－1] 计算 pH＝2.0 和 pH＝5.0 时的条件稳定常数 $\lg K'_{ZnY}$。

解：查表得：$\lg K_{ZnY} = 16.5$

pH＝2.0 时，$\lg\alpha_{Y(H)} = 13.51$

pH＝5.0 时，$\lg\alpha_{Y(H)} = 6.45$

由式（2－13）得：

pH＝2.0 时，$1\lg K'_{ZnY} = 16.5 - 13.51 = 2.99$

pH＝5.0 时，$\lg K'_{ZnY} = 16.5 - 6.45 = 10.05$

由上例计算可见：pH ＝ 5.0 时，生成的配合物较稳定，而在 pH ＝ 2.0 时条件稳定常数降低至 3.0，不能滴定。

三、配位滴定法

（一）配位滴定法概述

利用生成配合物的反应为基础的滴定分析法称作配位滴定法。能形成配合物的反应很多，但可用于配位滴定的并不多。用于配位滴定的配位反应必须具备以下条件：

（1）形成的配合物要相当稳定（定量进行），否则得不到明显的终点。

（2）在一定反应条件下，配位数必须固定（只形成一种配位数的配合物）。

（3）配位反应的速度要快。

（4）要有适当的方法确定滴定的化学计量点。

由于大多数无机配合物存在着稳定性不高、分步配位、终点判断困难等缺点，限制了它在滴定分析中的应用，作为滴定剂的只有以 CN^- 为配位剂的氰量法和以 Hg^{2+} 为中心体的汞量法。

随着生产的不断发展和科技水平的提高，有机配位剂在分析学中得到了广泛的应用，从而推动了配位滴定的发展。利用有机配位剂（多基配位体）的配位滴定方法已成为广泛应用的滴定方法之一。目前应用最为广泛的配位滴定法是以乙二胺四乙酸（简称 EDTA）标准溶液的滴定分析法，简称 EDTA 法。

（二）配位滴定原理

配位滴定通常用 EDTA 标准溶液滴定金属离子 M，随着 EDTA 标准溶液的不断加入，溶液中金属离子浓度呈现规律性变化。在配位滴定中，通常根据被测的金属离子浓度的负对数（p［M］）随滴定剂的用量变化情况来描绘滴定曲线。

1. 配位滴定曲线

以 pH = 10.0 时，用 0.01000mol/L EDTA 标准溶液滴定 20.00mL 0.01000mol/L Ca^{2+} 溶液为例，说明滴定过程中金属离子浓度的计算方法。滴定反应为：

$$Ca^{2+} + Y^{4-} \rightleftharpoons CaY^{2-} \qquad \lg K_{CaY} = 10.69$$

查表 2－7 得 pH = 10.0 时，$\lg\alpha_{Y(H)} = 0.45$，则

$$\lg K'_{CaY^{2-}} = \lg K_{CaY^{2-}} - \lg\alpha_{Y(H)}$$
$$= 10.69 - 0.45 = 10.24$$

说明配合物很稳定，可以进行测定，讨论 4 个主要阶段溶液 p［Ca］随滴定剂的加入呈现的变化。

（1）滴定前　滴定前，溶液中 $[Ca^{2+}] = 0.01000mol/L$，则 $p[Ca] = -\lg[Ca^{2+}] = -\lg0.01000 = 2.00$

（2）滴定开始至化学计量点前　假设滴入 V（$V<20.00$mL）EDTA 标准溶液，由于发生了配位反应，溶液中剩余的 Ca^{2+} 离子浓度为：

$$[Ca^{2+}] = 0.01000 \times \frac{20.00 - V}{20.00 + V}$$

将 V 以不同数值代入可得相应［Ca^{2+}］，如 V = 19.80、19.98mL 时，p［Ca］=4.3、5.3。

（3）化学计量点时　化学计量点时，Ca^{2+} 几乎全部与 EDTA 配位，且溶液的体积增大一倍，则溶液中［CaY^{2-}］=0.005000mol/L，并且有［Ca^{2+}］=［Y^{4-}］，根据配位平衡有：

$$K'_{CaY2-} = \frac{[CaY^{2-}]}{[Ca^{2+}] \cdot [Y^{4-}]} = 10^{10.24}$$

$$\frac{[CaY^{2-}]}{[Ca^{2+}]^2} = \frac{0.005000}{[Ca^{2+}]^2} = 10^{10.24}$$

$$[Ca^{2+}] = 5.3 \times 10^{-7} \text{mol L} \qquad pCa = 6.27$$

（4）化学计量点后　化学计量点后，溶液中 EDTA 过量，当过量较少时，有［CaY^{2-}］=0.005000mol/L，且［Ca^{2+}］≠［Y^{4-}］，设加入 20.02mL 的 ETDA 时，溶液中过量的 Y^{4-} 浓度为：

$$[Y^{4-}] = 0.01000 \times \frac{20.02 - 20.00}{20.00 + 20.02} = 5.0 \times 10^{-6} \text{mol/L}$$

代入条件稳定常数表达式，计算得

$$\frac{0.05000}{[Ca^{2+}] \cdot 5.0 \times 10^{-6}} = 10^{10.24}$$

$$[Ca^{2+}] = 5.8 \times 10^{-8} \text{ mol/L} \qquad p[Ca] = 7.24$$

同理可求得任意时刻的 p［Ca］，所得数据列于表 2－8 中。

表 2－8　pH＝10 时，用 0.01000mol/L EDTA 滴定 20.00mL 0.01000mol/L Ca^{2+} 过程中 p［Ca］的变化情况

滴入 EDTA 体积/mL	Ca^{2+} 被配位的百分率/%	过量的 EDTA 百分率/%	溶液中 p［Ca］
18.00	90.0		3.28
19.80	99.0		4.30
19.98	99.9		5.30
20.00	100.0		6.27
20.02		0.1	7.24
20.20		1.0	8.24
22.00		10.0	9.24
40.00		100.0	10.20

如表 2－8 所示，滴定的突跃范围为 5.30～7.24。同理可作为其他 pH 时及

测定不同浓度的金属离子时的滴定曲线，如图 2 –8 和图 2 –9 所示。

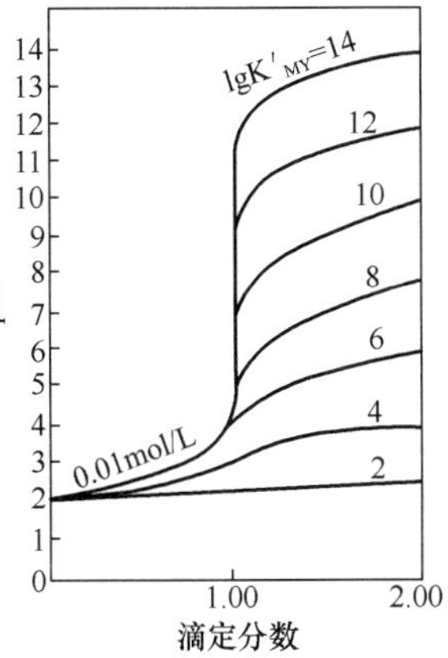

图 2 –8 0. 01000mol/L EDTA 滴定 20. 00mL 0. 01000mol/L Ca^{2+} 的滴定曲线

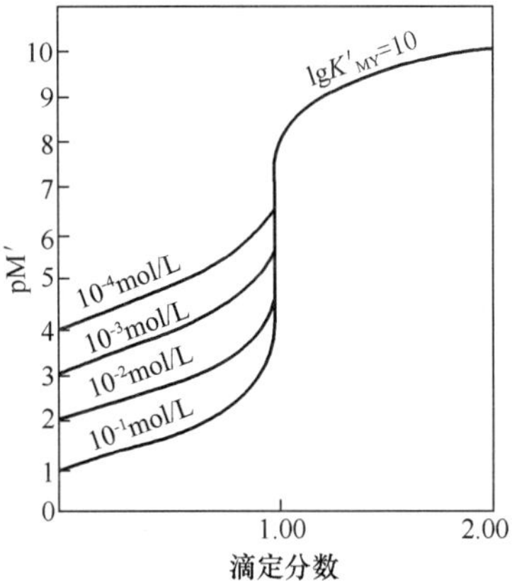

图 2 –9 不同浓度 EDTA 与 M 的滴定曲线

同其他滴定方法一样，在配位滴定中也希望滴定曲线有较大的突跃范围，借以提高滴定的准确度。

2. 影响滴定突跃范围的因素

（1）配合物的条件稳定常数对滴定突跃的影响 如图 2 –8 所示，配合物的条件稳定常数越大，滴定突跃也越大。由式（2 –12）可知，影响配合物的条件稳定常数的因素首先是配合物的稳定常数，而溶液的酸度、辅助配位剂及其他因素对它也影响。其中酸度的影响尤其明显，溶液的 pH 越大，酸效应越小，突跃范围越宽，反之，溶液的 pH 越小，酸效应越大，突跃范围越窄。

（2）金属离子浓度对滴定突跃的影响 当测定条件一定时，金属离子浓度越大，滴定曲线的起点越低，滴定突跃就越大，如图 2 –9 所示。

3. 金属离子能被定量测定的条件

金属离子能否被定量滴定，使滴定误差控制在允许范围（$T \leqslant 0.1\%$）内，这是决定一种分析方法是否适用的首要条件，实践和理论证明，在配位滴定中，若某金属离子 M 浓度为 c_M，若它能被 EDTA 定量滴定，必须满足：

$$\lg c_M K'_{MY} \geqslant 6$$

若测定时金属离子的浓度控制为 0. 010mol/L，则有：

$$\lg K'_{MY} \geqslant 8 \quad (2-14)$$

式（2 –14）即为金属离子 M 能被 EDTA 定量滴定的条件，同时考虑必须有确定滴定终点的方法。

4. 配位滴定中酸度的控制

由前讨论可知，酸效应和水解效应均能降低配合物的稳定性，两种因素相互制约，综合考虑就可得到测定某个金属离子时最合适的酸度范围。在这个范围内，条件稳定常数能够满足滴定要求，金属离子也不发生水解。若超出这一酸度范围，将引起较大的误差。

（1）最高酸度（pH_{min}）及酸效应曲线　根据 $\lg K'_{MY} \geqslant 8$ 和 $\lg K'_{MY} = \lg K_{MY} - \lg \alpha_{Y(H)}$ 可求得每一个金属离子能被 EDTA 定量配位时的最大 $\lg\alpha_{Y(H)}$，然后查表 2－7，就可得到对应的最小 pH，即 pH_{min}。将各种金属离子的 $\lg K_{MY}$ 与其最小 pH 绘成曲线，称为 EDTA 的酸效应曲线，如图 2－10 所示。

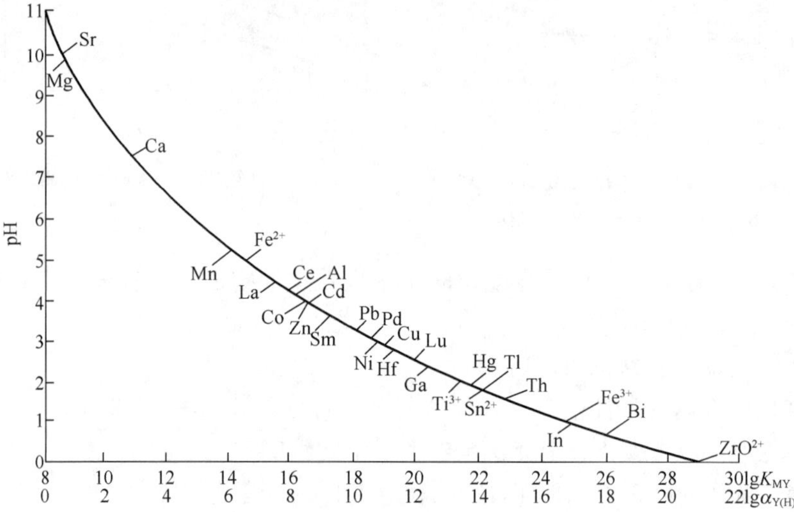

图 2－10　EDTA 的酸效应曲线

酸效应曲线是配位平衡中的重要曲线，利用它可以确定单独定量滴定某一金属离子的最小 pH，判断在一定 pH 范围内测定某一离子时其他离子的存在对它的测定是否有扰，还可以判断分别滴定和连续滴定两种或两种以上离子的可能性。

（2）最低酸度（pH_{max}）　酸效应曲线只能说明测定某离子的最高酸度，测定某一金属离子的最低酸度即 pH 上限可由金属离子的水解情况、金属指示剂的作用情况求得。如：

$$M^{n+} + nOH^- \rightleftharpoons M(OH)_n$$

若使 M^{n+} 不能生成沉淀则必须满足：$[M^{n+}] \cdot [OH^-]^n \leqslant K_{sp}$

即：

$$[OH^-] \leqslant \sqrt[n]{\frac{K_{sp}}{[M^{n+}]}} \qquad (2-15)$$

由此可得某个金属离子不生成氢氧化物沉淀时的最大 pH，即最低酸度。

［例 2－2］ 用 0.010mol/L EDTA 滴定 0.010mol/L Fe^{3+} 溶液，计算滴定的

最适宜的酸度范围。

解：已知　$\lg K_{FeY^-}=25.10$ 根据式（2－13）和式（2－14）得：

$$\lg\alpha_{Y(H)}=\lg K_{FeY^-}-8=25.10-8=17.1$$

查表2－7得　$pH_{min}=1.2$（最高酸度）

最低酸度由式（2－15）求得，对于 Fe^{3+}，若要不生成 $Fe(OH)_3$ 沉淀，必须满足：

$$[OH^-]\leqslant\sqrt[3]{\frac{K_{sp}}{[Fe^{3+}]}}=\sqrt[3]{\frac{4.0\times10^{-38}}{0.010}}=1.6\times10^{-12}\ \text{mol/L}$$

$$pOH_{min}=11.8\qquad pH_{max}=2.2$$

所以，滴定 Fe^{3+} 时的最适宜酸度范围为 $pH=1.2\sim2.2$。

（三）金属指示剂

1. 金属指示剂的作用原理

金属指示剂是一种有机配位剂，它能与金属离子形成与其本身颜色显著不同的配合物。利用化学计量点前后溶液中被测金属离子浓度的突变，造成的指示剂两种存在形式（游离和配位）的转变而引起的颜色不同而指示滴定终点的到达。若以 In 表示金属指示剂，以 M 表示金属离子，MIn 表示它们的配合物，金属指示剂的作用原理可表示如下。

滴点前：

$$\underset{\text{颜色甲}}{M+In}\rightleftharpoons\underset{\text{颜色乙}}{MIn}$$

滴定过程：

$$M+Y\rightleftharpoons MY$$

滴定终点：

$$\underset{\text{颜色乙}}{MIn}+Y\rightleftharpoons MY+\underset{\text{颜色甲}}{In}\ (\text{置换})$$

指示剂变色的实质是终点时 EDTA 置换少量与指示剂配位的金属离子释放指示剂，从而引起溶液颜色的改变。由于测定不同的金属离子要求的酸度不同，而且指示本身也大多是多元的有机酸，只有在一定条件下才能正确指示终点，所以要求指示剂与金属离子形成配合物的条件与 EDTA 测定金属离子的酸度条件相符。如铬黑 T 在不同 pH 时的颜色变化情况见表2－9。

动画：金属指示剂的变色原理

表2－9　铬黑 T 在不同 pH 时的颜色变化

EBT	H_2In^-	HIn^{2-}	In^{3-}
pH	<6	8～11	>12
溶液颜色	红	蓝	橙红

显然，只有在 pH 为 8 ~ 11 的情况下铬黑 T 才能正确指示配位滴定的终点。

2. 金属指示剂应具备的条件

要准确地指示配位滴定的终点，金属指示剂应具备下列条件：

（1）在滴定的 pH 范围内，游离指示剂与其金属配合物之间应有明显的颜色差别。

（2）指示剂与金属离子生成的配合物应有适当的稳定性。一方面，稳定性不能太小，否则未到终点时就被游离出来，使终点提前到达。一般要求 $\lg K'_{MIn}>4$；另一方面，稳定性不能太大，应能够被 EDTA 置换出来，一般要求 $\lg K'_{MY}-\lg K'_{MIn}>2$ 。

（3）指示剂有良好的选择性和广泛性。

（4）指示剂与金属离子的反应迅速，变色灵敏，可逆性强，生成配合物易溶于水，稳定性好，便于贮存和使用。

3. 指示剂在使用过程中常出现的问题

（1）指示剂的封闭现象　由于指示剂与金属离子生成了稳定的配合物（$\lg K'_{MY}\leqslant\lg K'_{MIn}$），以至于到化学计量点时，滴入过量的 EDTA 也不能把指示剂从其金属离子的配合物中置换出来而看不到颜色变化。这种现象称作指示剂的封闭。如测 Ca^{2+}、Mg^{2+} 时 Fe^{3+}、Al^{3+}、Ni^{2+}、Cu^{2+} 对 EBT 有封闭作用，可用三乙醇胺、KCN 掩蔽。有时，指示剂的封闭现象是由于有色配合物的颜色变化为不可逆反应所引起，这时虽然 $\lg K'_{MIn}\leqslant\lg K'_{MY}$，但由于颜色变化为不可逆，有色化合物不能很快被置换出来，可采用返滴定法。

（2）指示剂的僵化现象　由于指示剂与金属离子生成的配合物的溶解度很小，使 EDTA 与指示剂金属离子配合物之间的置换反应缓慢，终点延长，这种现象称作指示剂的僵化。例如，PAN 指示剂在温度较低时易发生僵化，可通过加有机溶剂或加热的方法避免。

（3）指示剂的氧化变质现象　指示剂在使用或贮存过程中，由于受空气中的氧气或其他物质（氧化剂）的作用发生变质而失去指示终点的作用，这种现象称作指示剂的氧化变质。可配成固体或配成有机溶剂的溶液的方法消除或者在配成水溶液时可加入一定量的还原剂如盐酸羟胺等。

4. 常用的金属指示剂

（1）铬黑 T　铬黑 T 简称 EBT 或 BT，是一种黑褐色粉末，有金属光泽，能在一定条件下与许多金属离子形成配合物，最适宜使用的酸度范围是 pH = 9 ~ 10，可在滴定 Zn^{2+}、Mg^{2+}、Cd^{2+}、Pd^{2+} 等离子时使用。Al^{3+}、Fe^{3+}、Cu^{2+}、Ni^{2+} 等对 EBT 有封闭作用，应预先分离或加入三乙醇胺及 KCN 掩蔽。单独滴定 Ca^{2+} 时，变色不敏锐，常用于滴定钙、镁的总含量。终点颜色为酒红至纯蓝。

铬黑 T 在水溶液中容易发生聚合反应，在碱性溶液中很容易被空气中的氧气及其他氧化性离子氧化而褪色，可加入三乙醇胺和抗坏血酸防止聚合反应和氧化反应的进行。在实际使用过程中，常将铬黑 T 与 NaCl（或 KNO_3）按一定比例(1∶100)研细、混匀配成固体使用，也可用 EBT 和乳化剂 OP（聚乙二醇辛基苯基醚）配成水溶液（OP 为 1%，EBT 为 0.001%），可以保存两个月左右。

（2）钙指示剂　钙指示剂简称 NN，又称钙红，是一种黑色固体，最适宜使用的酸度范围是 pH = 12 ~ 13，是测定钙离子的专用指示剂，Fe^{3+}、Al^{3+}、Ti^{4+}、Cu^{2+}、Ni^{2+}、Co^{2+}、Mn^{2+} 等离子对指示剂有封闭作用，应预先分离或加入三乙醇胺及 KCN 掩蔽。在测定条件下，与钙离子形成酒红色配合物，滴定终点颜色为酒红→纯蓝；由于钙指示剂的水溶液或乙醇溶液均不稳定，故也常配成固体使用，配制方法同 EBT。

（3）PAN　PAN 为橘红色结晶，难溶于水，可溶于碱、氨溶液及甲醇等溶剂，通常配成 0.1% 乙醇溶液。适宜使用的酸度范围为 pH = 2 ~ 12，自身显黄色。在测定条件下与 Th^{4+}、Bi^{3+}，Ni^{2+}、Pb^{2+}、Cd^{2+}、Zn^{2+}、Mn^{2+} 等形成紫红色配合物。滴定终点颜色为紫红→亮黄色。PAN 和金属离子的配合物在水中溶解度小，为防止 PAN 僵化，滴定时必须加热。

（4）二甲酚橙（XO）　二甲酚橙简称 XO，属于三苯甲烷类显色剂，一般所用的是二甲酚橙的四钠盐，为紫色结晶，易溶于水，通常配成 0.5% 水溶液，可保存 2 ~ 3 周。XO 能与金属离子形成紫红色配合物。最适宜使用的酸度范围是 pH < 6.3，滴定终点颜色为紫红→亮黄色。

（四）提高配位滴定选择性的方法

EDTA 能与绝大多数的金属离子形成稳定的配合物，这是 EDTA 得以广泛应用的原因。在实际的应用过程中，由于分析对象往往是多种元素同时存在，在测定某一种离子的含量时，其他离子会对它产生干扰。因此，怎样消除干扰以提高配位滴定的选择性，是配位滴定法要解决的主要问题。

1. 干扰离子消除的条件

实践证明：设有 M、N 两种离子，其原始浓度分别为 c_M、c_N，要求用 EDTA 滴定时误差不大于 0.1% ~ 1%，要使 N 离子不干扰 M 的测定，必须同时满足：

$$\lg c_M \cdot K'_{MY} \geqslant 6 \text{ 且 } \lg c_N \cdot K'_{NY} \leqslant 1$$

由此可见，提高配位滴定选择性的主要途径是设法使在测定条件下被测离子与 EDTA 完全反应，而干扰离子不反应或反应能力很低。

2. 消除干扰的方法

（1）控制溶液的酸度　由于不同金属离子与 EDTA 配合物的稳定常数不

同，各离子在被滴定时所允许的最小 pH 也不同。溶液中有两种或两种以上的离子时，若控制溶液的酸度致使只有一种离子形成稳定配合物，而其他离子不被配位或形成的配合物很不稳定，这样就避免了干扰。例如：铅、铋（设浓度均为0.010mol/L）的分别测定，就可采用控制酸度的方法测铋而铅不干扰。由酸效应曲线可得测定铋的最小 pH 为0.7，即为控制酸度范围的 pH 下限。要使铅不干扰，必须满足$\lg c_N \cdot K'_{NY} \leqslant 1$，或 $\lg K'_{NY} \leqslant 3$，再由 $\lg K'_{MY} = \lg K_{MY} - \lg\alpha_{Y(H)}$ 可求得相应的酸效应系数 $\lg\alpha_{Y(H)} \geqslant 15.04$，查相应的酸效应曲线得 pH≤1.6。故在铅存在下测铋而铅不干扰的最适宜 pH 为0.7～1.6，实际测定中一般选 pH = 1.0。

利用控制溶液的酸度是消除干扰比较方便的方法，只有当两种离子与 EDTA 形成配合物的条件稳定常数相差较大（$c_M = c_N$ 时，$\Delta \lg K \geqslant 5$）时，方可使用，否则只能用其他方法。

（2）利用掩蔽和解蔽　掩蔽是指利用掩蔽剂通过化学反应使干扰离子浓度降低，而达到不干扰测定的方法。依所发生的化学反应的不同，掩蔽的方法可分为配位掩蔽法、氧化还原掩蔽法和沉淀掩蔽法，其中用得最多的是配位掩蔽法。

①配位掩蔽法：利用配位反应降低干扰离子的浓度，从而消除干扰的方法称配位掩蔽法。例如，测定水的硬度时，Al^{3+}、Fe^{3+}对 Ca^{2+}、Mg^{2+}的测定有干扰，可加入三乙醇胺为掩蔽剂，它能与 Al^{3+}、Fe^{3+}反应生成比与 EDTA 更稳定的配位化合物而不干扰测定。为了得到较好的效果，掩蔽剂应具备下列条件：

a. 干扰离子与掩蔽剂形成的配合物应远比与 EDTA 形成的配合物稳定，且掩蔽剂与干扰离子形成的配合物必须为无色或浅色；

b. 掩蔽剂不与被测离子配位，或者即使形成配合物，其稳定性远小于被测离子与 EDTA 配合物的稳定性。

c. 掩蔽剂与干扰离子形成配合物所需求的 pH 范围应符合滴定所要求的 pH 范围。

②氧化还原掩蔽法：利用氧化还原反应来改变干扰离子的价态以消除干扰的方法称作氧化还原掩蔽法。例如，Fe^{3+}对 Bi^{3+}的测定有干扰，而 Fe^{2+}不干扰，可利用抗坏血酸将 Fe^{3+}还原为 Fe^{2+}以达到消除干扰的目的（$\lg K_{FeY^-} = 25.10$，$\lg K_{FeY^{2-}} = 14.33$）。配位滴定中常用的还原剂有抗坏血酸、盐酸羟胺、硫代硫酸钠等。有些高价离子在水溶液中以酸根形式存在时，有时不干扰某些组分的测定，可用氧化剂将其氧化为高价态以消除干扰，如 $Cr^{3+} \rightarrow Cr_2O_7^{2-}$，$VO^{2+} \rightarrow VO_3^-$，$Mn^{2+} \rightarrow MnO_4^-$。常用的氧化剂有 H_2O_2、$(NH_4)_2S_2O_8$等。

③沉淀掩蔽法：利用沉淀反应消除干扰的方法称作沉淀掩蔽法。例如，用 EDTA 法测定水中 Ca^{2+}时，溶液中的 Mg^{2+}有干扰，可加入 NaOH 使 Mg^{2+}形成

$Mg(OH)_2$沉淀来消除。

由于沉淀通常常有颜色、吸附测定离子，还存在着反应进行不完全等方面的原因，所以在应用上有一定的局限性。

④解蔽方法：将干扰离子掩蔽，在测定被测离子之后，可在金属离子配合物的溶液中，再加入一种试剂（解蔽剂）将已被 EDTA 或掩蔽剂配位的金属离子释放出来的过程称为解蔽。利用掩蔽和解蔽方法可以在同一溶液中连续测定两种或两种以上的离子。例如，测定溶液中的 Pb^{2+} 时，常用 KCN 掩蔽 Zn^{2+}、Cu^{2+}，测定完 Pb^{2+} 后，可用甲醛解蔽 $Zn(CN)_4^{2-}$ 的 Zn^{2+}，可用 EDTA 继续滴定 Zn^{2+}；$Cu(CN)_4^{2-}$ 较稳定，用甲醛或三氯乙醛难以解蔽。

需要指出的是，无论用哪种方法进行掩蔽，使用掩蔽剂时均应注意两个问题，一是掩蔽剂的性质；二是掩蔽剂的用量，控制稍过量为度。

（3）化学分离法　当用上述两种方法消除干扰均有困难时，应当采用化学分离法先把被测离子或干扰离子分离出来，然后再进行测定。

（4）选用其他配位滴定剂　EDTA 是最常应用的配位剂，当一般方法消除干扰有困难时，可选用其他有机配位剂，如 EGTA（乙二醇二乙醚二胺四乙酸）、EDTP（乙二胺四丙酸）等。如 EDTA 与 Ca^{2+}、Mg^{2+} 的配合物的 $\Delta \lg K$ 较小，而 EGTA 与 Ca^{2+}、Mg^{2+} 的配合物的 $\Delta \lg K$ 较大，满足式定量测定的要求，故可用 EGTA 在 Ca^{2+}、Mg^{2+} 共存时直接滴定 Ca^{2+}，而 Mg^{2+} 不干扰，详见表2－10。

表 2－10　EDTA 和 EGTA 与一些金属离子形成的配合物的 lg*K* 值

金属离子	* Mg^{2+}	Ca^{2+}	Sr^{2+}	Ba^{2+}
$\lg K_{M-EGTA}$	5.21	10.97	8.5	8.41
$\lg K_{M-EDTA}$	8.7	10.69	8.73	7.26

（五）配位滴定的方式及其应用

在配位滴定中，根据实际需要可采用不同的滴定方式，增大配位滴定的范围，还可以提高配位滴定的选择性。

1. 直接滴定法

将被测物质处理成溶液后，调节酸度（缓冲溶液），加入必要的试剂（掩蔽剂）和指示剂，直接用 EDTA 标准溶液滴定，然后根据消耗的 EDTA 标准溶液的体积，计算试样中被测组分的含量。这种方法称作直接滴定法，是配位滴定中最基本的方法。如测定水的总硬度时，先用 NH_3-NH_4Cl 缓冲溶液控制溶液的 pH10，然后加入 EBT 指示剂，用 EDTA 标准溶液进行滴定，根据消耗的

EDTA 标准溶液的体积，可计算出水的总硬度。采用直接滴定法，必须符合下列几个条件：

（1）被测定的金属离子与 EDTA 形成的配合物要稳定，即要满足 $\lg c \cdot K'_{MY} \geqslant 6$ 的要求。

（2）配位反应速度应很快。

（3）在所选用的滴定条件下，被测的金属离子不发生水解和沉淀反应，必要时可加入适当的辅助配位剂。

（4）有敏锐的指示剂指示终点，且无封闭现象。

2. 返滴定法

在被测离子的溶液中加入已知过量的 EDTA 标准溶液，当被测定的离子反应完全后，再用另一种金属离子的标准溶液滴定剩余的 EDTA，根据两种标准溶液的量可求得被测组分的含量。这种方法称作返滴定法，也称剩余滴定法，适用于下列情况：

（1）采用直接法时缺乏符合要求的指示剂或者被测离子对指示剂有封闭作用。

（2）被测离子与 EDTA 有配位速度很慢。

（3）被测离子发生水解等副反应影响滴定。

例如，用 EDTA 法测定 Al^{3+} 时，由于 Al^{3+} 与 EDTA 的反应速度较慢，酸度较低时，Al^{3+} 存在着水解作用，另外，Al^{3+} 对二甲酚橙（XO）指示剂还有封闭作用，不能用 EDTA 直接滴定 Al^{3+}。可先在待测的 Al^{3+} 溶液中加入一定过量的 EDTA 标准溶液，在 pH = 3.5 条件下，煮沸溶液，待 Al^{3+} 与 EDTA 的反应完全后，调节溶液的 pH 为 5.0 ~ 6.0，加入二甲酚橙，即可用 Zn^{2+} 标准溶液用进行返滴定。

注意，返滴定法中的返滴定剂与 EDTA 的配合物要足够稳定，但不宜超过被测离子与 EDTA 所形成的配合物的稳定性，否则，返滴定剂会置换出被测离子，产生负误差。

3. 置换滴定法

利用置换反应从配合物中置换出等量的另一种金属离子或 EDTA，然后进行滴定的方式称作置换滴定法。置换滴定法的方式灵活多样，不仅能扩大配位滴定的范围，同时还可以提高配位滴定的选择性。

（1）置换出金属离子　当 M 不能用 EDTA 直接滴定时，可用 M 与 NL 反应，使 M 置换出 N，在用 EDTA 滴定 N，可求出 M 的含量。

$$NL + M \xlongequal{} ML + N$$

$$N + Y \xlongequal{} NY$$

例如，Ag^{+} 与 EDTA 的配合物不稳定，不能用 EDTA 直接滴定，可将含

Ag^+的试液加入到 Ni $(CN)_4^{2-}$溶液中，则可置换出定量的 Ni^{2+}，然后在 pH10.0 的氨性缓冲溶液中，以紫脲酸铵为指示剂，用 EDTA 滴定置换出来的 Ni^{2+}，根据 EDTA 的用量可计算 Ag^+的含量。置换反应为

$$2Ag^+ + Ni(CN)_4^{2-} = 2Ag(CN)_2^- + Ni^{2+}$$

（2）置换出 EDTA　测定几种金属离子混合溶液中的 M 时，可先加 EDTA 与它们同时配位，再加入一种具选择性的配位剂 L，夺取 MY 中的 M，使与 M 作用的 EDTA 置换出，用另一种金属标液滴定置换出的 EDTA，从而可求得 M 的含量。

$$MY + L = ML + Y$$

$$Y + N = NY$$

例如，用返滴定法测定 Al^{3+}含量有其他离子干扰时，可用置换滴定法。先在待测溶液中加入过量的 EDTA 标准溶液，加热使金属离子全部与 EDTA 反应，然后用 Zn^{2+}或 Cu^{2+}标准溶液除去过量的 EDTA。再加入 NH_4F，选择性地将 AlY^-中的 EDTA 释放出来，然后再用 Zn^{2+}或 Cu^{2+}标准溶液滴定释放出的 EDTA，可求出 Al^{3+}的含量。置换反应为

$$AlY^- + 6F^- = AlF_6^{3-} + Y^{4-}$$

4. 间接滴定法

有些金属离子和非金属离子不与 EDTA 配位或生成的配合物不稳定时，可采用间接滴定法。即在被测物的溶液中加入一种能与被测物反应又能与 EDTA 反应的试剂，使被测物间接转化为能与 EDTA 发生反应的物质，然后再测定的方式。例如，样品中 P 的测定，在一定条件下，将试样中的磷沉淀为 $MgNH_4PO_4$，然后过滤、洗净并将它溶解，调节溶液的 pH10.0，用 EBT 为指示剂，以 EDTA 标准溶液滴定，从而求得试样中磷的含量。

实训练习

实训三　EDTA 标准溶液的配制与标定

一、目的要求

（1）学习 EDTA 标准溶液的配制与标定方法。

（2）掌握 EDTA 配位滴定的原理，理解配位滴定的特点。

（3）了解金属指示剂的作用原理，熟悉铬黑 T 指示剂的使用。

二、实训原理

EDTA（$Na_2H_2Y \cdot 2H_2O$）为非基准物，只能采用间接法配制标准溶液。国家标准规定标定 EDTA 的是 ZnO。用盐酸将 ZnO 溶解，然后用氨水将溶液的酸度调为 pH > 8，用氨 - 氯化铵缓冲溶液控制溶液的 pH10，以铬黑 T 作指示剂，用待标定的 EDTA 滴定，根据一定量的氧化锌消耗 EDTA 的量可计算 EDTA 的准确浓度。

滴定前显色反应 $Zn^{2+} + HIn^{2-}$（蓝色）$=\!=\!= ZnIn^-$（酒红色）$+ H^+$

滴定反应 $Zn^{2+} + H_2Y^{2-} =\!=\!= ZnY^{2-} + 2H^+$

终点反应 $ZnIn^-$（酒红色）$+ H_2Y^{2-} =\!=\!= ZnY^{2-} + HIn^{2-}$（蓝色）$+ H^+$

$$c(\text{EDTA}) = \frac{m(\text{ZnO})}{M(\text{ZnO}) \times V(\text{EDTA})}$$

三、仪器与试剂

仪器：天平、台秤、烧杯、酸式滴定管、容量瓶、移液管、锥形瓶、烧杯等。

试剂：浓盐酸、$Na_2H_2Y \cdot 2H_2O$（分析纯）、ZnO（基准物）、pH = 10.0$NH_3 - NH_4Cl$ 缓冲溶液、1∶1 氨水溶液、铬黑 T（指示剂∶氯化钠 = 1∶100）。

四、操作步骤

1. 0.01mol/L EDTA 标准溶液的配制

称取分析纯 $Na_2H_2Y \cdot 2H_2O$ 1.9g（台秤），溶于 500mL 温水中（必要时可加热），冷却至室温并转移至试剂瓶中，待标定。

2. 0.01mol/L Zn^{2+} 标准溶液的配制

准确称取 0.20 ~ 0.25g 基准 ZnO 于小烧杯中（减量法），加少量的水（润湿）后，加适量浓盐酸溶解，定量转移 250mL 的容量瓶中，用水稀释到刻度，摇匀。

3. EDTA 标准溶液的标定

准确移取已经配制好的 Zn^{2+} 标准溶液 25.00mL 于锥形瓶中，加入 25mL 纯水，逐滴加入 1∶1 氨水并不断摇动，直至开始出现白色 $Zn(OH)_2$ 沉淀时，再加入 1 滴氨水及 10mL 氨 - 氯化铵缓冲溶液及 3 ~ 4 滴 0.5% 铬黑 T 指示剂，用待标定的 EDTA 标准溶液滴定，当溶液由酒红色变为纯蓝色即为终点，平行标定 3 次，同时做空白试验。

五、数据记录与结果处理

清晰、正确、实事求是记录测定数据，将结果填入表 2 - 11 中，并按要求进行结果处理。

表 2－11　EDTA 标准溶液的标定

记录项目	次序		
	Ⅰ	Ⅱ	Ⅲ
称取基准氧化锌的质量/g			
EDTA 标准溶液初始读数/mL			
EDTA 标准溶液终点读数/mL			
滴定用 EDTA 标准溶液的体积 V（EDTA）/mL			
空白试验结果/mL			
EDTA 标准溶液的浓度 c（EDTA）/（mol/L）			
EDTA 标准溶液的平均浓度 c/（mol/L）			
个别测定结果的绝对偏差/（mol/L）			
相对平均偏差/%			

六、思考题

（1）为什么实验室用乙二胺四乙酸的钠盐配制 EDTA 标准溶液，而不用乙二胺四乙酸？

（2）用盐酸溶解氧化锌基准物时，操作中应注意什么？

（3）用氧化锌标定 EDTA 时为什么采用铬黑 T 指示剂？能用二甲酚橙吗？为什么？

（4）为何要控制溶液的 pH？本实验中，可否有其他缓冲液能替代氨－氯化铵缓冲溶液？

实训四　自来水中钙、镁含量的测定

一、目的要求

（1）了解水的硬度含义及常用硬度的表示方法。

（2）掌握 EDTA 法测定水中钙、镁含量的原理和方法。

（3）正确判断铬黑 T 和钙指示剂的滴定终点。

二、测定原理

水的硬度就是指水中钙、镁的含量。水的硬度是水质分析的重要指标。一般生活用水要求有一定的硬度，而工业用水则要严格限制水的硬度。水硬度包括钙硬度（Ca^{2+} 含量）、镁硬度（Mg^{2+} 含量）、总硬度（Ca^{2+}、Mg^{2+} 总量）。水的硬度表示方法有美国度（$CaCO_3$ 的质量浓度，单位为 mg/L）和德国度（CaO 的质量浓度，单位为 mg/L）。常用后者，即 1L 水中含有 10mg CaO 为 1°d。水的硬度与水质的关系见表 2－12。

表 2－12 水的硬度与水质的关系

水的硬度	<4°d	4°～8°d	8°～16°d	16°～32°d	>32°d
水质	很软水	软水	中硬水	硬水	很硬水

我国目前采用的硬度法定计量单位为 mmol/L，1°d（德国度）＝0.35663mmol/L。

水的硬度的测定通常用 EDTA 法。测定总硬度时，需用氨缓冲溶液控制溶液 pH＝10，用 EBT 为指示剂，以 EDTA 标液滴定，当用 EDTA 滴定到化学计量点时，游离出指示剂溶液显蓝色。根据 EDTA 标液的浓度和用量，计算水的总硬度。

滴定反应：

$$H_2Y^{2-} + Ca^{2+} = CaY^{2-} + 2H^+$$

$$H_2Y^{2-} + Mg^{2+} = MgY^{2-} + 2H^+$$

终点反应：

$$MgIn^- + H_2Y^{2-} = MgY^{2-} + H_2In^-$$

终点颜色：　酒红　　　　纯蓝

$$总硬度(CaO) = \frac{c(EDTA) \cdot V(EDTA) \cdot M(CaO)}{V_s} \times 1000\ (mg/L)$$

测定钙硬度时，用 NaOH 溶液控制溶液 pH＝12.0，Mg^{2+} 水解生成 $Mg(OH)_2$ 沉淀，以钙红为指示剂，用 EDTA 标准溶液滴定，终点为酒红色→纯蓝色。钙硬度计算方法同总硬度。

镁硬度＝总硬度－钙硬度

注意：滴定时溶液中 Fe^{3+}、Al^{3+} 等干扰测定，可用三乙醇胺掩蔽。Cu^{2+}、Zn^{2+}、Pb^{2+} 等的干扰可用 Na_2S 或 KCN 掩蔽。

三、仪器与试剂

仪器：天平、台秤、电炉（或恒温水浴锅）、烧杯 500mL、酸式滴定管、容量瓶、移液管、锥形瓶、烧杯、量筒、洗耳球等滴定分析常用仪器。

视频：
水硬度的测定

试剂：$Na_2H_2Y \cdot 2H_2O$（分析纯）、0.01mol/L Zn^{2+} 标准溶液、pH10 的 NH_3-NH_4Cl 缓冲溶液、10% NaOH 溶液、1∶1 氨水溶液、1∶1 三乙醇胺溶液、铬黑 T、钙红固体指示剂（指示剂∶氯化钠＝

1∶100）、本地自来水水样。

四、操作步骤

1. 0. 01mol/L EDTA 标准溶液的配制与标定

同实训一中的 1、2 部分。

2. 总硬度的测定

移取水样 50. 0mL 于 250mL 锥形瓶中，加 1mL 1∶1 氨水、5mL 氨性缓冲溶液，5mL1∶1 三乙醇胺、0. 5% 铬黑 T 指示剂 3 ~4 滴，用 EDTA 标准溶液滴定至酒红到纯蓝色。记录 EDTA 的用量，平行 3 次，同时做空白试验。

3. 钙硬度的测定

移取水样 100. 0mL 于 250mL 锥形瓶中，加 4mL 10% NaOH 溶液，5mL 1∶1 三乙醇胺、钙指示剂微量，摇匀。用 EDTA 标准溶液滴定至酒红到纯蓝色。记录 EDTA 的用量，平行 3 次，同时做空白试验。

4. 镁硬度的测定

由总硬度减去钙硬度即得镁硬度。

五、数据记录与结果处理

清晰、正确、实事求是记录测定数据，将结果填入表 2 – 13 和表 2 – 14 中，并按要求进行结果处理。

表 2 – 13　总硬度的测定

记录项目	平行次序		
	Ⅰ	Ⅱ	Ⅲ
移取水样的体积/mL			
EDTA 标准溶液初始读数/mL			
EDTA 标准溶液滴定终点读数/mL			
消耗 EDTA 标准溶液的体积 V（EDTA）/mL			
空白试验结果/mL			
总硬度/（mg/L CaO）			
总硬度的平均值/（mg/L CaO）			
个别测定结果的绝对偏差			
相对平均偏差/%			

表 2-14 自来水钙硬度的测定

记录项目	平行次序		
	Ⅰ	Ⅱ	Ⅲ
移取水样体积/mL			
EDTA 标准溶液初始读数/mL			
EDTA 标准溶液终点读数/mL			
消耗 EDTA 标准溶液的体积 V（EDTA）/mL			
空白试验结果/mL			
钙硬度/（mg/L CaO）			
钙硬度平均值/（mg/L CaO）			
个别测定结果的绝对偏差			
相对平均偏差/%			

六、思考题

（1）测定时用的水样体积应该用什么量器量取？

（2）用 EDTA 测水的硬度时，哪些离子的存在有干扰？如何消除？

（3）为什么测总硬时，要控制溶液的 pH = 10？而测定钙硬时，需控制溶液 pH12.00？

练 习 题

一、单项选择

1. 分析室常用的 EDTA 是（　　）。

A. 乙二胺　　B. 乙二胺四乙酸二钠盐

C. 乙二胺四丙酸　　D. 乙二胺四乙酸

2. EDTA 同阳离子结合生成（　　）。

A. 螯合物　　B. 聚合物

C. 离子交换剂　　D. 非化学计量的化合物

3. 7.4g $Na_2H_2Y \cdot 2H_2O$（M = 372.24g/mol）配成 1L 溶液，其浓度约为（　　）mol/L。

A. 0.02　　B. 0.01　　C. 0.1　　D. 0.2

4. 配位滴定中，某一金属离子被准确滴定的条件是（　　）。

A. $\lg c_M \cdot K'_{MY} \geqslant 6$　　B. $\lg c_M \cdot K_{MY} \geqslant 6$

C. $\lg c_M \cdot K_{MY} \geq 8$　　D. $\lg c_M \cdot K'_{MY} \geq 8$

5. EDTA 直接法进行配位滴定时，终点所呈现的是（　　）颜色。

A. MIn　　B. In　　C. MY　　D. A 与 C 的混合色

6. 利用酸效应曲线可选择单独滴定金属离子的（　　）。

A. 最低酸度　　B. pH 突跃　　C. 最低 pH　　D. 最高 pH

7. 可用于测定水的总硬度的方法是（　　）。

A. EDTA 法　　B. 碘量法　　C. $K_2Cr_2O_7$　　D. 称量法

8. 水的硬度测定中，正确的测定条件包括（　　）。

A. 钙硬度 pH≥12 二甲酚橙为指示剂

B. 总硬度 pH = 10 铬黑 T 为指示剂

C. 总硬度 NaOH 可任意过量加入

D. 水中微量 Cu^{2+} 可加入三乙醇胺掩蔽

9. 用 EDTA 测定水中 Ca^{2+}、Mg^{2+} 的含量，pH 应取的范围为（　　）。

A. pH < 6　　B. pH 8 ~ 12　　C. pH 10 ~ 11　　D. pH > 12

10. 铬黑 T 应用于 EDTA 滴定法中适用的 pH 值范围为（　　）。

A. ≥12　　B. ≤8　　C. 9 ~ 11　　D. 3.1 ~ 4.4

二、判断是非

（　　）1. 氯化铵是离子化合物，所以该化合物中只有离子键，无其他化学键。

（　　）2. 往 AgCl 沉淀中加入浓氨水，沉淀消失，这是因为配位效应的缘故。

（　　）3. EDTA 能广泛应用原因之一是它能与绝大多数金属离子均形成 1∶1 的配合物。

（　　）4. EDTA 的 7 种型体中，只有 Y^{4-} 能与金属离子直接配合，溶液的酸度越低，Y^{4-} 的配位能力越弱。

（　　）5. 用 EDTA 标准溶液只能测定金属阳离子的含量。

（　　）6. pH 越大，酸效应系数越大，配合物的稳定性越弱。

（　　）7. 在配位滴定中，EDTA 的酸效应系数越小，配合物越稳定。

（　　）8. 配位滴定一般都在缓冲溶液中进行。

（　　）9. 配位滴定所用蒸馏水，无需进行质量检查。

（　　）10. 配位数相同时，同一中心离子所形成的螯合物比普通配合物要稳定。

三、简答题

1. 命名下列配合物，并指出下列配离子的中心离子、配体、配位原子、配位数。

① $[Zn(NH_3)_4]Cl_2$ ② $K_2[Zn(OH)_4]$ ③ $[CoCl_2(H_2O)_4]Cl$
④ $K_3[Fe(C_2O_4)_3]$ ⑤ $K_3[Fe(CN)_5(CO)]$ ⑥ $[Pt(NH_3)_2(OH)_2Cl_2]$
⑦ $Na_2[SiF_6]$ ⑧ $[Cr(H_2O)_2(NH_3)_4]_2(SO_4)_3$

2. 什么是金属指示剂？金属指示剂在保存和使用中存在哪些问题？应如何消除？

3. 什么是水的硬度？分析化学中如何测定水的总硬度？

4. 当 pH 为 5、10、12 时，能否用 EDTA 滴定 Ca^{2+}？

5. 在用 EDTA 滴定 Ca^{2+}、Mg^{2+}离子时，用三乙醇胺、KCN 可以掩蔽 Fe^{3+}离子，而用抗坏血酸则不能掩蔽；而在滴定 Bi^{3+}离子时（pH 1），恰恰相反，即用抗坏血酸可掩蔽 Fe^{3+}离子，而用三乙醇胺、KCN 则不能掩蔽，为什么？

四、综合题

1. 试求以 EDTA 滴定 Fe^{2+}和 Fe^{3+}时所需要的最低 pH 各为多少？

2. 吸取水样 50.00mL，用 0.05000mol/L EDTA 标准溶液滴定其总硬度（以 mg CaO/L 表示），用去 EDTA 22.50mL，求水的总硬度。

3. 测水中钙镁时，取 100.0mL 水样，调节 pH 10.0，用 EBT 作指示剂，用去 0.01000 mol/L EDTA 标准溶液 25.40mL，另取一份 100.00mL 水样，调节 pH 12，用钙指示剂指示终点，耗去 EDTA 标准溶液 14.25mL。问每升水中含 CaO 和 MgO 各多少毫克？

4. 称取 0.5000g 含硫试样，经氧化处理转化成溶液，除去重金属离子后加入 0.03000mol/L 的 $BaCl_2$ 溶液 30.00mL，使生成 $BaSO_4$ 沉淀，过量 Ba^{2+} 用 0.02000mol/L 的 EDTA 溶液滴定，消耗 23.64mL，求试样中硫的质量分数。

5. 称取含磷的试样 0.1000g 处理成溶液，并把磷沉淀为 $MgNH_4PO_4$。将沉淀过滤、洗涤后，再溶解，然后用 0.01000mol/L EDTA 标准溶液滴定 Mg^{2+}，用去 20.00mL。求试样中 P_2O_5的质量分数。

6. 分析铜锌镁合金，称取 0.5080g 试样，用酸溶解后定容至 100mL，用移液管称取 25.00mL，调节至 pH6.0，用 PAN 指示剂，用 0.05000mo1/L EDTA 标准溶液滴定 Cu^{2+}和 Zn^{2+}，用去 37.40mL，另外又用称液管吸取 25.00mL 试样，调至 pH10.00 时，加 KCN 以掩蔽 Cu^{2+}和 Zn^{2+}，用上述 EDTA 标液滴定，用去 4.10mL，然后再滴加甲醛以解蔽 Zn^{2+}，又用同浓度的 EDTA 溶液滴定用去 13.20mL，计算试样中 Cu、Zn、Mg 的质量分数各为多少？

项目三　消毒液中有效成分含量的测定

项目描述

消毒液中有效成分的含量是评价消毒液质量的一项重要指标，消毒液中有效成分含量的测定是消毒液生产过程质量控制的重要项目。分析人员按照规范化操作要求，完成消毒液中有效成分含量测定方案的制定和实施工作，并提交分析报告，使生产企业对产品质量进行实时控制。在此工作过程中，学习氧化还原反应的基本常识、氧化还原滴定原理、氧化还原指示剂、常用氧化还原滴定法及滴定过程中条件的控制等知识和技能。

学习目标

知识目标	（1）熟悉氧化还原反应的特点及基本概念。 （2）理解条件电极电位的意义及其影响因素，理解氧化还原滴定过程中电极电位的变化规律及其计算方法。 （3）了解影响氧化还原反应速率的因素，氧化还原反应进行的方向和程度。 （4）理解氧化还原滴定法的原理，氧化还原滴定法指示剂的选择原则。 （5）掌握常用氧化还原滴定法的原理及滴定条件的控制。 （6）了解消毒液的组成及其作用原理，掌握消毒液有效成分含量的测定方法。
能力目标	（1）能应用能斯特方程式计算电对的电极电位。 （2）熟练配制氧化还原滴定用标准溶液。 （3）能熟练应用氧化还原法测定消毒液中有效成分的含量。 （4）会进行氧化还原滴定结果的计算，能正确表示分析结果。 （5）能正确处理实验测定的数据，写出消毒液有效成分含量测定的评价报告。
素质目标	（1）培养严谨的学风以及实事求是的工作态度。 （2）培养实地调查能力和团队协作能力。 （3）培养岗位职业技能和职业道德。 （4）培养探究和精神创新意识。

必备知识

一、氧化还原反应的基本知识

（一）氧化还原反应的基本概念

1. 常用的氧化还原反应术语

化学上将有电子转移的化学反应称为氧化还原反应。由于电子转移使得某些原子的价电子结构发生改变，从而使这些元素的原子的电荷状态（氧化数）发生改变。在氧化还原反应中，电子转移是在氧化剂和还原剂之间进行。其中含氧化数在反应前后降低的元素的反应物称作氧化剂，含氧化数在反应前后升高的元素的反应物称作还原剂。氧化剂发生的是还原反应，被还原的产物称作还原产物；还原剂发生的是氧化反应，被氧化的产物称作氧化产物。

2. 氧化还原半反应及氧化还原电对

在氧化还原反应中，氧化和还原过程是同时进行的，氧化剂与还原产物，还原剂与氧化产物分别构成共轭氧化还原关系。在氧化还原电对中，氧化数高的物质称作氧化态物质，氧化数低的物质称作还原态物质。氧化还原反应是两个电对共同作用的结果。同一元素氧化还原电对的氧化态和还原态之间的关系可用氧化还原半反应来表示：

$$\text{氧化态} + ne^- \rightleftharpoons \text{还原态}$$

为了方便起见，化学上常用“氧化态/还原态”或“Ox/Red”来代表上述的半反应，称为氧化还原电对。

在氧化还原电对中，氧化态物质的氧化能力越强，则其共轭还原态物质的还原能力越弱。同理，还原态物质的还原能力越强，则其共轭氧化态物质的氧化能力越弱。氧化还原电对氧化能力的强弱可用相应电对的电极电位来表示。

动画：
氧化还原半反应

（二）电极电位

电极电位就是指金属或气体电极和它的盐溶液的电位差。单个电对的电极电位绝对值无法测出，可选定某一标准电极（如标准氢电极）与测定电极组成原电池，通过测量原电池的电动势来间接测得该电极的电极电位的相对值。

1. 标准氢电极

标准氢电极的组成和结构如图 2－11 所示。它是将镀有一层疏松铂黑的铂片插入标准 H^+ 浓度（严格地说是活度）等于 1mol/L 的酸溶液中，并不断通入压力为 101. 325kPa 的纯氢气流而形成的电极。这时溶液中的氢离子与被铂黑所吸附的氢气建立起下列动态平衡，可简写为：

$$2H^+ + 2e^- \rightleftharpoons H_2$$

平衡时，在铂片上的氢与溶液中的氢离子之间产生的平衡电极电位，称为标准氢电极的电极电位，记作 $\varphi^\ominus$（H^+/H_2），并规定在任何温度下，标准氢电极的电极电位为零，即 $\varphi^\ominus$（H^+/H_2） = 0 .00V，以此作为测量电极电位的相对标准。

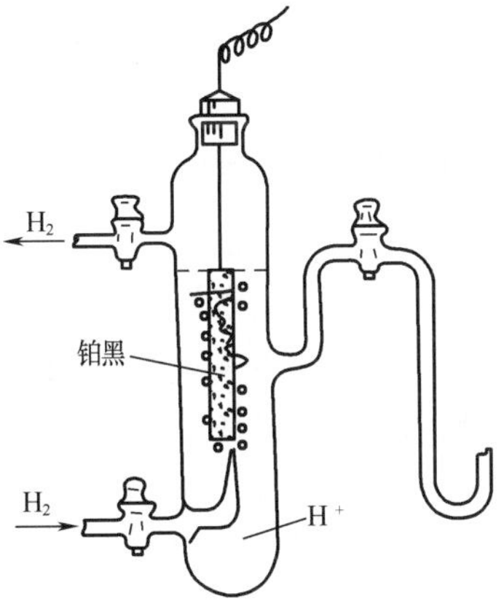

图 2 – 11 标准氢电极

2. 标准电极电位

标准电极电位是指在标准状态下，将某电极与标准氢电极组成原电池所测得的电极电位。

标准状态是指温度为 298. 15K，物质皆为纯净物，组成电极的有关物质的浓度（活度）均为 1mol/L，气体的压力为 101. 325kPa 时的状态。

确定某一电极的标准电极电位时，在标准态下将该电极与标准氢电极组成一个原电池，测量该原电池的电动势（E）。由电流方向判断出正、负极，再按 $E = \varphi^\ominus(+) - \varphi^\ominus(-)$ 的关系式，就可以计算出待测定电极的标准电极电位（$\varphi^\ominus$）。例如，欲测定铜电极的标准电极电位，在标准状态下，将铜片放在浓度为 1mol/L 的盐溶液中，铜电极与标准氢电极组成原电池：（－）Pt | H_2 | H^+（c_1）‖ Cu^{2+}（c_2）| Cu（＋）。根据电位计指针偏转方向，可知电流方向由铜电极向氢电极（电子由氢电极向铜电极转移），则氢电极为负极，铜电极为正极，测得该原电池的电动势为 0. 337V，根据电动势的计算式有：

$$E = \varphi^\ominus(+) - \varphi^\ominus(-) = \varphi^\ominus_{Cu^{2+}/Cu} - \varphi^\ominus_{H^+/H_2} = 0.337V$$

因为 $\varphi^\ominus_{H^+/H_2} = 0.00V$，代入上式得：$\varphi^\ominus(Cu^{2+}/Cu) = +0.337V$

同理，可测得定锌电极的标准电极电位为 $\varphi^{\ominus}(Zn^{2+}/Zn) = -0.763V$

从测定的电极电位数据来看，Cu^{2+}/Cu 电对的电极电位为正值，Zn^{2+}/Zn 电对的电极电位为负值。正值表明 Cu 失电子的倾向小于 H_2，或者 Cu^{2+} 电子成为的 Cu 倾向大于 H^+。负值表明 Zn 失电子的倾向大于 H_2，或者 Zn^{2+} 得电子成为 Zn 的倾向小于 H^+。用相类似的方法可测得一系列电极的标准电极电位，见附录5。它们是按照电极电位的代数值递增的顺序排列的，该表称为标准电极电位表。

3. 影响电极电位的因素

标准电极电位是在标准条件下测定的，是一个绝对数值。实际上，当测定条件改变时，电极电位也随之改变。影响电极电位的因素除其电对本身的性质外，有反应的温度和氧化态物质和还原态浓度、压力等。主要讨论浓度（或压力）对电极电位的影响

（1）能斯特方程　对于任意给定的电极反应：

$$\text{a 氧化态} + ne^- \rightleftharpoons \text{b 还原态}$$

其相应的浓度（严格地说应该是活度）对电极电位影响的通式可表达为：

$$\varphi = \varphi^{\ominus} + \frac{RT}{nF}\ln\frac{[\text{氧化态}]^a}{[\text{还原态}]^b} \qquad (2-16)$$

式中　φ——电极的电极电位，V

$\varphi^{\ominus}$——电极的标准电极电位，V

R——气体热力学常数，8.314J/（mol·K）

T——热力学温度，K

F——法拉第常数，96486C/mol

n——半反应中电子转移数

式（2－16）称为能斯特方程。当 $T=298.15K$ 时，将自然对数换算成常用对数，并把各常数项代入式（2－16）得：

$$\varphi = \varphi^{\ominus} + \frac{0.0592}{5}\lg\frac{[\text{氧化态}]^a}{[\text{还原态}]^b} \qquad (2-17)$$

（2）使用能斯特方程应注意的事项

①温度不同，方程式中的系数不同。如 298.15K 时为 0.0592，291.15K 时为 0.0582。

②气体的浓度用其相对分压表示，固体、纯液体和水的浓度为常数 1，其余用物质的量浓度表示。例如半反应：$Cu^{2+} + 2e^- \rightleftharpoons Cu$，有：

$$\varphi(Cu^{2+}/Cu) = \varphi^{\ominus}(Cu^{2+}/Cu) + \frac{0.0592}{2}\lg[Cu^{2+}]$$

$$2H^+ + 2e^- \rightleftharpoons H_2$$

$$\varphi(H^+/H_2)=\varphi^{\ominus}(H^+/H_2)+\frac{0.0592}{2}\lg\frac{[H^+]^2}{p(H_2)}$$

③参加反应的 H^+、OH^- 也需写入方程式，与同侧离子浓度连乘，系数在相应的浓度指数中反映出来。例如半反应：$MnO_4^- + 8H^+ + 5e^- \rightleftharpoons Mn^{2+} + 4H_2O$，有：

$$\varphi(MnO_4^-/Mn^{2+})=\varphi^{\ominus}(MnO_4^-/Mn^{2+})+\frac{0.0592}{5}\lg\frac{[MnO_4^-]\cdot[H^+]^8}{[Mn^{2+}]}$$

④同一元素的不同电对其能斯特方程的表达式不同。

$$Fe^{3+}+e^-\rightleftharpoons Fe^{2+}$$

$$\varphi(Fe^{3+}/Fe^{2+})=\varphi^{\ominus}(Fe^{3+}/Fe^{2+})+0.0592\lg\frac{[Fe^{3+}]}{[Fe^{2+}]}$$

$$Fe^{2+}+2e^-\rightleftharpoons Fe$$

$$\varphi(Fe^{2+}/Fe)=\varphi^{\ominus}(Fe^{2+}/Fe)+\frac{0.0592}{2}\lg[Fe^{2+}]$$

[例 2-3] 已知 $\varphi^{\ominus}_{Cl_2/Cl^-}=1.36V$，计算 Cl_2 的压力为 1.013×10^5Pa，$[Cl^-]=0.010mol/L$ 时的电极电位。

解：$$Cl_2+2e^-\rightleftharpoons 2Cl^-$$

根据能斯特方程有

$$\varphi(Cl_2/Cl^-)=\varphi^{\ominus}(Cl_2/Cl^-)+\frac{0.0592}{2}\lg\frac{p(Cl_2)}{[Cl^-]^2}$$

$$=1.36+\frac{0.059}{2}\lg\frac{(1.013\times10^5)/(1.013\times10^5)}{(0.010)^2}$$

$$=1.43\ (V)$$

[例 2-4] 已知 $MnO_4^- + 8H^+ + 5e^- \rightleftharpoons Mn^{2+} + 4H_2O$，$\varphi^{\ominus}_{MnO_4^-/Mn^{2+}}=+1.51V$，计算 MnO_4^- 在 $[H^+]=0.10mol/L$ 时的酸性介质中的电极电位。设 $[MnO_4^-]=[Mn^{2+}]=1.0mol/L$。

解：根据能斯特方程有

$$\varphi(MnO_4^-/Mn^{2+})=\varphi^{\ominus}(MnO_4^-/Mn^{2+})+\frac{0.0592}{5}\lg\frac{[MnO_4^-]\cdot[H^+]^8}{[Mn^{2+}]}$$

$$=1.51+\frac{0.0592}{5}\lg\frac{1.0\times(0.10)^8}{1.0}=1.42\ (V)$$

上述两例说明了溶液中离子浓度的变化对电极电位的影响，特别是有 H^+ 参加的反应，由于浓度的指数往往比较大，故对电极电位的影响也较大，这也是某些氧化剂的氧化性需要在强酸性溶液才能充分体现的原因。此外，有些金属离子由于在反应中生成难溶的化合物或很稳定的配离子，极大地降低了溶液中金属离子的溶液，并显著地改变原来电对的电极电位。

[例 2-5] 已知 $\varphi^{\ominus}_{(Cu^{2+}/Cu^+)}=+0.159V$，$K_{sp}(CuI)=1.10\times10^{-12}$，求 $\varphi_{(Cu^{2+}/CuI)}$。

解：$$\varphi(Cu^{2+}/Cu^{+}) = \varphi^{\ominus}(Cu^{2+}/Cu^{+}) + 0.0592\lg\frac{[Cu^{2+}]}{[Cu^{+}]}$$

因为
$$Cu^{2+} + I^{-} + e^{-} \rightleftharpoons CuI$$
$$[Cu^{+}] \cdot [I^{-}] = K_{sp}(CuI)$$
$$[Cu^{+}] = \frac{K_{sp}(CuI)}{[I^{-}]}$$
$$\varphi(Cu^{2+}/CuI) = \varphi^{\ominus}(Cu^{2+}/Cu^{+}) + 0.0592\lg\frac{[Cu^{2+}] \cdot [I^{-}]}{K_{sp}(CuI)}$$

当 $[Cu^{2+}] = [I^{-}] = 1.0mol/L$ 时，有：
$$\varphi(Cu^{2+}/CuI) = \varphi^{\ominus}(Cu^{2+}/Cu^{+}) - 0.0592\lg K_{sp}(CuI)$$
$$= +0.159 - 0.0592\lg(1.10\times10^{-12})$$
$$= +0.86(V)$$

由于 Cu^{2+} 和 I^{-} 生成了 CuI 沉淀，使电对的标准电极电位有很大幅度的增加，明显地增大了 Cu^{2+} 的氧化性，该反应可用于碘量法测铜。

4. 电极电位的应用

（1）比较氧化剂或还原剂的强弱　电极电位是表示氧化还原电对所对应的氧化态或还原态物质得失电子能力（即氧化还原能力）相对大小的物理量，利用标准电极电位数据可以直接判断其氧化态（还原态）物质氧化（还原）能力的相对强弱。

（2）判断氧化还原反应自发进行的方向　氧化还原反应的方向总是自发地由较强氧化剂与较强还原剂相互作用，向着较弱还原剂和较弱氧化剂的方向进行，用电极电位来判断就是电极电位值大的电对中的氧化形和电极电位值小的电对中的还原形之间的反应方向。

用电极电位判断氧化还原反应进行的方向时，首先找出参加氧化还原反应的两个氧化还原电对，查找或求得相应电对的电极电位，然后由电极电位值的大小比较氧化剂和还原剂的强弱，进而可以判断氧化还原反应的方向。

[例 2-6] 判断 $2Fe^{3+} + 2I^{-} \rightleftharpoons 2Fe^{2+} + I_2$ 反应进行的方向。

查附录 5 得有关电对的电极电位为：
$$Fe^{3+} + e^{-} \rightleftharpoons Fe^{2+} \qquad \varphi^{\ominus} = 0.771V$$
$$I_2 + 2e^{-} \rightleftharpoons 2I^{-} \qquad \varphi^{\ominus} = 0.535V$$

显然 $\varphi^{\ominus}(Fe^{3+}/Fe^{2+}) > \varphi^{\ominus}(I_2/I^{-})$，说明 Fe^{3+} 是比 I_2 强的氧化剂，I^{-} 是比 Fe^{2+} 强的还原剂，故 Fe^{3+} 能与 I^{-} 作用，该反应自发由左向右进行。

事实上，氧化还原反应总是电极电位值大的电对中的氧化态氧化电极电位值小的电对中的还原态，或者说氧化剂所对应的电对的电极电位值应大于还原剂所对应的电对的电极电位值，即二者之差 $\Delta\varphi^{\ominus} > 0$。若 $\Delta\varphi^{\ominus} < 0$，则反应逆

向进行。需要注意的是，当 $\Delta\varphi^{\ominus}$ 足够大（ > 0.5V）时，不必考虑反应中的离子浓度对 $\Delta\varphi^{\ominus}$ 或反应方向的影响；但 $\Delta\varphi^{\ominus}$ 较小（ < 0.2V）时，溶液浓度的改变可能会使 $\varphi^{\ominus}$ 发生改变而使反应方向逆转，此时可按能斯特方程求出在特定条件下的 $\varphi^{\ominus}$ 值，再进行比较确定反应方向。

（3）判断氧化还原反应进行的次序　当一种氧化剂（或还原剂）和几种还原剂（氧化剂）共存时，存在着反应的次序问题，电极电位差值最大的优先反应，电极电位差值最小的最后反应。

[例 2-7] 在一含有 I^-、Br^- 的混合液中，逐步通入 Cl_2，哪一种离子先被置换出来？要使 I^- 反应，而 Br^- 不反应，应选择 $Fe_2(SO_4)_3$ 还是 $KMnO_4$ 的酸性溶液？

解：①查附录 5 可知

$$I_2 + 2e^- \rightleftharpoons 2I^- \qquad \varphi^{\ominus} = 0.535V$$

$$Br_2 + 2e^- \rightleftharpoons 2Br^- \qquad \varphi^{\ominus} = 1.065V$$

$$Cl_2 + 2e^- \rightleftharpoons 2Cl^- \qquad \varphi^{\ominus} = 1.36V$$

显然，I^- 比 Br^- 的还原性强，I^- 先被置换出来。

②查附录 5 可知

$$Fe^{3+} + e^- \rightleftharpoons Fe^{2+} \qquad \varphi^{\ominus} = 0.771V$$

$$MnO_4^- + 8H^+ + 5e^- \rightleftharpoons Mn^{2+} + 4H_2O \qquad \varphi^{\ominus} = 1.51V$$

要使 I^- 反应，而 Br^- 不反应，则应选择 $\varphi^{\ominus}$ 在 0.535 ~ 1.065V 之间的氧化剂，所以应选择 $Fe_2(SO_4)_3$。

（4）判断氧化还原反应进行的完全程度　氧化还原反应属可逆反应，同其他可逆反应一样，在一定条件下也能达到平衡。利用能斯特方程式和标准电极电位表可以算出平衡常数，判断氧化还原反应进行的程度。

对于一般的氧化还原反应：$a\mathrm{Ox}_1 + b\mathrm{Red}_2 \rightleftharpoons c\mathrm{Red}_1 + d\mathrm{Ox}_2$

平衡时有
$$\frac{[\mathrm{Red}_1]^c \cdot [\mathrm{Ox}_2]^d}{[\mathrm{Ox}_1]^a \cdot [\mathrm{Red}_2]^b} = K$$

K 为氧化还原反应平衡常数，其大小反映了该反应的完全程度。

可以推导出氧化还原反应平衡常数 K 与参加氧化还原反应的两电对的电极电位值及转移的电子数的关系为：

$$\lg K = \frac{n \cdot (\varphi_1^{\ominus} - \varphi_2^{\ominus})}{0.0592} \qquad (2-18)$$

式中　n——反应中得失电子总数

$\varphi_1^{\ominus}$——反应中作为氧化剂的电对的标准电极电位

$\varphi_2^{\ominus}$——反应中作为还原剂的电对的标准电极电位

$\varphi_1^{\ominus}$ 和 $\varphi_2^{\ominus}$ 之差值越大，K 值也越大，反应进行得也越完全。若式（2-18）

中标准电极电位用条件电极电位表示则 K 可用 K' 表示。

$$\lg K' = \frac{n \cdot (\varphi_1^{\Theta\prime} - \varphi_2^{\Theta\prime})}{0.0592} \qquad (2-19)$$

［**例 2-8**］计算下列反应在 298K 时的平衡常数，并判断此反应进行的程度。

$$Cr_2O_7^{2-} + 6I^- + 14H^+ \rightleftharpoons 2Cr^{3} + 3I_2 + 7H_2O$$

解：查附录 5 可知

$$Cr_2O_7^{2-} + 14H^+ + 6e^- \rightleftharpoons 2Cr^{3+} + 7H_2O \qquad \varphi_1^{\Theta} = +1.33V$$

$$I_2 + 2e^- \rightleftharpoons 2I^- \qquad \varphi_2^{\Theta} = +0.535V$$

$$\lg K = \frac{n \cdot (\varphi_1^{\Theta} - \varphi_2^{\Theta})}{0.0592} = \frac{6 \times (1.33 - 0.535)}{0.0592} = 80.62$$

$$K = 10^{80.62} = 4.27 \times 10^{80}$$

此反应的平衡常数很大，表明此正反应进行得很完全。

一般情况下，在氧化还原反应中，若 $n_1 = n_2 = 1$，则当参加反应的两电对的电极电位差值必须大于 0.40V 时，可认为反应完全。

若 $n_1 \cdot n_2 > 1$ 时，则要求参加反应的两电对的电极电位差值可以小于 0.40V。如 $n_1 \cdot n_2 = 2$ 时，则要求 $\Delta\varphi > 0.2V$；若 $n_1 \cdot n_2 = 4$，则要求 $\Delta\varphi > 0.1V$。且 $n_1 \cdot n_2$ 值越大，要求参加反应的两电对的电极电位差值越小。

5. 条件电极电位

能斯特方程反映了电极电位和离子浓度的关系，它是以标准电极电位为基础进行计算的。标准电极电位的测定是有条件的，当溶液中离子强度较大时，用浓度来替代活度进行计算就会引起较大偏差，特别是当氧化态或还原态因水解或配位等副反应发生了改变时，可在更大程度上影响电极电位。因此使用标准电极电位 φ^{Θ} 有其局限性。实际工作中，常采用条件电极电位 $\varphi^{\Theta\prime}$ 代替标准电极电位 φ^{Θ}。条件电极电位更能切合实际地反映氧化剂或还原剂的能力大小、反应的方向、次序和完全程度。所以在有关氧化还原反应的计算中，使用条件电位更为合理。但目前缺乏多种条件下的条件电位数据，故实际应用有限。

附录 6 列出部分氧化还原电对的条件电位。当缺乏相同条件下的条件电位数据时，可采用条件相近的条件电位数据。

二、氧化还原反应的速率及影响因素

氧化还原平衡常数反映了氧化还原反应的完全程度。它只能说明反应的可能性，不能说明反应的速率。多数氧化还原反应比较复杂，通常需要一定时间才能完成。所以在氧化还原滴定分析中不仅要从平衡的角度来考虑反应的可能性，还要从其反应速率来考虑反应的现实性。

（一）氧化还原反应的复杂性

氧化还原反应的本质是电子的转移。当电子由一种物质转移到另外一种物质时要克服很多阻力，反应物和生成物结构的改变，都会导致反应速率较慢。另外，许多氧化还原反应方程式只表达反应的起始状态和最终状态，并不能说明化学反应的真实情况。实际上，许多氧化还原反应的历程是复杂的，分步进行的，有许多中间产物，这也是导致许多氧化还原反应速率不高的原因。因此，必须了解影响氧化还原反应速率的因素，以便采取适当的方法来提高反应速率。

（二）影响氧化还原反应速率的因素

1. 反应物浓度

根据质量作用定律，反应速率与反应物的浓度成正比，但由于氧化还原反应常常分步进行，故在考虑总反应的速率时，不能简单地用质量作用定律。一般说来，在大多数情况下，增加反应物的浓度，均能提高反应速率。如 $Cr_2O_7^{2-}$ 和 I^- 的反应：

$$Cr_2O_7^{2-} + 6I^- + 14H^+ = 2Cr^{3+} + 3I_2 + 7H_2O$$

在一般情况下该反应速率较慢，增大 I^- 的浓度，提高溶液的酸度均可提高反应的速率。

2. 反应体系的温度

实验证明，一般温度升高 10℃，反应速率增加 2 ~ 4 倍。如重铬酸钾法测铁用 $SnCl_2$ 还原 Fe^{3+} 时，必须将被测溶液加热至沸腾后，立即趁热滴加 $SnCl_2$，这样可使还原反应速率加快。

$$2Fe^{3+} + Sn^{2+} = Sn^{4+} + 2Fe^{2+}$$

但当上述反应结束后，就应以流水冷却被测溶液，以免 Fe^{2+} 被空气氧化。又如用草酸钠标定高锰酸钾溶液的反应：

$$2MnO_4^- + 5C_2O_4^{2-} + 16H^+ = 2Mn^{2+} + 10CO_2\uparrow + 8H_2O$$

为了提高反应速率，除了提高酸度外，可将反应溶液加热至 75 ~ 85℃。当然温度也不能提得太高，否则草酸会分解。

3. 催化剂

催化剂对反应速率有显著影响，如高锰酸钾与草酸的反应，即使在强酸性溶液中，将温度提高至 75 ~ 85℃，滴定最初几滴高锰酸钾的褪色仍很慢，但加入少量 Mn^{2+} 时，反应能很快进行。这里的 Mn^{2+} 就起了加快反应速率的作用，即 Mn^{2+} 为催化剂。其催化机理如下：

$$Mn(\text{VII}) + Mn(\text{II}) = Mn(\text{VI}) + Mn(\text{III})$$

$$Mn(VI) + Mn(II) = 2Mn(IV)$$
$$Mn(IV) + Mn(II) = 2Mn(III)$$

Mn（Ⅲ）能与 $C_2O_4^{2-}$ 生成一系列配合物，$Mn(C_2O_4)^+$、$Mn(C_2O_4)_2^-$、$Mn(C_2O_4)_3^{3-}$ 等，然后它们慢慢分解，生成 CO_2 和 Mn^{2+}。可见催化剂改变反应速率参与反应，但反应后又成为原来的物质。

在上述反应中，如不加催化剂，而利用反应生成的微量 Mn^{2+} 作催化剂，反应也可以较快的进行。这种生成物本身就起催化剂作用的反应称作自动催化反应，其速率特点是先慢后快再慢，滴定时应注意使滴定速度与反应速率相适应。

4. 诱导反应

在氧化还原反应中，不仅催化剂能改变反应速率，有时一种氧化还原反应的发生能加快另一种氧化还原反应进行，这种现象称作诱导作用，所发生的氧化还原反应称作诱导反应。

如在强酸性溶液中，用高锰酸钾法测铁时，若用盐酸控制酸度，则滴定时会消耗较多的高锰酸钾使结果偏高，主要是由于高锰酸钾与铁的反应对高锰酸钾与氯离子的反应有诱导作用。

$$MnO_4^- + 5Fe^{2+} + 8H^+ = Mn^{2+} + 5Fe^{3+} + 4H_2O$$
$$2MnO_4^- + 10Cl^- + 16H^+ = 2Mn^{2+} + 5Cl_2 + 4H_2O$$

如果溶液中没有铁，在测定的酸度条件下，高锰酸钾与氯离子的反应极慢，可以忽略不计。但当有 Fe^{2+} 存在时，前一个反应对后一个反应起了诱导作用。这里 Fe^{2+} 称为诱导体，Cl^- 称为受诱体，MnO_4^- 称为作用体，前一个反应称为诱导反应，后一个反应称为受诱反应。

需要强调的是，催化作用与诱导作用均能改变反应速率，催化剂和诱导体均参加氧化还原反应，但催化剂参加反应后成为原来的物质，而诱导体参加反应后成为新物质。

三、氧化还原滴定法

（一）概述

氧化还原滴定法是以溶液中氧化剂与还原则之间的电子转移为基础的滴定分析方法。根据所用标准溶液的不同常分为高锰酸钾法、重铬酸钾法、碘量法、铈量法、溴酸盐、钒酸盐法等。

利用氧化还原法，不仅可以测定具有氧化性或还原性的物质，而且还可以测定能与氧化剂或还原剂定量反应形成沉淀的物质，应用范围很广泛。但氧化还原反应的过程复杂，副反应多，反应速率慢，条件不易控制。

（二）氧化还原滴定曲线

在氧化还原滴定中，随着标准溶液的不断加入，氧化剂或还原剂的浓度发生改变，相应电对的电极电位也随之不断改变，可用氧化还原滴定曲线来描述这种变化，借以研究化学计量点前后溶液的电极电位改变情况，对正确选取氧化还原指示剂或采取仪器指示化学计量点具有重要的作用。滴定曲线可通过实验的方法测电极电位绘出，也可采用能斯特方程进行近似的计算，求出相应的电极电位。

以 0.1000mol/L Ce^{4+} 标准溶液滴定 20.00mL 0.1000mol/L $FeSO_4$ 溶液（介质为 1mol/L H_2SO_4 溶液）为例，说明滴定过程中电极电位的计算方法，滴定反应为：

$$Ce^{4+} + Fe^{2+} \rightleftharpoons Ce^{3+} + Fe^{3+}$$

$$\lg K' = \frac{\varphi_1^{\ominus\prime} - \varphi_2^{\ominus\prime}}{0.0592} = \frac{1.44 - 0.68}{0.0592} = 12.84$$

K'值很大，说明反应很完全。讨论 4 个主要阶段溶液的电极电位变化情况，计算方法如下。

（1）滴定前　没有滴入 $Ce(SO_4)_2$时，对于 0.1000mol/L $FeSO_4$溶液来说，由于空气中氧的氧化作用，溶液中必有极少量的 Fe^{3+}存在，并组成 Fe^{3+}/Fe^{2+} 电对，所以溶液的电极电位可用 Fe^{3+}/Fe^{2+} 电对表示，假设有 0.1% 的 Fe^{2+} 被氧化为 Fe^{3+}，则：

$$\frac{[Fe^{3+}]}{[Fe^{2+}]} = \frac{0.1\%}{99.9\%} \approx \frac{1}{1000}$$

$$\varphi(Fe^{3+}/Fe^{2+}) = \varphi^{\ominus\prime}(Fe^{3+}/Fe^{2+}) + 0.0592\lg\frac{[Fe^{3+}]}{[Fe^{2+}]}$$

$$= 0.68 + \frac{0.0592}{1}\lg\frac{1}{1000} = 0.50\ (V)$$

（2）滴定开始至化学计量点前　这个阶段，溶液中存在着 Fe^{3+}/Fe^{2+} 和 Ce^{4+}/Ce^{3+} 两个电对，每加入一定量的 $Ce(SO_4)_2$ 标准溶液后，两个电对的反应就会建立平衡并使两个电对的电位相等，即：

$$\varphi = \varphi^{\ominus\prime}(Fe^{3+}/Fe^{2+}) + 0.05921g\frac{[Fe^{3+}]}{[Fe^{2+}]}$$

$$= \varphi^{\ominus\prime}(Ce^{4+}/Ce^{3+}) + 0.0592\lg\frac{[Ce^{4+}]}{[Ce^{3+}]}$$

在化学计量点前，由于 $FeSO_4$是过量的，溶液中 Ce^{4+} 的浓度很小，计算起来比麻烦，因此可用 Fe^{3+}/Fe^{2+} 电对来计算 φ 值，同时为了计算简便，可用 Fe^{3+} 和 Fe^{2+} 的物质的量之比来替代 $\frac{[Fe^{3+}]}{[Fe^{2+}]}$进行计算。设滴入 $Ce(SO_4)_2$ 标准

溶液 V（$V<20.00\text{mL}$）时，得：

$$n(Fe^{3+}) = 0.1000 \times V$$

$$n(Fe^{2+}) = 0.1000 \times (20.00 - V)$$

$$\varphi = 0.68 + \frac{0.0592}{1}\lg\frac{0.1000 \times V}{0.1000 \times (20.00 - V)}$$

$$= 0.68 + 0.0592\lg\frac{V}{20.00 - V}$$

将 $V = 19.80\text{mL}$ 和 19.98mL 代入计算可得相应的电极电位值为 0.80V 和 0.86V。

（3）化学计量点时　设化学计量点时的电极电位 φ_{ep} 可分别表示为：$\varphi_{ep} = \varphi^{\Theta\prime} \times (Fe^{3+}/Fe^{2+}) + 0.0592\lg\frac{[Fe^{3+}]}{[Fe^{2+}]}$

和
$$\varphi_{ep} = \varphi^{\Theta\prime}(Ce^{4+}/Ce^{3+}) + \frac{0.0592}{n}\lg\frac{[Ce^{4+}]}{[Ce^{3+}]}$$

将两式相加得：

$$2\varphi_{ep} = \varphi^{\Theta\prime}(Ce^{4+}/Ce^{3+}) + \varphi^{\Theta\prime}(Fe^{3+}/Fe^{2+}) + 0.0592\lg\frac{[Ce^{4+}] \cdot [Fe^{3+}]}{[Ce^{3+}] \cdot [Fe^{2+}]}$$

化学计量点时，加入的 $Ce(SO_4)_2$ 标准溶液正好和溶液中的 $FeSO_4$ 标准溶液完全反应，达平衡状态，满足 $\frac{[Fe^{3+}]}{[Ce^{3+}]} = \frac{[Ce^{4+}]}{[Fe^{2+}]}$，此时：$\lg\frac{[Ce^{4+}] \cdot [Fe^{3+}]}{[Ce^{3+}] \cdot [Fe^{2+}]} = 0$

$$\varphi_{ep} = \frac{\varphi^{\Theta\prime}(Fe^{3+}/Fe^{2+}) + \varphi^{\Theta\prime}(Ce^{4+}/Ce^{3+})}{2} = \frac{0.68 + 1.44}{2} = 1.06\ (\text{V})$$

对于一般的对称性的氧化还原反应：

$$n_2 Ox_1 + n_1 Red_2 \rightleftharpoons n_2 Red_1 + n_1 Ox_2$$

同理可以得到化学计量点时的电极电位 φ_{ep} 为：

$$\varphi_{ep} = \frac{n_1\varphi_1^{\Theta\prime}(Ox_1/Red_1) + n_2\varphi^{\Theta\prime}(Ox_2/Red_2)}{n_1 + n_2} \quad (2-20)$$

（4）化学计量点后　加入过量的 $Ce(SO_4)_2$ 标准溶液，可用 Ce^{4+}/Ce^{3+} 电对的电极电位表示溶液的电极电位，加入 20.02mL $Ce(SO_4)_2$ 标准溶液时，则：

$$\varphi = \varphi^{\Theta\prime}(Ce^{4+}/Ce^{3+}) + \frac{0.0592}{n}\lg\frac{[Ce^{4+}]}{[Ce^{3+}]}$$

$$= 1.44 + 0.0592\lg\frac{20.02 - 20.00}{20.00} = 1.26\ (\text{V})$$

同理可讨论任意时刻溶液的电极电位与标准溶液加入量的关系，见表 2－15。以 φ 对 V 作图即可得用 0.1000mol/L Ce^{4+} 标准溶液滴定 20.00mL 0.1000mol/L $FeSO_4$ 溶液滴定曲线，如图 2－12 所示。

表 2-15 0.1000mol/L Ce^{4+}标准溶液滴定 20.00mL 0.1000mol/L $FeSO_4$溶液

滴入 Ce^{4+}溶液/mL	被滴定的 Fe^{2+}量/%	Ce^{4+}的过量值/%	溶液的电位/V
18.00	90.0		0.69
19.80	99.0		0.74
19.98	99.9		0.80
20.00	100.0		0.86
20.02		0.1	1.06
20.20		1.0	1.26
22.00		10.0	1.32
40.00		100.0	1.44

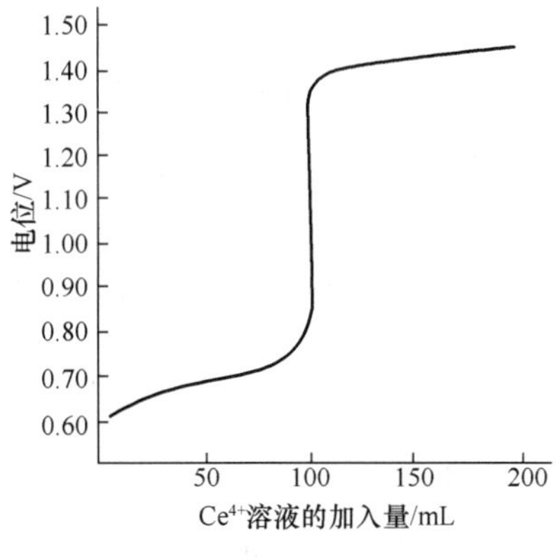

图 2-12 0.1000mol/L Ce^{4+}标准溶液滴定 20.00mL 0.1000mol/L $FeSO_4$溶液滴定曲线

如图 2-12 所示，在化学计量点前后 0.1% 误差范围内溶液的电极电位由 0.86V 变化到 1.26V，有明显的突跃，这个突跃范围的大小对选择氧化还原滴定指示剂很有帮助。事实上，在化学计量点前后 0.1% 相对误差范围内，溶液中 Fe^{2+}的浓度由 5.0×10^{-5}mol/L 降低到 5.0×10^{-12}mol/L，说明反应很完全。

氧化还原滴定突跃范围的大小与电对的 $\varphi^{\ominus\prime}$有关，$\Delta\varphi^{\ominus\prime}$越大，则突跃范围越长，反之则短。在 $\Delta\varphi^{\ominus\prime}\geq0.20$V 时，突跃才明显，且在 0.20 ~ 0.40V 可用仪器法确定终点；只有在 $\Delta\varphi^{\ominus\prime}\geq0.40$V 时可用氧化还原指示剂指示终点。

另外，在氧化还原反应的两个半反应中，若转移的电子数相等即 $n_1=n_2$，则化学计量点正好在滴定突跃的中间；若 $n_1\neq n_2$的反应，则化学计量点偏向于电子转移数较大的一方。

（三）氧化还原滴定指示剂

氧化还原滴定法是滴定分析方法的一种，其关键仍然是化学计量点的确定。在氧化还原滴定中，除了用电位法确定终点外，还可以根据所使用标准溶液的不同选择合适的指示剂来确定终点。

1. 氧化还原指示剂

氧化还原指示剂是具有氧化性或还原性的有机化合物，且它们的氧化态或还原态的颜色不同，在氧化还原滴定中也参与氧化还原反应而发生颜色变化。

假设用 In（O）和 In（R）表示指示剂的氧化态和还原态，则指示剂在滴定过程中所发生的氧化还原反应可用下式表示：

$$\mathrm{In\ (O)} + ne^- \rightleftharpoons \mathrm{In\ (R)}$$

根据能斯特方程，氧化还原指示剂的电极电位与其浓度之间有如下关系：

$$\varphi\ (\mathrm{In}) = \varphi^{\ominus}\ (\mathrm{In}) + \frac{0.0592}{n}\lg\frac{[\mathrm{In\ (O)}]}{[\mathrm{In\ (R)}]}$$

当 $\frac{[\mathrm{In\ (O)}]}{[\mathrm{In\ (R)}]} \geqslant 10$ 时，可清楚地看到 In（O）的颜色，此时：

$$\varphi\ (\mathrm{In}) \geqslant \varphi^{\ominus}\ (\mathrm{In}) + \frac{0.0592}{n}$$

当 $\frac{[\mathrm{In\ (O)}]}{[\mathrm{In\ (R)}]} \leqslant \frac{1}{10}$ 时，可清楚地看到 In（R）的颜色，此时：

$$\varphi\ (\mathrm{In}) \leqslant \varphi^{\ominus}\ (\mathrm{In}) - \frac{0.0592}{n}$$

所以，指示剂的变色范围为：

$$\varphi\ (\mathrm{In}) = \varphi^{\ominus}\ (\mathrm{In}) \pm \frac{0.0592}{n} \tag{2-21}$$

在此范围内，便可看到指示剂的变色情况，$\varphi_{\mathrm{In}} = \varphi^{\ominus}_{\mathrm{In}}$为理论变色点。

实际滴定中，最好能选择在滴定的突跃范围内变色的指示剂。例如重铬酸钾法测铁时，常用二苯胺磺酸钠为指示剂，它的氧化态呈紫红色，还原态呈无色，当滴定到化学计量点时，稍过量的重铬酸钾溶液就可以使二苯胺磺酸钠由还原态变为氧化态，从而指示滴定终点的到达。表 2-16 列出了常见氧化还原指示剂的 $\varphi^{\ominus}_{(\mathrm{In})}$ 及颜色变化。

表 2-16　常用的氧化还原指示剂

指示剂	氧化态颜色	还原态颜色	$\varphi^{\ominus}$（In）/V（pH = 0.00）
二苯胺磺酸钠	紫红色	无色	+0.85

续表

指示剂	氧化态颜色	还原态颜色	φ^Θ（In）/V（pH＝0.00）
邻二氮菲亚铁	浅蓝色	红色	+1.06
邻氨基苯甲酸	紫红色	无色	+0.89
亚甲基蓝	蓝　色	无色	+0.53

2. 自身指示剂

在氧化还原滴定中，利用标准溶液或被滴定物质本身的颜色来确定终点方法，称作自身指示剂。例如，在高锰酸钾法中就是利用 $KMnO_4$溶液为自身指示剂。$KMnO_4$溶液呈紫红色，当用 $KMnO_4$ 作为标准溶液来测定无色或浅色物质时，在化学计量点前，由于高锰酸钾是不足量的，故溶液不显 $KMnO_4$的颜色，当滴定到达化学计量点时，稍过量的 $KMnO_4$溶液就使溶液呈现粉红色，从而指示终点。实践证明，c（$KMnO_4$）约为 10^{-5}mol/L 时就可以看到溶液呈粉红色。

3. 专属指示剂

有些物质本身不具有氧化还原性质，但它能与氧化剂或还原剂或其产物作用产生特殊颜色以确定反应的终点，这种指示剂称作专属指示剂。如可溶性淀粉能与碘在一定条件下生成蓝色配合物。可用淀粉作碘量法的指示剂，根据溶液中蓝色的出现或消失就判断滴定终点。又如用 Fe^{3+} 滴定 Sn^{2+} 时，可用 KSCN 为指示剂，当溶液出现红色，即生成 Fe（Ⅲ）的硫氰酸配合物时，即为终点。

四、常用氧化还原滴定法

（一）高锰酸钾法

1. 概述

高锰酸钾法是以 $KMnO_4$作为标准溶液进行滴定的氧化还原滴定法。$KMnO_4$是氧化剂，其氧化能力和溶液的酸度有关。在强酸性溶液中具有强氧化性，与还原性物质作用可获得 5 个电子被还原为 Mn^{2+}：

$$MnO_4^- + 8H^+ + 5e^- \rightleftharpoons Mn^{2+} + 4H_2O \qquad \varphi^\Theta = +1.51V$$

在微酸性、中性或弱碱性溶液中，则获得 3 个电子被还原为 MnO_2：

$$MnO_4^- + 4H^+ + 3e^- \rightleftharpoons MnO_2\downarrow + 2H_2O \qquad \varphi^\Theta = +1.695V$$

$$MnO_4^- + 2H_2O + 3e^- \rightleftharpoons MnO_2\downarrow + 4OH^- \qquad \varphi^\Theta = +0.588V$$

在强碱性溶液中，则获得 1 个电子被还原为 MnO_4^{2-}：

$$MnO_4^- + e^- \rightleftharpoons MnO_4^{2-} \qquad \varphi^\Theta = +0.57V$$

由于在微酸性或中性溶液中均有二氧化锰棕色沉淀生成影响终点观察，故一般只在强酸性溶液中滴定。常用硫酸控制酸度，尽量避免用盐酸而不用硝酸。特殊情况下利用它在碱性溶液中的氧化性测定有机物含量，还原产物为绿色的锰酸钾。

利用$KMnO_4$作氧化剂可直接滴定许多强还原性物质如Fe^{2+}、$C_2O_4^{2-}$、H_2O_2、As（Ⅲ）、NO_2^-等；一些氧化性物质，如MnO_2、$K_2Cr_2O_7$、PbO_2等，可用返滴定法测定；还有一些物质，如Ca^{2+}、Ag^+、Ba^{2+}、Sr^{2+}、Zn^{2+}、Pb^{2+}等本身不具有氧化还原性，但可以用间接法测定。如测定Ca^{2+}时，先用$C_2O_4^{2-}$将Ca^{2+}沉淀为CaC_2O_4，然后用稀硫酸将所得的CaC_2O_4沉淀溶解，用$KMnO_4$标准溶液滴定溶液中的$C_2O_4^{2-}$，从而间接求得Ca^{2+}的含量。

高锰酸钾法的优点是$KMnO_4$氧化能力强，应用广泛，且一般不需另加指示剂。缺点是试剂中常含有少量杂质，溶液不够稳定，且能与许多还原性物质发生反应，干扰现象严重。

2. 高锰酸钾标准溶液的配制及标定

（1）配制　市售的高锰酸钾中常含有少量的二氧化锰、硫酸盐、氧化物和其他还原性杂质，配制溶液时，这些杂质以及蒸馏水中带入的杂质均可以将高锰酸钾还原为二氧化锰，高锰酸钾在水溶液中还能发生自动分解反应：

$$4MnO_4^- + 2H_2O \rightleftharpoons 4MnO_2\downarrow + 3O_2 + 4OH^-$$

另外，$KMnO_4$见光受热易发生分解反应。故配制$KMnO_4$标准溶液时只能采用间接配制法。配制时应采取如下措施。

①称取稍多于理论计算量的高锰酸钾。

②将配好的高锰酸钾溶液煮沸，保持微沸1h，然后放置2~3d，使各种还原性物质全部与$KMnO_4$反应完全。

③用微孔玻璃漏斗或古氏磁坩埚将溶液中的沉淀过滤除去。

④配好的高锰酸钾溶液应于棕色试剂瓶中暗处保存，待标定。

（2）标定　标定高锰酸钾标准溶液的基准物有许多，如$Na_2C_2O_4$、As_2O_3、$H_2C_2O_4 \cdot 2H_2O$和纯铁丝等。其中以$Na_2C_2O_4$用得最多。在1mol/L H_2SO_4溶液中，MnO_4^-与$C_2O_4^{2-}$的反应为：

$$2MnO_4^- + 5C_2O_4^{2-} + 16H^+ = 2Mn^{2+} + 10CO_2\uparrow + 8H_2O$$

为了使反应能够较快地定量进行，应该注意以下反应条件。

①温度：此反应在室温下进行得较慢，应将溶液加热，但温度高于90℃时$H_2C_2O_4$会发生分解反应生成CO_2，故最适宜的温度范围应该是75~85℃。

②酸度：为了使反应能够正常地进行，溶液应保持足够的酸度，一般开始滴定时，溶液的酸度应控制在0.5~1.0mol/L H_2SO_4为宜。

③滴定速度：由于 MnO_4^- 与 $C_2O_4^{2-}$ 的反应是自动催化反应，即使在 75～85℃的强酸溶液中，MnO_4^- 与 $C_2O_4^{2-}$ 的反应也是比较慢的。因此，在滴定开始时其速度不宜太快，一定要等到加入的第 1 滴 $KMnO_4$ 溶液褪色之后，才可加入第 2 滴 $KMnO_4$ 溶液，之后由于反应生成了有催化剂作用的 Mn^{2+}，反应速率逐渐加快，滴定速度也可适当加快，但也不能太快，否则加入的 $KMnO_4$ 就来不及和反 $C_2O_4^{2-}$ 反应，即在热的酸性溶液中发生分解，反应为：

$$4MnO_4^- + 12H^+ \longrightarrow 4Mn^{2+} + 5O_2 + 6H_2O$$

接近终点时，由于反应物的浓度降低，滴定速度要逐渐减慢。

④滴定终点：滴定以稍过量的 $KMnO_4$ 溶液在溶液呈现粉红色并稳定 30s 不褪色即为终点。若时间过长，空气中的还原性物质能使 $KMnO_4$ 缓慢分解，而使粉红色消失。

根据一定量的草酸钠基准物消耗的高锰酸钾溶液的体积，依据化学反应计量关系可确定高锰酸钾溶液的准确浓度。

3. 应用实例

（1）过氧化氢的测定　在酸性溶液中，H_2O_2 能定量地被 $KMnO_4$ 溶液氧化，其反应为：

$$2MnO_4^- + 5H_2O_2 + 6H^+ \longrightarrow 2Mn^{2+} + 5O_2\uparrow + 8H_2O$$

在 H_2SO_4 介质中，此反应室温下可顺利进行。但开始时反应较慢，随后反应产生的 Mn^{2+} 可起催化作用，从而加快反应速度。

若 H_2O_2 不稳定，在其工业品中常加入某些有机物作为稳定剂，这些有机物大多能与 $KMnO_4$ 溶液作用而发生干扰，此时可采用其他氧化还原滴定法进行测定，如碘量法或铈量法等。

（2）绿矾的测定　在酸性溶液中，$FeSO_4 \cdot 7H_2O$ 能定量地被 $KMnO_4$ 溶液氧化，其反应为：

$$MnO_4^- + 5Fe^{2+} + 8H^+ \longrightarrow Mn^{2+} + 5Fe^{3+} + 4H_2O$$

测定过程中只能用硫酸控制酸度，不能用盐酸，防止发生诱导反应，同时为了消除产物 Fe^{3+} 的颜色对终点的干扰，可加入适量的磷酸溶液，与 Fe^{3+} 生成 $[Fe(PO_4)_2]^{3-}$ 无色配离子，便于终点的观察。

（3）软锰矿中二氧化锰的测定　测定时，在 MnO_2 中先加入一定量过量的强还原剂 $Na_2C_2O_4$ 溶液，并加入一定量的 H_2SO_4 溶液，待反应完全后，再用 $KMnO_4$ 标准溶液来返滴定剩余的 $Na_2C_2O_4$，根据所加的 $Na_2C_2O_4$ 溶液和 $KMnO_4$ 溶液的量可计算样品中的含量。

$$MnO_2 + C_2O_4^{2-} + 4H^+ \longrightarrow Mn^{2+} + 2CO_2\uparrow + 2H_2O$$

$$2MnO_4^- + 5C_2O_4^{2-} + 16H^+ \longrightarrow 2Mn^{2+} + 10CO_2\uparrow + 8H_2O$$

该法也可用于PbO_2、钢样中的铬的测定。

（4）钙的测定　测定时，先用$C_2O_4^{2-}$将Ca^{2+}沉淀为CaC_2O_4，沉淀经过过滤、洗涤后，用热的稀H_2SO_4将其溶解，再用$KMnO_4$标准溶液滴定溶液中的$C_2O_4^{2-}$，从而间接求得Ca^{2+}的含量。

凡能与$C_2O_4^{2-}$生成沉淀的离子如Ag^+、Ba^{2+}、Sr^{2+}、Zn^{2+}、Pb^{2+}等均能用此方法测定。

（二）重铬酸钾法

1. 概述

重铬酸钾法是以$K_2Cr_2O_7$为标准溶液，利用它在强酸性溶液中的强氧化性的氧化还原滴定法。在酸性溶液中，$Cr_2O_7^{2-}$与还原性物质作用可获得6个电子被还原为Cr^{3+}，半反应式为：

$$Cr_2O_7^{2-} + 14H^+ + 6e^- \rightleftharpoons Cr^{3+} + 7H_2O \qquad \varphi^{\ominus} = +1.33V$$

从半反应式中可以看出，溶液的酸度越高，$Cr_2O_7^{2-}$的氧化能力越强，故重铬酸钾法必须在强酸性溶液中进行测定。酸度控制可用硫酸或盐酸，不能用硝酸。利用重铬酸钾法可以测定许多无机物和有机物。

与高锰酸钾法相比重铬钾法有如下优点。

（1）$K_2Cr_2O_7$易提纯，是基准物，可用直接法配制溶液。

（2）$K_2Cr_2O_7$溶液非常稳定，可长期保存。

（3）$K_2Cr_2O_7$对应电对的标准电极电位比高锰酸钾的小，可在盐酸溶液中测定铁。

（4）应用广泛，可直接、间接测定许多物质。

重铬钾法的缺点是反应速度很慢，条件难以控制，必须外加指示剂。另外，$K_2Cr_2O_7$有毒，使用时应注意废液的处理，以免污染环境。

2. 应用实例——铁矿石中含铁量的测定

铁矿石的主要成分是$Fe_3O_4 \cdot nH_2O$。测定时，首先用浓盐酸将铁矿石溶解，然后通过氧化还原预处理将铁矿石中的铁全部转化为Fe^{2+}，再在1mol/L $H_2SO_4-H_3PO_4$混合介质中，以二苯胺磺酸钠作为指示剂，用$K_2Cr_2O_7$标准溶液进行滴定，滴定反应为：

$$Cr_2O_7^{2-} + 6Fe^{2+} + 14H^+ = 2Cr^{3+} + 6Fe^{3+} + 7H_2O$$

重铬酸钾法测定铁是测定矿石中全铁量的标准方法。另外，可用$Cr_2O_7^{2-}$和Fe^{2+}的反应间接测定NO_3^-、ClO_3^-和Ti^{3+}等多种物质。

（三）碘量法

1. 概述

利用 I_2 的氧化性和 I^- 的还原性的氧化还原滴定法称作碘量法。利用碘量法，可测定还原性物质、氧化性物质和非氧化还原性物质，应用非常广泛。

由于固体碘在水中的溶解度很小且易挥发，常将 I_2 溶解在 KI 溶液中，I_2 以 I_3^- 配离子形式存在于溶液中，用 I_3^- 滴定时的半反应为：

$$I_3^- + 2e^- \rightleftharpoons 3I^- \qquad \varphi^\ominus = +0.535V$$

为方便起见，I_3^- 一般简写为 I_2。从其电对的标准电极电位值可以看出 I_2 是弱的氧化剂，I^- 是中等强度的还原剂。根据所用标准溶液的不同碘量法可分为直接碘量法和间接碘量法。

直接碘量法，又称作碘滴定法。以 I_2 溶液为标准溶液，可以测定电极电位小于 0.54V 的还原性物质，如 S^{2-}、Sn^{2+}、$S_2O_3^{2-}$、AsO_3^{3-} 等；间接碘量法，又称作滴定碘法。以 $Na_2S_2O_3$ 为标准溶液，间接测定电极电位大于 0.54V 的氧化性物质如 $Cr_2O_7^{2-}$、IO_3^-、MnO_4^-、AsO_4^{3-}、NO_2^-、Pb^{2+}、Ba^{2+} 等。测定时，氧化性物质先在一定条件下与过量的 KI 反应生成定量的 I_2，然后用 $Na_2S_2O_3$ 标准溶液滴定生成的 I_2。

由于碘量法中均涉及 I_2，可利用碘遇淀粉呈蓝色的性质，以淀粉作为指示剂。根据蓝色的出现或褪去判断终点。碘遇淀粉呈蓝色反应的灵敏度与温度、酸度和有无 I^- 密切相关。

2. 间接碘量法反应条件

I_2 和 $S_2O_3^{2-}$ 的反应是碘量法中最重要的反应之一，为了获得准确的结果，必须严格控制反应条件。

（1）控制溶液的酸度　I_2 和 $S_2O_3^{2-}$ 的反应很迅速、完全，但必须在中性或弱酸性溶液中进行。在酸性溶液中（pH＜2），硫代硫酸钠会分解，且 I^- 也会被空气中的氧气氧化，在碱性溶液中，硫代硫酸钠会被氧化为硫酸根，使反应不定量，且单质碘也会被氧化为次碘酸根或碘酸根。具体反应为：

$$S_2O_3^{2-} + 2H^+ = S + SO_2 + H_2O$$

$$4I^- + O_2 + 4H^+ = 2I_2 + 2H_2O$$

$$S_2O_3^{2-} + 4I_2 + 10OH^- = 2SO_4^{2-} + 8I^- + 5H_2O$$

$$3I_2 + 6OH^- = IO_3^- + 5I^- + 3H_2O$$

（2）防止 I_2 的挥发和空气中的 O_2 氧化 I^-　碘量法的误差主要来自两个方面，一是 I_2 的挥发，二是在酸性溶液中空气中的 O_2 氧化 I^-。可采取如下措施以减少误差的产生。

防止I_2挥发的方法有：在室温下进行，加入过量的KI，滴定时不能剧烈摇动溶液，最好使用碘量瓶。

防止空气中的O_2氧化I^-的方法有：设法消除日光、杂质Cu^{2+}及NO_2^-对I^-被O_2氧化的催化作用，立即滴定生成的I_2，且速度可适当加快。

3. 碘量法标准溶液的制备

（1）硫代硫酸钠标准溶液的制备　市售的$Na_2S_2O_3 \cdot 5H_2O$中含有少量的S、Na_2SO_3、Na_2SO_4和其他杂质，同时溶解在溶液中的CO_2、微生物、空气中的O_2、光照等均会使$Na_2S_2O_3$分解，所以只能采用间接配制法。

在配制除称取稍多于理论计算量的硫代硫酸钠外，还应采取如下措施。

①用新煮沸的冷却的蒸馏水溶解溶质，目的是除去水中溶解的CO_2和O_2，并杀死细菌。

②加入少量的碳酸钠（0.02%），使溶液呈弱碱性以抑制细菌的生长。

③溶液应贮存于棕色的试剂瓶中暗处放置，防止光照分解。

需要注意的是，$Na_2S_2O_3$溶液不适宜长期保存，在使用过程中应定期标定，若发现有混浊，则应将沉淀过滤去以后再标定，或者弃去重新配制。

标定$Na_2S_2O_3$溶液的基准物质很多，如I_2、$K_2Cr_2O_7$、KIO_3、$KBrO_3$、纯Cu等，除I_2外，均是采用间接碘量法。标定时这些物质在酸性条件下与过量的KI作用，生成定量的I_2。

$$IO_3^- + 5I^- + 6H^+ = 3I_2 + 3H_2O$$

$$Cr_2O_7^{2-} + 6I^- + 14H^+ = 2Cr^{3+} + 3I_2 + 7H_2O$$

$$Cu^{2+} + 4I^- = 2CuI\downarrow + I_2$$

析出的I_2以淀粉为指示剂，用待标定的$Na_2S_2O_3$溶液滴定，反应为：

$$I_2 + 2S_2O_3^{2-} = 2I^- + S_4O_6^{2-}$$

根据一定质量的基准物消耗$Na_2S_2O_3$溶液的体积可计算出的$Na_2S_2O_3$溶液准确浓度。现以$K_2Cr_2O_7$溶液标定$Na_2S_2O_3$溶液为例说明标定时应注意的问题。

由于$K_2Cr_2O_7$和KI的反应速度较慢，为了加速反应，需加入过量的KI溶液并提高溶液的酸度，但酸度过高会加快空气中的O_2氧化I^-速度，故酸度一般控制在0.2～0.4mol/L，并将将碘量瓶于暗处放置一段时间，使反应完全。

另外，所用的KI溶液中不得含有I_2或KIO_3，如发现KI溶液呈黄色或将溶液酸化后加淀粉指示剂显蓝，则事先可用$Na_2S_2O_3$溶液滴定至无色后再使用。

当$K_2Cr_2O_7$和KI的完全反应后，先用蒸馏水将溶液稀释，再用$Na_2S_2O_3$标准溶液进行滴定。稀释的目的是为了降低酸度并减少空气对I^-的氧化，防止$Na_2S_2O_3$的分解，并能使Cr^{3+}的颜色变淡便于终点的观察。

淀粉指示剂应在近终点时加入，当滴定至溶液蓝色褪去呈亮绿色时，即为终点。

需要注意的是，若蓝色刚褪去溶液又迅速变蓝，说明 KI 与 $K_2Cr_2O_7$的反应不完全，此时实验应重做；若蓝色褪去 5min 后溶液又变蓝，这是溶液中的 I^-被氧化的结果，对分析结果无影响。

（2）I_2标准溶液的制备　用升华法制得的纯碘可用直接法配制标准溶液，一般情况下用间接配制法。

配制时通常把 I_2溶解于浓的 KI 溶液中，然后将溶液稀释，倾入棕色瓶中暗处保存，并避免与橡皮等有机物接触，同时防止 I_2见光受热而使其浓度发生变化。

标定 I_2标准溶液用 As_2O_3基准物法，也可以用 $Na_2S_2O_3$标准溶液比较法。

As_2O_3难溶于水，易溶于碱性溶液中生成 AsO_3^{3-}。

$$As_2O_3 + 6OH^- = 2AsO_3^{3-} + 3H_2O$$

将溶液酸化并用 $NaHCO_3$调节溶液 pH = 8，则 AsO_3^{3-}与 I_2可定量而快速地发生反应：

$$AsO_3^{3-} + I_2 + 2HCO_3^- = AsO_4^{3-} + 2I^- + 2CO_2\uparrow + H_2O$$

根据 As_2O_3的用量及 I_2标准溶液的体积可计算 I_2标准溶液的浓度。

4. 应用实例

（1）铜含量的测定　碘量法测定铜是基于间接碘量法原理，反应为：

$$2Cu^{2+} + 4I^- = 2CuI\downarrow + I_2$$

$$I_2 + 2S_2O_3^{2-} = 2I^- + S_4O_6^{2-}$$

由于 CuI 沉淀表面会吸附一些 I_2，导致结果偏低，为此常加入 KSCN，使 CuI 沉淀转化为溶解度小的 CuSCN。

$$CuI + SCN^- = CuSCN + I^-$$

CuSCN 沉淀吸附 I_2的倾向较小，因而提高了测定的准确度。KSCN 应当在接近终点时加入，否则 SCN^-会还原 I_2，使测定结果偏低。

另外，铜盐很容易水解，Cu^{2+}和 I^-的反应必须在酸性溶液中进行，一般用 HAc – NaAc缓冲溶液将溶液的 pH 控制在 3.2 ~ 4.0 之间。酸度过低，反应速度太慢，终点延长；酸度过高，则空气中的 O_2氧化 I^-的速度加快，使结果偏高。

此法适用于矿石、合金、炉渣及其他含铜化合物中铜的测定。

（2）葡萄糖的测定　葡萄糖分子中所含醛基能在碱性条件下用过量的 I_2氧化成羧基，其反应过程如下

$$I_2 + 2OH^- = IO^- + I^- + H_2O$$

$$CH_2OH\ (CHOH)_4CHO + IO^- + OH^- = CH_2OH\ (CHOH)_4COO^- + I^- + H_2O$$

剩余的 IO^-在碱性溶液中歧化成 IO_3^-和 I^-：

$$3IO^- = IO_3^- + 2I^-$$

溶液经酸化后又析出 I_2：

$$IO_3^- + 5I^- + 6H^+ \xlongequal{} 3I_2 + 3H_2O$$

最后以 $Na_2S_2O_3$ 标准溶液滴定析出的 I_2。

（3）漂白粉中有效氯的测定　漂白粉是 Ca（ClO）$_2$、$CaCl_2$ · Ca（OH）$_2$ · H_2O 和 CaO 的混合物，常用化学式 Ca（ClO）Cl 表示。漂白粉在酸的作用下可放出氯气：

$$Ca(ClO)Cl + 2H^+ \xlongequal{} Ca^{2+} + Cl_2 + H_2O$$

放出的氯气具有漂白作用，称作有效氯，以此来表示漂白粉的纯度。漂白粉中的有效氯含量常用滴定碘法进行测定，即在一定量的漂白粉中加入过量的 KI，加 H_2SO_4 酸化，有效氯与 I^- 作用析出等量的 I_2，析出的 I_2 以淀粉指示剂立即用 $Na_2S_2O_3$ 标准溶液滴定。

还有许多具有氧化还原性质的物质以及其他物质均可以用碘量法进行测定，如硫化物、过氧化物、维生素 C、臭氧、钡盐等。

实训练习

实训五　高锰酸钾标准溶液的配制与标定

一、目的要求

（1）掌握高锰酸钾标准溶液的配制方法。

（2）掌握标定高锰酸钾标准溶液浓度的原理和方法。

（3）理解高锰酸钾自身指示剂的作用原理及终点判断，学会控制氧化还原反应条件的方法。

（4）掌握高锰酸钾标准溶液浓度的计算方法及结果评价。

二、实训原理

由于高锰酸钾不符合基准物质的条件，高锰酸钾标准溶液的配制只能用间接配制法，即先配近似浓度的溶液再标定，配制与标定时需采取特殊措施，在标定时以草酸钠基准物用得最多，严格控制标定反应的条件进行标定［详见本项目四“（一）”］。根据一定质量的草酸钠消耗高锰酸钾标准溶液的体积，根据化学反应的计量关系可计算出高锰酸钾标准溶液的准确浓度。高锰酸钾标准溶液浓度的计算公式为：

$$c(KMnO_4) = \frac{\frac{2}{5}{}'m(Na_2C_2O_4)}{M(Na_2C_2O_4) \times V(KMnO_4)}$$

三、仪器与试剂

仪器：酸式滴定管、容量瓶（250mL）、锥形瓶（250mL）电子天平、移液管（25mL）、电炉或恒温水浴锅、辅助玻璃器皿等。

试剂：3mol/L 硫酸、高锰酸钾（分析纯）、草酸钠（基准试剂）。

四、操作步骤

1. 0. 020mol/L 高锰酸钾标准溶液的配制

称取 1. 7g 高锰酸钾固体，置于 1000mL 烧杯中，加入 500mL 蒸馏水，用玻璃棒搅拌，使之溶解。盖上表面皿，加热至微沸并保持 1h，冷却后转移至棕色试剂瓶中，于暗处放置两周，用微孔玻璃漏斗过滤，滤液贮存于棕色瓶中，待标定。

2. 0. 020mol/L 高锰酸钾标准溶液的标定

准确称取 0. 20g（准至 0. 1mg）于 105 ~ 110℃ 电烘箱中干燥至质量恒定的工作基准试剂草酸钠，置于 250mL 锥形瓶中，加入新煮沸的冷却蒸馏水 30mL 使之溶解，再加入 10mL 3mol/L 的硫酸溶液，混匀，于恒温水浴锅中加热至 75 ~ 85℃，趁热用配制好的高锰酸钾溶液以先慢后快再慢的速度滴定至终点（先滴加 1 滴 $KMnO_4$ 溶液后，等粉红色褪去后才能加下 1 滴，滴定逐渐加快，终点前一滴一滴加入，直至粉红色 30s 不褪），记录消耗 $KMnO_4$ 标准溶液的体积。平行测定 3 次。

五、数据记录与结果处理

清晰、正确、实事求是地记录测定数据，并将结果填入表 2 – 17，并按要求进行结果处理。

表 2 – 17　$KMnO_4$ 标准溶液的标定

记录项目	平行次序		
	Ⅰ	Ⅱ	Ⅲ
标定用 $Na_2C_2O_4$ 的质量/g			
$KMnO_4$ 标准溶液的初始读数/mL			
$KMnO_4$ 标准溶液的终点读数/mL			
标定消耗 $KMnO_4$ 标准溶液的体积/mL			
c（$KMnO_4$）/（mol/L）			
c（$KMnO_4$）平均值/（mol/L）			
极差/（mol/L）			
极差相对值			

六、思考题

（1）为什么高锰酸钾标准溶液需要用间接法配制？

（2）用草酸钠标定高锰酸钾标准溶液的条件可从哪几方面进行控制？

实训六　双氧水中过氧化氢含量的测定

一、目的要求

（1）掌握高锰酸钾法测定消毒液中过氧化氢含量的原理和方法。

（2）学习高锰酸钾法测定条件的控制及终点的判断。

（3）掌握高锰酸钾标准溶液的配制与标定方法。

（4）进一步规范滴定分析仪器使用及氧化还原滴定法测定结果处理、评价方法，培养团队协作和职业素养。

二、测定原理

在酸性溶液中 H_2O_2是强氧化剂，但遇到强氧化剂 $KMnO_4$时，又表现为还原剂。因此，可以在酸性溶液中用 $KMnO_4$标准溶液直接滴定测得 H_2O_2的含量。一定质量的双氧水样液消耗高锰酸钾标准溶液的体积，根据化学反应的计量关系可计算出双氧水中过氧化氢含量。过氧化氢含量的计算公式：

$$w(H_2O_2)=\frac{\frac{5}{2}\times c(KMnO_4)\times V(KMnO_4)\times M(H_2O_2)}{m_s}\times 100\%$$

或

$$\rho(g/LH_2O_2)=\frac{\frac{5}{2}\times c(KMnO_4)\cdot V(KMnO_4)\cdot M(H_2O_2)}{v(H_2O_2)}$$

三、仪器与试剂

仪器：酸式滴定管、容量瓶（250mL）、锥形瓶（250mL）电子天平、移液管（25mL）、电炉或恒温水浴锅、辅助玻璃器皿等。

试剂：3mol/L 硫酸、高锰酸钾、草酸钠（基准试剂）、消毒液样品等。

动画：
过氧化氢简介

四、操作步骤

1. 0. 020mol/L 高锰酸钾标准溶液的配制与标定

同实训五“四”中的 1、2。

2. 消毒液样液的制备

准确称取 1.0g 30% 过氧化氢试样（准至 0.1mg），注入装有 200mL 蒸馏水的 250mL 容量瓶中，稀释至刻度，充分摇匀，待测定。

3. 样液测定

用移液管准确移取上述试样 25.00mL，放于 250mL 锥形瓶中，加 3mol/L H_2SO_4溶液 20mL，用 $KMnO_4$标准滴定溶液滴定至溶液微红色，保持 30s 不褪色即为终点，记录消耗 $KMnO_4$标准滴定溶液的体积。平行测定 3 次。

五、数据记录与结果处理

清晰、正确、实事求是地记录测定数据，并将结果填入表 2－18，并按要求进行结果处理。

表 2－18　消毒液中过氧化氢含量的测定

记录项目	平行次序		
	Ⅰ	Ⅱ	Ⅲ
称取样品质量/g			
$KMnO_4$标准溶液的初始读数/mL			
$KMnO_4$标准溶液的终点读数/mL			
滴定消耗 $KMnO_4$标准溶液体积/mL			
w（H_2O_2）			
w（H_2O_2）的平均值			
极差			
极差相对值/%			

六、思考题

（1）过氧化氢的主要性质有哪些？具体有哪些应用？

（2）怎样准确称取过氧化氢消毒液质量？

（3）用高锰酸钾滴定过氧化氢时能否加热？

实训七　硫代硫酸钠标准溶液的配制与标定

一、目的要求

（1）掌握硫代硫酸钠标准溶液的配制方法。

（2）掌握标定硫代硫酸钠标准溶液浓度的原理和方法。

（3）理解专属指示剂淀粉的作用原理及终点判断，学会控制氧化还原反应条件的方法。

（4）掌握硫代硫酸钠标准溶液浓度的计算方法及结果评价。

二、实训原理

由于溶解在溶液中的二氧化碳、微生物、空气中的氧气、光照等均会使硫代硫酸钠分解，只能用间接配制法，并采取特殊措施，见本项目必备知识“四”中相关内容。

硫代硫酸钠标准溶液的标定通常采用重铬酸钾基准物法，标定反应为：

$$Cr_2O_7^{2-} + 6I^- + 14H^+ = 2Cr^{3+} + 3I_2 + 7H_2O$$

$$I_2 + 2S_2O_3^{2-} = 2I^- + S_4O_6^{2-}$$

标定条件：

（1）第一个反应的反应条件

a. 酸度：0.2～0.4mol/L 硫酸溶液。

b. 时间：于碘量瓶中暗处放置一段时间，使反应完全。

c. 碘化钾中不得含有碘或碘酸钾，可用硫代硫酸钠除去。

（2）滴定前的稀释

（3）指示剂的加入时间：近终点前。

（4）终点判断：蓝色褪去溶液呈亮绿色。

$$c(Na_2S_2O_3) = \frac{6 \times m(K_2Cr_2O_7) \times 1000}{M(K_2Cr_2O_7) \times V(Na_2S_2O_3)}$$

三、仪器与试剂

仪器：电子天平、台秤、碱式滴定管、称量瓶、容量瓶、碘量瓶等滴定分析常规仪器。

试剂：$K_2Cr_2O_7$（基准物）、$Na_2S_2O_3$（分析纯）、KI（分析纯）、3mol/L H_2SO_4溶液、1%淀粉指示剂溶液。

四、操作步骤

1. 0.10mol/L $Na_2S_2O_3$标准溶液的配制

用台秤称取6.5g左右的$Na_2S_2O_3$，溶于适量的新煮沸的冷却的蒸馏水中，加入0.05g的碳酸钠，稀释至250mL后，倒入棕色试剂瓶中，放置1～2周后标定。

2. 硫代硫酸钠标准溶液的标定

准确称取0.15～0.20g基准$K_2Cr_2O_7$于250mL的碘量瓶中，用适量的水溶解后，加入2g KI和10mL 3mol/L的H_2SO_4溶液，充分混合溶解后，盖好塞子在暗处放置5～10min，然后加50mL水稀释，用待标定的$Na_2S_2O_3$标准溶液滴定至溶液呈浅绿黄色时，加入2mL淀粉指示剂，继续滴入$Na_2S_2O_3$溶液，直至蓝色刚刚消失而Cr^{3+}的绿色出现为止。记下消耗$Na_2S_2O_3$溶液的体积，并计算浓度，平行实验3次。

五、数据记录与结果处理

清晰、正确、实事求是记录测定数据，将结果填入表2－19中，并按要求进行结果处理。

表2－19　硫代硫酸钠标准溶液的标定

记录项目	平行次序		
	Ⅰ	Ⅱ	Ⅲ
标定时重铬酸钾的质量/g			
$Na_2S_2O_3$ 标准溶液初始读数/mL			
$Na_2S_2O_3$ 标准溶液滴定终点读数/mL			
特定消耗 $Na_2S_2O_3$标准溶液的体积/mL			
$Na_2S_2O_3$标准溶液的浓度/（mol/L）			
$Na_2S_2O_3$标准溶液的平均浓度/（mol/L）			
个别测定结果的绝对偏差			
相对平均偏差/%			

六、思考题

（1）$Na_2S_2O_3$溶液滴定I_2前，为什么要加水稀释溶液?

（2）碘量瓶的作用类似于锥形瓶，但为什么要配上瓶塞?

（3）碘量法中，为什么淀粉指示剂要在接近终点时才能加入?

实训八　84消毒液中有效氯含量的测定

一、目的要求

（1）掌握间接碘量法的基本原理及方法。

（2）掌握测定 84 消毒液中有效氯含量的操作方法及结果处理方法。

（3）学会控制反应条件的方法。

二、测定原理

84 消毒液是一种以次氯酸钠为主要成分的高效消毒剂，它的灭菌消毒能力和漂白粉一样，可以用有效氯含量来衡量，测定 84 消毒液中有效氯的含量常用间接碘量法。即在一定量的消毒液样液中加入过量的 KI，加 H_2SO_4 酸化，有效氯与 I^- 作用析出等量的 I_2，析出的 I_2 以淀粉指示剂立即用 $Na_2S_2O_3$ 标准溶液滴定。

动画：84 消毒液简介

$$ClO^- + Cl^- + 2H^+ = Cl_2\uparrow + H_2O$$

$$Cl_2 + 2I^- = I_2 + 2Cl^-$$

$$I_2 + 2S_2O_3^{2-} = 2I^- + S_4O_6^{2-}$$

淀粉指示剂应在接近反应终点时加入，反应终点的颜色为溶液蓝色褪去至无色。根据一定量的消毒液在反应中消耗硫代硫酸钠溶液的体积，计算消毒液中的有效氯含量。

$$w(Cl) = \frac{c(Na_2S_2O_3) \cdot V(Na_2S_2O_3) \cdot M(Cl)}{m_s} \times 100\%$$

三、仪器与试剂

仪器：电子天平、台秤、碱式滴定管、称量瓶、容量瓶、碘量瓶等滴定分析常规仪器。

试剂：$K_2Cr_2O_7$（基准物）、$Na_2S_2O_3$（分析纯）、10% KI 溶液、1mol/L H_2SO_4 溶液、1% 淀粉溶液、某品牌 84 消毒液。

四、操作步骤

1. 0.10mol/L $Na_2S_2O_3$ 标准溶液的配制与标定

同实训七“四”中的 1、2。

2. 有效氯试液的配制

准确称取 20g（精确至 1mg）或量取 20.00mL 某品牌 84 消毒液试样于盛有适量水的 250mL 容量瓶中，加水稀释至刻度线，摇匀。

3. 消毒液中有效氯含量的测定

准确吸取 25.00mL 消毒液试液于碘量瓶中，加入 10mL 1mol/L H_2SO_4 溶液和 20mL 10% KI 溶液，加盖摇匀，放置于暗处 5min 后，立即用 0.10mol/L $Na_2S_2O_3$ 标准溶液滴定至呈浅黄色时，加入 1mL 1% 淀粉试液，溶液呈蓝色，

继续用 $Na_2S_2O_3$ 标准溶液滴定至蓝色刚好消失为终点。平行测定 3 次，计算消毒液中的有效氯含量。

五、数据记录与结果处理

清晰、正确、实事求是地记录测定数据，并将结果填入表 2－20，并按要求进行结果处理。

表 2－20　84 消毒液中有效氯含量的测定

记录项目	平行次序		
	Ⅰ	Ⅱ	Ⅲ
称取消毒液样品质量 m_s/g			
$Na_2S_2O_3$ 标准溶液的初始读数/mL			
$Na_2S_2O_3$ 标准溶液的终点读数/mL			
滴定消耗 $Na_2S_2O_3$ 标准溶液的体积/mL			
w（Cl）			
w（Cl）平均值			
个别测定结果的绝对偏差			
相对平均偏差/%			

六、思考题

（1）如何配制淀粉指示剂溶液？影响它与碘反应的因素有哪些？

（2）$Na_2S_2O_3$ 溶液的标定和有效氯的测定中，为什么都要加入过量 KI 和硫酸溶液？

（3）造成本实验误差的主要因素有哪些？应如何减少误差？

练　习　题

一、单项选择

1．在能斯特方程式 $\varphi=\varphi^{\ominus}+\frac{RT}{nF}\ln\frac{[\mathrm{Ox}]^a}{[\mathrm{Red}]^b}$ 的物理量中，既可是正又可是负值的是（　　）。

A．T　　B．R　　C．n　　D．φ

2．从附录 5 中查出 $\varphi^{\ominus}_{(MnO_4^-/Mn^{2+})}=1.51V$、$\varphi^{\ominus}_{(Fe^{3+}/Fe^{2+})}=0.771V$、$\varphi^{\ominus}_{(Cl_2/Cl^-)}=1.36V$、$\varphi^{\ominus}_{(I_2/I^-)}=0.535V$，则氧化型物质氧化能力由大到小正确的顺序是

（　　）。

A. $MnO_4^- > Cl_2 > Fe^{3+} > I_2$　　B. $MnO_4^- > Fe_3{}^+ > Cl_2 > I_2$

C. $MnO_4^- > Cl_2 > I_2 > Fe^{3+}$　　D. $I_2 > Cl_2 > Fe^{2+} > MnO_4$

3. 由 $\varphi^\Theta_{(I_2/I^-)}$ = +0.535V 和 φ^Θ（Fe^{3+}/Fe^{2+}）= +0.77V 可知（　　）。

A. Fe^{2+}与I_2能反应　　B. Fe^{2+}比I^-还原能力强

C. Fe^{3+}与I^-不能反应　　D. Fe^{3+}与I^-能反应

4. 利用$KMnO_4$在酸性溶液中可测定许多物质含量，但调节酸度最好用（　　）。

A. HNO_3　　B. HCl　　C. H_2SO_4　　D. HAc

5. 标定$KMnO_4$溶液的基准试剂是（　　）。

A. $Na_2C_2O_4$　　B. $(NH_4)_2C_2O_4$　　C. Fe　　D. $K_2Cr_2O_7$

6. 用$Na_2C_2O_4$基准物标定$KMnO_4$溶液，掌握的条件错误的是（　　）。

A. 终点时，粉红色应保持30s内不褪色

B. 温度在75～85℃

C. 可滴定前加入Mn^{2+}催化剂

D. 滴定速度一直都要快

7. 在酸性介质中，用$KMnO_4$溶液滴定草酸盐，滴定速度的控制正确的是（　　）。

A. 一直快速　　B. 先慢后快再慢　　C. 一直慢速　　D. 先快后慢

8. 用$KMnO_4$测定铁时，若在HCl介质进行测定中，其结果将（　　）。

A. 准确　　B. 偏低　　C. 偏高　　D. 难确定

9. $K_2Cr_2O_7$法常用指示剂是（　　）。

A. $Cr_2O_7{}^{2-}$　　B. $CrO_4{}^{2-}$　　C. 二苯胺磺酸钠　　D. Cr^{3+}

10. $K_2Cr_2O_7$法测定铁时（用二苯胺磺酸钠指示剂），加H_3PO_4的目的是（　　）。

A. 增大酸度　　B. 降低Fe^{3+}/Fe^{2+}电对的电极电位

C. 使Fe^{3+}颜色变深　　D. 掩蔽干扰离子

11. 碘量法中为防止I_2挥发不应（　　）。

A. 加入过量KI　　B. 室温下反应

C. 降低溶液酸度　　D. 使用碘量瓶

12. 下列说法不正确的是（　　）。

A. 标定$Na_2S_2O_3$时可加热　　B. $Na_2C_2O_4$标定$KMnO_4$溶液时，可加热

C. $KMnO_4$滴定铁时不能用HCl　　D. $K_2Cr_2O_7$滴定铁时用硫酸调节介质的酸度

13. 碘量法滴定的酸度条件为（　　）。

A. 中性或弱酸　　B. 强酸　　C. 弱碱　　D. 强碱

14. 间接碘量法中正确使用淀粉指示剂的做法是（　　）。

A. 开始时加入　　B. 应适当加热　　C. 终点时加入　　D. 近终点时加入

15. 以 $K_2Cr_2O_7$标定 $Na_2S_2O_3$溶液时，滴定前加水稀释是为了（　　）。

A. 便于滴定操作　　B. 防止淀粉凝聚

C. 防止 I_2挥发　　D. 减少 Cr^{3+}绿色对终点影响

二、判断是非

（　　）1. 反应 $H_2 + Cl_2 = 2HCl$ 没有发生电子转移，因此不是氧化还原反应。

（　　）2. 电极电位大的氧化态物质氧化能力大，其还原态物质还原能力小。

（　　）3. 某电对的氧化形可以氧化电极电位比它高的另一电对的还原形。

（　　）4. 溶液中同时存在几种氧化剂，若它们都能被某一还原剂还原，电极电位差值越小的氧化剂与还原剂之间越先反应，反应也进行得越完全。

（　　）5. 氧化还原指示剂一定是具有氧化性或还原性的物质。

（　　）6. 在氧化还原反应中，两电对的电位大小能决定氧化还原反应速率的大小。

（　　）7. $KMnO_4$法所用的强酸通常是可以用 HCl 和 H_2SO_4，但不能用 HNO_3。

（　　）8. $K_2Cr_2O_7$非常稳定，容易提纯，故可用直接法配其制标准溶液。

（　　）9. 重铬酸钾法测铁时通常要加入盐酸和磷酸的混合酸。

（　　）10. 碘滴定法是利用 I^-的还原性，滴定碘法是利用 I_2的氧化性。

三、简答题

1. 根据标准电极电位数据，判断下列电对中哪种是最强的氧化剂？哪种是最强的还原剂？并分别按氧化剂的氧化能力和还原剂的还原能力递增的顺序排列这些电对的氧化型和还原型物质。

$Cr_2O_7^{2-}/Cr^{3+}$，MnO_4^-/Mn^{2+}，Fe^{3+}/Fe^{2+}，Cu^{2+}/Cu，I_2/I^-，Br_2/Br^-，S/H_2S

2. $KMnO_4$在酸性溶液中有下列还原反应：$MnO_4^- + 8H^+ + 5e^- = Mn^{2+} + 4H_2O$，已知 $\varphi^\ominus = +1.51V$。试求其电极电位与 pH 之关系，并计算出 pH = 4.0 及 8.0 时的电位电位（忽略离子强度的影响，其他条件同标准状态）。

3. 影响氧化还原反应速率的因素有哪些？自动催化反应速率的特点是什么？

4. 用草酸钠标定高锰酸钾标准溶液反应的条件有哪些？指示剂是什么？

5. 重铬酸钾法测铁时，要加入硫酸和磷酸的混合酸的目的是什么？

四、综合题

1．取铁矿试样2.435g，溶解后用SO_2作还原剂使Fe^{3+}转为Fe^{2+}，然后煮沸溶液除去过量的SO_2，用0.1928mol/L的$KMnO_4$标准溶液滴定Fe^{2+}，消耗20.34mL。求试样中的铁含量？

2．准确量取H_2O_2样品溶液25.00mL，置于250mL容量瓶中，加水至刻度，混匀。再准确吸出25.00mL，加H_2SO_4酸化，用C（$KMnO_4$）=0.02732mol/L的高锰酸钾标准溶液滴定，消耗35．86mL试计算样品中H_2O_2的含量。

3．用$K_2Cr_2O_7$法测定铁矿中的铁时：

（1）欲配制c（$K_2Cr_2O_7$）=0.01670mol/L的重铬酸钾标准溶液1L，问需准确称取$K_2Cr_2O_7$多少克？

（2）称取铁矿400.0mg，用上述的重铬酸钾标准溶液滴定，用去35.82mL，计算铁的含量。

4．称取漂白粉4.000g，加水研化后，转移入250mL容量瓶中，并稀释至刻度，仔细混匀后，准确吸取25.00mL，加入KI以及HCl，析出的I_2用0.1010mol/L$Na_2S_2O_3$溶液滴定，消耗28.84mL。求漂白粉中有效氯的含量。

项目四　生理盐水中氯化物含量的测定

项目描述

生理盐水中氯含量是评价生理盐水质量的一项重要指标，生理盐水中氯含量的测定是生理盐水生产过程质量控制的重要项目。分析人员按照规范化操作要求，在教师指导下，完成生理盐水中氯含量的测定方案的制定和实施工作并提交分析报告，使生产企业对产品质量进行实时控制。在此工作过程中，学习沉淀反应的基本原理、沉淀滴定法中银量法的测定原理、方法以及滴定过程中条件的控制等相关知识和操作技能。

学习目标

知识目标	（1）了解沉淀溶解平衡的原理及应用。 （2）了解沉淀的形成过程及条件，理解使沉淀完全和纯净的方法。 （3）了解沉淀平衡的有关理论在银量法中的运用。 （4）熟悉银量法的分类，掌握银量法的滴定原理、滴定条件及相关计算。 （5）掌握用银量法中的莫尔法测定水中氯化物的应用。
能力目标	（1）学会沉淀滴定条件的控制。 （2）熟练配制和标定硝酸银标准溶液。 （3）掌握沉淀滴定法的操作技能。 （4）正确确定实验方案。 （5）能正确处理测定数据，写出氯化钠含量测定的评价报告。
素质目标	（1）培养实事求是工作作风、精益求精的工作精神。 （2）培养独立完成任务的能力。 （3）培养实践操作能力。 （4）培养良好的职业情操。

必备知识

一、难溶电解质的溶度积

（一）沉淀和溶解平衡

一定温度下，将难（微）溶强电解质 A_mB_n（s）放入水中，达到饱和状态时，在溶液中会建立一个沉淀溶解的动态平衡，沉淀与溶解之间的平衡关系可表示为：

$$A_mB_n(s) \rightleftharpoons mA^{n+} + nB^{m-}$$

平衡常数表达式为：　$K_{sp} = [A^{n+}]^m \cdot [B^{m-}]^n$　　(2-22)

平衡常数表达式表明，在一定温度下，难溶电解质的饱和溶液中，各组分离子浓度幂的乘积为一常数，称为溶度积常数，简称溶度积，记为 K_{sp}。K_{sp} 反映了难溶电解质溶解能力的大小，K_{sp} 越小，难溶电解质的溶解度越小。与其他平衡常数一样，K_{sp} 决定于难溶电解质的本性，与温度有关，与溶液浓度无关。

（二）溶解度和溶度积的换算

溶度积和溶解度都可以衡量物质的溶解能力，可以相互换算。在换算时，一般浓度和溶解度多采用物质的量浓度表示其多少。

动画：沉淀的溶解和生成平衡

[例 2-9] 已知室温下，250mL 水中能溶解 4.8×10^{-4}g AgCl，计算 AgCl 的 K_{sp}（AgCl）。

解：

$$AgCl(s) \rightleftharpoons Ag^+ + Cl^-$$

$$K_{sp}(AgCl) = [Ag^+] \cdot [Cl^-]$$

AgCl 的摩尔质量为 144.3g/mol，依题意知 1L 水中能溶解的 AgCl 为：

$$\frac{4.8 \times 10^{-4}}{143.4 \times 0.250} = 1.34 \times 10^{-5} \text{ (mol)}$$

即：　$[Ag^+] = 1.34 \times 10^{-5}$mol/L，$[Cl^-] = 1.34 \times 10^{-5}$mol/L

所以：

$$K_{sp}(AgCl) = [Ag^+] \cdot [Cl^-] = 1.34 \times 10^{-5} \times 1.34 \times 10^{-5} = 1.8 \times 10^{-10}$$

[例 2-10] 经测定 25℃时，$BaSO_4$ 在其饱和溶液中的溶解度为 2.44×10^{-3}g/L，求 K_{sp}（$BaSO_4$）。

解：

$$BaSO_4(s) \rightleftharpoons Ba^{2+} + SO_4^{2-}$$

$$K_{sp}(BaSO_4) = [Ba^{2+}] \cdot [SO_4^{2-}]$$

$BaSO_4$ 的摩尔质量为 233.4g/mol，故 1L 水中可溶解的 $BaSO_4$ 为：

$$\frac{2.44\times10^{-3}}{233.4}=1.05\times10^{-5}\ (mol)$$

由于每 1mol $BaSO_4$溶解能生成 1mol SO_4^{2-}和 1mol SO_4^{2-}。因此 $BaSO_4$饱和溶液中

$$[Ba^{2+}]=[SO_4^{2-}]=1.05\times10^{-5}mol/L$$

故：

$$K_{sp}(BaSO_4)=[Ba^{2+}]\cdot[SO_4^{2-}]=1.05\times10^{-5}\times1.05\times10^{-5}=1.10\times10^{-10}$$

[例 2-11] 已知室温下，Ag_2CrO_4的溶度积是 1.1×10^{-12}，问 Ag_2CrO_4的溶解度（mol/L）为多少？

解：设 Ag_2CrO_4的溶解度为 S mol/L，根据：

$$Ag_2CrO_4(s) \rightleftharpoons 2Ag^+ + CrO_4^{2-}$$

可知达到平衡时，$[Ag^+]=2S$ mol/L，$[CrO_4^{2-}]=S$ mol/L，

$$K_{sp}(Ag_2CrO_4)=[Ag^+]^2\cdot[CrO_4^{2-}]=(2S)^2\cdot S=1.1\times10^{-12}$$

$$S=6.5\times10^{-5}mol/L$$

例题表明，对相同类型电解质来说，以物质的量浓度表示的溶解度大，溶度积也大。可以根据溶度积来直接比较它们的溶解度；对于不同类型的电解质，不同类型的则不能直接用 K_{sp}比较其溶解能力。可根据溶度积原理由溶度积表达式及溶度积常数计算出溶解度后再进行比较。

（三）溶度积规则及其应用

在某难溶电解质溶液中，某任意时刻，溶液中离子浓度按溶度积表达式的计算结果称为离子积，用 Q_c表示。如在 A_mB_n溶液中，其离子积表达式为：

$$Q_c=c^m(A^{n+})\cdot c^n(B^{m-}) \qquad (2-23)$$

根据 Q_c与 K_{sp}的相对大小，可判断溶液所处的状态及平衡移动的方向。

$Q_c<K_{sp}$，为不饱和溶液，无沉淀生成；若体系中已有沉淀存在，沉淀将会溶解，直至饱和，$Q_c=K_{sp}$。

$Q_c=K_{sp}$，为饱和溶液，处于沉淀溶解平衡状态。

$Q_c>K_{sp}$，为过饱和溶液，沉淀可从溶液中析出，直至饱和，$Q_c=K_{sp}$。

以上关系称为溶度积规则，据此不仅可以判断沉淀溶解平衡移动的方向，还可以通过控制有关离子的浓度，使沉淀产生或溶解。

1. 沉淀的生成和溶解

（1）沉淀的生成　根据溶度积规则，欲使溶液中某离子沉淀，必须加入它的沉淀剂，使溶液中 $Q_c>K_{sp}$。

[例 2-12] 25℃时将 0.004mol/L $AgNO_3$溶液与 0.004mol/L K_2CrO_4溶液等体积混合，是否产生 Ag_2CrO_4沉淀？

解：两溶液等体积混合后，各物质浓度均减小一半，即：

$$c(Ag^+) = 0.002mol/L \quad c(CrO_4^{2-}) = 0.002mol/L$$

$$Q_c = c^2(Ag^+) \cdot c(CrO_4^{2-}) = 0.002^2 \times 0.002 = 8.0 \times 10^{-9}$$

查附录 3 可知： $K_{sp}(Ag_2CrO_4) = 1.1 \times 10^{-12}$

显然， $Q_c > K_{sp}(Ag_2CrO_4)$

故溶液中有 Ag_2CrO_4 砖红色沉淀生成。

[例 2-13] 计算 25℃时，AgCl 在 0.01mol/L NaCl 溶液中的溶解度。

解：设 AgCl 在 0.01mol/L NaCl 溶液中的溶解度为 Smol/L，溶液中存在以下平衡关系：

$$AgCl(s) \rightleftharpoons Ag^+ + Cl^-$$

平衡浓度： $S \qquad S + 0.01 \approx 0.01$

所以 $K_{sp}(AgCl) = [Ag^+] \cdot [Cl^-] = S \cdot 0.01 = 1.8 \times 10^{-10}$

$$S = \frac{K_{sp}}{0.01} = \frac{1.8 \times 10^{-1}}{0.01} = 1.8 \times 10^{-8} mol/L$$

已知 AgCl 在纯水中的溶解度为 1.34×10^{-5}mol/L，而在 NaCl 溶液中，由于 $c(Cl^-)$ 增大，使 AgCl 的沉淀溶解平衡向着生成 AgCl 的方向移动，从而在达到新的平衡后，AgCl 的溶解度降低。这种由于含有相同离子的易溶强电解质的加入而使难溶电解质的溶解度降低的现象称为沉淀溶解平衡中的同离子效应。若在难溶电解质饱和溶液中加入含不同离子的强电解质，则其溶解度略有增大，这种作用称为盐效应。除此之外，还存在着酸效应和配位效应。显然，同离子效应有利用于沉淀完全，而其他效应均为不利因素。

在实际应用时，要使某离子从溶液中沉淀出来，就要充分利用同离子效应而避免不利因素，则需要选择合适的沉淀剂，同时加入适当过量的沉淀剂。

（2）沉淀的溶解　根据溶度积规则，$Q_c < K_{sp}$ 是沉淀发生溶解的必要条件。要使某种难溶电解质溶解，则是必须设法降低平衡体系中有关离子的浓度。

①生成弱电解质：在常见弱酸盐和氢氧化物沉淀的溶液中，加入强酸，由于弱酸根和 OH^- 能与 H^+ 结合成难电离的弱酸和水，降低了溶液中弱酸根及 OH^- 的浓度，使 $Q_c < K_{sp}$ 沉淀溶解。如难溶草酸盐、碳酸盐、铬酸盐和多数氢氧化物等都能溶于 HCl 等强酸。

$$CaC_2O_4 + H^+ \rightleftharpoons Ca^{2+} + HC_2O_4^-$$

$$CaCO_3 + 2H^+ \rightleftharpoons Ca^{2+} + CO_2\uparrow + H_2O$$

$$Mg(OH)_2(s) + 2H^+ \rightleftharpoons Mg^{2+} + 2H_2O$$

②发生氧化还原反应：加入氧化剂或还原剂，与构成沉淀的离子发生氧化还原反应而降低其浓度，使沉淀溶解。如 CuS 不溶于盐酸可溶于热 HNO_3 中。

$$3CuS + 8HNO_3 \xlongequal{\triangle} 3Cu(NO_3)_2 + 3S\downarrow + 2NO\uparrow + 4H_2O$$

③生成配合物：加入配位剂，与构成沉淀的离子生成配位化合物而使沉淀溶解，如 AgCl 不能溶于水，可溶于过量的氨水中。

$$AgCl + 2NH_3 \cdot H_2O \rightleftharpoons Ag(NH_3)_2^{+} + Cl^{-} + 2H_2O$$

溶解度极小的 HgS 不溶于热的浓硝酸，只能用王水来溶解，溶液中同时发生氧化还原反应和配位反应，大幅度降低了 Hg^{2+}、S^{2-} 的浓度，使 $Q_c < K_{sp}$，沉淀溶解。

$$3HgS + 2HNO_3 + 12HCl \rightleftharpoons 3H_2[HgCl_4] + 3S\downarrow + 2NO\uparrow + 4H_2O$$

2. 分步（级）沉淀

溶液中同时含有几种离子，均能与同一沉淀剂生成不同的沉淀。根据溶度积规则，需要沉淀剂浓度小的离子首先生成沉淀；需要沉淀剂大的离子后生成沉淀。这种溶液中几种离子先后沉淀的现象称为分步沉淀。可根据溶度积规则来确定反应的先后次序。

［例 2－14］ 向 Cl^- 和 CrO_4^{2-} 浓度均为 0.01mol/L 的溶液中，逐滴加入 $AgNO_3$ 溶液，哪一种离子先沉淀？第二种离子开始沉淀时，溶液中第一种离子的浓度是多少？

动画：分级沉淀

解：假设计算过程不考虑加入试剂或溶液体积的变化。根据溶度积规则，首先计算 AgCl 和 Ag_2CrO_4 开始沉淀所需的 Ag^+ 的浓度分别为：

$$[Ag^+] = \frac{K_{sp}(AgCl)}{[Cl^-]} = \frac{1.8\times10^{-10}}{0.010} = 1.8\times10^{-8}\text{mol/L}$$

$$[Ag^+] = \sqrt{\frac{K_{sp}(Ag_2CrO_4)}{[CrO_4^{2-}]}} = \sqrt{\frac{1.1\times10^{-12}}{0.010}} = 1.05\times10^{-5}\text{mol/L}$$

显然，AgCl 开始沉淀时，需要的 Ag^+ 浓度低，故 Cl^- 首先沉淀出来。当 CrO_4^{2-} 开始沉淀时，溶液对 AgCl、Ag_2CrO_4 来说均已达到饱和，Ag^+ 浓度必须同时满足这两个沉淀溶解平衡，所以：

$$[Ag^+] = \frac{K_{sp}(AgCl)}{[Cl^-]} = \sqrt{\frac{K_{sp}(Ag_2CrO_4)}{[CrO_4^{2-}]}}$$

当 Ag_2CrO_4 开始沉淀时，CrO_4^{2-} 的浓度为 0.010mol/L，此时溶液中剩余的 Cl^- 浓度为：

$$[Cl^-] = \frac{K_{sp}(AgCl)}{\sqrt{\frac{K_{sp}(Ag_2CrO_4)}{[CrO_4^{2-}]}}} = \frac{1.8\times10^{-10}}{1.05\times10^{-5}} = 1.7\times10^{-5}\ (\text{mol/L})$$

也就是说，当 CrO_4^{2-} 开始沉淀时，Cl^- 已沉淀基本完全。

由例题可知，溶液中同时存在几种离子时，离子积首先超过溶度积的难溶电解质将首先沉淀。如果是同一类型的难溶电解质，则其溶度积数值差别越大，混合离子就越能分离。此外沉淀的次序也与溶液中的离子浓度有关，如果两种难溶电解质的溶度积相差不大时，则适当地改变溶液中被沉淀的离子的浓度，可以使分步沉淀的次序发生变化。

3. 沉淀转化

在含有某难溶化合物的溶液中加入适当试剂，可与该沉淀的构晶离子结合生成另一种难溶化合物，这一过程称为沉淀的转化。例如，在含有 $PbSO_4$ 白色沉淀的溶液中加入 $(NH_4)_2S$ 溶液会发现沉淀变为黑色，这是生成了 PbS：

$$PbSO_4\ (s) + S^{2-} \rightleftharpoons PbS\ (s) + SO_4^{2-}$$

沉淀转化的原因是因为 PbS 的 K_{sp}（8.0×10^{-28}）比 $PbSO_4$ 的 K_{sp}（1.6×10^{-8}）小得多。此竞争反应的平衡常数为：

$$K=\frac{[SO_4^{2-}]}{[S^{2-}]}=\frac{K_{sp}\ (PbSO_4)}{K_{sp}\ (PbS)}=\frac{1.6\times10^{-8}}{8.0\times10^{-28}}=2.0\times10^{19}$$

反应的平衡常数很大，说明这个转化反应进行的很完全。这是因为两者的溶度积相差较大的缘故，两种难溶电解质的溶度积相差越大，则由一种难溶物转化为另一种更难溶的物质就越容易，转化就越完全。

动画：
沉淀的转化

二、沉淀的形成与沉淀的条件

为了获得纯净且易于分离和洗涤的沉淀，必须了解沉淀的形成过程和选择合适的沉淀条件。

（一）沉淀的形成

根据沉淀物理性质的不同（颗粒直径），可粗略地将沉淀分为晶形沉淀（如 $BaSO_4$）和非晶形沉淀（如 $Fe_2O_3\cdot xH_2O$）两种类别。沉淀的形成一般要经过晶核形成和晶核长大两个过程。可大致表示为：

$$\text{构晶离子（沉淀剂）}\xrightarrow{\text{成核作用}}\text{晶核}\xrightarrow{\text{长大过程}}\text{沉淀颗粒}$$

沉淀颗粒再通过聚集形成非晶形沉淀（成核大于成长）或成长与定向排列形成晶形沉淀（成核小于成长）。

将沉淀剂加入试液中，当沉淀的离子积超过该条件下溶度积时，离子通过相互碰撞聚集成微小的晶核，溶液中的构晶离子向晶核表面扩散，并沉积在晶核上，晶核就逐渐长大成沉淀微粒。这种由离子形成晶核，再进一步聚集成沉淀微粒的速度称为聚集速度。在聚集的同时，构晶离子在一定晶格中定向排列的速度称为定向速度。如果聚集速度大，而定向速度小，即离子很快地聚集生成沉淀微粒，来不及进行晶格排列，则得到非晶形沉淀。反之，如果定向速度大，而聚集速度小，即离子较缓慢的聚集成沉淀，有足够的时间进行晶格排列，则得晶形沉淀。

显然，生成的沉淀究竟属于哪一种类型，主要取决于沉淀时聚集速度和定向速度的相对大小。

定向速度主要取决于沉淀物质的本性。一般极性强的盐类，具有较大的定向速度，易生成晶形沉淀。而氢氧化物具有较小的定向速度，其沉淀一般为非晶形沉淀。特别是高价金属离子的氢氧化物，定向排列困难，定向速度很小，一般形成质地疏松、体积庞大，含有大量水分的非晶形沉淀或胶状沉淀。二价的金属离子，如果条件适合，可能形成晶形沉淀。金属离子的硫化物一般都比其氢氧化物溶解度小，大多数也是非晶形沉淀。

聚集速度（或称为"形成沉淀的初始速度"）主要由沉淀时的条件所决定，其中最重要的是溶液中生成沉淀物质的过饱和度。聚集速度与溶液的相对过饱和度成正比，可用如下经验公式表示：

$$v = \frac{K(Q-S)}{S} \tag{2-24}$$

式中　v——形成沉淀的初始速度（聚集速度）

Q——加入沉淀剂瞬间生成沉淀物质的浓度

S——沉淀的溶解度

$Q-S$——沉淀的过饱和度

$(Q-S)/S$——相对过饱和度。

K——比例常数，它与沉淀的性质、温度、介质、溶液中存在的其他物质等因素有关

从式（2-24）可清楚地看出，聚集速度与相对过饱和度成正比。若要降低聚集速度，必须减小相对过饱和度沉淀的溶解度（S）越人，加入沉淀剂瞬间生成沉淀物质的浓度（Q）越小，越有利获得晶形沉淀。反之，则形成非晶形沉淀，甚至形成胶体。

如上所述，沉淀的类型不仅取决于沉淀的本质，也取决于沉淀时的条件，若适当改变沉淀条件，则可能改变沉淀的类型。

（二）沉淀条件的选择

1. 晶形沉淀的沉淀条件

聚集速度和定向速度的相对大小直接影响沉淀的类型，其中聚集速度主要由沉淀时的条件所决定。为了得到纯净而易于分离和洗涤的晶形沉淀，应选择下列条件。

（1）在适当的稀溶液中进行沉淀，以降低相对过饱和度。

（2）在不断搅拌下，慢慢滴加稀的沉淀剂，以免局部过浓产生大量晶核。

（3）在热溶液中进行沉淀。

在热溶液中进行沉淀，使溶解度略有增加，相对过饱和度降低（生成少而大的颗粒）。同时，温度增高，可减少杂质的吸附。为防止因溶解度增大而造成溶解损失，沉淀须经冷却才可过滤。

（4）沉淀须经陈化　陈化是指在沉淀完成后，将沉淀和母液一起放置一段时间的过程。陈化可以使沉淀颗粒变大，还可使沉淀纯净、稳定。加热和搅拌可以缩短陈化时间。

2. 非晶形沉淀的沉淀条件

视频：晶形沉淀的沉淀条件

非晶形沉淀一般体积庞大、疏松、含水量多，难以过滤和洗涤，并且有较大表面积，很容易吸附杂质。因此，对于非晶形沉淀来说，主要问题是如何创造条件，获得紧密结构的沉淀。常选用下列条件。

（1）在较浓的溶液中进行沉淀，加入沉淀剂的速度可以快些。为了防止沉淀吸附较多的杂质，可以在沉淀作用完成后，加入大量热水，使一部分被吸附的杂质离子又转入溶液中。

（2）热溶液中进行沉淀，并加入适当的电解质，防止形成胶体溶液。

（3）不需陈化。沉淀凝聚以后，不宜放置，立即过滤，防止沉淀因久放失水而体积缩小，把吸附在沉淀表面的杂质裹入沉淀内部而不易洗去。

（三）均相沉淀法

视频：非晶形沉淀的沉淀条件

在进行沉淀反应时，尽管沉淀剂是在搅拌下缓慢加入的，但仍然难以避免沉淀剂在溶液中局部过浓现象。可采用均相沉淀法进行消除。这种方法是控制一定的条件，使加入的沉淀剂不能立刻与被测离子生成沉淀，而是通过一种化学反应，使沉淀从溶液中缓慢，均匀地产生出来，从而使沉淀在整个溶液中缓慢地均匀析出。这样，可以获得颗粒较大，结构紧密纯净，易于过滤和洗涤的晶形沉淀。

例如，沉淀草酸钙时，在酸性含 Ca^{2+} 试液中加入过量的草酸，利用尿素水解产生的 NH_3 逐渐提高溶液的 pH，使 CaC_2O_4 均匀缓慢地形成。尿素的水解速度随温度增高而加快。因此，通过控制温度来控制溶液 pH 的提高速度。

均相沉淀法除了利用中和反应外，还可利用酯类和其他有机化合物的水解、配合物分解，氧化还原反应或缓慢合成所需沉淀剂等方法进行沉淀。

三、影响沉淀纯净的因素

在利用沉淀反应进行沉淀称量分析时，被测组分沉淀越完全越好，沉淀的溶解损失越少越好。因此，如何减少沉淀的溶解损失，以保证称量分析结果的准确度，是称量分析的一个重要问题。另外，在称量分析法中同时要求得到纯净的沉淀。但事实上沉淀从溶液中析出时，或多或少地夹杂溶液中的其他组分，使沉淀沾污。因此，必须了解影响沉淀完全和纯净的因素，找到提高完全和纯度的方法，以保证分析结果的准确度。

（一）共沉淀

在一定操作条件下，某些物质本身并不能单独析出沉淀，当溶液中一种物质形成沉淀时，它便随同生成的沉淀一起析出，这种现象称作共沉淀。例如$BaSO_4$沉淀时，可溶盐 Na_2SO_4或 $BaCl_2$被 $BaSO_4$沉淀下来。发生共沉淀的现象有以下几种原因。

1. 表面吸附

在沉淀晶格中，构晶离子是按照同电荷相斥、异电荷相吸的原则排列的，因此表面上的离子就有吸附溶液中带有相反电荷离子的能力。首先被沉淀表面吸附的离子是溶液中过量的构晶离子，构成吸附层。为了保持电中性，吸附层外面还需要吸引异电荷离子作为抗衡离子。这些处于较外层的离子结合得较松散，称为扩散层。吸附层和扩散层共同组成包围着沉淀颗粒表面的双电层。处于双电层中的正、负离子总数相等，构成了被沉淀表面吸附的化合物，也就是沾污沉淀的杂质。这种由于沉淀表面吸附引起的杂质共沉淀现象称为吸附共沉淀。沉淀对杂质离子的吸附是有选择性的。作为抗衡离子，如果各种离子的浓度相同，则优先吸附那些与构晶离子形成溶解度最小或离解度最小的化合物离子；离子氧化数越高，浓度越大。越易被吸附。这称为吸附规则。

此外，沉淀表面吸附杂质量还与下列因素有关：

（1）与沉淀的总面积有关。对同质量的沉淀而言，沉淀的颗粒越小则比表面积越大，吸附杂质越多。晶形沉淀颗粒比较大，表面吸附现象不严重；而非晶形沉淀颗粒小，表面吸附严重。

（2）与溶液中的杂质的浓度有关。杂质的浓度越大，被沉淀吸附的量越多。

（3）与溶液的温度有关。因吸附作用是放热过程，溶液的温度升高，可减少杂质的吸附。

表面吸附是胶体沉淀沾污的主要原因。它发生在沉淀的表面，所以洗涤沉淀是减少吸附杂质的有效方法。

总体的吸附规律：构晶离子首先被吸附，然后是与构晶离子形成溶解度小的物质的离子优先被吸附。离子价数越高越易被吸附；沉淀的表面积越大，吸附杂质越多，浓度越大越易被吸附；温度越高，吸附量越少。

2. 混晶

如果试液中的杂质与沉淀具有相同的晶格，或杂质离子与构晶离子具有相同的电荷、相近的离子半径，杂质将进入晶格排列中形成混晶。如 $BaSO_4$ 中混入 $PbSO_4$、$BaSO_4$ 中混入 $BaCrO_4$、$MgNH_4PO_4 \cdot 6H_2O$ 中混入 $MgNH_4AsO_4 \cdot 6H_2O$ 等。生成混晶的选择性较高，要避免也困难。为减免混晶的生成，最好事先将这类杂质分离除去。

3. 包藏与吸留

包藏常指母液机械地包藏在沉淀中。吸留则是指吸附的杂质机械地嵌入沉淀中。这些现象是由于沉淀剂加入太快，沉淀表面吸附的杂质来不及离开就被随后生成的沉淀所覆盖，使杂质或母液被包藏或吸留在沉淀内部。这种共沉淀不能借洗涤的方法将杂质除去，应通过改变沉淀条件、沉淀陈化或重结晶的方法来减免。

（二）后沉淀

后沉淀现象是指一种本来难于析出的沉淀的物质或是形成稳定的过饱和溶液而不能单独沉淀的物质，在另一种组分沉淀之后，受到“诱导”随后也沉淀下来。后沉淀的量随放置的时间延长而加多。后沉淀引入的杂质沾污量比共沉淀要多，且随着沉淀放置时间的延长而增多，避免或减少后沉淀的主要办法是减少陈化时间。

（三）获得纯净沉淀的措施

（1）采用适当的分析程序和沉淀方法　如果溶液中同时存在含量相差很大的两种离子，需要沉淀分离，为了防止含量少的离子因共沉淀而损失，应该先沉淀含量少的离子。

（2）降低易被吸附离子的浓度　对于易被吸附的杂质离子，必要时应先分离除去或加以掩蔽。为了减少杂质浓度，一般都是在稀溶液中进行沉淀。单对于一些高价离子或含量多的杂质，则必须加以分离或掩蔽。

（3）选择适当的沉淀条件　沉淀的吸附作用与沉淀颗粒的大小，沉淀的类型、温度和陈化过程算都有关系。为了获得纯净的沉淀，要根据沉淀的具体情况选择适宜的沉淀条件。

（4）在沉淀分离后，用适当的洗涤剂洗涤　由于吸附作用是一种可逆过程，因此洗涤沉淀可以使表面吸附的杂质进入洗涤液中，从而达到提高沉淀纯度的目的，应该指出的是，所选的洗涤剂必须能在沉涤烘干或灼烧时易挥发除去。

（5）进行再沉淀　将沉淀过滤，洗涤后重新溶解，再进行第二次沉淀。第二次沉淀时，杂质的量大为降低，共沉淀或后沉淀现象自然减少。这种作法对除去吸留杂质非常有效。

四、沉淀滴定法

（一）沉淀滴定法概述

沉淀滴定法是以沉淀反应为基础的滴定分析法。沉淀反应很多，但能用于沉淀滴定的并不多。主要原因是很多沉淀组成不稳定、易形成过饱和溶液、共沉淀现象严重等。可以用于沉淀滴定的反应必须满足下列条件：

（1）生成的沉淀溶度积必须很小，以满足滴定误差的要求。

（2）沉淀的组成恒定，反应能定量地完成。

（3）沉淀反应必须迅速，沉淀物要稳定，不易形成过饱和溶液。

（4）沉淀的颜色要浅，不可过深，能够有适当的指示剂或其他方法确定终点。

在分析实践中，能满足上述条件且应用比较广泛的是生成难溶银盐的沉淀滴定法，简称为银量法。用银量法可以测定 Cl^-、Br^-、I^-、CN^-、SCN^-、Ag^+等。

根据滴定方式的不同，沉淀滴定可分为直接法和间接法两大类。根据所用指示剂的不同，按照创立者的名字命名，可将银量法分为莫尔法、佛尔哈德法和法扬司法等几种方法。

（二）银量法中几种确定终点的方法

1. 莫尔法

莫尔（Mohl）法是以铬酸钾为指示剂，在中性或弱碱性溶液中，用 $AgNO_3$ 标准溶液直接滴定 Cl^- 或 Br^-。溶液中的 Cl^- 与 CrO_4^{2-} 能分别和 Ag^+ 形成白色的 AgCl 及砖红色的 Ag_2CrO_4。由于两者的溶度积不同，根据分步沉淀的原理，首先生成的是 AgCl 沉淀，随着 Ag^+ 的不断加入，溶液中的 $[Cl^-]$ 越来越少，$[Ag^+]$ 相应地增大，至等计量点时，砖红色的 Ag_2CrO_4 沉淀出现指示滴定终点。

其反应式为：

$$Ag^+ + Cl^- \rightleftharpoons AgCl\downarrow \text{（白色）} \qquad K_{sp} = 1.8\times10^{-10}$$

$$2Ag^+ + CrO_4^{2-} \rightleftharpoons Ag_2CrO_4\downarrow \text{（砖红色）} \qquad K_{sp}=1.1\times10^{-12}$$

莫尔法中指示剂的用量和溶液的酸度是两个主要问题。

（1）指示剂用量　若能使 Ag_2CrO_4 沉淀恰好在化学计量点时产生，就能准确滴定 Cl^-。关键问题是控制指示剂的用量。若浓度过高，终点将出现过早且颜色过深，影响终点的观察；而若指示剂浓度过低，则终点出现过迟，也影响滴定的准确度。

根据溶度积规则，化学计量点时溶液中 $[Ag^+]$ 和 $[Cl^-]$ 的浓度为：

$$[Ag^+]=[Cl^-]=\sqrt{K_{sp}(AgCl)}=\sqrt{1.8\times10^{-10}}=1.3\times10^{-5}\ (mol/L)$$

在化学计量点刚好析出 Ag_2CrO_4 沉淀以指示终点，此时溶液中的 CrO_4^{2-} 的浓度为：

$$[CrO_4^{2-}]=\frac{K_{sp}(Ag_2CrO_4)}{[Ag^+]^2}=\frac{1.1\times10^{-12}}{(1.3\times10^{-5})^2}=6.0\times10^{-3}\ (mol/L)$$

考虑到指示剂本身颜色对滴定终点判断的影响及分析结果的准确度，实际用量可稍小于理论用量，CrO_4^{2-} 浓度以 5.0×10^{-3} mol/L 为宜。实际操作时，在 100mL 溶液中加入 1mL 5% K_2CrO_4 较合适，由此引起的误差不超过 0.1%，符合滴定要求。

（2）溶液的酸度　应用莫尔法时应注意如下条件的控制。

①滴定应当在中性或弱碱性介质中进行，最适宜的 pH 为 6.5 ~ 10.5。在酸性溶液中，CrO_4^{2-} 与 H^+ 发生下列反应：

$$2H^+ + 2CrO_4^{2-} \rightleftharpoons 2HCrO_4^- \rightleftharpoons Cr_2O_7^{2-} + H_2O$$

这样就降低了溶液中 CrO_4^{2-}，Ag_2CrO_4 沉淀出现过迟，甚至不会沉淀。

但若碱性太高，又将会析出 Ag_2O 沉淀：

$$2Ag^+ + 2OH^- \rightleftharpoons 2AgOH \rightleftharpoons Ag_2O\downarrow + H_2O$$

若溶液中碱性太强，可先用稀硝酸中和至甲基红变橙，再滴加稀 NaOH 至橙色变黄。酸性太强，则用 Na_2CO_3、$CaCO_3$ 或硼砂中和。

②不能在含有 NH_3 或其他能与 Ag^+ 生成配合物的物质存在的条件下滴定，否则会增大 AgCl 和 Ag_2CrO_4 的溶解度，影响测定结果。若试液中有 NH_3 存在，应当先用 HNO_3 中和，而在有 NH_4^+ 存在时，pH 应控制在 6.5 ~ 7.2。

（3）干扰离子　莫尔法选择性较差，凡能与 CrO_4^{2-} 或 Ag^+ 生成沉淀的阴离子（如 PO_4^{3-}、AsO_4^{3-}、S^{2-}、$C_2O_4^{2-}$ 等）、阳离子（如 Ba^{2+}、Pb^{2+}、Hg^{2+} 等）均干扰滴定。

（4）应用范围　莫尔法能测 Cl^-、Br^-，但不能测定 I^- 和 SCN^-。因为 AgI 或 AgSCN 沉淀强烈吸附 I^- 或 SCN^-，使终点过早出现，且变化不明显。在滴定时 Cl^-、Br^- 必须强烈摇晃，使被 AgCl、AgBr 吸附的 Cl^-、Br^- 重新进入溶液。

莫尔法选择性较差，应用受到一定限制。但它是直接测定法，比较简单，对含氯量低干扰少的试样（如天然水、纯氯化物）的分析，可得准确结果。

2. 佛尔哈德法

用铁铵矾［$NH_4Fe(SO_4)_2 \cdot 12H_2O$］作指示剂的银量法称为佛尔哈德（Volhard）法。按照滴定方式的不同，可分为直接滴定法和返滴定法两类。

（1）直接滴定法（测定 Ag^+）　在含有 Ag^+ 的酸性溶液中，加入铁铵矾作指示剂，用 NH_4SCN 标准溶液来滴定。溶液中首先产生白色 AgSCN，当 Ag^+ 全部与 SCN^- 结合沉淀后，稍微过量的 NH_4SCN 溶液与 Fe^{3+} 生成血红色［$Fe(SCN)$］$^{2+}$ 配离子，即为终点。反应式如下：

滴定反应　$Ag^+ + SCN^- \rightleftharpoons AgSCN\downarrow$（白色）

指示终点反应　$Fe^{3+} + SCN^- \rightleftharpoons [Fe(SCN)]^{2+}$（血红色）

滴定时，溶液的酸度一般控制在 0.1 ~ 1mol/L 之间。这时 Fe^{3+} 主要以［$Fe(H_2O_6)$］$^{3+}$ 的形式存在，颜色较浅。如果酸度较低，则 Fe^{3+} 易水解成［$Fe(H_2O)_5(OH)$］$^{2+}$、［$Fe(H_2O)_4(OH)_2$］$^+$ 等深色配合物，影响终点观察。酸度更低甚至会析出红棕色 $Fe(OH)_3$ 沉淀。

为了终点时刚好能观察到［$Fe(SCN)$］$^{2+}$ 明显的红色，所需［$Fe(SCN)$］$^{2+}$ 的最低浓度为 6×10^{-6}mol/L。要维持［$Fe(SCN)$］$^{2+}$ 的配位平衡，Fe^{3+} 的浓度应远远高于这一数值，但 Fe^{3+} 的浓度过大，它的黄色会干扰终点的观察。因此，终点时 Fe^{3+} 的浓度一般控制在 0.015mol/L。

在滴定过程中，不断有 AgSCN 沉淀形成，由于它具有强烈的吸附作用，所以有部分 Ag^+ 被吸附于其表面上，因此往往产生终点出现过早的情况，使结果偏低。所以在滴定时，必须充分摇动，使吸附 Ag^+ 的及时释放出来。

（2）返滴定法（测定 X^- 及 SCN^-）　在含有卤素离子的硝酸溶液中，加入一定量过量的 $AgNO_3$，以铁铵矾为指示剂，用 NH_4SCN 标准溶液返滴定过量的 $AgNO_3$。

滴定反应：　Ag^+（过量）$+ X^- \rightleftharpoons AgX\downarrow$

Ag^+（剩余）$+ SCN^- \rightleftharpoons AgSCN\downarrow$

终点反应：　$SCN^- + Fe^{3+} \rightleftharpoons [Fe(SCN)]^{2+}$　（血红色）

由于滴定是在 HNO_3 介质中进行的，许多弱酸根离子如 PO_4^{3-}、AsO_4^{3-}、S^{2-} 等都不干扰卤素离子的测定，因此该法选择性较高。

在用此法测定 Cl^- 的含量时，终点的判断会遇到困难，这是因为 AgSCN 的溶解度（1.8×10^{-4}g/L）小于 AgCl 的溶解度（1.9×10^{-3}g/L）。接近终点时，加入的 SCN^- 将于 AgCl 发生沉淀转化。

$$AgCl\downarrow + SCN^- \rightleftharpoons AgSCN\downarrow + Cl^-$$

沉淀转化的速度较慢，滴加 NH_4SCN 形成的红色随着溶液的摇动而消失。即：

$$AgCl + [Fe(SCN)]^{2+} \rightleftharpoons AgSCN + Fe^{3+} + Cl^-$$

显然到达终点时，多消耗了 NH_4SCN 标准溶液，引入较大的滴定误差。为了避免上述现象的发生，通常采用下列措施：

①试液中加入过量的 $AgNO_3$ 后，将溶液加热煮沸，使 AgCl 沉淀凝聚，以减少 AgCl 沉淀对 Ag^+ 的吸附，滤去沉淀，并用稀硝酸洗涤沉淀，洗涤液并入滤液中，然后用 NH_4SCN 标准溶液返滴定滤液中过量的 $AgNO_3$。

②在滴加标准溶液 NH_4SCN 前，加入有机溶剂如硝基苯或邻苯二甲酸二丁酯等有机覆盖剂 1 ~2mL，用力摇动之后，硝基苯将 AgCl 沉淀包住，使它与溶液隔开，不再与滴定溶液接触。这就阻止了上述现象的发生。此法很方便，但硝基苯有毒，使用时应注意安全。

③提高 Fe^{3+} 的浓度以减小终点时 SCN^- 的浓度，从而减小上述误差。实验证明，当溶液中 Fe^{3+} 浓度为 0.2mol/L 时，滴定误差将小于 0.1%。

用返滴定法测定溴化物或碘化物时，由于 AgBr 和 AgI 的溶解度比 AgSCN 小，所以，不会发生沉淀转化反应，不必采取上述措施。

应用佛尔哈德法需要注意以下几点：

①应当在酸性介质中进行，一般酸度大于 0.3mol/L。若酸度太低，Fe^{3+} 将水解成 $[Fe(OH)]^{2+}$ 等深色配合物，影响终点的观察。

②测定碘化物时，必须先加 $AgNO_3$ 后加指示剂，否则会发生如下反应而影响准确度：

$$2Fe^{3+} + 2I^- \rightleftharpoons 2Fe^{2+} + I_2$$

③强氧化剂和氮的氧化物以及铜盐、汞盐都与 SCN^- 作用，干扰测定，必须事先除去。

3. 法扬司法

用吸附指示剂指示终点的银量法称为法扬司法。吸附指示剂是一些有机染料。它的阴离子在溶液中容易被正电荷的胶状沉淀所吸附，吸附后结构变形而引起颜色变化，从而指示终点。

用 $AgNO_3$ 滴定 Cl^- 时，以荧光黄作指示剂，荧光黄是一种有机弱酸，用 HFIn 表示：

$$HFIn \rightleftharpoons H^+ + FIn^- \qquad \text{（黄绿色）}$$

在化学计量点前，溶液中 Cl^- 过量，这时 AgCl 沉淀胶粒吸附 Cl^- 而带负电荷，FIn^- 受排斥而不被吸附，溶液呈黄色。而在计量点后，加入稍过量 $AgNO_3$ 使得 AgCl 沉淀胶粒吸附 Ag^+ 而带正电荷，这时溶液中 FIn^- 被异性离子所吸附，溶液颜色由黄色变为粉红色。

Cl^-过量时：　　　　(AgCl) Cl^- + FIn^-（黄绿色）

Ag^+过量时：(AgCl) Ag^+ + FIn^- $\xrightarrow{吸附}$ (AgCl) Ag^+ | FIn^-（粉红色）

为了使终点颜色变化明显，应用吸附指示剂应注意几点：

(1) 由于颜色的变化是发生在沉淀表面，欲使终点变色明显，应尽量使沉淀的比表面大一些。为此，常加入一些保护胶体剂（如糊精、淀粉），阻止卤化银聚沉，使其保持胶体状态。

(2) 溶液的酸度要恰当。常用的吸附指示剂大多是有机弱酸，而起指示剂作用的是它们的阴离子，为此，必须控制适宜的酸度。

(3) 滴定中应当避免强光照射，否则影响终点观察。

(4) 待测离子浓度不能太低，因浓度太低时沉淀少，终点观察不明显。对于Cl^-至少大于0.005mol/L，否则不能用荧光黄作指示剂，浓度也不能太大，否则会引起胶体聚沉。

(5) 胶体微粒对指示剂的吸附能力应略小于对被测离子的吸附能力，否则指示剂将在计量点前变色，但也不能太小，否则终点出现过迟。

卤化银对卤离子和常用指示剂的吸附能力顺序为：

$I^- > SCN^- > Br^- >$ 曙红 $> Cl^- >$ 荧光黄

吸附指示剂种类很多，常用的吸附指示剂见表2－21。吸附指示剂除用于银量法以外，还可用于测定Ba^{2+}及SO_4^{2-}。

表2－21　常用吸附指示剂

指示剂名称	待测离子	滴定剂	适用的pH范围
荧光黄	Cl^-、Br^-、I^-、SCN^-	Ag^+	7～10
二氯荧光黄	Cl^-、Br^-、I^-、SCN^-	Ag^+	4～6
曙红	Br^-、I^-、SCN^-	Ag^+	2～10
甲基紫	SO_4^{2-}、Ag^+	Br^-、Cl^-	酸性溶液
溴酚篮	Cl^-、Ag^+	Ag^+	2～3
罗丹明6G	Ag^+	Br^-	稀HNO_3

实训练习

实训九　硝酸银标准溶液的制备

一、目的要求

(1) 学习银量法测定氯化钠含量的原理和方法。

（2）掌握硝酸银标准溶液的配制与标定方法。

（3）掌握用莫尔法操作技术及条件控制方法。

二、实训原理

$AgNO_3$标准滴定溶液可以用经过预处理的基准试剂 $AgNO_3$ 直接配制。非基准试剂 $AgNO_3$ 中常含有杂质，如金属银、氧化银、游离硝酸、亚硝酸盐等，用间接法配制。先配成近似浓度的溶液后，用基准物质 NaCl 标定。在中性或弱碱性溶液中，以 K_2CrO_4 作为指示剂，用 $AgNO_3$ 溶液滴定定量的基准氯化钠溶液，根据消耗$AgNO_3$标准溶液的体积和化学计量关系可计算出 $AgNO_3$标准溶液的准确浓度。

标定反应：$Ag^+ + Cl^- = AgCl\downarrow$（白色）

终点反应：$2Ag^+ + CrO_4^{2-} = Ag_2CrO_4\downarrow$（砖红色）

$$c(AgNO_3) = \frac{m(NaCl)}{M(NaCl) \cdot V(AgNO_3)}$$

三、仪器与试剂

仪器：电子天平、酸式滴定管、容量瓶、移液管、锥形瓶等滴定分析常用仪器。

试剂：$AgNO_3$固体（分析纯）、NaCl 固体（基准物质）、5% K_2CrO_4溶液。

四、操作步骤

1. 0. 1mol/L $AgNO_3$标准溶液的配制

称取 1. 7g $AgNO_3$于小烧杯中，溶解后稀释至 100mL，转移至试剂瓶中待标定。

2. 0. 1mol/L $AgNO_3$标准溶液的标定

将 NaCl 置于坩埚中，用煤气灯加热至 500 ~ 600℃ 干燥后，冷却，放置在干燥器中冷却、备用。准确称取 0. 15 ~ 0. 2g NaCl 三份，分别置于 3 个锥形瓶中，各加 25mL 水使其溶解。加 1mL 5% K_2CrO_4溶液。在充分摇动下，用 $AgNO_3$溶液滴定至溶液刚出现稳定的淡橙色。记录 $AgNO_3$溶液的用量。平行 3 次，同时做空白试验，计算 $AgNO_3$溶液的准确浓度。

五、数据记录与结果处理

清晰、正确、实事求是记录测定数据，将结果填入表 2 - 22，并按要求进行结果处理。

表 2－22　$AgNO_3$标准溶液的标定

记录项目	平行次序		
	Ⅰ	Ⅱ	Ⅲ
标定时称取 NaCl 的质量/g			
$AgNO_3$标准溶液的初始读数/mL			
$AgNO_3$标准溶液的终点读数/mL			
标定消耗 $AgNO_3$标准溶液的体积/mL			
空白试验结果/mL			
标定后 $AgNO_3$标准溶液的浓度/（mol/L）			
$AgNO_3$标准溶液的浓度平均值/（mol/L）			
个别测定结果的绝对偏差/（mol/L）			
相对平均偏差/%			

六、思考题

（1）K_2CrO_4指示剂浓度的大小对 Cl^- 的测定有何影响？

（2）滴定液的酸度应控制在什么范围为宜？为什么？若有 NH_4^+ 存在时，对溶液的酸度范围的要求有什么不同？

（3）在测定条件下，指示剂主要是以形式 CrO_4^{2-} 存在还是以 $Cr_2O_7^{2-}$ 形式存在？

实训十　生理盐水中氯化物含量的测定

一、目的要求

（1）学习银量法测定生理盐水中氯化物含量的原理和方法。

（2）掌握硝酸银标准溶液的配制与标定方法。

（3）掌握用莫尔法测定生理盐水中氯化物含量的操作技术及条件控制方法。

二、测定原理

生理盐水的主要成分为氯化钠，是在 NaCl 溶液中加入 KCl、$CaCl_2$、$NaHCO_3$（按 NaCl∶KCl∶$CaCl_2$∶$NaHCO_3$ =45∶2.1∶1.2∶1 的比例），经消毒后即得 0.90% 生理盐水。其中氯化物含量的可用莫尔法测定，含量按下式计算。

$$\rho(\text{NaCl}) = \frac{c(\text{AgNO}_3) \cdot V(\text{AgNO}_3) \cdot M(\text{NaCl})}{V_s} \quad (\text{g/L})$$

视频：生理盐水中氯化钠含量的测定

三、仪器与试剂

仪器：电子天平、酸式滴定管、容量瓶、移液管、锥形瓶等滴定分析常用仪器。

试剂：$AgNO_3$固体（分析纯），NaCl 固体（基准物质），5% K_2CrO_4溶液，生理盐水。

四、操作步骤

1. 0.1mol/L $AgNO_3$标准溶液的配制与标定

同实训七中“四”内容。

2. 生理盐水中氯含量的测定

将生理盐水稀释 1 倍后，用移液管精确移取已稀释的生理食盐水 25.00mL 置于锥形瓶中，加入 1mL K_2CrO_4指示剂，用 $AgNO_3$标准溶液滴定至溶液刚出现稳定的淡橙色（边摇边滴）。平行 3 次，同时做空白试验，计算 NaCl 的含量。

五、数据记录与结果处理

清晰、正确、实事求是记录测定数据，将结果填入表 2－23，并按要求进行结果处理。

表 2－23　生理盐水中氯化物含量的测定

记录项目	平行次序		
	Ⅰ	Ⅱ	Ⅲ
移取生理盐水样品的体积 V_s/mL			
$AgNO_3$标准溶液的初始读数/mL			
$AgNO_3$标准溶液的终点读数/mL			
滴定消耗 $AgNO_3$标准溶液的体积/mL			
空白试验结果/mL			
生理盐水中氯化钠的含量/（g/L NaCl）			
生理盐水中氯化钠的含量的平均值/（g/L NaCl）			
个别测定结果的绝对偏差/（g/L NaCl）			
相对平均偏差/%			

六、思考题

（1）如果要用莫尔法测定酸性氯化物溶液中的氯，事先应采取什么措施？

（2）测定时用生理盐水的体积应该用什么量器量取？

（3）能否用莫尔法测定氯化钡中的氯含量？

练 习 题

一、单项选择

1. 莫尔法测 Cl^- 含量的酸度条件为（　　）。

A. pH = 1 ~ 3　　B. pH = 6.5 ~ 10.5　　C. pH = 3 ~ 6　　D. pH = 10 ~ 12

2. 莫尔法滴定中，指示剂 K_2CrO_4 的实际浓度应为（　　）mol/L。

A. 1.2×10^{-2}　　B. 0.015　　C. 3×10^{-5}　　D. 5×10^{-3}

3. 莫尔法滴定中，指示剂 K_2CrO_4 的实际浓度应比理论需要量（　　）。

A. 稍大　　B. 稍小　　C. 相等　　D. 无所谓

4. 莫尔法测 Cl^- 时，终点时溶液的颜色为（　　）色。

A. 淡橙　　B. 黄绿　　C. 粉红　　D. 砖红

5. 莫尔法测 Cl^- 的最适宜的 pH 条件为 6.5 ~ 10，若测定时 pH 过高，则会（　　）。

A. AgCl 沉淀不完全　　B. Ag_2CrO_4 不易形成

C. 形成 Ag_2O　　D. 没有影响

6. 以莫尔法测定水中 Cl^- 含量时，取水样采用的量器是（　　）。

A. 量筒　　B. 加液器　　C. 移液管　　D. 容量瓶

7. 莫尔法不适于测定（　　）。

A. Cl^-　　B. Br^-　　C. I^-　　D. Ag^+

8. 佛尔哈德法所用的指示剂是（　　）。

A. 铬酸钾　　B. 铁胺矾　　C. 硝酸银　　D. 吸附指示剂

9. 佛尔哈德法测氯含量时，最适宜的酸度条件是（　　）。

A. 强酸性　　B. 弱酸性　　C. 强碱性　　D. 弱碱性

10. 属于使沉淀纯净的选项是（　　）。

A. 表面吸附现象　　B. 吸留现象　　C. 后沉淀现象　　D. 再沉淀

二、判断是非

（　　）1. 在相同温度下，两个难溶电解质相比较，溶度积小的溶解度一定也小。

（　　）2. 沉淀生成和溶解的条件都是离子积大于溶度积。

（　　）3. 无定形沉淀的沉淀条件之一是趁热过滤，不必陈化。

（　　）4. 沉淀在溶液中放置时间越长，后沉淀现象越严重。

（　　）5. 欲使沉淀完全，可加适当过量的沉淀剂，而且沉淀剂过量的越多越好。

（　　）6. 选择适当的洗涤液洗涤沉淀可使沉淀更纯净。

（　　）7. 洗涤沉淀可使沉淀更纯净，必须用纯净水洗而且洗次数是越多越好。

（　　）8. 后沉淀随陈化时间增长而减少。

（　　）9. 莫尔法测定 Cl^- 时的酸度应控制在中性或弱碱性。

（　　）10. 佛尔哈德法测定 Cl^- 时的酸度最好控制在弱酸性。

三、简答题

1. 写出下列难溶电解质的溶度积常数表达式：Ag_2S、$Ca_3(PO_4)_2$、$PbCl_2$、$Mg(OH)_2$。

2. 试述莫尔法、佛尔哈德法和法扬司法指示剂的作用原理及反应条件。

3. 影响沉淀完全的因素有哪些？使沉淀完全的主要方法有哪些？

4. 在下列情况下，分析结果是准确的，还是偏高或偏低，并说明原因。

（1）pH = 4 时，用莫尔法测定 Cl^-。

（2）pH = 8 时，用莫尔法测定 I^-。

（3）莫尔法测定 Cl^- 时，指示剂 K_2CrO_4 溶液浓度过稀。

（4）佛尔哈德法测定 Cl^- 时，没有将 $AgNO_3$ 沉淀滤去或加热促其凝聚，也没有加硝基苯或邻苯二甲酸二丁酯。

（5）佛尔哈德法测定 I^- 时，先加铁铵矾指示剂，再加入过量 $AgNO_3$ 标准溶液。

5. 为了使终点颜色变化明显，使用吸附指示剂应注意哪些问题？

四、综合题

1. 已知 $BaSO_4$ 的 $K_{sp} = 1.0 \times 10^{-10}$，在 10mL、0.010mol/L 的 $BaCl_2$ 溶液中，加入 50mL、0.020mol/L Na_2SO_4 溶液。问有无 $BaSO_4$ 沉淀生成？

2. 将 $AgNO_3$ 溶液逐滴加到含有 Cl^- 和 CrO_4^{2-} 浓度都是 0.10mol/L 的溶液中，并忽略溶液的体积的变化，问：[已知 $K_{sp}(AgCl) = 1.8 \times 10^{-10}$；$K_{sp}(Ag_2CrO_4) = 1.1 \times 10^{-12}$]

① AgCl 与 Ag_2CrO_4 哪一种先沉淀？

② 当 Ag_2CrO_4 开始沉淀时，溶液中 Cl^- 的浓度是多少？

3. NaCl 试液 20.00mL，用 0.1032mol/L $AgNO_3$ 溶液 24.12mL 滴定至终点。求每升溶液中含 NaCl 多少克？

4．氯化物试样 0. 2266g，溶解后加入 0. 1121mol/L $AgNO_3$溶液 30. 00mL，过量 $AgNO_3$溶液以 0. 1155mol/L NH_4SCN 滴定，用去 6. 50mL。计算试样中氯的质量分数。

5．有一纯的碘的含氧酸盐 KIO_x，称取 0. 4988g，将它进行适当处理，使之还原成碘化物溶液，然后以 0. 1125mol/L $AgNO_3$ 溶液滴定，达到终点时用去 20. 72mL。求 x 值。

项目五　水中微量铁含量的测定

项目描述

水中铁含量是水质分析的指标之一，采用分光光度法测定水中的微量铁含量是分光光度法的经典方法和应用。在教师指导下，学生完成水中微量铁含量的测定方案的制定和测定工作。在工作过程中学习分光光度法的原理、分光光度计的结构及使用方法、显色反应的条件、标准曲线法的定量方法等知识和操作技能。

学习目标

知识目标	（1）了解仪器分析法的特点及常用方法。 （2）了解分光光度法的分类和特点。 （3）掌握分光光度法所用仪器的原理、结构及使用规程。 （4）熟悉分光光度法对显色反应的要求，学习选择合适的测定条件。 （5）掌握分光光度法的常用定量方法及结果计算。
能力目标	（1）根据分光光度法对反应条件的要求，正确选择合适的测定条件，提高测定结果的精密度与准确度。 （2）正确规范使用分光光度计及相关仪器。 （3）能熟练进行分光光度法的基本操作。 （4）能运用分光光度法测定水中微量铁及相关组分含量。 （5）能熟练进行分析结果的计算。
素质目标	（1）培养实事求是工作作风，精益求精的工作精神。 （2）培养解决实际问题的能力。 （3）培养实践操作能力。 （4）培养良好的职业情操。

必备知识

一、仪器分析法概述

（一）仪器分析法的方法分类

根据测定原理的不同，仪器分析法可分为光学分析法、电化学分析法、色谱分析法和其他分析法。

1. 光学分析法

光学分析法主要是以光的吸收、发射和拉曼散射等作用而建立的光谱方法，主要包括可见分光光度法、紫外分光光度法、红外光谱法、原子吸收光谱法、原子发射光谱法、X－荧光射线分析法、荧光分析法、化学发光分析法等。

2. 电化学分析法

电化学分析法以电讯号作为计量关系的一类方法。主要有电导分析法、电位分析法、库仑分析法、极谱及伏安和电泳分析法等方法。

3. 色谱分析法

色谱分析法是一类分离分析方法，主要有气相色谱法、高效液相色谱法、薄层色谱法、色谱－质谱联用技术等方法。

以上3种是目前应用最广泛的分析方法，由于仪器分析发展迅速，还产生了许多其他的分析方法，如质谱分析、热分析和联用技术等。本项目主要讨论最基本的仪器分析方法即分光光度法。

（二）仪器分析法的特点

（1）灵敏度高，检出限量低　仪器分析用于分析试样组分，具有灵敏度高的特点。对于含量很低更有其独特之处，如样品用量可由化学分析的mL、mg级降低到μg、μL级，甚至更低，特别适合于微量、痕量和超痕量成分的测定。

（2）选择性好　仪器分析的选择性好，适于复杂组分试样分析。很多的仪器分析方法可以通过选择或调整测定条件，使共存的组分测定时，相互间不产生干扰。

（3）操作简便，分析速度快，容易实现自动化　绝大多数仪器分析是将被测组分的浓度变化或物理性质变化转变成某种电性能（如电阻、电导、电位、电容、电流等），这样易于实现自动化。

与化学分析相比，仪器分析的相对误差较大，一般为5%，不适用于常量和高含量成分分析。另外，由于仪器分析一般都需要价格比较昂贵的专用仪器，在应用上有一定的局限性。

二、分光光度法

（一）分光光度法及其特点

分光光度法是利用物质的分子或离子对光的选择性吸收作用，对物质进行定性、定量及结构分析的方法。它包括比色分析法和分光光度法。前者是利用比较待测溶液本身的颜色或加入试剂后呈现的颜色的深浅来确定溶液中待测物质的浓度的方法，在可见光区适用。后者根据物质对不同波长的单色光的吸收程度不同而对物质进行定性和定量分析的方法。按所用的光的波谱区域不同又可分为可见分光光度法、紫外分光光度法和红外分光光度法。这里重点讨论可见光区的分光光度法。

分光光度法具有灵敏度高，准确度高和分析速度快的特点，而且所用仪器设备不复杂，操作简便，价格低廉，所以应用相当广泛，大部分无机离子和许多有机物质的微量成分都可以用这种方法进行测定。

（二）物质对光的选择性吸收

物质的颜色与物质本质有关，也与有无光照和光的组成有关，要了解物质对光的选择性吸收，首先对光的基本性质应有所了解。

1. 光的基本特性

光是一种电磁波，具有波动性和粒子性。它具有波长（λ）和频率（υ），也具有能量（E）。它们之间的关系为：

$$E = h\upsilon = h\frac{c}{\lambda} \tag{2-25}$$

显然，不同波长的光能量不同，波长越长，能量越小，波长越短，能量越大。将各种电磁波（光）按其波长或频率大小顺序排列起来可得到电磁波谱表，如表2-24所示。

表2-24　电磁波谱表

波谱区	波长范围	波谱区	波长范围
X射线	10^{-2} ~ 100nm	中红外	2500 ~ 50000nm
远紫外	10 ~ 200nm	远红外	50 ~ 1000μm
近紫外	200 ~ 400nm	微波	0.1 ~ 100cm
可见光	400 ~ 780nm	无线电	1 ~ 1000m
远红外	780 ~ 2500nm		

2. 单色光和互补光

不同波长的光作用于人的眼睛能引起不同的感觉。凡是能被肉眼感觉到的光称为可见光，其波长范围 400 ~ 780nm。凡波长小于 400nm 的紫外光或波长大于 780nm 的红外光均不能被人的眼睛感觉出，所以这些波长范围的光是看不到的。在可见光的范围内，不同波长的光刺激眼睛后会产生不同颜色的感觉，但由于受到人的视觉分辨能力的限制，实际上是一个波段的光给人引起一种颜色的感觉。图 2 - 13 所示为各种单色光的近似波长范围。

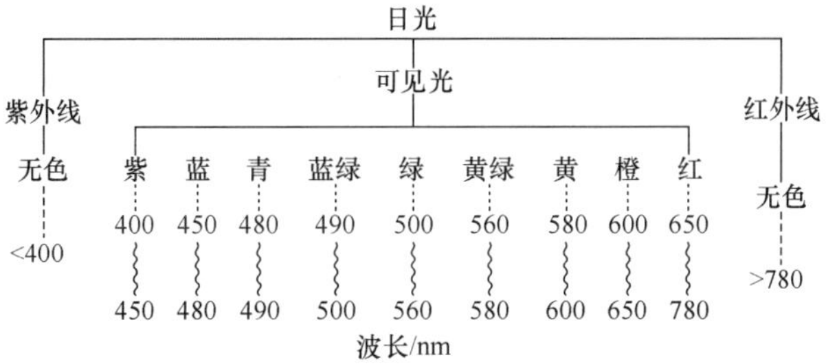

图 2 - 13　各种单色光的波长

具有同一种波长的光，称为单色光。由各种不同波长的单色光按照一定的强度比例混合而成的光称作复合光，如日光，白炽灯光等。如果把适当颜色的两种光按一定强度比例混合，也可成为白光，这两种颜色的光称为互补色光。图 2 - 14 为互补色光示意图。图中处于直线关系的两种颜色的光即为互补色光，如绿色光与紫色光互补，蓝色光与黄色光互补等。白光实际上是由一对对互补色光按适当强度比混合而成。

图 2 - 14　互补色光示意图

3. 物质对光的选择性吸收

（1）物质颜色的产生　物质有颜色是物质对光有选择性吸收的缘故。对于透明物质，若可见光都能透过，则这种物质为无色；若只能透过某一部分光波，则这种物质呈现透过光的颜色。对于不透明的物质来说，主要是吸收与反射的问题，如物质对所有的可见光都吸收，则这种物质为黑色，若全反射，则为白色。如果物质吸收了部分的可见光，则该物质呈现的是它反射光的颜色。

分光光度法研究的是溶液对光的选择性吸收。当一束白光通过某一溶液时，该溶液即呈现与它吸收的光呈互补色的光的颜色。例如，$KMnO_4$溶液能选择性地吸收 500 ~ 560nm 的绿色光，所以 $KMnO_4$溶液呈现紫红色。

（2）物质的光吸收曲线　物质的光吸收曲线可以更精确地说明物质具有选择性吸收不同波长范围光的性能。可通过实验获得：将不同波长的光依次通过某一定浓度和厚度的有色溶液，分别测出它们对各种波长光的吸收程度（用吸光度 A 表示），然后以波长为横坐标，吸光度为纵坐标绘曲线，所得曲线即为该物质的光吸收曲线，它描述了物质对不同波长光的吸收程度，如图 2－15 所示。

动画：
物体颜色的产生

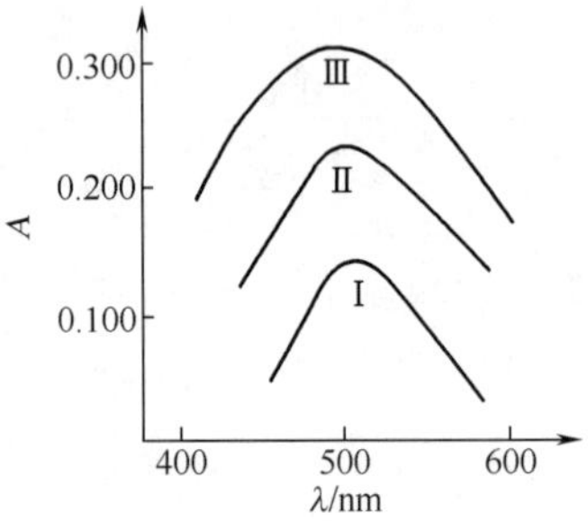

图 2－15　光吸收曲线

图中Ⅰ、Ⅱ、Ⅲ代表被测物质含量由低到高的吸收曲线。每种有色物质溶液的吸收曲线都有一个最大吸收值，所对应的波长为最大吸收波长（λ_{max}）。一般定量分析就选用该波长进行测定，这时灵敏度最高。对不同物质的溶液，其最大吸收波长不同。此特性可作为物质定性分析的依据。对同一物质，溶液浓度不同，最大吸收波长相同，而吸光度不同。因此，吸收曲线是分光光度法中选择测定波长的重要依据。

动画：
吸收曲线

（三）光的吸收定律

1. 朗伯－比尔定律

实验证明，当一束平行的单色光通过某一均匀、非散射的溶液后，光的一部分被溶液吸收，一部分透过溶液，一部分被吸收池表面反射回来，如图2－16所示。

设入射光强度为 I_0，吸收光强度为 I_a，透过光强度为 I_t，反射光强度为 I_r，则它们之间的关系应为：

$$I_0 = I_a + I_t + I_r \qquad (2-26)$$

由于测定过程中采用相同质料和厚度的比色皿，则 I_r 基本不变，在具体测定操作时 I_r 的影响可互相抵消，上式可简化为：

$$I_0 = I_a + I_t$$

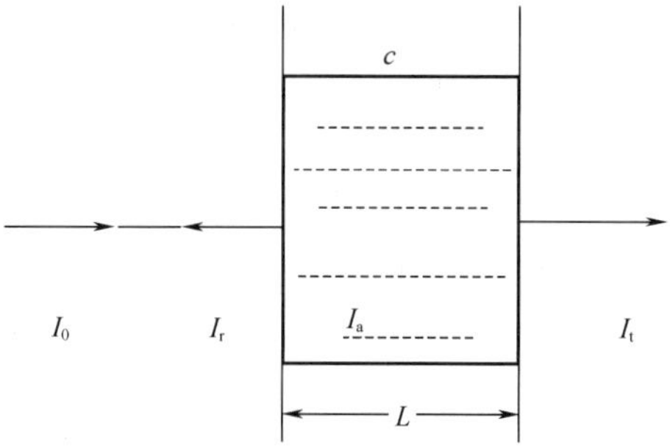

图 2－16　溶液对光的作用

I_a越大，即说明对溶液光的吸收越强，也就是透过光的强度 I_t越小，光减弱得越多。

因此，可以通过测定透过光强度的变化来确定溶液对光的吸收程度的变化。通常将透过光强度与入射光强度之比称为透光度，用 T 表示，则有：

$$T=\frac{I_t}{I_0} \tag{2-27}$$

透光度表明透过光的程度，T 越大说明透过的光越多，而透光度的倒数的对数（$\lg\frac{I_0}{I_t}$）则表示了溶液对光的吸收程度，称为吸光度，常用 A 表示。A 和 T 的关系为：

$$A=\lg\frac{I_0}{I_t}=\lg\frac{1}{T}=-\lg T \tag{2-28}$$

溶液对光的吸收除与溶液本性有关，还与入射光波长、溶液浓度、液层厚度及温度等因素有关。朗伯和比尔分别研究了吸光度与液层厚度和溶液浓度之间的定量关系，称为朗伯－比尔定律。

朗伯定律可表示为：当一束平行的单色光通过一固定浓度的溶液时，其吸光度与光通过的液层厚度成正比，即：

$$A=k_1L \tag{2-29}$$

式中：L 为液层厚度，k_1 为比例系数，它与被测物质性质、入射光波长、溶剂、溶液浓度及温度有关。朗伯定律对所有的均匀介质都适用的。

比尔定律可表示为：当一束平行的单色光通过液层厚度一定而浓度不同的溶液时，则吸光度与溶液浓度成正比，即：

$$A=k_2c \tag{2-30}$$

式中：c 为物质的量浓度（或质量浓度），k_2 为与吸光物质种类、溶剂、入射光波长、液层厚度和溶液温度有关的常数。

动画：
朗伯定律

当溶液厚度和浓度都可改变时，同时考虑两者对吸光度的影响，将上面两式合并，可用到朗伯－比尔定律，即：

$$A = KLc \tag{2-31}$$

朗伯－比尔定律可表明：当一束平行单色光垂直入射通过均匀、透明的吸光物质的稀溶液时，溶液对光的吸收程度与溶液的浓度及液层厚度的乘积成正比。朗伯－比尔定律是光吸收的基本定律，也是分光光度法定量分析的基础。

动画：
比尔定律

2. 吸光系数

在光吸收定律中，比例常数 K 称为吸光系数，它与入射光的波长，溶液的性质有关，与溶液浓度大小和液层厚度无关。但 K 值的大小因溶液浓度所采用的单位的不同而异。

（1）摩尔吸光系数 ε　当溶液的浓度 c 以 mol/L、液层厚度 L 以 cm 为单位时，相应的比例常数 K 称为摩尔吸光系数，用 ε 表示，其单位为 L/（mol · cm）。它表示物质的浓度为 1mol/L 液层厚度为 1cm 时溶液的吸光度。因此，光吸收定律又可写成

$$A = \varepsilon Lc \tag{2-32}$$

摩尔吸光系数是吸光物质在一定波长下的特征常数。它表示物质对某一特定波长光的吸收能力。ε 越大，表示吸收越强，测定的灵敏度也就越高。一般认为，当 ε 值为 $5\times10^4 \sim 5\times10^5$ 时灵敏度较高，当 $\varepsilon < 10^4$ 时灵敏度较低。

摩尔吸光系数由实验测得。在实际测量中，显然不能直接取 1mol/L 这样高浓度的溶液去测量摩尔吸光系数，只能在稀溶液中测量后，通过换算求得。

［例 2－15］ 用邻菲罗啉法测定铁，已知显色的试液中 Fe^{2+} 质量浓度为 500μg/L，在波长 510nm 处用 2cm 吸收池测得 $A = 0.198$，计算摩尔吸光系数。

解：已知铁的相对原子质量为 55.85，则：

$$c\,(Fe^{2+}) = \frac{500\times10^{-6}}{55.85} = 8.9\times10^{-6}\ (\text{mol/L})$$

由式（2－30）得

$$\varepsilon = \frac{A}{c\,(Fe^{2+})\cdot L} = \frac{0.198}{8.9\times10^{-6}\times2} = 1.1\times10^{4}\ \text{L/(mol}\cdot\text{cm)}$$

（2）质量吸光系数　当溶液浓度以质量浓度 ρ（g/L）表示，液层厚度以厘米（cm）为单位表示时，相应的比例常数 K 称为质量吸光度，以 a 表示，其单位为 L/（g · cm）。这样式（2－31）可表示为：

$$A = aL\rho \tag{2-33}$$

质量吸光系数适用于摩尔质量未知的化合物。

3. 光吸收定律的应用范围

根据朗伯－比尔定律，将吸光度对浓度作图应得到一条截距为零、斜率为

εb 的直线。在实际工作中常发现吸光度与浓度关系有时是非线性的或者不通过零点，特别是当吸收物质的浓度较高时，标准曲线会向上或向下偏离，这种情况称为偏离朗伯 - 比尔定律现象，如图 2 - 17 所示。

引起偏离朗伯 - 比尔定律的原因主要有下面几方面：

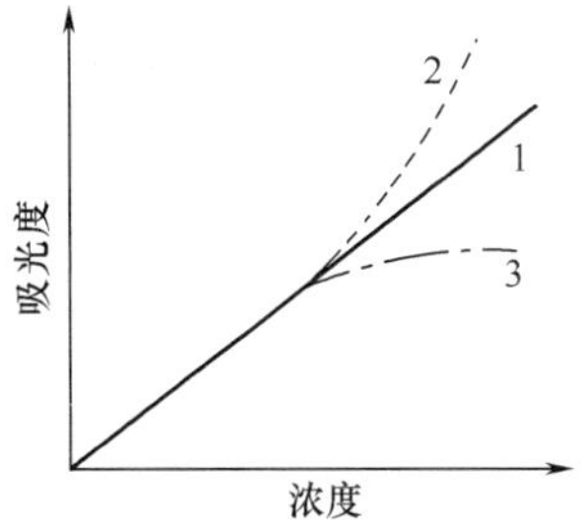

图 2 - 17　偏离吸收定律

1—无偏离　2—正偏离　3—负偏离

(1) 由于非单色光引起偏离　朗伯 - 比尔定律成立的前提是入射光是单色光。但在实际工作中，一般单色器所提供的入射光并非是纯单色光，而是由波长范围较窄的光带组成的复合光。而物质对不同波长的吸收程度不同因而导致了对吸光定律的偏离。

(2) 溶液中的化学变化引起偏离　溶液中的吸光物质常因离解、缔合，形成新的化合物或互变异构体等的化学变化而改变了浓度，导致偏离吸收定律。因此，测量前的化学预处理工作十分重要，如控制好显色反应条件、控制溶液的化学平衡等，以防止产生偏离。

(3) 比尔定律的局限性引起偏离　比尔定律成立的前提是假定所有的吸光质点之间不发生相互作用，只有在稀溶液（$c<0.01\text{mol/L}$）时才基本符合朗伯 - 比尔定律。当溶液浓度 $c>0.01\text{mol/L}$ 时，吸光质点间可能发生缔合等相互作用，直接影响了对光的吸收，从而引起朗伯 - 比尔定律的偏离。所以严格说，比尔定律是一个有限定律，它只适用于浓度小于 0.01mol/L 的稀溶液。

（四）分光光度计

1. 分光光度计的分类

分光光度计一般按使用波长范围分为可见分光光度计（400～780nm）和紫外 - 可见分光光度计（200～1000nm）和红外分光光度计 3 类。可见分光光度计只能用于测量有色溶液的吸光度，而紫外 - 可见分光光度计可测量无机物和有机物含量的测定，红外分光光度计主要用于有机物的结构分析。

2. 分光光度计的基本组成部件

不同型号的分光光度计的基本构造都相似，都由光源、单色器、样品吸收池、检测器和信号显示系统等五大部件组成，其组成框图为：

光源 → 单色器 → 吸收池 → 检测器 → 信号显示系统

由光源发出的光，经单色器获得一定波长单色光照射到样品溶液，被吸收后，经检测器将光强度变化转变为电信号变化，并经信号指示系统调制放大后，显示或打印出吸光度 A（或透光度 T），完成测定。

（1）光源　光源的作用是供给符合要求的入射光。在可见光区常用钨灯或卤钨灯作为光源，可提供的波长范围在 320 ~ 2500nm。在紫外光区常用氢、氘灯作为光源，为了保证发光强度稳定，应该用稳压电源供电。

（2）单色器　单色器的主要作用是将复合光分解成单色光，并能准确方便地“取出”所需要的某一波长的光，它是分光光度计的心脏部分。常用的是棱镜单色器和光栅单色器。棱镜单色器是利用不同波长的光在棱镜内折射率不同将复合光色散为单色光，而光栅的色散原理是以光的衍射现象和干涉现象为基础。

（3）吸收池　吸收池又称比色皿，是用于盛放待测液和决定透光液层厚度的器件。规格有多种，使用时可根据实际需要选择。另根据材质的玻璃和石英两种。在可见光区测量用玻璃吸收池，在紫外光区用石英吸收池。使用吸收池时应注意保护透光面，并保持清洁、透明。

（4）检测器　检测器又称接受器，其作用是对透过吸收池的光做出响应，并把它转变成电信号输出，其输出电信号大小与透过光的强度成正比。常用的检测器有光电管和光电倍增管，它们都是基于光电效应原理制成的。

（5）信号显示系统　由检测器产生的电信号，经放大等处理后，用一定方式显示出来，以便于计算和记录。信号显示器有多种，如 721 型分光光度计是以检流计或微安表为指示仪表，近年来生产的分光光度计常用数字显示和自动记录型装置。

（五）显色反应及选择

在分光光度法中，若待测物质溶液本身有较深的颜色，可直接进行测定；若待测物质溶液是无色或很浅的颜色，则需要选用适当的试剂与被测离子定量反应，生成吸光能力较强的有色化合物后再进行测定。这种将被测组分转变为有色化合物的反应称为显色反应，所用的试剂称为显色剂。同一被测组分常有多种显色剂，应用时需根据试样的具体情况和测定要求，选择合适的显色反应和显色条件。

1. 显色反应的选择

显色反应按反应类型可分为氧化还原反应和配位反应两大类，其中配位反应是最主要的显色反应。对于显色反应一般应满足如下要求。

（1）选择性好，干扰少，或干扰容易消除。

（2）灵敏度高，有色物质的 ε 应大于 10^4。

（3）有色化合物的组成恒定，符合一定的化学式。

（4）有色化合物的化学性质稳定，至少保证在测量过程中溶液的吸光度基本恒定。

（5）有色化合物与显色剂之间的颜色差别要大，即显色剂对光的吸收与配合物对光的吸收有明显区别，要求两者的最大吸收峰波长之差 $\Delta\lambda_{max}$（称为对比度）应大于60nm。

2. 显色条件的选择

确定了显色反应后，还必须控制好显色反应的条件，一般可通过实验获得，实验条件包括：溶液酸度，显色剂用量及加入顺序，显色温度，显色时间，配合物的稳定性及共存离子的干扰等。

（1）溶液的酸度　溶液的酸度首先能影响显色剂的平衡浓度和颜色。由于大多显色剂是有机弱酸，在溶液中存在着如下平衡：

$$M + HR \rightleftharpoons MR + H^+$$

酸度改变将改变配位平衡，从而影响显色剂及有色配合物的浓度，从而改变溶液的颜色。溶液的酸度还影响被测金属离子的存在状态，由于大多数被测的金属离子都存在着不同的水解趋势，酸度降低时还会生成多羟基配离子或氢氧化物沉淀，使得显色反应无法进行。另外，溶液的酸度还能影响配合物的组成和稳定性。

显色反应的适宜酸度通常是通过实验来确定，具体方法是固定溶液中被测组分和显色剂的浓度，测定不同pH条件下溶液的吸光度，以pH为横坐标，以吸光度为纵坐标，做pH与吸光度关系曲线，选择曲线平坦部分对应的pH作为测定时的最佳酸度。

（2）显色剂的用量　显色反应一般可用下列平衡式表示：

$$\text{M（被测组分）} + \text{R（显色剂）} \rightleftharpoons \text{MR（有色配合物）}$$

为使显色反应进行完全，需加入过量的显色剂。但显色剂不是越多越好。在实际工作中根据实验结果来确定显色剂的用量。实验方法是：保持被测组分浓度不变，改变显色剂的用量，在其他条件不变的情况下，测定吸光度 A，作吸光度 A 与显色剂用量的关系曲线，可得到如图2－18所示的3种情况。

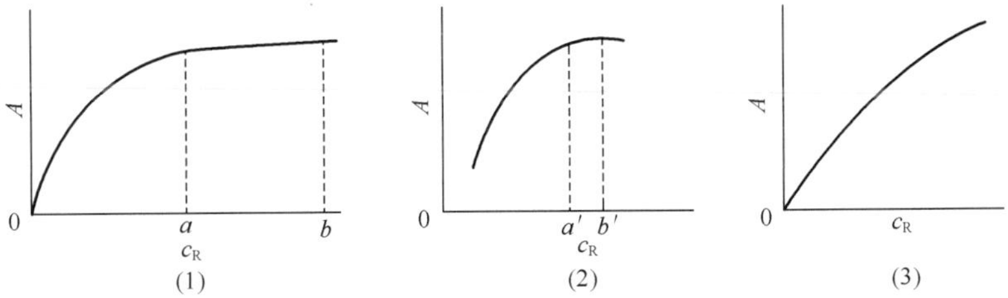

图2－18　吸光度与显色剂用量的关系

曲线（1）是较常见也较理想的一种情况。开始时，吸光度随显色剂用量不断增大，当显色剂达一定数值时，吸光度不再增大，出现 ab 平坦，说明显色剂的用量已经足够，可在 ab 之间选择合适的显色剂用量。

曲线（2）与曲线（1）不同的地方是曲线的平坦区域较窄，当显色剂的用量继续增大时，吸光度反而下降，故应在 $a'b'$ 之间选择合适的显色剂用量。

曲线（3）与前两种情况完全不同，显色剂用量增加，其吸光度不断增加，不出现平坦部分，在进行测定时应严格控制显色剂用量，或者另选合适的显色剂。

（3）显色反应时间　大多数显色反应需要一定时间才能完成，显色时间的长短和温度有关，也与配合物的性质有关，最适宜的显色时间是通过实验作吸光度 - 时间曲线来确定。

（4）显色反应温度　显色反应大多在室温下进行，但有的显色反应必需加热至一定温度完成，有些有色化合物在较高的湿度下还容易分解，所以不同的显色反应应选择其合适的显色温度。由于温度对吸光系数有影响，故在测定的过程中应使温度保持一致。

（5）溶剂　有机溶剂能降低有色化合物离解度，提高显色反应的灵敏度，还可能提高显色反应的速率，影响有色配合物的溶解度和组成等。

（6）干扰及其消除方法　试样中干扰物质影响被测组分的测定。可通过控制溶液酸度、加入掩蔽剂、利用氧化还原反应、改变干扰离子的价态、利用校正系数、用参比溶液消除显色剂和某些共存有色离子的干扰、选择适当的波长、增加显色剂的用量和预先分离的方法来消除干扰。

（六）测量条件的选择

1. 测量波长的选择

为使测定结果有较高的灵敏度，应选择被测物质的最大吸收波长的光作为入射光，这称为“最大吸收原则”。选用这种波长的光进行分析，不仅灵敏度高，且能减少或消除由非单色光引起的对朗伯 - 比尔定律的偏离。若在最大吸收波长处有其他吸光物质干扰测定时，可按“吸收最大，干扰最小”的原则选择适宜的波长。

2. 吸光度范围的选择

为了减小仪器测量误差提高分析的准确度，一般应控制标准溶液和被测试液的吸光度在 0.2 ~ 0.8 范围内。可通过控制溶液的浓度或选择不同厚度的吸收池来达到目的。

3. 参比溶液的选择

参比溶液又称空白溶液。利用参比溶液来调节仪器的零点，可消除由吸收池壁及溶剂对入射光的反射和吸收带来的误差，扣除干扰的影响。常用的参比溶液有4种：溶剂参比（试液及显色剂均无色时用）、样品参比（显色剂为无色，被测试液中存在其他有色离子，用不加显色剂的被测试液作参比）、试剂参比（当显色剂有颜色，可选择不加试样溶液的试剂空白作参比）和褪色参比（当显色剂和试液均有颜色，可将一份试液加入适当掩蔽剂，将被测组分掩蔽起来，使之不再与显色剂作用，而显色剂及其他试剂均按试液测定方法加入，以此作为参比溶液）。褪色参比可以消除显色剂和一些共存组分的干扰。

（七） 定量分析方法

1. 单组分样品的分析

（1）工作曲线法 工作曲线法又称标准曲线法，它是实际工作中使用最多的一种定量方法。一般测量步骤为：配制一系列（4个以上）浓度不同的待测组分的标准溶液，在相同条件下显色，以空白溶液为参比溶液，在选定的波长下，分别测定各标准溶液的吸光度 A 值。以标准溶液浓度 c 为横坐标，吸光度 A 为纵坐标，绘制曲线 $A-c$ 工作曲线。如图2－19所示。

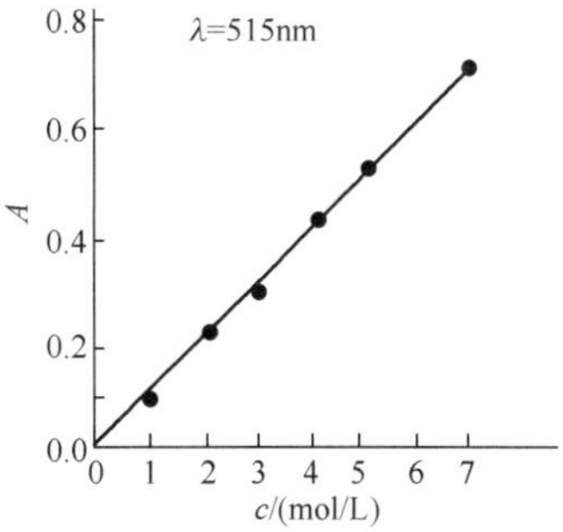

图2－19 工作曲线

待测样品也在相同条件下测定其吸光度 A_x，从工作曲线上查出待测试液浓度 c_x。

（2）标准对照法 这种方法是用一个已知浓度 c_s 的标准溶液，在一定条件下，测得其吸光度 A_s，然后在相同条件下测得试液 c_x 的吸光度 A_x，设试液、标准溶液完全符合朗伯－比尔定律，则：

$$A_s = \varepsilon \cdot c_s \cdot L$$

$$A_x = \varepsilon \cdot c_x \cdot L$$

$$c_x = \frac{A_x}{A_s} \cdot c_s \quad (2-34)$$

比较法适于个别样品的测定，使用时要求 c_x 与 c_s 浓度应接近，且都符合吸收定律。

2. 多组分的同时测定

若各组分的吸收曲线互不重叠，则可在各自最大吸收波长处分别进行测定。这本质上与单组分测定是相同的。

若各组分的吸收曲线互有重叠时，则可根据吸光度的加合性求解联立方程组得出各组分的含量。

动画：工作曲线法

$$A_{\lambda1}=\varepsilon_{a\lambda1}Lc_a+\varepsilon_{b\lambda1}Lc_b \tag{2-35}$$

$$A_{\lambda2}=\varepsilon_{a\lambda2}Lc_a+\varepsilon_{b\lambda2}Lc_b \tag{2-36}$$

普通分光光度法一般只适于测定微量组分，当待测组分含量较高时，将产生较大的误差，可采用示差法。

3. 示差分光光度法

示差法需要较大的入射光强度，并采用浓度稍低于待测溶液浓度的标准溶液作参比溶液。设：待测溶液浓度为 c_x，标准溶液浓度为 c_s（$c_s < c_x$）。则：

$$A_x=\varepsilon Lc_x$$

$$A_s=\varepsilon Lc_s$$

$$\Delta A=A_x-A_s=\varepsilon b(c_x-c_s)=\varepsilon L\Delta c \tag{2-37}$$

测得的吸光度相当于普通法中待测溶液与标准溶液的吸光度之差 ΔA。示差法测得的吸光度与 Δc 呈直线关系。由标准曲线上查得相应的 Δc_x 值，待测溶液浓度 $c_x=\Delta c_x+c_s$。

实训练习

实训十一　水中微量铁含量的测定

一、目的要求

（1）了解分光光度法的基本原理，学会工作曲线的制作和样品的测定方法。

（2）掌握用邻二氮菲分光光度法测定水中微量铁的原理与方法。

（3）学会 722 型分光光度计的正确使用，了解其工作原理。

（4）学会分光光度法数据处理的基本方法。

（5）掌握比色皿的正确使用。

二、测定原理

1. 铁的测定

在 pH = 5 的缓冲溶液中，采用邻二氮菲为配位剂，与 Fe^{2+} 生成橙红色配位离子，在波长 510nm 处有强吸收，含铁量在 0.5 ~ 8μg/mol 范围时，其浓度与吸光度符合光吸收定律，可用于定量。

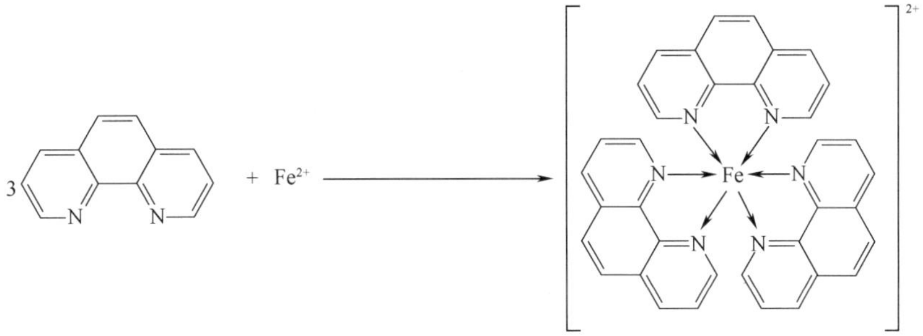

测 Fe^{3+}时，可先用盐酸羟胺将其还原为 Fe^{2+}：

$$2Fe^{3+} + 2NH_2OH \cdot HCl \longrightarrow 2Fe^{2+} + N_2\uparrow + 4H^+ + 2H_2O + 2Cl^-$$

2. 722 型分光光度计的结构与使用

组成部件：光源（钨卤素灯，330～800nm）→单色器（光栅）→吸收池（样品室）→检测器→显示器。

使用步骤：预热仪器→选定波长→固定灵敏度挡→调节 $T=0\%$→调节 $T=100\%$→吸光度的测定→关机。

三、仪器与试剂

（1）仪器　722 型分光光度计、容量瓶（50mL/9 个、100mL/1 个）、吸量管（1mL/1 支、2mL/1 支、5mL/3 支、10mL/1 支）、比色皿、洗耳球。

（2）试剂

①100μg/mL 铁标准溶液配制：准确称取 0. 8634g $NH_4Fe(SO_4)_2 \cdot 12H_2O$ 置于烧杯中，加入 20mL6mol/L HCl 溶液和少量水，溶解后定量转移至 1000mL 容量瓶中，加水稀释至刻度，充分摇匀，得 100μg/mL 储备液。

②10μg/mL 铁标准溶液配制：吸取 100μg/mL 铁标准溶液 10. 00mL 于 100mL 容量瓶中，加入 2. 0mL 6mol/L HCl 溶液，用水稀释至刻度，充分摇匀。

③10% 盐酸羟胺溶液：新鲜配制。

④0. 15% 邻二氮菲溶液：新鲜配制。

⑤pH≈5. 0 HAc－NaAc 缓冲溶液：称取 136g 醋酸钠，加水使之溶解，在其中加入 120 mL 冰醋酸，加水稀释至 500mL。

⑥6mol/L HCl 溶液（1＋1）。

⑦某水样。

四、操作步骤

1. 熟悉分光光度计的结构与使用方法

开机预热 20min，按仪器操作规程调试仪器至使用状态。

2. 测定步骤

（1）铁标准系列的配制　在 6 个 50mL 容量瓶中，用 10mL 吸量管分别加入 0.00、2.00、4.00、6.00、8.00、10.00mL 质量浓度为 10μg/mL 的铁标准溶液，再向各容量瓶中依次加入 1mL 10% 的盐酸羟胺溶液、5mL HAc－NaAc 溶液和 2mL 0.15% 邻菲罗啉溶液，加蒸馏水至刻度，摇匀。

（2）待测溶液的配制　用 5mL 吸量管吸取 5.00mL 样品溶液，置于 50mL 容量瓶中，再依次加入 1mL 10% 盐酸羟胺溶液，5mL HAc－NaAc 溶液和 2mL 0.15% 邻菲罗啉溶液，加蒸馏水稀释至刻度，摇匀。

（3）标准曲线的绘制　用不含铁的试剂溶液作参比，在 510nm 处用 2cm 吸收池分别测定配好的铁标准溶液的吸光度。以标准溶液中铁的含量作横坐标，测得的吸光度作纵坐标，绘制标准曲线。

（4）样品溶液中铁含量的测定　用不含铁的试剂溶液作参比，在 510nm 处用 2cm 吸收池分别测定配好的待测溶液的吸光度。从标准曲线上找出待测溶液中铁的含量，从而计算出样品溶液中铁的含量，平行 3 次。

动画：邻二氮菲分光光度法测定微量铁

五、数据记录与结果处理

清晰、正确、实事求是记录测定数据，将结果填入表 2－25、表 2－26 中，并按要求进行结果处理。

（1）标准系列吸光度的测量结果

表 2－25　标准系列的浓度和吸光度

项　　目	1	2	3	4	5	6
加入 Fe^{2+} 标准溶液的体积/mL	0.00	2.00	4.00	6.00	8.00	10.00
Fe^{2+} 含量/（μg/mL）						
吸光度 A						

（2）绘制标准曲线，由未知液吸光度，从标准曲线上查得相应的铁的质量浓度并进行结果处理。

表 2－26　样液的测定结果

记录项目	平行次序		
	Ⅰ	Ⅱ	Ⅲ
吸光度 A			
样液中 Fe 的含量/（μg/mL）			
样液中 Fe 含量平均值/（μg/mL）			

续表

记录项目	平行次序		
	Ⅰ	Ⅱ	Ⅲ
极差			
极差相对值/%			

（3）计算原样品溶液中铁的含量

$$\rho_{试样} = \frac{50.00}{5.00} \times \bar{\rho} = \_\_\_\_\_\_ \mu g/mL$$

六、思考题

（1）怎样确定测定某一样品时的最大吸收波长？如果测定的样品颜色是橙色，则最大吸收波长的范围如何确定？

（2）在显色前加入盐酸羟胺的目的是什么？

（3）影响邻二氮菲与显色反应的主要因素有哪些？试设计最佳的实验条件。

（4）实验中所用比色皿也会产生系统误差，如何对使用的比色皿进行相对校正？

实训十二　循环水中磷含量的测定

一、目的要求

（1）巩固分光光度法的基本原理，学会工作曲线的制作和样品的测定方法。

（2）掌握用钼蓝分光光度法测定磷含量的方法原理与方法。

（3）巩固722型分光光度计的正确使用，了解其工作原理，掌握比色皿的正确使用。

（4）巩固分光光度法数据处理的基本方法。

二、测定原理

在酸性介质中，正磷酸盐与钼酸铵反应，在锑盐存在下生成黄色的磷钼杂多酸，再用抗坏血酸还原成磷钼蓝，在710nm最大吸收波长处用分光光度法测定。标准曲线法定量。

三、仪器与试剂

仪器：722型分光光度计、容量瓶（50mL 9只、100mL 1只）、吸量管

（1mL 1 支、2mL 1 支、5mL 3 支、10mL 1 支）、比色皿、洗耳球。

试剂：PO_4^{3-} 20μg/mL 的磷酸二氢钾标准溶液、抗坏血酸 20g/L、钼酸铵溶液、循环水试样。

四、操作步骤

1. 前期准备

开机预热并将仪器调至工作状态后，检查吸收池的配套性。

2. 工作曲线的绘制

取 50mL 容量瓶 6 支洗净并编号。分别吸取含 PO_4^{3-} 0.02mg/mL 的磷酸二氢钾标准溶液 0.00、1.00、2.00、4.00、6.00、8.00mL，分别加 25mL 蒸馏水、2mL 钼酸铵溶液、3mL 抗坏血酸溶液，用水稀释至刻度，摇匀，室温下放置 10min。从空白溶液开始，依次将溶液装入已用待测溶液润洗的 1cm 吸收池中，在分光光度计波长 710nm 处，测定各比色管中标准溶液的吸光度，以吸光度为纵坐标、相对应的 PO_4^{3-} 浓度为横坐标绘制工作曲线。

3. 试液中含磷量的测定

用吸量管吸取试样溶液 10.00mL，于 50mL 容量瓶中，在与标准溶液相同的条件下显色定容，并测定其吸光度。根据试样吸光度从标准曲线上查出磷的浓度，计算试样溶液中正磷酸盐的含量（以 PO_4^{3-} 计）（μg/mL）。平行测定 3 次。

五、数据记录与结果处理

清晰、正确、实事求是地记录测定数据，并将结果填入表 2 – 27 和表 2 – 28 中，并按要求进行结果处理。

（1）标准系列吸光度的测量结果

表 2 – 27　标准系列的浓度和吸光度

记录项目	溶液编号					
	1	2	3	4	5	6
加入标准溶液体积/（mL）	0.00	1.00	2.00	4.00	6.00	8.00
PO_4^{3-} 含量/（μg/mL）						
吸光度 A						

（2）绘制标准曲线，由未知液吸光度从工作曲线上查得相应的磷的质量浓度并进行结果处理。

表 2－28　样液的测定结果

记录项目	平行次序		
	Ⅰ	Ⅱ	Ⅲ
吸光度 A			
样液 PO_4^{3-} 含量/（μg/mL）			
样液 PO_4^{3-} 含量平均值/（μg/mL）			
极差			
极差相对值/%			

（3）计算原试样溶液中的磷含量

试样溶液中磷的含量（μg/mL）＝工作曲线上查出的磷含量×稀释倍数

即：　$\rho_{试样} = \bar{\rho} \times \frac{50.00}{10.00} =$ ______ μg/mL

六、思考题

（1）导致偏离朗伯－比耳定律的原因有哪些？

（2）参比溶液的作用是什么？如何选择参比溶液？

练　习　题

一、单项选择

1．分光光度法的吸光度与（　　）无关。

A．入射光的波长　B．液层的高度　C．液层的厚度　D．溶液的浓度

2．在分光光度法中，（　　）是导致偏离朗伯－比尔定律的因素之一。

A．吸光物质浓度＞0.01mol/L　B．单色光波长

C．液层厚度　D．大气压力

3．（　　）不属于显色条件。

A．显色剂浓度　B．参比液的选择　C．显色酸度　D．显色时间

4．邻二氮菲法测铁，参比液最好选择（　　）。

A．样品参比　B．蒸馏水参比　C．试剂参比　D．溶剂参比

5．721 型分光光度计的检测器是（　　）。

A．光电管　B．光电倍增管　C．硒光电池　D．测辐射热器

6．邻二氮菲法测铁，正确的操作顺序为（　　）。

A．水样＋邻二氮菲

B．水样＋$NH_2OH \cdot HCl$＋邻二氮菲

C. 水样 + HAc + NaAc + 邻二氮菲

D. 水样 + $NH_2OH \cdot HCl$ + HAc - NaAc + 邻二氮菲

7. 在分光光度法中（　　）不会导致偏离朗伯 - 比尔定律。

A. 实际样品的混浊　　B. 蒸馏水中有微生物

C. 单色光不纯　　D. 测量波长的区域

8. 分光光度法中，摩尔吸光系数与（　　）有关。

A. 液层的厚度　　B. 光的强度　　C. 溶液的浓度　　D. 溶质的性质

9. 水中铁的吸光光度法测定所用的显色剂较多，其中（　　）分光光度法的灵敏度高，稳定性好，干扰容易消除，是目前普遍采用的一种方法。

A. 邻二氮菲　　B. 磺基水杨酸

C. 硫氰酸盐　　D. 5 - Br - PADAP

10. 721 型分光光度计使用前，仪器应预热（　　）分钟。

A. 0　　B. 5　　C. 10　　D. 20

二、判断是非

（　　）1. 白光是由 7 种颜色的光复合而成，因此两种光不可能成为互补色光。

（　　）2. 摩尔吸光系数较大，说明该物质对某波长的光吸收能力较强。

（　　）3. 显色条件系指是显色反应的条件选择，包括显色剂浓度，显色的酸度、显色温度、显色时间、溶剂、缓冲溶液及用量，表面活性剂及用量等。

（　　）4. 亚铁离子与邻二氮菲生成稳定的橙红色配合物。

（　　）5. 在分光光度法中，溶液的吸光度与溶液浓度成正比。

（　　）6. 当入射光的波长，溶液的浓度及温度一定时，溶液的吸光度与液层的厚度成正比。

（　　）7. 在分光光度法中，当欲测物的浓度大于 0.01mol/L 时，可能会偏离光吸收定律。

（　　）8. 721 型分光光度计的光源灯亮时就一定有单色光。

（　　）9. 为使 721 型分光光度计稳定工作，防止电压波动影响测定，最好能外加一个电源稳压器。

（　　）10. 若打开光源灯时光电比色计的光标可移动到吸光度“零”位，移动比色皿架时，光标迅速移动，说明光电系统基本正常。

三、简答题

1. 物质的颜色与光有什么关系？什么是光吸收曲线，其作用是什么？

2. 朗伯 - 比尔定律的数学表达式及其意义是什么？引起偏离朗伯 - 比尔定律的原因有哪些？

3．分光光度计主要有哪些部分组成？说明各部分的作用。

4．在显色测定中，如何选择显色反应？对于选定的显色反应其显色条件与哪些因素有关？

5．参比溶液的作用是什么？如何选择参比溶液？

四、综合题

1. 有一有色溶液，用10cm吸收池在527nm处测得其透光率T为60%，如果浓度加倍，则：（1）T值为多少？（2）A值为多少？（3）用5.0cm吸收池时，要获得$T=60\%$，则该溶液的浓度应为原来浓度的多少倍？

2. 浓度为0.51μg/mL的Cu^{2+}溶液，用双环己酮草酸二腙光度法于波长600nm处用2cm比色皿进行测定，$T=50.5\%$，求摩尔吸光系数ε和吸光系数。

3. 吸取0.00、1.00、2.00、3.00、4.00mL质量浓度为10μg/mL的镍标准溶液，分别置于25mL容量瓶中，稀释至刻度，在火焰原子吸收光谱仪上测得吸光度分别为0.00、0.06、0.12、0.18、0.23。另称取镍合金试样0.3125g，经溶解后移入100mL容量瓶稀释至刻度，准确吸取此溶液2.00mL于另一100mL容量瓶中，稀释至刻度，在与标准溶液相同的条件下，测得吸光度为0.15。求：试样中镍的含量。

项目六　化学分析综合训练

项目描述

铵盐中铵态氮含量的测定、混合碱分析、明矾中铝含量的测定、钙制剂中钙含量的测定、绿矾中铁含量的测定和胆矾中铜含量的测定是化学分析的经典应用，也是生产实践中常规检测项目和工作任务。分析人员应按照规范化操作要求，在教师指导下，完成铵盐中铵态氮含量混合碱分析、明矾中铝含量、钙制剂中钙含量绿矾中铁含量和胆矾中铜含量的测定方案的制定和测定工作，并提交分析报告并对相关产品质量进行评定。在工作过程中学习物质分析的一般步骤及化学中常用的分离方法基本知识和操作技能，学会综合运用所学的化学分析技术分析实际样品。

学习目标

知识目标	（1）了解物质分析的一般步骤，掌握试样的选取和处理技术。 （2）了解常用化学分离方法的原理和操作技术。 （3）会查阅文献总结待检项目的测定方法。 （4）掌握分析检测技术在化工产品质量检验过程中的具体应用。
能力目标	（1）根据实验室条件与检测要求选择合适的分析方法并制定分析方案。 （2）熟练掌握常规滴定分析的规范操作，能独立合理地安排实验程序、完成实验仪器的安装和使用。 （3）掌握复杂试样的预处理技术。 （4）会配制所选用方法的标准溶液，并确定其准确浓度。 （5）掌握待检项目的测定技术及条件控制。 （6）能正确记录实验数据并处理数据，评价报出并分析结果。
素质目标	（1）培养查阅文献资料，拟出分析方案，探索分析试验条件的能力。 （2）进一步培养理论联系实际、严肃认真、实事求是的科学态度及探究精神。 （3）培养发现问题、分析问题和解决问题的能力。 （4）培养团队协作能力和岗位职业能力。

必备知识

一、物质的定量分析过程

复杂物质的定量分析一般包括试样的采集、试样的制备、试样的分解、干扰组分的分离、测定方法的选择、数据处理以及报告分析结果等工作过程。在实际分析工作中，试样是多种多样的，对试样的预处理、干扰组分的分离和分析测定方法的选择也各不相同。因此，需要对分析过程有比较全面的了解，综合运用已学习的分析方法，制定合理的分析方案，为生产提供及时而准确的数据。

（一）试样的采取和制备

在定量分析中，常需测定大量物料中某些组分的平均含量，要求试样必须具有高度的代表性。即分析试样的组成必须能代表整批物料的平均组成，这是获得准确、可靠分析结果的关键。否则分析结果再准确也毫无意义，更有害的是错误地提供了无代表性的分析数据，会给实际工作带来难以估计的后果。因此，在进行分析之前，必须了解试样来源，明确分析目的，做好试样的采取和制备工作非常重要。

所谓试样的采取和制备，是指先从大批物料中的不同部位采取具有代表性的最初试样（原始试样），然后再制备成供分析用的最终试样（分析试样）。对于一些比较均匀的物料，如气体、液体和固体试剂等，可直接取少量分析试样，不需再进行制备。本节主要以组成不均匀的物料（如煤炭、矿石、土壤等）为例说明试样的采集和制备过程。

1. 液体和气体试样的采取

装在大容器里的液体物料，只要在贮槽不同深度取样后混合均匀即可作为分析样；对于分装在小容器里的液体物料，应从每个容器里取样，然后混匀作为分析试样；对于气体试样的采取，要考虑气样是处于正压或负压状态，采用相应的取样方法。

在采取液体或气体试样时，必须先把容器及通路洗净，再用要采取的液体或气体冲洗数次或使之干燥，然后取样，以免混入杂质。

2. 固体试样的采取

（1）组成不均匀的试样的采取和制备　矿石、煤炭、土壤等是些颗粒大小不一、成分混杂不齐、组成不均匀的试样，为了使采取的试样具有代表性，必须按一定的程序，自物料的各个不同部位和深度，取出一定数量大小不同的颗粒。应取试样的量，与试样中组分的含量和整批中组分平均含量间所允许的误差有关，还与试样的均匀程度、颗粒大小等因素有关。通常试样的采取可按下面的经验公式（切乔特采样公式）估算：

$$m = Kd^2 \tag{2-38}$$

式中 m——采取平均试样的最低质量，kg

d——试样中最大颗粒的直径，mm

K——表征物料特性的缩分系数，可由实验求得，一般在0.1～1

显然，所取的原始试样不仅量太大而且颗粒大小不均匀，不适于做分析之用，应将其制备成量少而高度均匀的分析试样。

制备试样的方法可分为破碎、过筛、混匀和缩分4个步骤。试样经机械破碎，获得细小颗粒，经规定分样筛筛分，对不能过筛的大颗粒应继续破碎，直至全部通过筛子。试样每经破碎至一定细度后，都需将试样仔细混匀进行缩分，以使破碎试样的质量减小，并保证缩分后试样中的组分含量与原始试样一致。常用的方法是四分法（见图2-20），即试样粉碎后，混匀、堆成锥形，略微压平，由锥中心划成四等份，弃去任意对角的两份，收集留下的两份混匀。如此重复进行，直至获得分析所需的用量。

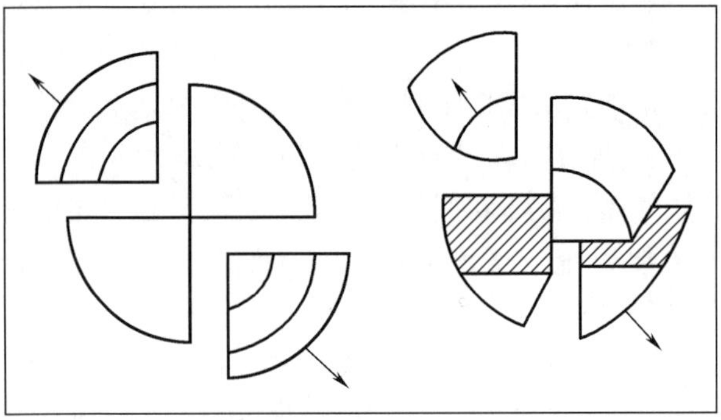

图2-20 样品四分法示意图

动画：四分法取样

将制好的试样分装成两瓶，贴上标签，注明试样的名称、来源和采样日期。一瓶作为正样供分析使用，另一瓶备查做副样。试样收到后，一般应尽快分析。否则应妥善保存，避免试样受潮、风干或变质等。

（2）金属或金属制品试样的采取 对于金属制品如板材和线材等，由于经过高温熔炼，组成一般较均匀，可将许多板（或线）对齐横切、削一定数量的试样。但对钢锭和铸铁，由于表面和内部的凝固时间不同，铁和杂质的凝固温度也不一样，因此表面和内部所含杂质的质量就不同，采样时应在不同部位和深度钻取屑末混匀。对于那些坚硬的如白口铁、硅钢等，无法钻取，可用钢锤砸碎，到钢钵中再捣碎，取一部分作为分析试样。

（3）粉状或松散物料试样的采取　常见的粉状或松散物料如盐类、化肥、农药和精矿等，其组成比较均匀，因此取样点可少一些，每点所取的量也不必太多。各点所取试样混匀可作为分析样品。

3. 湿存水的处理

一般固体样品往往含有湿存水，即样品表面及孔隙中吸附的空气中的水分。其含量多少随样品的粉碎程度和放置时间的长短而改变，试样中各组分的相对含量也必然随着湿存水的多少而改变。所以在进行分析之前，必须先将分析试样放在烘箱里，在 100～105℃烘干（温度、时间可根据试样的性质而定，对于受热易分解的物质，可采用风干的办法）。用烘干样品进行分析，测得的结果是恒定的。对于水分的测定，可另取烘干前的试样进行测定。

（二）试样的分解

在定量化学分析中，一般要将试样分解制成溶液（干法分析除外）后再分析，因此试样的分解是重要的步骤之一。它不仅直接关系到待测组分转变为适合的测定形态，也关系到以后的分离和测定。如果分解方法选择不当，就会增加不必要的分离手续，给测定造成困难和增大误差，有时甚至使测定无法进行。

对试样进行分解的过程中，待测组分不应挥发损失，也不能引入被测组分和干扰物质。分解要完全，处理后的溶液中不得残留原试样的细屑或粉末。实际工作中，应根据试样的性质与测定方法的不同选择合适的分解方法。常用的分解方法主要有溶解法和熔融法。

1. 溶解法

溶解法是采用适当的溶剂将试样溶解后制成溶液，这种方法比较简单、快速。常用的溶剂有水、酸、碱等。对于不溶于水的试样，则采用酸或碱作溶剂的酸溶法或碱溶法进行溶解，以制备分析试液。

（1）水溶法　用水溶解试样最简单、快速，适用于一切可溶性盐和其他可溶性物料。常见的可溶性盐类有硝酸盐、醋酸盐、铵盐、绝大多数的碱金属化合物、大部分的氯化物及硫酸盐。当用水不能溶解或不能完全溶解时，再用酸或碱溶解。

（2）酸溶法　酸溶法是利用酸的酸性、氧化还原性及形成配合物的性质，使试样溶解制成溶液。常用作分解试样的酸有盐酸、硝酸、硫酸、磷酸、高氯酸、氢氟酸等以及他们的混酸。

盐酸具有还原性及配位能力，是分解试样的重要强酸之一，它可以溶解金属活动顺序表中氢以前的金属或合金，也可分解一些碳酸盐及以碱金属、碱土金属为主要成分的矿石。

硝酸具氧化性，所以硝酸溶解样品兼有酸化和氧化作用，溶解能力强而且快。除某些贵金属及表面易钝化的铝、铬外，绝大部分金属能被硝酸溶解。

浓热硫酸具有强氧化性和脱水能力，可使有机物分解，也常用于分解多种合金及矿石。利用硫酸的高沸点（338℃），可以借蒸发至冒白烟来除去低沸点的酸（如 HCl、HNO_3、HF）。利用浓硫酸强的脱水能力，可以吸收有机物中的水分而析出碳，以破坏有机物。碳在高温下被氧化为二氧化碳气体而逸出。

磷酸在高温下形成焦磷酸，具有很强的配位能力，常用于分解难溶的合金钢和矿石。

高氯酸在加热情况下（特别是接近沸点 203℃时）是一种强氧化剂和脱水剂，分解能力很强，常用于分解含铬的合金和矿石。浓、热的高氯酸遇有机物由于剧烈的氧化作用而易发生爆炸。当试样中含有机物时，应先用浓硝酸氧化有机物和还原剂后再加入高氯酸。

氢氟酸是较弱的酸，但具有较强的配位能力。氢氟酸常与硫酸或硝酸混合使用在铂金或聚四氟乙烯器皿中分解硅酸盐。

混合酸具有比单一酸更强的溶解能力，如单一酸不能溶的硫化汞，可以溶解于王水中。王水是 1 体积硝酸和 3 体积盐酸的混合酸，它不仅能溶解硫化汞，而还能溶解金、铂等金属。常用的混合酸有 $H_2SO_4-H_3PO_4$、H_2SO_4-HF、$H_2SO_4-HClO_4$以及 $HCl-HNO_3-HClO_4$等。

加压溶解法（或称闭管法）对于那些特别难分解的试样效果很好。它是把试样和溶剂置于适合的容器中，再将容器装在保护套中，在密闭情况下进行分解，由于内部高温、高压，溶剂没有挥发损失，对于难溶物质的分解可取得良好效果。例如用 $HF-HClO_4$的混合酸在加压条件下可分解钢玉（Al_2O_3）、钛铁矿（$FeTiO_3$）、铬铁矿（$FeCrO_4$）、钽铌铁矿［$FeMn(Nb\cdot Ta)_2O_6$］等难溶物质。目前所使用的加压溶解装置类似一种微型的高压锅。是双层附有旋盖的罐状容器，内层用铂或聚四氟乙烯制成，外层用不锈钢制成，溶解时将盖子旋紧后加热。

（3）碱溶法　少数试样可采用碱溶法来分解，碱溶法的溶剂主要为氢氧化钠和氢氧化钾。碱溶法常用来溶解两性金属，如铝、锌及其合金，以及它们的氧化物和氢氧化物等。

（4）有机溶剂溶解法　测定大多数有机化合物时需用有机溶剂溶解，有时有些无机化合物也需溶解在有机溶剂中再测定，或利用它们在有机溶剂中溶解度的不同进行分离。

2. 熔融法

熔融法是将试样与固体熔剂混匀后，置于特定材料制成的坩埚中，在高温条件下熔融，分解试样，再用水或酸浸取融块，使其转入溶液中。根据所用熔剂的化学性质，熔融法可分为酸熔法和碱熔法两种。

（1）酸熔法　常用酸性熔剂有焦硫酸钾（$K_2S_2O_7$）或硫酸氢钾（$KHSO_4$）。在高温时分解产生的 SO_3 能与碱性氧化物作用。例如灼烧过的 Fe_2O_3 不溶于酸但能溶于 $K_2S_2O_7$ 中，即：

$$Fe_2O_3 + 3K_2S_2O_7 \xrightarrow{\triangle} Fe_2(SO_4)_3 + 3K_2SO_4$$

焦硫酸钾常用来分解铁、铝、钛、锆、钽、铌的氧化类矿，以及中性或碱性耐火材料。

（2）碱熔法　碱熔法是用碱性熔剂熔融分解酸性试样。常用的碱性溶剂有 Na_2CO_3（熔点 850℃）、K_2CO_3（熔点 891℃）、NaOH（熔点 318℃）、Na_2O_2（熔点 460℃）以及它们的混合物等。例如碳酸钠或碳酸钾常用来分解硅酸盐，如钠长石（$Al_2O_3 \cdot 2SiO_2$）的分解反应是

$$Al_2O_3 \cdot 2SiO_2 + 3Na_2CO_3 \rightarrow 2NaAlO_2 + 2Na_2SiO_3 + 3CO_2 \uparrow$$

Na_2O_2 用以分解铬铁矿，反应是：

$$2FeO \cdot Cr_2O_3 + 7Na_2O_2 \xrightarrow{\triangle} 2NaFeO_2 + 4Na_2CrO_4 + 2Na_2O$$

熔融块用水浸取时，得到 CrO_4^{2-} 溶液和 $Fe(OH)_3$ 沉淀，分离后可分别测定铬与铁。

熔融法中应注意正确选用坩埚材料，以保证所用坩埚不受损坏。选择坩埚材质的原则是：一方面要使坩埚在熔融时不受损失或少受损失，另一方面还要保证分析的准确度。

3. 半熔法

半熔法又称烧结法，是让试样与固体试剂在低于熔点的温度下进行反应。因为温度较低，加热时间需要较长，但不易侵蚀坩埚，可以在瓷坩埚中进行。

例如，以 Na_2CO_3-ZnO 作熔剂，用半熔法分解煤或矿石以测定硫。这里 Na_2CO_3 起熔剂的作用，ZnO 起疏松和通气的作用，使空气中的氧将硫化物氧化为硫酸盐。用水浸取反应产物时，硫酸根离子形成钠盐进入溶液中，SiO_3^{2-} 大部分析出为 $ZnSiO_3$ 沉淀。又如测定硅酸盐中的 K^+、Na^+ 时，不能用含有 K^+、Na^+ 的熔剂，此时可用 $CaCO_3-NH_4Cl$ 法分解硅酸盐。

4. 干法灰化法

干法灰化是在一定温度和气氛下加热，使待测物质分解、灰化，留下的残渣再用适当的溶剂溶解。这种方法不用熔剂，空白值低，很适合微量元素分析。

根据灰化条件的不同，干法灰化有两种，一种是在充满 O_2 的密闭瓶内，用电火花引燃有机试样，瓶内可用适当的吸收剂以吸收其燃烧产物，然后用适

当方法测定，这种方法称作氧瓶燃烧法，它广泛用于有机物中卤素、硫、磷、硼等元素的测定。另一种是将试样置于蒸发皿中或坩埚内，在空气中，于一定温度范围（500～550℃）内加热分解、灰化，所得残渣用适当溶剂溶解后进行测定，这种方式称作定温灰化法。此法常用于测定有机物和生物试样中的无机元素，如锑、铬、铁、钠、锶、锌等。

（三）干扰组分的分离方法

在分析过程中，若试样组分较简单而且彼此不干扰测定，经分解制成溶液之后，即可直接测定各组分的含量。但在实际工作中遇到的试样，往往组成比较复杂，在测定时彼此发生干扰，影响分析结果，甚至无法进行测定。因此在测定之前，必须设法消除干扰，或者将干扰物质分离除去，然后进行被测组分的测定。为了消除干扰，比较简单的方法是控制分析条件或采用适当的掩蔽剂。但在许多情况下，仅仅控制分析条件或加入掩蔽剂，不能消除干扰，还必须把被测元素与干扰组分离以后才能进行测定。

（四）测定方法的选择

在实际工作中，一种组分往往可用多种方法测定，究竟选择何种方法，应根据下列因素综合考虑。

1. 测定的具体要求

首先应明确测定的目的及要求，其中主要包括需要测定的组分、准确度及完成测定的速率等。一般对标准物和成品分析的准确度要求高，微量成分分析则对灵敏度要求高，而中间控制分析则要求快速简便。所选择的分析方法，应是在能满足所要求准确度的前提下测定手续越简便、完成测定的时间越短越好。

如在工业生产中，各个生产车间的中间控制分析方法，要求分析速率快，能及时获取分析数据以指导生产的连续运行，如容量分析法、光度分析法、气相色谱法及单项测试法（如微量水、微量氧的测定）获得广泛的应用。在成品分析中，需确定产品质量，给产品定级，这就需要使用准确的分析方法，如滴定量分析法、称量分析法、气相色谱法、高效液相色谱法、原子吸收光谱法就被广泛使用。

2. 待测组分的性质

了解待测组分的性质，常有助于测定方法的选择。如待测物为无机物，常选用化学分析法、电化学分析法、原子发射光谱法或原子吸收光谱法来进行定量分析；若待测物为有机物，且定性组分已知，可采用官能团定量方法测其酸值、皂化值、碘值、溴值等。溴能迅速加成于不饱和有机物的不饱和键，因此可用溴酸盐法测定有机物的不饱和度。

3. 待测组分的含量范围

常量组分多采用滴定分析法（包括电位、电导、库仑和光度等滴定法）和称量分析法，它们的相对误差为千分之几。由于滴定法简便、快速，因此当两者均可应用时，一般选用滴定分析法；微量或痕量组分可采用分光光度法、原子吸收光谱法、气相色谱法等灵敏度较高的分析法，这些方法的相对误差一般是百分之几。例如钢铁中硅的测定，应用分光光度法或原子吸收光谱法。

4. 共存组分的影响

选择测定方法时，必须同时考虑共存组分对测定的影响，尽量选择较好的分析方法。如果没有合适的直接测定法，应改变测定条件，加入适当的掩蔽剂或进行分离，排除各种干扰后再进行测定。

5. 实验室的条件

选择分析方法应尽可能地使用新的分析技术及方法，但还要根据实验室的具体设备条件、特效试剂的有无、标准试样的具备情况、仪器灵敏度的高低，以及操作人员的技术素质等，加以综合考虑。

总之，分析方法很多。但各种方法均有其特点和不足之处，完整无缺的适用于任何试样、任何组分的测定方法是不存在的。一般说来，一个理想的分析方法应该是灵敏度高、检出限低、精密度佳、准确度高、操作简便。但在实际中往往很难同时满足这些要求，所以需要综合考虑各个指标，对选择的各种方法进行综合分析，以期选择一个较为适宜的测定方法。

二、化学中常用的分离方法

在分析化学中，实际分析对象往往比较复杂。测定某一组分时，常受到其他组分的干扰，势必影响测定结果的准确性，有时甚至无法测定。消除干扰最简便的方法是控制分析条件或使用掩蔽剂。当使用这些方法不能消除干扰时，就需要事先将被测组分与干扰组分分离。若被测组分含量很低，测定方法的灵敏度又不够高，在分离的同时往往还需要把微量或痕量被测组分浓缩和富集起来，以便于测定的进行。

分析中对分离的要求是：干扰组分应减少至不再干扰被测组分的测定；被测组分在分离过程中的损失要小到可以忽略不计，常用回收率来衡量分离效果。

$$回收率=\frac{分离后测得含量}{分离前含量}\times 100\% \qquad (2-39)$$

回收率越高越好。但实际工作中，随被测组分的含量不同对回收率有不同的要求。含量在1%以上的常量组分，回收率应接近100%；对于痕量组分，回收率可在90%～110%，有些情况下，例如待测组分的含量太低时，回收率在80%～120%也符合要求。

无机与分析化学中常用的分离方法有沉淀分离法、溶剂萃取分离法、层析分离法、离子交换分离法等方法。

（一）沉淀分离法

利用沉淀反应使被测组分和干扰组分分离，方法的主要依据是溶度积原理。虽然沉淀分离需经过滤、洗涤等手续，操作较麻烦、费时，某些组分的沉淀分离选择性较差，分离不够完全，共沉淀、后沉淀现象严重，但由于分离操作的改进，加快了过滤、洗涤的速度，而且通过使用选择性较好的有机试剂，可提高分离的效率。因此，沉淀分离在化学分析中还是一种常用的分离方法。

1. 无机沉淀剂沉淀分离法

无机沉淀剂及由无机沉淀剂生成的沉淀类型很多，下面只对形成氢氧化物和硫化物沉淀的分离作简要的讨论。

（1）氢氧化物沉淀分离法　许多重金属及镁、铝、铁等离子在一定的pH条件下会以氢氧化物或含水氧化物的形式沉淀，如$Fe(OH)_3$、$Mg(OH)_2$、$Al(OH)_3$和$SiO_2 \cdot xH_2O$、$MoO_3 \cdot xH_2O$等。常用的调节溶液pH的试剂有HCl、NaOH、氨水、ZnO、MgO等。

可根据溶度积原理求得某一金属离子开始生成氢氧化物沉淀和沉淀完全时的pH，不同金属离子生成氢氧化物沉淀所要求的pH是不同，因此可以通过控制溶液的pH达到分离的目的。

一般来讲，对于氢氧化物，pH越高越易沉淀，但要注意两性物质的问题。当pH高到一定程度后，某些氢氧化物又会溶解，例如$Al(OH)_3$在pH≥12时溶解，而$Fe(OH)_3$仍以沉淀的形式存在。$Cu(OH)_2$在高浓度NaOH的溶液中也会溶解。这可用来分离两性离子与其他非两性的离子，如Al^{3+}、Zn^{2+}和Fe^{3+}、Mg^{2+}的分离。

当用氨水来调节pH时，要考虑氨配离子的问题。在NH_3-NH_4Cl缓冲溶液中（pH=9），许多金属的氢氧化物由于形成氨配离子而溶解，如$[Cu(NH_3)_4]^{2+}$、$[Mg(NH_3)_2]^{2+}$、$[Zn(NH_3)_4]^{2+}$等。这样可以用来分离这些离子和其他不形成氨配离子的金属离子。用难溶化合物悬浮液，尤其是氧化物悬浮液也可以控制pH。

氢氧化物沉淀分离法的优点是操作简便、使用范围广，缺点是大多数氢氧化物或含水氢氧化物的沉淀均是非晶形的，表面积很大，共沉淀现象严重，会使分析结果偏低或回收率偏低。

（2）硫化物沉淀分离法　能形成硫化物沉淀的金属离子约有40余种，由于它们的溶解度相差悬殊，因此可以通过控制溶液中硫离子的浓度使金属离子彼此分离。

溶液中的［S^{2-}］与溶液的酸度有关。因此控制适当的酸度可进行硫化物沉淀分离。与氢氧化物沉淀法相似，硫化物沉淀法的选择性较差，是非晶形沉淀，吸附现象严重。若改用硫代乙酰胺为沉淀剂，利用它在酸性或碱性溶液中水解产生的 H_2S 或 S^{2-} 来进行均相沉淀，可使沉淀性能和分离效果有所改善。

$$CH_3CSNH_2 + 2H_2O + H^+ \rightleftharpoons CH_3COOH + H_2S + NH_4^+$$

$$CH_3CSNH_2 + 3OH^- \rightleftharpoons CH_3COO^- + S^{2-} + NH_3 + H_2O$$

由于硫化物共沉淀现象严重、分离效果不理想等原因，硫化物沉淀分离法的应用并不广泛。近年来有机沉淀剂的应用得到迅速的发展。

2. *有机沉淀剂沉淀分离法*

有机沉淀剂中有不同的官能团，因此它们的选择性和灵敏度较高，容易形成晶形沉淀。沉淀的颗粒大，表面积小，溶解度也小，共沉淀现象少，有的沉淀还可以溶解在有机溶剂中，几乎各种金属离子都有其特效试剂，因此优越性很多，在沉淀分离中有广泛应用。有机沉淀剂与金属离子形成的沉淀有 3 种类型：螯合物沉淀、缔合物沉淀和三元配合物沉淀。

（1）螯合物沉淀　一般来讲，形成螯合物沉淀的有机沉淀剂常含有—COOH、—OH、—NOH、—SH、—SO_3H 等官能团，在一定的 pH 下，H^+ 可被金属离子置换，以共价键相连；分子中还含有另一些官能团，如—NH_2、>NH、>N—、>C=O、>C=S 等，这些官能团具有 N、S、O 原子，能与金属离子以配位键相连形成螯合物。这类螯合物不带电荷，含有较多的疏水性基团，难溶于水，控制酸度或加入掩蔽剂可以定量沉淀某种离子。

这类有机沉淀剂中疏水性基团的增大，能使沉淀的溶解度更小。若在与金属离子成键的官能团的邻位（如 8 - 羟基喹啉中与 N 相邻位）引入其他基团如（—CH_3），就会造成空间位阻，减小了它对金属离子的螯合能力，从而可以提高沉淀剂的选择性。因此，甲基 - 8 - 羟基喹啉就不能再与 Al^{3+} 配位生成沉淀，但在不同的 pH 时仍能与 Mg^{2+}、Zn^{2+} 形成沉淀。

（2）离子缔合物沉淀　分子质量较大的有机沉淀剂在水溶液中能离解成带正电荷或带负电荷的大体积离子，可与带异号电荷的金属离子或金属配离子缔合，形成不带电荷的分子量较大的难溶于水的中性缔合分子而沉淀，这类沉淀称作离子缔合物沉淀。有机沉淀剂若含有—SH，可与易生成硫化物的金属离子形成沉淀；若含有—OH，可与易生成氢氧化物的金属离子形成沉淀；如含有氮或氨基，可与过渡金属离子形成螯合物沉淀。

（3）三元配合物沉淀　被沉淀组分可以和两种不同的配位体形成三元混配

配合物或三元离子缔合物，例如［（C_6H_5）$_4$As］$_2$$HgCl_4$可以看作是三元配合物。再如在 HF 溶液中，$BF_4^-$及二安替比林甲烷及其衍生物所形成的三元离子缔合物也属于这一类。

三元配合物选择性好，有些是专属的反应，灵敏度高，沉淀组成稳定，相对分子质量大，作为重量分析的称量形式也较合适，近年来发展较快。

3. 共沉淀分离法

共沉淀分离法也可称为富集法。共沉淀现象是由于沉淀的表面吸附作用、混晶或包藏等原因引起的，在重量分析法中对沉淀纯净不利。但在分离方法中，可将消极因素变为有利因素，可以充分利用共沉淀现象分离、富集那些含量极微、浓度极低和不能用常规沉淀方法分离出来的痕量组分，再用其他分析方法进行测试。

（1）吸附作用　利用吸附作用进行沉淀分离的沉淀物一般为非晶形沉淀，大多数是表面积很大的胶体状沉淀。例如铜中微量的铝，可加入适量的 Fe^{3+}，再加入氨水使 Fe^{3+}形成 Fe（OH）$_3$沉淀作为载体，则微量 Al^{3+}被共沉淀，而 Cu^{2+}不被沉淀。又如 Cr^{3+}和 Cr（Ⅵ）共存时，可在微量 pH ＝5.7 的氨溶液中加入 Al^{3+}或 Fe^{3+}，形成 Al（OH）$_3$或 Fe（OH）$_3$沉淀，使得 Cr^{3+}产生共沉淀而 Cr（Ⅵ）不沉淀，得到分离。在这一类共沉淀分离中，常用的载体有 Al（OH）$_3$、Fe（OH）$_3$、Mg（OH）$_3$、Bi（OH）$_3$和硫化物。

利用吸附作用的共沉淀进行分离，选择性一般较差，且会引入载体离子，也许会对下一步的分析带来困难。

（2）混晶共沉淀　如果两种金属离子生成的沉淀晶格相同，就可能生成混晶析出，达到共沉淀的目的。例如水中痕量的 Cd^{2+}，可利用 $SrCO_3$作载体而生成$SrCO_3$和 $CdCO_3$混晶沉淀。

（3）有机沉淀剂共沉淀　有机共沉淀剂的作用机理和无机共沉淀剂不同。一般认为有机共沉淀剂的共沉淀富集是由于形成了固溶体。例如微量的 Zn^{2+}在微酸性溶液中，加入 NH_4SCN 和甲基紫，则［Zn（SCN）$_4$］$^{2-}$配位离子与甲基紫形成沉淀。甲基紫又可与 SCN^-形成沉淀，则前者“溶”于后者的沉淀中，以固溶体的形式沉淀下来。

有机共沉淀剂的分子大，离子半径大，表面电荷密度小，吸附能力弱，所以选择性好。由于沉淀体积大，更有利于对痕量物质的富集。富集后，有机共沉淀剂还可通过灼烧而除去，对后一步的分析不造成影响。

（二）溶剂萃取分离法

利用不同物质在选定溶剂中溶解度不同，达到分离混合物中组分的方法称

为萃取法。萃取法常有液－液萃取法和固－液萃取法两种方法。下面主要介绍液－液萃取法。

液－液萃取法又称溶剂萃取分离法，它是将一种与水不相溶的有机溶剂同试液一起振荡，利用各组分在水相和有机溶剂（称有机相）中溶解度不同，达到分离的目的。例如 Cl^- 和 I^- 的混合物水溶液中，通入 Cl_2 使 I^- 氧化为单质 I_2，然后加入 CCl_4 溶剂并振荡，再静止放置。由于 I_2 在 CCl_4 中溶解度大，I_2 便从水相转入 CCl_4 有机相中而使 CCl_4 层呈现紫红色。I_2 从水相转入 CCl_4 有机相的过程即为液－液萃取过程，其中由水相进入有机相的物质称为被萃取物（如 I_2），萃取后的水相称为萃取相，含有被萃取物的有机相称为萃取液。

溶剂萃取分离法是一种分离、提纯与富集技术，可广泛用于稀土元素、生化物质、植物药用成分、无机与有机混合物的提取与富集。若选择合适的萃取剂和萃取条件，可以分离出纯度很高的组分。另外，在使痕迹组分得到富集后，可直接用仪器分析法进行微量元素测定。液－液萃取分离法的仪器设备简单、操作简易，易于实现自动化。但该法手工操作时，一般工作量较大，而且萃取溶剂有毒、易燃，以致使用条件受到限制。

1. 分配系数与分配比

（1）分配系数　溶剂萃取过程是物质在互不相溶的两液相间的分配过程。在一定温度下，当物质在两相分配达到平衡时，物质在两相中的浓度（严格说是活度）比应为一个常数，该常数与物质的总浓度无关，但与溶质和溶剂的特性及温度等因素有关。若在一定温度下，溶质 A 的水溶液用与水互不相溶的有机溶剂萃取时，溶质 A 在两相中的分配平衡为：

$$(A)_{水相} \rightleftharpoons (A)_{有机相}$$

平衡时，溶质 A 在水相与有机相的平衡浓度分别为 $[A]_{水}$、$[A]_{有}$，则在该温度下溶质 A 在两相中的平衡浓度之比为常数，称为分配系数，用 K_D 表示。

$$\frac{[A]_{有}}{[A]_{水}} = K_D \qquad (2-40)$$

显然，K_D 大的物质，绝大部分进行有机相，K_D 小的物质仍留在水相，因而使物质彼此分离，式（2－40）称为分配定律，它是溶剂萃取法的原理。

（2）分配比　实际上萃取体系是一个复杂的体系，常伴有离解、缔合和配合等多种化学作用，溶质 A 在两相中可能有多种型体存在，情况比较复杂，不能简单地用分配系数来说明整个萃取过程的平衡问题。在实验中可以直接测到的是被萃取物在两相中以各种型体存在的总浓度。可用溶质 A 在两相中各种型体的总浓度之比表示分配关系，则：

$$\frac{c_{有}}{c_{水}} = D \qquad (2-41)$$

式中：D 为分配比。D 值越大，说明萃取液中溶质 A 的总浓度越高，萃取效果越佳。分配比 D 与分配系数 K_D 不同，K_D 是常数，而 D 值与实验条件密切相关，随溶液 pH、萃取剂的种类、温度等变化而变化。只有当溶质以相同的单一形式存在于两相中时，才有 $D=K_D$。

2. 萃取效率与分离因数

（1）萃取效率　当 $D>1$ 时，说明溶质在有机相中的浓度大于在水相的浓度。当 D 较大时，可使绝大部分的溶质或被萃取物进入有机相，这时萃取效率就高。在实际应用中萃取百分率 E 表示萃取效率。当溶质 A 的水相用有机溶剂萃取时，设水溶液的体积 $V_水$，有机相的体积为 $V_有$，则萃取百分率 E 可表示为：

$$E=\frac{\text{溶质 A 在有机相中的总含量}}{\text{溶质 A 在两相中的总含量}}\times 100\%$$

$$=\frac{c_有 V_有}{c_有 V_有+c_水 V_水}\times 100\%$$

将分子分母同除以 $c_水 V_有$，则得：

$$E=\frac{D}{D+\frac{V_水}{V_有}}\times 100\% \qquad (2-42)$$

显然，萃取效率由 D 和 $V_水/V_有$ 决定。D 越大，萃取效率越高；若 D 固定，减小 $V_水/V_有$，增加有机溶剂的用量，也可以提高萃取效率，但效果不太明显。在实际工作中，对于分配比较小的溶质，常采用等量的有机溶剂少量多次连续萃取的办法，以提高萃取效率。

设 $V_水$ mL 溶液内含有被萃取物（A）m_0g，用 $V_有$ mL 溶剂萃取一次，水相中剩余被萃取物 m_1g，则进入有机相的量是（m_0-m_1）g，此时分配比 D 为：

$$D=\frac{c_有}{c_水}=\frac{(m_0-m_1)/V_有}{m_1/V_水}$$

整理得：

$$m_1=m_0\frac{V_水}{DV_有+V_水}$$

同理可得，每次用 $V_有$ mL 有机溶剂萃取 n 次，剩余在水相中的被萃取物 A 的量为 m_ng，则：

$$m_n=m_0\left(\frac{V_水}{DV_有+V_水}\right)^n \qquad (2-43)$$

经过 n 次萃取后的萃取效率 E 为：

$$E=1-\left(\frac{V_水}{DV_有+V_水}\right)^n \qquad (2-44)$$

用同样数量的萃取液，分多次萃取，比一次萃取的效率高。但并不是萃取次数越多越好。因为增加萃取次数，会增加萃取操作的工作量，影响工作效率。对微量金属离子的分离，萃取次数通常不超过 3～4 次。

（2）分离因素　为了达到分离的目的，不但萃取效率要高，而且还要考虑共存组分间的分离要好，一般用分离因数 β 来表示分离效果。β 是两种不同组分 A、B 分配比的比值，即：

$$\beta = \frac{D_A}{D_B} \tag{2-45}$$

如果 D_A 和 D_B 相差很大，分离因数就很大或很小，两种物质可以定量分离；反之 β 接近 1 时，两种物质就难以完全分离，必须多次连续萃取。

（三）层析分离法

层析分离法又称色谱分离法，是一种物理化学分离方法。它是利用混合物各组分的物理化学性质的差异，使各组分不同程度地分布在两相中而得以分离的方法。本部分只讨论简单的色层分离法即：柱层析、纸层析和薄层层析。

层析分离效率高，操作简便，不需要很复杂的设备，样品用量可多可少，适用于实验室的分离分析和工业产品的制备与提纯。如果与有关仪器结合，可组成各种自动的分离分析仪器。

动画：
茨维特实验

1. 柱层析

柱层析是把固体吸附剂如氧化铝、硅胶等装入柱内，将需要分离的溶液样品由柱顶加入，则溶液中的各组分将会被吸附在柱上端的固定相上，然后将流动相（又称洗脱剂或展开剂）从柱顶端加入、洗脱。随着展开剂由上而下的流动，被分离的组分将会在吸附剂表面不断产生吸附－解吸，再吸附－再解吸或溶解于固定液－溶解于流动相，再溶解于固定液－再溶解于流动相的过程。由于两个组分溶解、吸附的差异，因此，两组分在柱中的距离越来越大，而达分离的目的。在固定相中溶解度小的，被固定相吸附小的组分将先流出层析柱。

柱层析能不能分离两组分，主要取决于固定相和展开剂的选择。固定相吸附剂应具有较大的吸附面积和相当的吸附能力；不与展开剂和样品中的组分产生化学反应；不溶于展开剂；有一定粒度且均匀。

展开剂的选择与吸附剂吸附能力的强弱及被分离的物质的极性有关。用吸附能力较强的吸附剂来分离极性较强的物质时，应选择极性较大的展开剂，例如醇类、酯类；用吸附能力较强的吸附剂分离极性较弱的物质时，应选择极性较小的如石油醚、环己烷等。常用的展开剂的极性从小到大的顺序为：石油醚 < 环己烷 < 四氯化碳 < 甲苯 < 二氯甲烷 < 氯仿 < 乙醚 < 乙酸乙酯 < 正丙醇 < 乙醇 < 甲醇 < 水。

2. 纸层析

纸层析又称纸上色谱分离法。此法所用设备简单，易于操作，适合于微量组分得分离，其原理是根据不同物质在两相的分配比不同而进行分离。滤纸谱图上溶质点的移动，可以看成是溶质在固定相和流动相之间的连续作用，借分配系数不同达到分离的目的。这里以滤纸上吸附的水作为固定相，与水不相溶的有机溶剂作流动相（展开剂）。一般滤纸上的纤维能吸附22%的水分，其中约6%的水与纤维结合生成水合纤维素配合物。纸纤维上的羟基具有亲水性，与水的氢键相连，限制了水的扩展。因此，使得与水互溶的溶剂与水形成类似不相混合的两相。各组分在色谱图中的位置常用比移值（R_f）表示，如图2-21和图2-22所示。

$$R_f = \frac{\text{原点到层析点中心的距离}(x)}{\text{原点到溶剂前沿的距离}(y)} \tag{2-46}$$

R_f值在0~1之间，若$R_f \approx 0$，表明该组分基本上留在原点未动，即没被展开；若$R_f \approx 1$，表明该组分随溶剂一起上升，待测组分在固定相中的组分浓度接近于零。

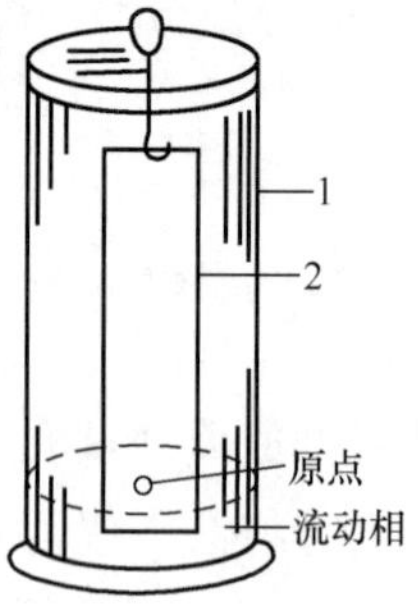

图2-21　纸色谱装置

1—层析筒　2—层析滤纸

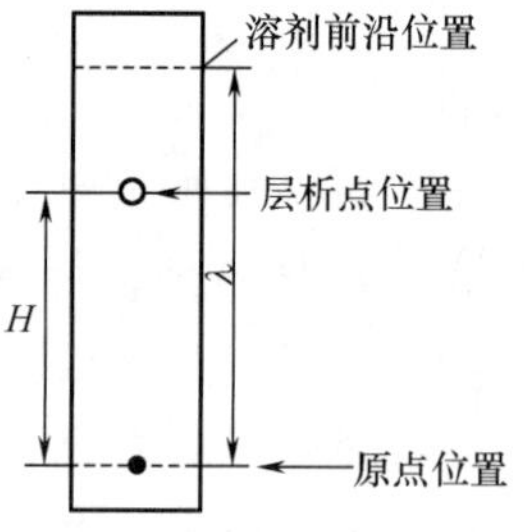

图2-22　比移值的测量

在一定条件下R_f值是物质的特征值，可以利用R_f值鉴定各种物质。但影响R_f值的因素很多，最好用已知的标准样品作对照。根据各物质的R_f值，可以判断彼此能否用色谱法分离。一般来说，R_f值只要相差0.02以上，就能彼此分离。

如果是有色物质的分离，各个斑点可以清楚看出来。如果分离的是无色物质，则在分离后需用物理的或化学的方法处理滤纸而使各斑点显现出来。

纸层析是一种微量分离方法，是一项技术性很高的工作，要想得到良好的分离效果，必须严格控制分离条件。

3. 薄层层析

薄层层析又称薄层色谱分离法，是在纸层析法的基础上发展起来的分离方法。与纸层析比较，它具有速度快、分离清晰、灵敏度高以及采用各种方法显色等特点。因此近年来发展极为迅速，广泛应用于有机分析。

薄层层析法是把固定相的支持剂均匀地涂在玻璃板上，把样品点在薄层板的一端，放在密闭的容器中，用适当的溶剂展开。借助薄层板的毛细作用，展开剂由下向上移动。由于固定相相对不同物质的吸附能力不同，当展开剂流过时，不同物质在吸附剂与展开剂之间发生不断吸附、解吸、再吸附、再解吸等过程。易被吸附的物质移动的慢些，较难被吸附的物质移动的快些，经过一段时间的展开，不同物质彼此分开，最后形成相互分开的斑点。样品分离情况也可以用比移 R_f 值来衡量。

在薄层层析中，为了获得良好的分离，必须选择适当的吸附剂和展开剂。对展开剂的选择，仍以溶剂的极性为依据。一般地说，极性大的物质要选择极性大的展开剂，为了寻找适宜的展开剂，需要经过多次实验方能确定。吸附剂必须具有适当的吸附能力，而与溶剂、展开剂及欲分离的试样又不会发生任何化学反应。吸附剂都做成细粉状，一般以 150 ~ 250 目较为合适。其吸附能力的强弱，往往和所含的水分有关。含水较多的，吸附能力就大大减弱，因此需要把吸附剂在一定温度下烘干以除去水分，进行“活化”，在薄层层析中最广泛的吸附剂是氧化铝和硅胶。

（四） 离子交换法

离子交换法是利用离子交换树脂与溶液中离子的交换反应进行分离的方法。分离对象一定是带电荷的离子或基团。离子交换法也可以用来进行富集和纯化。

1. 离子交换树脂

离子交换剂种类很多，主要分为无机离子交换剂和有机离子交换剂两大类。目前分析中应用较多的是有机离子交换剂，它是一类高分子聚合物，其中含有许多活性基团，可被其他离子或基团交换，故又称离子交换树脂。根据可以被交换的活性基团的不同，离子交换树脂可以分为如下几种。

（1）阳离子交换树脂　阳离子交换树脂的活性基团一般为—SO_3H、—COOH、—C_6H_4-OH，它们都具有不同的酸性。这些基团上 H^+ 可以和外界进行交换反应。

活性基团是—SO_3H 的树脂称为强酸型阳离子交换树脂。它在酸性、中性和碱性中都可使用，交换速度快、应用范围最广。

活性基团是—COOH 或—C_6H_4-OH 的树脂称之为弱酸型阳离子交换树脂。该树脂对 H^+ 的亲和力大，即活性基团的离解平衡常数小，在酸性溶液中一般不会发生交换反应，常在碱性条件下使用。如—COOH 的使用条件是 $pH>4$；

—C_6H_4-OH的使用条件是 pH >9.5。由于它们的选择性比强酸型的阳离子交换树脂好，也容易洗脱，常可用来分离不同的强度的碱性氨基酸、有机碱等。

（2）阴离子交换树脂　阴离子交换树脂的活性基团一般为—$N^+(CH_3)_3OH^-$、—$N^+H(CH_3)_2OH^-$、—$N^+H(CH_3)OH$、—N^+H_3OH。碱性的强弱也按上列顺序从强到弱排列。

和阳离子交换树脂的使用条件相对应，—$N^+(CH_3)_3OH^-$是强碱型阴离子交换树脂，它可在各种 pH 下使用，而其他的树脂称之为弱碱型阴离子交换树脂，它们都必须在较低的 pH 条件下才可发生交换反应。

（3）螯合树脂　这类树脂中引入了有高度选择性的特殊活性基团，可与某些金属离子形成螯合物，在交换过程中能选择性地交换某种金属离子。例如含有氨基二乙酸基团［—$N(CH_2COOH)_2$］为活性基团的树脂，它对 Cu^{2+}、Co^{2+}、Mi^{2+}有很好的选择性。从有机试剂结构理论出发，可按需要设计和合成一些新的螯合树脂。

2. 离子交换树脂的性质

强酸性阳离子交换树脂可以和溶液中的阳离子进行交换：

$$nR-SO_3H+M^{n+} \rightleftharpoons M(R-SO_3)_n+H^+$$

强碱性阴离子交换树脂可以和溶液中的阴离子进行交换：

$$R-N(CH_3)_3OH+Cl^- \rightleftharpoons RN(CH_3)_3Cl+OH^-$$

影响离子交换树脂的交换性能主要性质为离子亲和力、交换容量和交联度等。

（1）亲和力　树脂对离子的亲和力大小与离子的电荷数、水合离子半径及离子的电荷有关。离子的电荷数越高，水合离子半径越小，树脂对该离子的亲和力越强。在稀溶液中，树脂对不同离子的亲和力顺序如下：

①强酸性阳离子交换树脂对阳离子亲和力：$Th^{4+}>Fe^{3+}>Al^{3+}>Zn^{2+}>Cu^{2+}>Ca^{2+}>Mg^{2+}>K^+>NH_4{}^+>Na^+>H^+>(CH)_4N^+$。

②强碱性阴离子交换树脂对阴离子亲和力：$SO_4^{2-}>CrO_4^{2-}>I^->NO_3{}^->C_2O_4^{2-}>Br^->Cl^->HCOO^->CHCOO^->OH^->F^-$。

由于树脂对离子的亲和力不同，所以当混合离子经过树脂时，与树脂的交换会出现不同的交换次序。若混合离子中各组分离子的浓度相同，则与树脂亲和力越强的离子越易被交换上去，但洗脱时则越不易被洗脱下来，而与树脂亲和力小的离子先被洗脱下来，由此达到分离的目的。

（2）交换容量　交换容量是指单位质量的干树脂所能交换离子的数目，单位常用 mmol/g 或 mol/kg。交换容量由实验确定。当树脂实际交换量已达树脂交换容量的 80% 时，树脂就应进行再生。

（3）交联度　交联度是指离子交换树脂中交联剂的含量，是树脂的重要性质之一，通常以质量分数χ表示：

$$\chi = \frac{\text{交联剂质量}}{\text{树脂总质量}} \times 100\% \tag{2-47}$$

一般离子交换树脂的交联度约为8%～12%。例如732#聚苯乙烯强酸性阳离子交换树脂交联度为“$\chi-8$”，即表示交联剂二乙烯苯的质量占树脂质量的8%。交联度越高，表明网状结构越紧密，网眼小，树脂孔隙度小，需交换的离子很难进入树脂，因此交换速度慢，对水的溶胀性能差。其优点是选择性高、机械强度大，不易破碎。

3. 离子交换法的应用

在应用离子交换法进行分离、提纯时，必须按操作步骤进行。离子交换法操作步骤可简单地概括为：树脂的选择和预处理、装柱、交换、洗脱和树脂再生等。

（1）制备去离子水　自来水含有许多杂质，可以用离子交换法除去，制成纯度很高的去离子水。当水流过树脂时，水中可溶性无机盐和一些有机物可能被树脂交换吸附而被除去。净化水多使用复柱法。首先按规定方法处理树脂和装柱，再把阴、阳离子交换柱串联起来，将水依次通过，若串联的柱数多一些，出来的水纯度也高一些。若再串联一根混合柱（阳离子树脂和阴离子树脂按1∶2混合装柱），除去残留离子，这时交换出来的水称为“去离子水”，它的纯度用比电阻表示，一般能达到10MΩ以上，可代替蒸馏水使用。

（2）分离干扰离子　用离子交换法能方便地分离干扰离子。例如用称量法测定SO_4^{2-}时，由于试样中大量的Fe^{3+}会共沉淀，影响SO_4^{2-}的准确测定。若将待测酸性溶液通过阳离子交换树脂，可把Fe^{3+}分离掉，然后在流出液中测定SO_4^{2-}，分析结果的准确度可得到较大提高。

（3）不同价态离子的分离测定　当同种元素有不同的氧化态时，可利用离子交换树脂对不同价态离子的亲和能力不同，将它们进行分离并测定。例如，Cr常以Cr（Ⅲ）与Cr（Ⅳ）存在于自然界，在环境分析中，常要求分别测定两者的含量。由于Cr（Ⅲ）以阳离子形式存在，而Cr（Ⅳ）以阴离子形式存在，可选择阳离子交换树脂或阴离子交换树脂，用离子交换分离法使之分离后再分别测定。

（4）痕量组分的富集　在试样中不含有大量的其他电解质时，可以用离子交换法富集试样中的痕量组分。如天然水中K^+、Na^+、Ca^{2+}、Mg^{2+}、Cl^-、SO_4^{2-}等痕量组分的测定，可使天然水流经H型阳离子交换柱和阴离子交换柱，使阳离子、阴离子分别交换于不同交换柱上，再分别用稀盐酸和氨水洗脱阳离子和阴离子，可使各种痕量组分得到富集而方便测定。

近年来，离子交换法在有机分析、药物分析和生物化学分析等方面均获得迅速发展和日益广泛应用。例如对氨基酸的分离，已进行深入的研究并取得了较大的成果，据报道，在一根交换柱上已能分离出46种氨基酸和其他组分。

实训练习

实训十三　铵盐中铵态氮含量的测定

一、目的要求

（1）规范分析天平、容量瓶、移液管和滴定的基本操作。
（2）掌握氢氧化钠标准溶液的配制与标定原理与方法。
（3）掌握肥料中铵态氮含量的测定原理和操作方法。
（4）掌握间接法滴定分析结果计算与评价方法。

二、测定原理

铵盐是弱酸，$K_a=5.6\times10^{-10}$，不能用NaOH标准溶液直接滴定，用中性甲醛处理后，可转化为甲醛与铵盐作用，生成中性的六亚甲基四铵和相当于铵盐量的无机酸，以酚酞作指示剂，可用氢氧化钠标准溶液滴定，终点时由无色变为微红色。详见项目一“二”中的（二）。

三、仪器与试剂

仪器：碱式滴定管（50mL）、容量瓶（250mL）、锥形瓶（250mL）、移液管（25mL）一支、烧杯（250mL）、分析天平一台、台秤一台等。

试剂：邻苯二甲酸氢钾（基准试剂）、氢氧化钠固体（分析纯）、10g/L酚酞指示剂、中性甲醛溶液、硝酸铵试样。

四、操作步骤

1. 0.1mol/L NaOH 溶液的配制

用台秤称取1.1 g分析纯氢氧化钠固体，配制成250mL 0.1mol/L NaOH溶液，溶液保存在500mL细口瓶中。

2. 邻苯二甲酸氢钾（KHP）的配制与标定

称取邻苯二甲酸氢钾4.0～6.0g（精确至0.0001g），于250mL容量瓶中定容。

用25mL移液管吸取邻苯二甲酸氢钾溶液25.00mL至250mL锥形瓶中，吸取3份，并加水10mL。加入2滴0.1%酚酞指示剂，用待标定的NaOH溶液滴定至浅红色，30s不褪色即为终点。记录消耗的NaOH溶液的体积。平行测定3次。

3. 铵盐溶液的配制

取氯化铵固体1.4～1.6g于100mL烧杯中，少量水溶解，定量转入250mL容量瓶中，用水稀释至刻度线，塞上玻塞，摇匀。

4. 铵态氮的测定

在250mL锥形瓶中加入5mL预先用配置的氢氧化钠溶液中和（以酚酞为指示剂）的40%甲醛溶液。用25mL移液管吸取混匀的试液于锥形瓶中，再加2滴酚酞做指示剂，充分摇匀，静置1min，然后用已标定的氢氧化钠溶液滴定至呈粉红色，即为终点。平行滴定3次，同时做一份空白试验。

五、数据记录与结果处理

（1）设计表格进行氢氧化钠标准溶液标定的数据记录与处理，确定氢氧化钠标准溶液的浓度，并进行误差分析。

（2）设计表格进行铵盐中铵态氮含量的测定数据记录与处理，计算的铵态氮含量计算，并进行误差分析。

六、思考题

（1）如果铵盐样品中含有游离酸，对测定结果有何影响？应如何处理？

（2）$(NH_4)_2SO_4$试样溶解于水后呈现酸性还是碱性？能否用NaOH溶液直接测定其中的含氮量？

（3）如果实验室的甲醛显酸性，应如何处理为中性甲醛？

实训十四　混合碱含量的测定

一、目的要求

（1）学习掌握盐酸标准溶液的配制与标定方法。

（2）理解和掌握双指示剂分析测定混合碱的原理和方法。

（3）掌握在同一份溶液中用双指示剂法分析混合碱含量的操作技术。

动画：
双指示剂变色
过程演示

二、测定原理

混合碱常指氢氧化钠、碳酸钠或碳酸钠、碳酸氢钠的混合物。分析方法主要用双指示剂法。

1. Na_2CO_3和 NaOH 的分析

（1）测定原理

$NaOH + HCl = NaCl + H_2O$
$Na_2CO_3 + HCl = NaHCO_3 + NaCl$ } 酚酞指示剂，pH = 8.31 共消耗盐酸体积为 V_1

$NaHCO_3 + HCl = NaCl + CO_2 + H_2O$　甲基橙指示剂，消耗盐酸为 V_2

（2）含量计算　经分析混合物中：NaOH 消耗盐酸的体积为 $V_1 - V_2$；Na_2CO_3消耗盐酸的体积为 $2V_2$，依等物质的量规则，有：

$$w(NaOH) = \frac{c(HCl) \cdot (V_1 - V_2) \cdot M(NaOH)}{m_s} \times 100\%$$

$$w(Na_2CO_3) = \frac{\frac{1}{2}c(HCl) \cdot 2V_2 \cdot M(Na_2CO_3)}{m_s} \times 100\%$$

2. Na_2CO_3和 $NaHCO_3$的分析

（1）测定原理

$Na_2CO_3 + HCl = NaHCO_3 + NaCl$　酚酞指示剂，pH = 8.31 消耗盐酸为 V_1。

$NaHCO_3 + HCl = NaCl + CO_2 + H_2O$　甲基橙指示剂，其消耗盐酸为 V_2。

（2）含量计算　经分析，混合物中 $NaHCO_3$ 消耗盐酸的体积为 $V_2 - V_1$；Na_2CO_3消耗盐酸的体积为 $2V_1$，依化学计量关系表达式有：

$$w(Na_2CO_3) = \frac{\frac{1}{2}c(HCl) \cdot 2V_1 \cdot M(Na_2CO_3)}{m_s} \times 100\%$$

$$w(NaHCO_3) = \frac{c(HCl) \cdot (V_2 - V_1) \cdot M(NaHCO_3)}{m_s} \times 100\%$$

另外，双指示法还可用于未知碱的定性和定量分析。根据 V_1与 V_2关系的关系，可以判断出混合碱的组成，并计算其含量，见表 2－29。

表 2－29　双指示剂法结果与样品组成的关系

V_1与 V_2关系	$V_1 > V_2 > 0$	$V_2 > V_1 > 0$	$V_1 = 0$，$V_2 \neq 0$	$V_2 = 0$，$V_1 \neq 0$	$V_1 = V_2 \neq 0$
样品组成	$OH^- + CO_3^{2-}$	$CO_3^{2-} + HCO_3^-$	HCO_3^-	OH^-	CO_3^{2-}

本项目用双指示剂法分析未知成分混合碱含量的测定，要求学生自己确定分析方案，配制相关标准溶液、指示剂及样液，设计数据记录及处理表格，并实施方案，报出并评价分析结果。

三、仪器与试剂

仪器：电子天平、酸式滴定管、容量瓶、移液管、锥形瓶等滴定分析常用仪器。

试剂：浓 HCl（分析纯）、无水碳酸钠（基准物质）、1% 酚酞、甲基橙指示剂（溴甲酚绿－二甲基黄混合指示剂）。

四、操作步骤

1. 0. 10mol/L 盐酸标准溶液的配制

用量筒量取 4. 5mL 浓盐酸放入到烧杯中，加水稀释至 500mL，转入试剂瓶中，贴上标签。

2. 0. 10mol/L HCl 标准溶液的标定

用差减法准确称取无水碳酸钠三份，每份约 0. 15 ~ 0. 2g，分别放在 250mL 锥形瓶内，加 50mL 水溶解，摇匀，加 2 滴甲基橙指示剂，用 HCl 溶液滴定到溶液刚好由黄变橙即为终点。由 Na_2CO_3的质量及消耗的 HCl 体积，平行 3 次。

3. 样品溶液制备

用分析天平称取食用碱 2g（称准至 0. 0001g）放于烧杯中用少量水溶解，必要时可加热，将溶液定量转移到 250mL 容量瓶中，定容至刻度线，摇匀。

4. 测定

移液管吸取样品溶液 25. 00mL 于 250mL 锥形瓶，加入酚酞指示剂 1 ~2 滴，用 0. 10mol/L HCl 滴定至粉红色恰好消失为止，记录消耗盐酸的体积 V_1mL，再加混甲基橙（或混合）指示剂 2 滴，继续用 HCl 滴定至溶液由黄变橙（绿色变为亮黄色）即为终点，记录盐酸消耗盐酸的体积 V_2mL，平行测定 3 次。

五、数据记录与结果处理

（1）自己设计表格进行盐酸标准溶液标定的数据记录与处理，确定盐酸标准溶液的浓度，并进行误差分析。

（2）自己设计表格进行混合碱含量的测定数据记录与处理，确定判断混合碱的成分，进行相关组分的含量计算，并进行误差分析。

六、思考题

（1）标定盐酸的无水碳酸钠如保存不当，吸收了少量的水分，对测定结果有何影响?

（2）用双指示剂法测定混合碱组分的原理是什么？滴定操作时应注意哪些问题?

（3）若测定混合碱的总碱量，应选用何种指示剂？

（4）测定混合碱接近第一化学计量点时，若滴定速度太快，摇动三角瓶不够充分，致使滴定液盐酸局部过浓，会对测定造成什么影响？

实训十五　明矾中铝含量的测定

一、目的要求

（1）巩固掌握 EDTA 标准溶液的配制与标定操作。

（2）了解返滴定法和置换滴定法在配位滴定中的应用，掌握置换滴定法测定铝盐中铝含量的原理与方法。

（3）学习配位滴定法测定条件的选择与控制方法。

（4）学习 PAN 指示剂的作用条件及终点判断。

（5）进一步规范滴定分析仪器使用及返滴定法测定结果处理、评价方法。

二、测定原理

Al^{3+} 与 EDTA 配合速度很慢，并对指示剂有封闭作用，故不能用直接滴定法测定铝，而用返滴定或置换滴定法。前者操作简便，后者的选择性较高。置换滴定法测定明矾中的铝含量的原理如下：试样中的铝经过分解进入试液后，在试液中加入过量的 EDTA，调节溶液的 pH = 3 ~ 4，加热煮沸使 Al 与 EDTA 完全配合。冷却后，加入缓冲溶液调节溶液的 pH = 5 ~ 6，以 PAN 做指示剂，用锌标准溶液滴定剩余的 EDTA，稍过量的 Zn^{2+} 与二甲酚橙指示剂配位形成红色配合物显示终点，不记录此次消耗锌标准溶液的体积。然后在此溶液中加入过量的氟化铵，加热至沸腾后1 ~ 2min，使 AlY^- 与 F^- 完全反应，置换出等物质量的 EDTA，用锌标准溶液滴定置换出的 EDTA 至终点。由消耗锌标准溶液的体积和浓度计算铝的含量。其反应为：

pH = 3.5 时：　$Al^{3+} + H_2Y^{2-}$（过量）$= AlY^- + 2H^+$

pH = 5 ~ 6 时：　H_2Y^{2-}（剩余）$+ Zn^{2+} = ZnY^{2-} + 2H^+$（不计量）

$AlY^- + 6F^- + 2H^+ = AlF_6{}^{3-} + H_2Y^{2-}$

$H_2Y^{2-} + Zn^{2+} = ZnY^{2-} + 2H^+$　（计量）

$Zn^{2+} + In^{2-}$（黄色）$=$ ZnIn（红色）

计量关系：1Al≈1Zn，即 $n(Al) \approx n(Zn)$，样品中的铝含量可按下式计算：

$$w(Al) = \frac{c(Zn^{2+}) \times V(Zn^{2+}) \times M(Al)}{m_s} \times 100\%$$

三、仪器与试剂

仪器：天平、台秤、烧杯、电炉、酸式滴定管、容量瓶、移液管、锥形瓶、烧杯、量筒、洗耳球等滴定分析常用仪器。

试剂：0.02mol/L EDTA 标准溶液；0.02mol/L 锌标准溶液、盐酸、百里酚蓝指示剂、PAN 指示剂、氨水、固体 NH_4F（AR）；硫酸铝试样、六次甲基四胺。

四、操作步骤

1. 铝试液的准备

准确称取明矾试样约 1.5～2.0g 于 100mL 烧杯中，加入少量（1+1）盐酸及 50mL 水溶解，定量转移入 250mL 容量瓶中，稀释至刻度，摇匀。

2. 样液的预处理

移取 25.00mL 试液，加水 20mL 及 c（EDTA）=0.02mol/L EDTA 标准溶液 30mL 于锥形瓶中，以百里酚蓝为指示剂，用（1+1）氨水中和恰好成黄色（pH=3～3.5），煮沸后加 6 次甲基四胺溶液 10mL，使 pH=5～6，用力振荡，用水冷却。

加入 PAN 指示剂 10 滴，用 c（Zn^{2+}）=0.02mol/L Zn^{2+} 标准溶液滴定至溶液由黄色变为紫红色，再加 NH_4F 1～2g，加热煮沸 2min，冷却。

3. 样液的测定

用 c（Zn^{2+}）=0.02mol/L Zn^{2+} 标准溶液滴定至溶液由亮黄变为紫红色为终点。记下 Zn^{2+} 标准溶液体积。平行测定 3 次。

五、数据记录与结果处理

（1）自己设计表格进行 EDTA 标准溶液标定的数据记录与处理，确定 EDTA 标准溶液的浓度，并进行误差分析。

（2）自己设计表格进行明凡中铝含量的测定数据记录与处理，进行相关组分的含量计算，并进行误差分析。

六、思考题

（1）铝与 EDTA 的反应速度较慢，应如何控制反应条件，以保证测定结果的准确度？

（2）为什么铝和 EDTA 的反应，需先调节 pH=3.5？而锌和 EDTA 的反应 pH 条件为 pH=5.0～6.0？

（3）测定过程为何需要二次煮沸？为什么滴定前需将溶液冷却至室温？

（4）设计详细方案用返滴定法测定明矾中铝的含量。

实训十六　钙制剂中钙含量的测定

一、目的要求

（1）学会查阅资料，并总结出钙制剂中钙含量的常用测定方法。

（2）巩固滴定分析常用标准溶液的配制与标定方法。

（3）了解实际试样的处理方法（如粉碎、过筛等），学会选择合适的分析方法、相应的试剂以及配制适当的溶液；学会估算应称基准试剂的量和试样的量等。

（4）掌握分析结果的计算与评价方法。

二、测定原理

钙制剂中钙常以难溶性钙盐形式存在，在测其含量时，先将试样加稀盐酸处理成溶液，然后可选择称量分析法或滴定分析法进行测定。

1. 氧化还原滴定法——间接滴定法

先向待测的含 Ca^{2+} 酸性试液中加入过量的 $(NH_4)_2C_2O_4$，再用稀氨水中和至试液的 pH 为 4 ~ 5，放置陈化，将 Ca^{2+} 以 CaC_2O_4 形式沉淀，将沉淀用酸溶解后，用 $KMnO_4$ 标准溶液与 $C_2O_4{}^{2-}$ 发生下列氧化还原反应：

$$2MnO_4{}^{2-} + 5C_2O_4{}^{2-} + 16H^+ = 2Mn^{2+} + 10CO_2 + 8H_2O$$

根据消耗的 $KMnO_4$ 标准溶液的浓度和体积，可求得钙制剂中钙的含量。

2. 配位滴定法——直接滴定法

在 pH > 12 的介质中，Mg^{2+} 会形成沉淀 $Mg(OH)_2$，从而掩蔽 Mg^{2+} 可以直接滴定测出 Ca^{2+}，以钙红为指示剂，用 EDTA 标准溶液滴定钙试液中的 Ca^{2+}，根据消耗的 EDTA 标准溶液的浓度和体积，可求得钙制剂中钙的含量。

3. 草酸钙沉淀称量分析法

先向待测的 Ca^{2+} 酸性试液中加入过量的 $(NH_4)_2C_2O_4$，创造适当的沉淀条件进行沉淀，放置陈化，将 Ca^{2+} 以 CaC_2O_4 形成沉淀——将沉淀过滤、洗涤、烘干、灼烧至质量恒定，根据称量式和样品的质量计算钙制剂中钙的含量。

本实训中举例采用高锰酸钾法测定钙制剂中钙的含量。具体实施时可分组进行，选择不同的分析，设计测定方案进行测定，并将测定结果进行对照；也可以选择不同品牌的同类钙片进行比较对照。

三、仪器与试剂

仪器：酸式滴定管、量筒、锥形瓶、烧杯、容量瓶、玻璃纤维漏斗、分析天平、电炉、表面皿、滤纸等。

试剂：$KMnO_4$（固体）、$Na_2C_2O_4$、3mol/L 硫酸溶液、1mol/L 硫酸溶液、3mol/L 氨水、0.25mol/L $(NH_4)_2C_2O_4$、0.1% $(NH_4)_2C_2O_4$、0.1% 甲基橙指示剂、10% 柠檬酸铵、0.5mol/L $CaCl_2$、钙制剂片剂。

四、操作步骤

1. 0.02mol/L $KMnO_4$标准溶液的配制

称取稍多于理论计算量的 $KMnO_4$（如配制 0.02mol/L 溶液 1L，则需称取 $KMnO_4$ 3.3～3.5g）；用煮沸的冷却的蒸馏水溶解称好的 $KMnO_4$，以除去水中的还原性物质；配好的 $KMnO_4$溶液煮沸，保持微沸 1h，然后放置 2～3d，使溶液中的各种还原性全部与 $KMnO_4$反应完全；用微孔玻璃漏斗或古氏磁坩埚将溶液中的沉淀过滤去；配好的 $KMnO_4$溶液应于棕色瓶中暗处保存，待标定。

2. 0.02mol/L $KMnO_4$溶液的标定

准确称取干燥的分析纯 $Na_2C_2O_4$ 0.15～0.20g（准确至 0.0001g）3 份，分别置于 250mL 锥形瓶中，加入 40mL 水及 10mL 3mol/L H_2SO_4溶液，在水浴上加热到75～85℃。趁热用 $KMnO_4$溶液滴定（等第一滴紫红色褪去再加第二滴）至滴定至溶液呈粉红色保持 30s，即为终点。记录 $KMnO_4$溶液的用量，平行 3 次。

3. 钙制剂试液的制备

准确称取适量经含钙制剂片剂（含碳酸钙约 0.25g），逐滴滴加 2mol/L HCl 溶液至刚好溶解完全（溶解时注意用玻璃棒捣碎钙片）。加蒸馏水继续蒸发除去过量的酸至 pH＝6～7，转移到 250mL 容量瓶中，蒸馏水定容，摇匀。

4. CaC_2O_4的制备

准确移取 25～50mL 经处理过的试液于 250mL 烧杯中，加入 5mL 10% 柠檬酸铵溶液（掩蔽其中的 Fe^{3+} 和 Al^{3+}）和 50mL 蒸馏水，加入两滴甲基橙指示剂，使溶液显红色，再加入 15～20mL 0.25mol/L 草酸铵溶液，加热至 70～80℃，再加入氨水，之后陈化。再将沉淀过滤，再用草酸铵洗涤，洗至加入氯化钙无沉淀时即可。

5. 沉淀的溶解及 Ca^{2+} 含量的测定

将带有沉淀的滤纸小心展开并贴在原存于沉淀的烧杯内壁上，用 50mL 1mol/L硫酸溶液分多次将沉淀冲洗到烧杯中，再加水稀释至 100mL，加热 75～

85℃用配制好的 $KMnO_4$ 滴定，记录消耗的 $KMnO_4$ 的体积。平行滴定 3 次。

五、数据记录与结果处理

（1）设计表格进行数据记录，计算高锰酸钾标准溶液的准确浓度，并进行误差分析。

（2）推导计算钙制剂中钙含量的计算公式。

（3）自己设计表格进行数据记录，计算钙制剂中钙的含量，并进行误差分析。

六、思考题

（1）CaC_2O_4 沉淀生成后为什么需要陈化？如何缩短陈化的时间？

（2）如何控制高锰酸钾滴定的 CaC_2O_4 沉淀的酸性溶液的测定条件？

（3）如果将带有 CaC_2O_4 沉淀的滤纸一起投入烧杯，以硫酸处理后再用 $KMnO_4$ 滴定，会产生什么影响？

（4）洗涤 CaC_2O_4 沉淀时为什么要先用溶液，然后用冷水洗？怎样判断是否洗净？

（5）设计一个用配位滴定法测定钙制剂中钙的含量的详细方案。

（6）设计一个用称量分析法测定钙制剂中钙含量的详细方案。

实训十七　绿矾中铁含量的测定

一、目的要求

（1）理解重铬酸钾法测定绿矾中铁含量的原理和方法。

（2）掌握直接配制法配制标准溶液的方法。

（3）进一步规范滴定分析仪器使用及结果处理、评价方法。

（4）进一步规范滴定分析仪器使用及结果处理、评价方法。

二、测定原理

1. 绿矾中铁含量的测定（重铬酸钾氧化还原滴定法）

样品中的铁经过预处理转化为亚铁离子，在硫磷混酸介质中，以二苯胺磺酸钠为指示剂，用 $K_2Cr_2O_7$ 标准溶液滴定至溶液呈紫色。

滴定反应：$6Fe^{2+} + Cr_2O_7^{2-} + 14H^+ = 6Fe^{3+} + 2Cr^{3+} + 7H_2O$

指示剂：二苯胺磺酸钠；终点颜色：无色至紫色（经过灰绿色）。

硫酸－磷酸混合酸的作用：硫酸——控制强酸性，防止铁的水解，增强重铬酸钾的氧化性；磷酸——与形成无色配合物，降低铁电对电极电位，增大滴定突跃范围，使指示剂变色明显，消除的黄色对终点的影响。

2. 重铬酸钾标准溶液的配制（直接配制法）

分析天平称量溶质质量，在容量瓶中定容。定量转移操作是关键。

三、仪器与试剂

仪器：酸式滴定管、容量瓶（250mL）、锥形瓶（250mL）、分析天平、移液管（25mL）、恒温干燥箱、辅助玻璃器皿等。

试剂：$H_2SO_4-H_3PO_4$混合酸（1+1）、0.5%二苯胺磺酸钠指示剂、重铬酸钾（基准物质）、绿矾样品。

四、操作步骤

1. 0.0167mol/L 重铬酸钾标准溶液配制

称取已在150～180°C 烘干2h 并冷却至室温的 $K_2Cr_2O_7$ 1.226g（准至0.1mg）于小烧杯中，加蒸馏水溶解，定量转移到250mL 容量瓶中，定容至250mL，摇匀，计算重铬酸钾的准确浓度。

2. 绿矾样液的制备

用分析天平称取绿矾7.0g（准至0.1mg），置于小烧杯中，滴加1：1盐酸5mL，再用少量水溶解绿矾，将其定量转移至250mL 容量瓶中，定容至刻度线，摇匀，待测定。

3. 绿矾样液的测定

移取25.00mL 绿矾样液于250mL 锥形瓶中，加入20mL 硫酸-磷酸混合酸，滴加0.5%的二苯胺磺酸钠指示剂5滴，摇匀。用 $K_2Cr_2O_7$ 标准溶液滴定至溶液由绿色变为蓝紫色为终点，记下读数。平行测定3次，同时做空白试验。

五、数据记录与结果处理

（1）设计表格进行数据记录，计算重铬酸钾标准溶液的准确浓度。

（2）推导计算绿矾中铁含量的计算公式。

（3）设计表格进行数据记录，计算绿矾中铁的含量，并进行误差分析。

六、思考题

（1）为什么重铬酸钾标准溶液可用直接法配制？

（2）重铬酸钾测定铁时，为何要加硫酸-磷酸混合酸？

（3）如果测定对象为硫酸亚铁，还可选择什么方法测定？

实训十八　胆矾中铜含量的测定

一、目的要求

（1）掌握间接碘量法的基本原理及方法。

（2）掌握测定胆矾中铜含量的操作方法及结果处理方法。

（3）学会控制反应条件的方法。

二、测定原理

胆矾（$CuSO_4 \cdot 5H_2O$）是重要的化工原料，也是一种食品添加剂，铜含量是其质量标准的重要指标。测定胆矾中铜的含量常用间接碘量法。反应原理如下：

$$2Cu^{2+} + 4I^- = 2CuI\downarrow + I_2$$

$$I_2 + 2S_2O_3^{2-} = 2I^- + S_4O_6^{2-}$$

测定时用稀硫酸控制 pH 在 3～4，以防止 Cu^{2+} 水解，并控制合适反应速度；生成 I_2 的反应需要在暗处放置 5～10min；防止 CuI 对 I_2 的吸附而造成反应终点提前，需在接近反应终点前加入 KSCN；淀粉指示剂应在接近反应终点时加入，反应终点的颜色为溶液蓝色褪去至白色。根据一定量的胆矾反应消耗硫代硫酸钠溶液的体积计算胆矾中的铜含量。

三、仪器与试剂

仪器：电子天平、台秤、碱式滴定管、称量瓶、容量瓶、碘量瓶等滴定分析常规仪器。

试剂：$K_2Cr_2O_7$（基准物）、0.10mol/L $Na_2S_2O_3$（标准溶液）、10% KI 溶液、1mol/LH_2SO_4溶液、1% 淀粉溶液、10% KSCN 溶液、胆矾样品。

视频：胆矾中铜含量的测定

四、操作步骤

1. 胆矾试液的配制

准确称取 5～6g（准至 1mg）胆矾试样于小烧杯中，加入少量蒸馏水溶解，定量转移至 250mL 容量瓶中，加水稀释至刻度线，摇匀。

2. 胆矾中铜含量的测定

准确吸取 25.00mL 胆矾试液于碘量瓶中，加入 5mL 1mol/L H_2SO_4溶液和

10mL 10% KI 溶液，加入蒸馏水 80mL，加盖摇匀，放置于暗处 5min 后，立即用 0.10mol/L $Na_2S_2O_3$ 标准溶液滴定至呈浅黄色时，加入 3mL 1% 淀粉试液，继续滴至浅蓝色。再加 10% KSCN 溶液 10mL，摇匀后，溶液的蓝色加深，再继续用 $Na_2S_2O_3$ 标准溶液滴定至蓝色刚好消失为终点。平行测定 3 次，计算胆矾中的铜含量。

五、数据记录与结果处理

（1）推导计算胆矾中铜含量的公式。

（2）设计表格进行数据记录，计算胆矾中铜的含量，并进行误差分析。

六、思考题

（1）如何配制淀粉指示剂溶液？影响它与碘反应的因素有哪些？

（2）间接碘量法测定铜时，为什么要加入过量 KI 溶液？

（3）造成本实验误差的主要因素有哪些？应如何减少误差？

练 习 题

一、单项选择

1. 采取的固体试样进行破碎时，应注意避免（　　）。

A. 用人工方法　B. 留有颗粒裂　C. 破得太细　D. 混入杂质

2. 物料量较大时缩分物料的最好方法是（　　）。

A. 四分法　B. 使用分样器　C. 棋盘法　D. 用铁铲平分

3. 固体化工制品，通常按袋或桶的单元数确定（　　）。

A. 总样数　B. 总样量　C. 子样数　D. 子样量

4. 下面各组混合溶液中，能用 pH≈9 的氨缓冲液分离的是（　　）。

A. Ag^+-Co^{2+}　B. $Fe^{2+}-Ag^+$　C. $Cd^{2+}-Ag^+$　D. Ag^+-Mg^{2+}

5. 下列各组混合溶液中，能用过量 NaOH 溶液分离的是（　　）。

A. $Pb^{2+}-Al^{3+}$　B. $Pb^{2+}-Co^{2+}$　C. $Pb^{2+}-Zn^{2+}$　D. $Pb^{2+}-Cr^{3+}$

6. 通常使用（　　）来进行溶液中物质的萃取。

A. 离子交换柱　B. 分液漏斗　C. 滴定管　D. 柱中色谱

7. 萃取分离方法基于各种不同物质在不同溶剂中（　　）不同这一基本原理。

A. 分配系数　B. 分离系数　C. 萃取百分率　D. 溶解度

8. 比移值与滤纸和展开剂间的分配系数有关，在一定条件下，一定的滤纸和展开剂，对于固定的组分，其值（　　）。

A. 不变　　B. 变小　　C. 变大　　D. 增大

9. 纸层析是在滤纸上进行的（　　）分析法。

A. 色层　　B. 柱层　　C. 薄层　　D. 过滤

10. 在纸层析过程中，试样中的各组分在流动相中（　　）大的物质，沿着流动相移动较长的距离。

A. 浓度　　B. 溶解度　　C. 酸度　　D. 黏度

11. 阳离子交换树脂含有可被交换的（　　）活性基团。

A. 酸性　　B. 碱性　　C. 中性　　D. 两性

12.（　　）是将已经交换过的离子交换树脂，用酸或碱处理，使其恢复原状的过程。

A. 交换　　B. 洗脱　　C. 洗涤　　D. 活化

二、判断是非

（　　）1. 化工制品取样的总样质量，一般不少于500g。

（　　）2. 定位试样是在生产设备的不同部位采取的样品。

（　　）3. 分样器的作用是破碎掺和物料。

（　　）4. 定量分析中，采用分离的方法去除干扰组分是最后的方法。

（　　）5. 分析化学中最简便的消除干扰的方法是控制实验条件和使用掩蔽剂。

（　　）6. 金属离子氢氧化物开始沉淀和沉淀完全时的pH是一致的，故只要控制好溶液的pH，即可获得完全分离。

（　　）7. 用氢氧化物沉淀分离时，由于某些金属离子氢氧化物开始沉淀和沉淀完全时的pH重叠，共沉淀是不可避免的。

（　　）8. 萃取同一种物质时，相同数量的有机溶剂，分3次萃取可大大提高萃取效率。

（　　）9. 分配比越大，萃取百分率越小。

（　　）10. 纸层析时，K_D较大的组分，沿着滤纸向上移动较快，停留在滤纸的较上端。

（　　）11. 样品中各组分分离时，各比移值相差越大，分离就越好。

（　　）12. 去离水经过很多工序处理，做实验很合适，也可以拿来随便喝。

三、简答题

1. 预测石灰石（$CaCO_3$）和白云石〔$CaMg(CO_3)_2$〕中钙、镁的含量，怎样测定才能得到较准确的结果？

2. 简述下列各种溶（熔）剂对样品的分解作用：HCl、HNO_3、H_2SO_4、$HClO_4$、$K_2S_2O_7$、NaOH、Na_2CO_3、$NaOH + Na_2O_2$。

3. 选择分析方法时，应注意哪些问题？

4. 分配系数 K_D和分配比 D 的物理意义何在？

四、综合题

1. 如果试液中含有 Fe^{3+}、Al^{3+}、Ca^{2+}、Mg^{2+}、Cu^{2+}、Mn^{2+}、Cr^{3+}和 Zn^{2+}等离子，加入 NH_4Cl 和氨水缓冲溶液，控制 pH = 9，那些离子以什么形式形成于沉淀中？沉淀是否完全（假设各离子浓度均为 0.010mol/L）？那些离子以什么形式存在于溶液中？

2. 已知 $Mg(OH)_2$的 $K_{sp}=5.6\times10^{-12}$，$Zn(OH)_2$的 $K_{sp}=1.2\times10^{-17}$，试计算 MgO 和 ZnO 悬浊液所能控制溶液的 pH。

3. 在含有 Fe^{3+}、Mg^{2+}（浓度均为 0.10mol/L）的混合溶液中，若控制 $NH_3\cdot H_2O$ 的浓度为 0.10mol/L、NH_4^+的浓度为 1.0mol/L，能使 Fe^{3+}、Mg^{2+}分离完全吗？

4. 某溶液含 Fe^{3+} 10mg，将它萃取入某有机溶剂中时，分配比 $D=0.90$，问用等体积溶液萃取一次、两次或三次，水相中 Fe^{3+}量各是多少？若在萃取两次后，合并有机层，用等体积水洗一次，会损失 Fe^{3+}多少毫克？

5. 用纸色谱法分离 A、B 两种物质，在某条件下两物质的比移值 R_f 分别为 0.36、0.40。设 A、B 两物质斑点的直径分别为 0.2、0.4cm，问当展开剂的前沿达到 10cm 时，A、B 能否完全分离？

6. 称取氢型阳离子交换树脂 0.5128g，充分溶胀后，加入 10.00mL 浓度为 1.103mol/L 的 NaCl 溶液，再充分交换后，用 0.1127mol/L 的标准溶液滴定，终点时，消耗 NaOH 24.31mL，求该树脂的交换容量（单位：mmol/g）。

附　录

附录1　常用酸碱试剂的密度、含量和近似浓度

名称	化学式	密度/（g/mL）	质量分数/%	近似浓度/（mol/L）
盐酸	HCl	1.18～1.19	36～37	12
硝酸	HNO_3	1.40～1.42	67～72	15～16
硫酸	H_2SO_4	1.83～1.84	95～98	18
磷酸	H_3PO_4	1.69	<85	15
高氯酸	$HClO_4$	1.68	70～72	12
冰乙酸	CH_3COOH	1.05	≥99	17
甲酸	$HCOOH$	1.22	≥88	23
氢氟酸	HF	1.15	≥40	23
氢溴酸	HBr	1.38	≥40	6.8
氨水	$NH_3 \cdot H_2O$	0.90	25～28（NH_3）	14

附录2　酸、碱的解离常数

化合物	电离常数
H_3AlO_3	$K_a = 6.3 \times 10^{-12}$
H_3AsO_4	$K_{a_1} = 6.3 \times 10^{-3}$；$K_{a_2} = 1.05 \times 10^{-7}$；$K_{a_3} = 3.15 \times 10^{-12}$
H_3AsO_3	$K_a = 6.0 \times 10^{-10}$
H_3BO_3	$K_a = 5.8 \times 10^{-10}$
H_2CO_3	$K_{a_1} = 4.4 \times 10^{-7}$；$K_{a_2} = 4.7 \times 10^{-11}$
$HClO$	$K_a = 3.2 \times 10^{-3}$
HCN	$K_a = 6.2 \times 10^{-10}$
H_2CrO_4	$K_{a_1} = 4.1$；$K_{a_2} = 1.3 \times 10^{-6}$
HF	$K_a = 6.6 \times 10^{-4}$
HNO_2	$K_a = 7.2 \times 10^{-4}$
H_2O_2	$K_a = 2.2 \times 10^{-12}$
H_3PO_4	$K_{a_1} = 7.1 \times 10^{-3}$；$K_{a_2} = 6.3 \times 10^{-8}$；$K_{a_3} = 4.2 \times 10^{-13}$

续表

化合物	电离常数
H_3PO_3	$K_{a_1}=6.3\times10^{-2}$；$K_{a_2}=2.0\times10^{-7}$
H_2SO_4	$K_{a_2}=1.0\times10^{-2}$
H_2SO_3	$K_{a_1}=1.3\times10^{-2}$；$K_{a_2}=6.1\times10^{-3}$
$H_2S_2O_3$	$K_{a_1}=2.5\times10^{-1}$；$K_{a_2}=2.0\times10^{-7}\sim3.2\times10^{-7}$
H_2SiO_3	$K_{a_1}=1.7\times10^{-10}$；$K_{a_2}=1.6\times10^{-12}$
H_2S	$K_{a_1}=1.32\times10^{-7}$；$K_{a_2}=7.10\times10^{-15}$
HCNS	$K_a=1.4\times10^{-1}$
$H_2C_2O_4$（草酸）	$K_{a_1}=5.4\times10^{-2}$；$K_{a_2}=5.4\times10^{-5}$
HCOOH（甲酸）	$K_a=1.77\times10^{-4}$
CH_3COOH（醋酸）	$K_a=1.76\times10^{-5}$
$ClCH_2COOH$（氯代醋酸）	$K_a=1.4\times10^{-3}$
H_6Y^{2+}（乙二胺四乙酸）	$K_{a_1}=1.3\times10^{-1}$；$K_{a_2}=3.0\times10^{-2}$；$K_{a_3}=1.0\times10^{-2}$； $K_{a_4}=2.1\times10^{-3}$；$K_{a_5}=6.9\times10^{-7}$；$K_{a_6}=5.9\times10^{-11}$
$NH_3\cdot H_2O$	$K_b=1.8\times10^{-5}$
$NH_2\cdot NH_2$（联氨）	$K_b=9.8\times10^{-7}$
NH_2OH（羟胺）	$K_b=9.1\times10^{-9}$
$C_6H_5NH_2$（苯胺）	$K_b=4.0\times10^{-10}$
C_5H_5N（吡啶）	$K_b=1.5\times10^{-9}$
$(CH_2)_6N_4$（六次甲基四胺）	$K_b=1.4\times10^{-9}$

附录3　溶度积常数（K_{sp}）

化合物	K_{sp}	化合物	K_{sp}	化合物	K_{sp}
AgAc	4.4×10^{-3}	$AgNO_2$	6.0×10^{-4}	BaC_2O_4	1.6×10^{-7}
Ag_3AsO_4	1.0×10^{-22}	AgOH	2.0×10^{-8}	$BaCrO_4$	1.2×10^{-10}
AgBr	5.0×10^{-13}	Ag_3PO_4	1.4×10^{-16}	BaF_2	1.0×10^{-6}
AgCl	1.8×10^{-10}	Ag_2S	6.3×10^{-50}	$BaSO_3$	8.0×10^{-7}
$Ag_2C_2O_4$	8.1×10^{-11}	Ag_2SO_4	1.4×10^{-5}	$BaSO_4$	1.1×10^{-10}
Ag_2CrO_4	1.1×10^{-12}	AgSCN	1.0×10^{-12}	BiOCl	1.8×10^{-31}
AgI	8.3×10^{-17}	As_2S_3	2.1×10^{-22}	$Bi(OH)_3$	4.0×10^{-31}
$AgIO_3$	3.0×10^{-8}	$BaCO_3$	5.1×10^{-9}	$BiO(NO_3)$	2.82×10^{-3}

续表

化合物	K_{sp}	化合物	K_{sp}	化合物	K_{sp}
$BiPO_4$	1.3×10^{-23}	$Cu(OH)_2$	2.2×10^{-20}	$Ni(OH)_2$	2.0×10^{-15}
Bi_2S_3	1.0×10^{-91}	CuS	6.3×10^{-36}	NiS α－	3.2×10^{-19}
$CaCO_3$	2.8×10^{-9}	Cu_2S	2.5×10^{48}	NiS β－	1.0×10^{-24}
$CaC_2O_4\cdot H_2O$	4.0×10^{-9}	$FeCO_3$	3.2×10^{-11}	NiS γ－	2.0×10^{-26}
$CaCrO_4$	7.1×10^{-4}	$FeC_2O_4\cdot 2H_2O$	3.2×10^{-7}	$PbCl_2$	1.6×10^{-5}
CaF_2	5.3×10^{-9}	$Fe_4[Fe(CN)_6]_3$	3.3×10^{-41}	$PbCO_3$	7.4×10^{-14}
$Ca(OH)_2$	5.5×10^{-6}	$Fe(OH)_2$	8.0×10^{-16}	PbC_2O_4	4.8×10^{-10}
$Ca_3(PO_4)_2$	2.0×10^{-29}	$Fe(OH)_3$	4.0×10^{-38}	$PbCrO_4$	2.8×10^{-13}
$CaSO_4$	9.1×10^{-6}	FeS	6.3×10^{-18}	PbI_2	7.1×10^{-9}
$CdCO_3$	5.2×10^{-12}	Fe_2S_3	1.0×10^{-88}	$Pb(OH)_2$	1.2×10^{-15}
$CdC_2O_4\cdot 3H_2O$	1.1×10^{-10}	Hg_2Cl_2	1.3×10^{-18}	$Pb(OH)_4$	3.2×10^{-66}
$Cd(OH)_2$	2.1×10^{-14}	Hg_2CrO_4	2.0×10^{-9}	$Pb_3(PO_4)_2$	8.0×10^{-43}
CdS	8.0×10^{-27}	Hg_2S	1.0×10^{-47}	PbS	8.0×10^{-28}
$CoCO_3$	1.4×10^{-13}	HgS（红）	4.0×10^{-53}	$PbSO_4$	1.6×10^{-8}
$Co(OH)_2$	1.6×10^{-15}	HgS（黑）	1.6×10^{-52}	$Sb(OH)_3$	4.0×10^{-42}
$Co(OH)_3$	1.6×10^{-44}	Hg_2SO_4	7.4×10^{-7}	$Sn(OH)_2$	1.4×10^{-28}
CoS α－	4.0×10^{-21}	$KHC_4H_4O_6$	3.0×10^{-4}	$Sn(OH)_4$	1.0×10^{-56}
CoS β－	2.0×10^{-25}	$K_2NaCO(NO_2)_6\cdot H_2O$	2.2×10^{-11}	SnS	1.0×10^{-25}
$Cr(OH)_3$	6.3×10^{-31}	K_2PtCl_6	1.1×10^{-5}	$SrCO_3$	1.1×10^{-10}
$CuBr$	5.3×10^{-9}	MgF_2	6.4×10^{-9}	$SrC_2O_4\cdot H_2O$	1.6×10^{-7}
$CuCl$	1.2×10^{-6}	$Mg(OH)_2$	1.8×10^{-11}	$SrCrO_4$	2.2×10^{-5}
$CuCO_3$	1.4×10^{-10}	$MnCO_3$	1.8×10^{-11}	$SrSO_4$	3.2×10^{-7}
$CuCrO_4$	3.6×10^{-6}	$Mn(OH)_2$	1.9×10^{-13}	$ZnCO_3$	1.4×10^{-11}
CuI	1.1×10^{-12}	MnS（无定形）	2.5×10^{-10}	$Zn(OH)_2$	1.2×10^{-17}
$Cu_3(PO_4)_2$	2.2×10^{-20}	MnS（结晶）	2.5×10^{-13}	ZnS α－	1.6×10^{-24}
$Cu_2P_2O_7$	1.3×10^{-37}	$NiCO_3$	6.6×10^{-9}	ZnS β－	2.5×10^{-22}

附录4　金属离子与氨羧配位剂形成的配合物的稳定常数
($I=0.1$　$t=20\sim25$℃)

金属离子	EDTA	EGTA	DCTA	DCPA	TTHA
Ag^{+}	7.3	6.88	—	—	8.67
Al^{3+}	16.1	13.90	17.63	18.60	19.70
Ba^{2+}	7.76	8.41	8.00	8.87	8.22
Bi^{3+}	27.94	—	24.1	35.60	—
Ca^{2+}	10.69	10.97	12.5	10.83	10.06
Ce^{3+}	15.98	—	—	—	—
Cd^{2+}	16.46	15.6	19.2	19.20	19.80
Co^{2+}	16.31	12.30	18.9	19.27	17.10
Cr^{3+}	23.0	—	—	—	—
Cu^{2+}	18.80	17.71	21.30	21.55	19.20
Fe^{2+}	14.33	11.87	18.2	16.50	—
Fe^{3+}	25.1	20.50	29.3	28.00	26.80
Hg^{2+}	21.8	23.20	24.3	26.70	26.80
Mg^{2+}	8.69	5.21	10.30	9.30	8.43
Mn^{2+}	14.04	12.28	16.8	15.60	14.65
Na^{+}	1.66	—	—	—	—
Ni^{2+}	18.67	17.0	19.4	20.32	18.10
Pb^{2+}	18.0	15.5	19.68	18.00	17.10
Sn^{2+}	22.1	—	—	—	—
Sr^{2+}	8.63	6.8	10.0	9.77	9.26
Th^{4+}	23.2	—	23.2	28.78	31.90
Ti^{3+}	21.3	—	—	—	—
TiO^{2+}	17.3	—	—	—	—
U^{4+}	25.5	—	—	7.69	—
Y^{3+}	18.1	—	—	22.13	—
Zn^{2+}	16.50	14.50	18.67	18.40	16.65

注：“—”表示不能形成稳定的配合物。

附录5 标准电极电位表（298.15K）

一、酸性溶液中

电对	电极反应	$\varphi_a^\ominus$/V
Li^+/Li	$Li^+ + e^- \rightleftharpoons Li$	-3.045
Kb^+/Rb	$Rb^+ + e^- \rightleftharpoons Rb$	-2.93
K^+/K	$K^+ + e^- \rightleftharpoons K$	-2.925
Cs^+/Cs	$Cs^+ + e^- \rightleftharpoons Cs$	-2.92
Ba^{2+}/Ba	$Ba^{2+} + 2e^- \rightleftharpoons Ba$	-2.91
Sr^{2+}/Sr	$Sr^{2+} + 2e^- \rightleftharpoons Sr$	-2.89
Ca^{2+}/Ca	$Ca^{2+} + 2e^- \rightleftharpoons Ca$	-2.87
Na^+/Na	$Na^+ + e^- \rightleftharpoons Na$	-2.714
La^{3+}/La	$La^{3+} + 3e^- \rightleftharpoons La$	-2.52
Y^{3+}/Y	$Y^{3+} + 3e^- \rightleftharpoons Y$	-2.37
Mg^{2+}/Mg	$Mg^{2+} + 2e^- \rightleftharpoons Mg$	-2.37
Ce^{3+}/Ce	$Ce^{3+} + 3e^- \rightleftharpoons Ce$	-2.33
$H_2/2H^-$	$H_2 + 2e^- \rightleftharpoons 2H^-$	-2.25
Sc^{3+}/Sc	$Sc^{3+} + 3e^- \rightleftharpoons Sc$	-2.1
$Th^{4+}+/Th$	$Th^{4+} + 4e^- \rightleftharpoons Th$	-1.9
Be^{2+}/Be	$Be^{2+} + 2e^- \rightleftharpoons Be$	-1.85
U^{3+}/U	$U^{3+} + 3e^- \rightleftharpoons U$	-1.80
Al^{3+}/Al	$Al^{3+} + 3e^- \rightleftharpoons Al$	-1.66
$[TiF_6]^{2-}/Ti$	$[TiF_6]^{2-} + 4e^- \rightleftharpoons Ti + 6F$	-1.24
$[SiF_6]^{2-}/Si$	$[SiF_6]^{2-} + 4e^- \rightleftharpoons Si + 6F$	-1.2
Mn^{2+}/Mn	$Mn^{2+} + 2e^- \rightleftharpoons Mn$	-1.18
TiO^{2+}/Ti	$TiO^{2+} + 2H^+ + 2e^- \rightleftharpoons Ti + H_2O$	-0.89
H_3BO_3/B	$H_3BO_3 + 3H^+ + 4e^- \rightleftharpoons B + 3H_2O$	-0.887
SiO_2/Si	$SiO_2 + 4H^+ + 4e^- \rightleftharpoons Si + 2H_2O$	-0.86
Zn^{2+}/Zn	$Zn^{2+} + 2e^- \rightleftharpoons Zn$	-0.763
Cr^{3+}/Cr	$Cr^{3+} + 3e^- \rightleftharpoons Cr$	-0.74

续表

电　对	电极反应	φ_a^Θ/V
$Ag_2S/2Ag$	$Ag_2S + 2e^- \rightleftharpoons 2Ag + S^{2-}$	-0.71
$CO_2/H_2C_2O_4$	$CO_2 + 2H^+ + 2e^- \rightleftharpoons H_2C_2O_4$	-0.49
Fe^{2+}/Fe	$Fe^{2+} + 2e^- \rightleftharpoons Fe$	-0.440
Cr^{3+}/Cr^{2+}	$Cr^{3+} + e^- \rightleftharpoons Cr^{2+}$	-0.41
Cd^{2+}/Cd	$Cd^{2+} + 2e \rightleftharpoons Cd$	-0.403
Ti^{3+}/Ti^{2+}	$Ti^{3+} + e^- \rightleftharpoons Ti^{2+}$	-0.37
$PbSO_4/Pb$	$PbSO_4 + 2e^- \rightleftharpoons Pb + SO_4{}^{2-}$	-0.356
Co^{2+}/Co	$Co^{2+} + 2e^- \rightleftharpoons Co$	-0.29
$PbCl_2/Pb$	$PbCl_2 + 2e^- \rightleftharpoons Pb + 2Cl^-$	-0.226
V^{3+}/V^{2+}	$V^{3+} + e^- \rightleftharpoons V^{2+}$	-0.25
Ni^{2+}/Ni	$Ni^{2+} + 2e^- \rightleftharpoons Ni$	-0.25
AgI/Ag	$AgI + e^- \rightleftharpoons Ag + I^-$	-0.152
Sn^{2+}/Sn	$Sn^{2+} + 2e^- \rightleftharpoons Sn$	-0.136
Pb^{2+}/Pb	$Pb^{2+} + 2e^- \rightleftharpoons Pb$	-0.126
$AgCN/Ag$	$AgCN + e^- \rightleftharpoons Ag + CN^-$	-0.017
$H_2/2H^+$	$H_2 + 2e^- \rightleftharpoons 2H^+$	0.000
$AgBr/Ag$	$AgBr + e^- \rightleftharpoons Ag + Br^-$	0.071
$TiO_2{}^{2+}/Si$	$TiO_2{}^{2+} + 2H^+ + e^- \rightleftharpoons Si + 2H_2O$	0.10
S/H_2S	$S + 2H^+ + 2e^- \rightleftharpoons H_2S$ (aq)	0.14
Sb_2O_3/Sb	$Sb_2O_3 + 6H^+ + 6e^- \rightleftharpoons Sb + 3H_2O$	0.15
Sn^{4+}/Sn^{2+}	$Sn^{4+} + 2e^- \rightleftharpoons Sn^{2+}$	0.154
Cu^{2+}/Cu^+	$Cu^{2+} + e^- \rightleftharpoons Cu^+$	0.17
$AgCl/Ag$	$AgCl + e^- \rightleftharpoons Ag + Cl^-$	0.2223
$HAsO_2/As$	$HAsO_2 + 3H^+ + 3e^- \rightleftharpoons As + 2H_2O$	0.248
Hg_2Cl_2/Hg	$Hg_2Cl_2 + 2e^- \rightleftharpoons 2Hg + 2Cl^-$	0.268
BiO^+/Bi	$BiO^+ + 2H^+ + 3e^- \rightleftharpoons Bi + H_2O$	0.32
Cu^{2+}/Cu	$Cu^{2+} + 2e^- \rightleftharpoons Cu$	0.337
$S_2O_3{}^{2-}/S$	$S_2O_3{}^{2-} + 6H^+ + 4e^- \rightleftharpoons 2S + 3H_2O$	0.50
Cu^{2+}/Cu^+	$Cu^{2+} + e^- \rightleftharpoons Cu^+$	0.52

续表

电 对	电极反应	$\varphi_a^\ominus$/V
I_2^-/I^-	$I_2^- + 2e^- \rightleftharpoons 2I^-$	0.535
H_3AsO_4/H_3AsO_3	$H_3AsO_4 + 2H^+ + 2e^- \rightleftharpoons H_3AsO_3 + H_2O$	0.560
MnO_4^-/MnO_4^{2-}	$MnO_4^- + e^- \rightleftharpoons MnO_4^{2-}$	0.564
$HgCl_2/Hg_2Cl_2$	$HgCl_2 + 2e^- \rightleftharpoons Hg_2Cl_2 + 2Cl^-$	0.63
O_2/H_2O_2	$O_2 + 2H^+ + 2e^- \rightleftharpoons H_2O_2$	0.69
$[PtCl_4]^{2-}/Pt$	$[PtCl_4]^{2-} + 2e^- \rightleftharpoons Pt + 2Cl^-$	0.73
Fe^{3+}/Fe^{2+}	$Fe^{3+} + e^- \rightleftharpoons Fe^{2+}$	0.771
Hg_2^{2+}/Hg	$Hg_2^{2+} + 2e^- \rightleftharpoons 2Hg$	0.792
Ag^+/Ag	$Ag^+ + e^- \rightleftharpoons Ag$	0.799
NO_3^-/NO_2^-	$NO_3^- + 2H^+ + 2e^- \rightleftharpoons NO_2^- + H_2O$	0.80
Hg^{2+}/Hg	$Hg^{2+} + 2e^- \rightleftharpoons Hg$	0.854
Cu^{2+}/CuI	$Cu^{2+} + I^- + e^- \rightleftharpoons CuI$	0.86
Hg^{2+}/Hg_2^{2+}	$2Hg^{2+} + 2e^- \rightleftharpoons Hg_2^{2+}$	0.907
Pd^{2+}/Pd	$Pd^{2+} + 2e^- \rightleftharpoons Pd$	0.92
NO_3^-/HNO_2	$NO_3^- + 3H^+ + 2e^- \rightleftharpoons HNO_2 + H_2O$	0.94
NO_3^-/NO	$NO_3^- + 4H^+ + 3e^- \rightleftharpoons NO + 2H_2O$	0.96
HNO_2/NO	$HNO_2 + H^+ + e^- \rightleftharpoons NO + H_2O$	0.98
HIO/I^-	$HIO + H^+ + e^- \rightleftharpoons I^- + H_2O$	0.99
$[AuCl_4]^-/Au$	$[AuCl_4]^- + 3e^- \rightleftharpoons Au + 4Cl^-$	1.00
NO_2/NO	$NO_2 + 2H^+ + 2e^- \rightleftharpoons NO + H_2O$	1.03
Br_2/Br^-	$Br_2 + 2e^- \rightleftharpoons 2Br^-$	1.065
NO_2/HNO_2	$NO_2 + H^+ + e^- \rightleftharpoons HNO_2$	1.07
$Cu^{2+}/[Cu(CN)_2]^-$	$Cu^{2+} + 2CN^- + e^- \rightleftharpoons [Cu(CN)_2]^-$	1.12
IO_3^-/HIO	$IO_3^- + 5H^+ + 4e^- \rightleftharpoons HIO + H_2O$	1.14
Ag_2O/Ag	$Ag_2O + 2H^+ + 2e^- \rightleftharpoons 2Ag + H_2O$	1.17
ClO_4^-/ClO_3^-	$ClO_4^- + 2H^+ + 2e^- \rightleftharpoons ClO_3^- + H_2O$	1.19
IO_3^-/I_2	$2IO_3^- + 12H^+ + 10e^- \rightleftharpoons I_2 + 2H_2O$	1.19

续表

电　对	电极反应	φ_a^Θ/V
$ClO_3^-/HClO_2$	$ClO_3^- + 3H^+ + 2e^- \rightleftharpoons HClO_2 + H_2O$	1.21
$ClO_2/HClO_2$	$ClO_2 + 3H^+ + e^- \rightleftharpoons HClO_2 + H_2O$	1.27
$Cr_2O_7^{2-}/Cr^{3+}$	$Cr_2O_7^{2-} + 14H^+ + 6e^- \rightleftharpoons 2Cr^{3+} + 7H_2O$	1.33
ClO_4^-/Cl_2	$2ClO_4^- + 16H^+ + 14e^- \rightleftharpoons Cl_2 + 8H_2O$	1.34
Cl_2/Cl^-	$Cl_2 + 2e^- \rightleftharpoons 2Cl^-$	1.36
Au^{3+}/Au^+	$Au^{3+} + 2e^- \rightleftharpoons Au^+$	1.41
BrO_3^-/Br^-	$BrO_3^- + 6H^+ + 6e^- \rightleftharpoons Br^- + 3H_2O$	1.44
HIO/I_2	$2HIO + 2H^+ + 2e^- \rightleftharpoons I_2 + 2H_2O$	1.45
PbO_2/Pb^{2+}	$PbO_2 + 4H^+ + 2e^- \rightleftharpoons Pb^{2+} + 2H_2O$	1.455
ClO_3^-/Cl_2	$2ClO_3^- + 12H^+ + 10e^- \rightleftharpoons Cl_2 + 6H_2O$	1.47
$HClO/Cl^-$	$HClO + H^+ + e^- \rightleftharpoons Cl^- + H_2O$	1.49
Au^{3+}/Au	$Au^{3+} + 3e^- \rightleftharpoons Au$	1.50
MnO_4^-/Mn^{2+}	$MnO_4^- + 8H^+ + 5e^- \rightleftharpoons Mn^{2+} + 4H_2O$	1.51
BrO_3^-/Br_2	$2BrO_3^- + 12H^+ + 10e^- \rightleftharpoons Br_2 + 6H_2O$	1.52
$HClO/Cl_2$	$2HClO + 2H^+ + 2e^- \rightleftharpoons Cl_2 + 2H_2O$	1.63
$PbO_2/PbSO_4$	$PbO_2 + SO_4^{2-} + 4H^+ + 2e^- \rightleftharpoons PbSO_4 + 2H_2O$	1.685
$MnO_4^- MnO_2$	$MnO_4^- + 4H^+ + 3e^- \rightleftharpoons MnO_2 + 2H_2O$	1.695
H_2O_2/H_2O	$H_2O_2 + 2H^+ + 2e^- \rightleftharpoons 2H_2O$	1.77
Co^{3+}/Co^{2+}	$Co^{3+} + e^- \rightleftharpoons Co^{2+}$	1.80
$S_2O_8^{2-}/SO_4^{2-}$	$S_2O_8^{2-} + 2e^- \rightleftharpoons 2SO_4^{2-}$	2.01
O_3/O_2	$O_3 + 2H^+ + 2e^- \rightleftharpoons O_2 + H_2O$	2.07
F_2/F^-	$F_2 + 2e^- \rightleftharpoons 2F^-$	2.87
F_2/HF	$F_2 + 2H^+ + 2e^- \rightleftharpoons 2HF$	3.06

二、碱性溶液中

电　对	电极反应	φ_b^Θ/V
$Ca(OH)_2/Ca$	$Ca(OH)_2 + 2e^- \rightleftharpoons Ca + 2OH^-$	-3.03
$Mg(OH)_2/Mg$	$Mg(OH)_2 + 2e^- \rightleftharpoons Mg + 2OH^-$	-2.37
$H_2AlO_3^-/Al$	$H_2AlO_3^- + H_2O + 3e^- \rightleftharpoons Al + 4OH^-$	-2.35
$Mn(OH)_2/Mn$	$Mn(OH)_2 + 2e^- \rightleftharpoons Mn + 2OH^-$	-1.55
$[Zn(CN)_4]^{2-}/Zn$	$[Zn(CN)_4]^{2-} + 2e^- \rightleftharpoons Zn + 4CN^-$	-1.26

续表

电　对	电极反应	$\varphi_b^\ominus$/V
ZnO_2^{2-}/Zn	$ZnO_2^{2-} + 2H_2O + 2e^- \rightleftharpoons Zn + 4OH^-$	−1.216
$SO_3^{2-}/S_2O_4^{2-}$	$2SO_3^{2-} + 2H_2O + 2e^- \rightleftharpoons S_2O_4^{2-} + 4OH^-$	−1.12
$[Zn(NH_3)_4]^{2+}/Zn$	$[Zn(NH_3)_4]^{2+} + 2e^- \rightleftharpoons Zn + 4NH_3$	−1.04
$[Sn(OH)_6]^{2-}/HSnO_2^-$	$[Sn(OH)_6]^{2-} + 2e^- \rightleftharpoons HSnO_2^- + H_2O + 3OH^-$	−0.93
SO_4^{2-}/SO_3^{2-}	$SO_4^{2-} + H_2O + 2e^- \rightleftharpoons SO_3^{2-} + 2OH^-$	−0.93
$HSnO_2^-/Sn$	$HSnO_2^- + H_2O + 2e^- \rightleftharpoons Sn + 3OH^-$	−0.91
H_2O/H_2	$2H_2O + 2e^- \rightleftharpoons H_2 + 2OH^-$	−0.828
$Ni(OH)_2/Ni$	$Ni(OH)_2 + 2e^- \rightleftharpoons Ni + 2OH^-$	−0.72
AsO_4^{3-}/AsO_3^{3-}	$AsO_4^{3-} + H_2O + 2e^- \rightleftharpoons AsO_3^{3-} + 2OH^-$	−0.67
SO_3^{2-}/S	$SO_3^{2-} + 3H_2O + 4e^- \rightleftharpoons S + 6OH^-$	−0.66
AsO_3^{3-}/As	$AsO_3^{3-} + 3H_2O + 3e^- \rightleftharpoons As + 6OH^-$	−0.66
$SO_3^{2-}/S_2O_3^{2-}$	$2SO_3^{2-} + 3H_2O + 4e^- \rightleftharpoons S_2O_3^{2-} + 6OH^-$	−0.58
S/S^{2-}	$S + 2e^- \rightleftharpoons S^{2-}$	−0.48
$[Ag(CN)_2]^-/Ag$	$[Ag(CN)_2]^- + e^- \rightleftharpoons Ag + 2CN^-$	−0.31
CrO_4^{2-}/CrO_2^-	$CrO_4^{2-} + 2H_2O + 3e^- \rightleftharpoons CrO_2^- + 4OH^-$	−0.12
NO_3^-/NO_2^-	$NO_3^- + H_2O + 2e^- \rightleftharpoons NO_2^- + 2OH^-$	0.01
$S_4O_6^{2-}/S_2O_3^{2-}$	$S_4O_6^{2-} + 2e^- \rightleftharpoons 2S_2O_3^{2-}$	0.09
HgO/Hg	$HgO + H_2O + 2e^- \rightleftharpoons Hg + 2OH^-$	0.098
$Mn(OH)_3/Mn(OH)_2$	$Mn(OH)_3 + e^- \rightleftharpoons Mn(OH)_2 + OH^-$	0.1
$[Co(NH_3)_6]^{3+}/[Co(NH_3)_6]^{2+}$	$[Co(NH_3)_6]^{3+} + e^- \rightleftharpoons [Co(NH_3)_6]^{2+}$	0.1
$Co(OH)_3/Co(OH)_2$	$Co(OH)_3 + e^- \rightleftharpoons Co(OH)_2 + OH^-$	0.17
Ag_2O/Ag	$Ag_2O + H_2O + 2e^- \rightleftharpoons Ag + 2OH^-$	0.34
O_2/OH^-	$O_2 + 2H_2O + 2e^- \rightleftharpoons 4OH^-$	0.41
MnO_4^-/MnO_2	$MnO_4^- + 2H_2O + 3e^- \rightleftharpoons MnO_2 + 4OH^-$	0.588
BrO_3^-/Br^-	$BrO_3^- + 3H_2O + 6e^- \rightleftharpoons Br^- + 6OH^-$	0.61
BrO^-/Br^-	$BrO^- + H_2O + 2e^- \rightleftharpoons Br^- + 2OH^-$	0.76
H_2O_2/OH^-	$H_2O_2 + 2e^- \rightleftharpoons 2OH^-$	0.88
ClO^-/Cl^-	$ClO^- + H_2O + 2e^- \rightleftharpoons Cl^- + 2OH^-$	0.89
O_3/OH^-	$O_3 + H_2O + 2e^- \rightleftharpoons O_2 + 2OH^-$	1.24

附录6　某些氧化还原电对的条件电极电位（298.15K）

电极反应	$\varphi^{\ominus\prime}$/V	介　质
Ag（Ⅱ）$+e^- \rightleftharpoons Ag^+$	1.927	4mol/L HNO_3
Ce（Ⅳ）$+e^- \rightleftharpoons$ Ce（Ⅲ）	1.74	1mol/L $HClO_4$
	1.44	0.5mol/L H_2SO_4
	1.28	1mol/L HCl
$Co^{3+}+e^- \rightleftharpoons Co^{2+}$	1.84	3mol/L HNO_3
Co $(en)_3{}^{3+}+e^- \rightleftharpoons$ Co $(en)_3{}^{2+}$	−0.2	0.1mol/L HNO_3 + 0.1mol/L en（乙二胺）
$Cr_2O_7{}^{2-}+14H^++6e^- \rightleftharpoons 2Cr^{3+}+7H_2O$	1.00	1mol/L HCl
	1.08	3mol/L HCl
	1.15	4mol/L H_2SO_4
	1.025	1mol/L $HClO_4$
$CrO_4{}^{2-}+3H_2O+3e^- \rightleftharpoons CrO_2{}^-+4OH^-$	−0.12	1mol/L NaOH
Fe（Ⅲ）$+e^- \rightleftharpoons$ Fe（Ⅱ）	0.767	1mol/L $HClO_4$
	0.71	0.5mol/L HCl
	0.68	1mol/L H_2SO_4
	0.68	1mol/L HCl
	0.46	2mol/L H_3PO_4
	0.51	1mol/L HCl − 0.25mol/L H_3PO_4
Fe（EDTA）$^-+e^- \rightleftharpoons$ Fe（EDTA）$^{2-}$	0.12	0.1mol/L EDTA（pH=4~6）
Fe $(CN)_6{}^{3-}+e^- \rightleftharpoons$ Fe $(CN)_6{}^{4-}$	0.56	0.1mol/L HCl
$FeO_4{}^{2-}+2H_2O+3e^- \rightleftharpoons FeO_2{}^{2-}+4OH^-$	0.55	10mol/L NaOH
$I_3{}^-+2e^- \rightleftharpoons 3I^-$	0.545	0.5mol/L H_2SO_4
I_2（水）$+2e^- \rightleftharpoons 2I^-$	0.6276	0.5mol/L H_2SO_4
$MnO_4{}^-+8H^++5e^- \rightleftharpoons Mn^{2+}+4H_2O$	1.45	1mol/L $HClO_4$
	1.27	8mol/L H_3PO_4
$SnCl_6{}^{2-}+2e^- \rightleftharpoons SnCl_4{}^{2-}+2Cl^-$	0.14	1mol/L HCl
$Sn^{2+}+2e^- \rightleftharpoons Sn$	−0.16	1mol/L $HClO_4$
Sb（Ⅴ）$+e^- \rightleftharpoons$ Sb（Ⅲ）	0.75	3.5mol/L HCl
Sb $(OH)_6{}^-+2e^- \rightleftharpoons SbO_2{}^{2-}+2OH^-+4H_2O$	−0.428	3mol/L NaOH
$SbO_2{}^{2-}+2H_2O+3e^- \rightleftharpoons Sb+4OH^-$	−0.675	10mol/L KOH
Ti（Ⅳ）$+e^- \rightleftharpoons$ Ti（Ⅲ）	−0.01	0.2mol/L H_2SO_4
	−0.04	1mol/L HCl
	−0.05	1mol/L H_3PO_4
	0.12	2mol/L H_2SO_4
Pb（Ⅱ）$+e^- \rightleftharpoons$ Pb	−0.32	1mol/L NaAc

附录7 相对原子质量

元素	符号	相对原子质量	元素	符号	相对原子质量	元素	符号	相对原子质量
银	Ag	107.87	铪	Hf	178.49	铷	Rb	85.468
铝	Al	26.982	汞	Hg	200.59	铼	Re	186.21
氩	Ar	39.948	钬	Ho	164.93	铑	Rh	102.91
砷	As	74.922	碘	I	126.90	钌	Ru	101.07
金	Au	196.97	铟	In	114.82	硫	S	32.066
硼	B	10.811	铱	Ir	192.22	锑	Sb	121.76
钡	Ba	137.33	钾	K	39.098	钪	Sc	44.956
铍	Be	9.0122	氪	Kr	83.80	硒	Se	78.96
铋	Bi	208.98	镧	La	138.91	硅	Si	28.086
溴	Br	79.904	锂	Li	6.941	钐	Sm	150.36
碳	C	12.011	镥	Lu	174.97	锡	Sn	118.71
钙	Ca	40.078	镁	Mg	24.305	锶	Sr	87.62
镉	Cd	112.41	锰	Mn	54.938	钽	Ta	180.95
铈	Ce	140.12	钼	Mo	95.94	铽	Tb	158.9
氯	Cl	35.453	氮	N	14.007	碲	Te	127.60
钴	Co	58.933	钠	Na	22.990	钍	Th	232.04
铬	Cr	51.996	铌	Nb	92.906	钛	Ti	47.867
铯	Cs	132.91	钕	Nd	144.124	铊	Tl	204.38
铜	Cu	63.546	氖	Ne	20.180	铥	Tm	168.93
镝	Dy	162.50	镍	Ni	58.693	铀	U	238.03
铒	Er	167.26	镎	Np	237.05	钒	V	50.942
铕	Eu	151.96	氧	O	15.999	钨	W	183.84
氟	F	18.998	锇	Os	190.23	氙	Xe	131.29
铁	Fe	55.845	磷	P	30.974	钇	Y	88.906
镓	Ga	69.723	铅	Pb	207.2	镱	Yb	173.04
钆	Gd	157.25	钯	Pd	106.42	锌	Zn	65.39
锗	Ge	72.61	镨	Pr	140.91	锆	Zr	91.224
氢	H	1.0079	铂	Pt	195.08			
氦	He	4.0026	镭	Ra	226.03			

附录8　常见化合物的相对分子质量

分子式	相对分子质量	分子式	相对分子质量	分子式	相对分子质量
Ag_3AsO_4	462.52	$BiCl_3$	315.34	$Cr(NO_3)_3$	238.01
AgBr	187.77	BiOCl	260.43	Cr_2O_3	151.99
AgCl	143.32	CO_2	44.01	CuCl	98.999
AgCN	133.89	CaO	56.08	$CuCl_2$	134.45
AgSCN	165.95	$CaCO_3$	100.09	$CuCl_2 \cdot 2H_2O$	170.48
Ag_2CrO_4	331.73	CaC_2O_4	128.10	CuSCN	121.62
Agl	234.77	$CaCl_2$	110.99	CuI	190.45
$AgNO_3$	169.87	$CaCl_2 \cdot 6H_2O$	219.08	$Cu(NO_3)_2$	187.56
$AlCl_3$	133.34	$Ca(NO_3)_2 \cdot 4H_2O$	236.15	$Cu(NO_3)_2 \cdot 3H_2O$	241.60
$AlCl_3 \cdot 6H_2O$	241.43	$Ca(OH)_2$	74.09	CuO	79.545
$Al(NO_3)_3$	213.00	$Ca_3(PO_4)_2$	310.18	Cu_2O	143.09
$Al(NO_3)_3 \cdot 9H_2O$	375.13	$CaSO_4$	136.14	CuS	95.61
$A1_2O_3$	101.96	$CdCO_3$	172.42	$CuSO_d$	159.60
$Al(OH)_3$	78.00	$CdCl_2$	183.32	$CuSO_4 \cdot 5H_2O$	249.68
$A1_2(SO_4)_3$	342.14	CdS	144.47	$FeCl_2$	126.75
$A1_2(SO_4)_3 \cdot 18H_2O$	666.41	$Ce(SO_4)_2$	332.24	$FeCl_2 \cdot 4H_2O$	198.81
As_2O_3	197.84	$Ce(SO_4)_2 \cdot 4H_2O$	404.30	$FeCl_3$	162.21
As_2O_5	229.84	$CoCl_2$	129.84	$FeCl_3 \cdot 6H_2O$	270.30
AS_2S_3	246.02	$COCl_2 \cdot 6H_2O$	237.93	$FeNH_4(SO_4)_2$	482.18
$BaCO_3$	197.34	$Co(NO_3)_2$	132.94	$\cdot 12H_2O$	
BaC_2O_4	225.35	$Co(NO_3)_2 \cdot 6H_2O$	291.03	$Fe(NO_3)_3$	241.86
$BaCl_2$	208.24	CoS	90.99	$Fe(NO_3)_3 \cdot 9H_2O$	404.00
$BaCl_2 \cdot 2H_2O$	244.27	$CoSO_4$	154.99	FeO	71.846
$BaCrO_4$	253.32	$CoSO_4 \cdot 7H_2O$	281.10	Fe_2O_3	159.69
BaO	153.33	$Co(NH_2)_2$	60.06	Fe_3O_4	231.54
$Ba(OH)_2$	171.34	$CrCl_3$	158.35	$Fe(OH)_3$	106.87
$BaSO_4$	233.39	$CrCl_3 \cdot 6H_2O$	266.45	FeS	87.91
Fe_2S_3	207.87	Hg_2C1_2	472.09	MnO_2	86.937

续表

分子式	相对分子质量	分子式	相对分子质量	分子式	相对分子质量
$FeSO_4$	151.90	HgI_2	454.40	MnS	87.00
$FeSO_4 \cdot 7H_2O$	278.01	$Hg_2(NO_3)_2$	525.19	$MnSO_4$	151.00
$FeSO_4 \cdot (NH_4)_2SO_4 \cdot 6H_2O$	392.13	$Hg_2(NO_3)_2 \cdot 2H_2O$	561.22	$MnSO_4 \cdot 4H_2O$	223.06
		$Hg(NO_3)_2$	324.60	NO	30.006
H_3AsO_3	125.94	Hgo	216.59	NO_2	46.006
H_3AsO_4	141.94	HgS	232.65	NH_3	17.03
H_3BO_3	61.83	$HgSO_4$	296.65	CH_3COONH_4	77.083
HBr	80.912	Hg_2SO_4	497.24	NH_4Cl	53.491
HCN	27.026	$KAl(SO_4)_2 \cdot 12H_2O$	474.38	$(NH_4)_2CO_3$	96.086
HCOOH	46.026	KBr	119.00	$(NH_4)_2C_2O_4$	124.10
CH_3COOH	60.052	KBrO	167.00	$(NH_4)_2C_2O_4 \cdot H_2O$	142.11
H_2CO_3	62.025	KCl	74.551	NH_4SCN	76.12
$H_2C_2O_4$	90.035	$KClO_3$	122.55	NH_4HCO_3	79.055
$H_2C_2O_4 \cdot 2H_2O$	126.07	K_2SO_4	174.25	$(NH_4)_2MoO_4$	196.01
HCI	36.461	$MgCO_3$	84.314	NH_4NO_3	80.043
HF	20.006	$MgCl_2$	95.211	$(NH_4)_2HPO_4$	132.06
HI	127.91	$MgCl_2 \cdot 6H_2O$	203.30	$(NH_4)_2S$	68.14
HIO_3	175.91	$MgSO_4$	112.33	$(NH_4)_2SO_4$	132.13
HNO_2	47.013	$Mg(NO_3)_2 \cdot 6H_2O$	256.41	NH_4VO_3	116.98
HNO_3	63.013	$MgNH_4PO_4$	137.32	Na_3AsO_3	191.89
H_2O	18.015	Mgo	40.304	$Na_2B_4O_7$	201.22
H_2O_2	34.015	$Mg(OH)_2$	58.32	$Na_2B_4O_7 \cdot 10H_2O$	381.37
H_3PO_4	97.995	$Mg_2P_2O_7$	222.55	$NaBiO_3$	279.97
H_2S	34.08	$MgSO_4 \cdot 7H_2O$	246.47	NaCN	49.007
H_2SO_3	82.07	$MnCO_3$	114.95	NaSCN	81.07
H_2SO_4	98.07	$MnCl_2 \cdot 4H_2O$	197.91	Na_2CO_3	105.99
$Hg(CN)_2$	252.63	$Mn(NO_3)_2 \cdot 6H_2O$	287.04	$Na_2CO_3 \cdot 10H_2O$	286.14
$HgCl_2$	271.50	MnO	70.937	$Na_2C_2O_4$	134.00
CH_3COONa	82.034	P_2O_5	141.94	SnCk	260.52

续表

分子式	相对分子质量	分子式	相对分子质量	分子式	相对分子质量
$CH_3COONa \cdot 3H_2O$	136.08	$PbCO_3$	267.20	$SnCl_4 \cdot 5H_2O$	350.596
$NaCl$	58.443	PbC_2O_4	295.22	SnO_2	150.71
$NaClO$	74.442	$PbCl_2$	278.10	SnS	150.776
$NaHCO_3$	84.007	$PbCrO_4$	323.20	$SrCO_3$	147.63
$Na_2HPO_4 \cdot 12H_2O$	358.14	$Pb(CH_3COO)_2$	325.30	SrC_2O_4	175.64
$Na_2H_2Y \cdot 2H_2O$	372.24	$Pb(CH_3COO)_2 \cdot 3H_2O$	379.30	$SrCrO_4$	203.61
$NaNO_2$	68.995	PbI_2	461.00	$Sr(NO_3)_2$	211.63
$NaNO_3$	84，995	$Pb(NO_3)_2$	331.20	$Sr(NO_3)_2 \cdot 4H_2O$	283.69
Na_2O	61.979	PbO	223.20	$SrSO_4$	183.68
Na_2O_2	77.978	PbO_2	239.20	$UO_2(CH_3COO)_2 \cdot 2H_2O$	424.15
$NaOH$	39.997	$Pb_3(PO_4)_2$	811.54	$ZnCO_3$	125.39
Na_3PO_4	163.94	PbS	239.30	ZnC_2O_4	153.40
Na_2S	78.04	$PbSO_d$	303.30	$ZnCl_2$	136.29
$Na_2S \cdot 9H_2O$	240.18	SO_2	64.06	$Zn(CH_3COO)_2$	183.47
Na_2SO_3	126.04	SO_3	80.06	$Zn(CH_3COO)_2 \cdot 2H_2O$	219.50
Na_2SO_4	142.04	$SbCl_,$	228.11	$Zn(NO_3)_2$	189.39
$Na_2S_2O_3$	158.10	$SbCl_2$	299.02	$Zn(NO_3)_2 \cdot 6H_2O$	297.48
$Na_2S_2O_3 \cdot 5H_2O$	248.17	Sb_2O_3	291.50	ZnO	81.38
$NiCl_7 \cdot 6H_7O$	237.69	Sb_3S_3	339.68	ZnS	97.44
NiO	74.69	SiF_d	104.08	$ZnSO_4$	161.44
$Ni(NO_3)_2 \cdot 6H_2O$	290.79	SiO_2	60.084	$ZnSO_4 \cdot 7H_2O$	287.54
NiS	90.75	$SnCl_2$	189.62		
$NiSO_4 \cdot 7H_2O$	280.85	$SnCl_2 \cdot 2H_2O$	225.65		

参考文献

［1］林俊杰．无机化学［M］．北京：化学工业出版社，2013.

［2］高琳．基础化学［M］．北京：高等教育出版社，2014.

［3］胡筎．基础化学实验［M］．北京：北京理工大学出版社，2012.

［4］王永丽．无机及分析化学［M］．北京：化学工业出版社，2014.

［5］刘丹赤．基础化学［M］．北京：中国轻工业出版社，2017.

［6］商少明．无机及分析化学实验［M］．北京：化学工业出版社，2019.

［7］冯淑琴．化学分析技术［M］．北京：化学工业出版社，2016.

［8］乔仙蓉．化学分析技术［M］．北京：冶金工业出版社，2017.

［9］高职高专化学教材编写组［M］．无机化学．北京：高等教育出版社，2020.

［10］高职高专化学教材编写组［M］．有机化学．北京：高等教育出版社，2019.

［11］高职高专化学教材编写组［M］．分析化学．北京：高等教育出版社，2020.

［12］袁加程．基础化学［M］．北京：化学工业出版社，2017.

［13］俞斌．无机与分析化学教程［M］．北京：化学工业出版社，2014.

［14］蒋云霞．分析化学［M］．北京：中国环境出版社，2015.

［15］邢共毅，基础有机化学［M］．北京：科学出版社，2016.

［16］王丹．化学分析技术［M］．合肥：安徽大学出版社，2019.

［17］魏培海．仪器分析［M］．北京：高等教育出版社，2015.

［18］潘亚芬，张永士．化学基础与分析技术［M］．北京：清华大学出版社，2005.

［19］陈虹锦．实验化学［M］．北京：科学出版社，2017.

［20］王炳强．化学检验工职业技能鉴定教程［M］．北京：化学工业出版社，2015.